Michael Falser, Monica Juneja (Hg.)
Kulturerbe und Denkmalpflege transkulturell

Architekturen | Band 12

Michael Falser, Monica Juneja (Hg.)

Kulturerbe und Denkmalpflege transkulturell

Grenzgänge zwischen Theorie und Praxis

[transcript]

Herausgegeben von Michael Falser und Monica Juneja in Zusammenarbeit mit dem Arbeitskreis Theorie und Lehre der Denkmalpflege e.V.

Diese Publikation wurde ermöglicht durch die Förderung der Deutschen Forschungsgemeinschaft (DFG) im Rahmen des Exzellenzclusters 270/1 »Asia and Europe in a Global Context« der Universität Heidelberg.

Diese Publikation zählt auch als Band 21 in der Schriftenreihe des Arbeitskreises Theorie und Lehre der Denkmalpflege e.V.

Bibliografische Information der Deutschen Nationalbibliothek
Die Deutsche Nationalbibliothek verzeichnet diese Publikation in der Deutschen Nationalbibliografie; detaillierte bibliografische Daten sind im Internet über http://dnb.d-nb.de abrufbar.

Umschlagkonzept: Kordula Röckenhaus, Bielefeld
Lektorat: Michael Falser
Korrektorat: Cornelia Sonnleitner, Bochum
Satz: Jörg Burkhard, Bielefeld
Druck: Majuskel Medienproduktion GmbH, Wetzlar
ISBN 978-3-8376-2091-7

Gedruckt auf alterungsbeständigem Papier mit chlorfrei gebleichtem Zellstoff.
Besuchen Sie uns im Internet: *http://www.transcript-verlag.de*
Bitte fordern Sie unser Gesamtverzeichnis und andere Broschüren an unter:
info@transcript-verlag.de

Inhalt

ANHANG

Vorwort des Chair for Global Art History am Exzellenzcluster »Asia and Europe in a Global Context« an der Ruprecht-Karls-Universität Heidelberg

Der vorliegende Sammelband ist das Ergebnis der spannenden Zusammenarbeit zwischen dem Lehrstuhl für Globale Kunstgeschichte am Heidelberger Exzellenzcluster »Asien und Europa im globalen Kontext« und dem Arbeitskreis für Theorie und Lehre der Denkmalpflege, einem deutschsprachigen Verbund von akademischer Forschung und angewandter Praxis zur Denkmalpflege. Unter dem Titel »Kulturerbe-Denkmalpflege: transkulturell« fand im September 2011 eine gemeinsame, internationale Tagung in Heidelberg statt, deren Beiträge dieser Band mit einem leicht erweiterten Autorenkreis zusammenstellt.

Der Cluster »Asien und Europa im globalen Kontext. Die Dynamik der Transkulturalität« ist ein interdisziplinärer Forscherverbund, der 2007 im Rahmen der bundesweiten Exzellenzinitiative entstand und 2012 eine zweite Laufzeit erhielt. In den letzten Jahren hat der Cluster mit dem Konzept der Transkulturalität ein Instrument zur Analyse kultureller Verflechtungsprozesse entwickelt. Dieser Forschungsansatz regt an, moderne Disziplinen grundlegend zu reflektieren und als Antwort auf die Herausforderungen der globalisierten Wissenschaftswelt zu dynamisieren. In dieser Hinsicht ist der Cluster auf synergetische Zusammenarbeit mit Institutionen in Deutschland und weltweit angewiesen. Der Arbeitskreis für Theorie und Lehre der Denkmalpflege zählt zu den wichtigen Kooperationspartnern, da der Themenkomplex von Kulturerbe und Denkmalpflege seit 2009 am Cluster-Lehrstuhl für Globale Kunstgeschichte, der bundesweit ersten und bisher einzigen Professur auf diesem Gebiet, erforscht wird.

Der Forschungsbereich »Globale Kunstgeschichte« ist neu und wird weltweit von nur wenigen wissenschaftlichen Institutionen näher beleuchtet. Die Kunstgeschichte zählte bislang zu den am stärksten in hermeneutisch und regional begrenzten analytischen Strukturen verwurzelten Fachrichtungen. Da Kunst und das Schreiben über Kunst sehr eng mit einer Vielzahl von Projekten der Identitätsformationen – insbesondere nationaler Art – verknüpft war, ist dies wenig überraschend. Ein solches Paradigma schließt jedoch die Gewinnung von Erkenntnissen über kulturelle Dynamiken und Überschneidungen von vornherein aus. Das von mir und meinen Mitarbeitern Michael Falser und Franziska Koch skizzierte Programm der Globalen Kunstgeschichte, das sich noch im Entwicklungsstadium befindet, sieht die Dekonstruktion disziplinärer Modelle innerhalb der Kunstgeschichte vor, die Erfahrungen und Praktiken der Verflechtung in der Vergangenheit marginalisiert haben. Die Suche nach neuen methodischen Erklärungsmustern erfordert die Untersuchung der Ausbildung von Kunst und visuellen Praktiken in Form polyzentrischer und multivokaler Prozesse.

Am Anfang des Projekts »Globale Kunstgeschichte« stehen die Wiedereinsetzung ihrer Analyseeinheiten und der Austausch festgelegter Regionen durch mobile Kontaktzonen mit sich wandelnden Grenzen. Dies würde die Konzeptualisierung visueller Praktiken als wechselseitig entstandene Modelle ermöglichen, deren Formierungsgrundlage Verhandlungen zwischen multiplen Produktionszentren und Verknüpfungen zwischen Lokalem und Kanonischem sind. Neben den Schwerpunkten der Bild- und Architekturgeschichte der Neuzeit mit einem Fokus auf Indien und auf zeitgenössischen Ausstellungspraxen zwischen Europa und Asien mit dem Fokus auf China ist ein zentraler Baustein in unserer Heidelberger Forschung die kritische Untersuchung des bis heute eurozentrisch gefärbten Konzepts von ›Kulturerbe‹, das nach wie vor stark gekoppelt ist an jene institutionalisierte Klassifizierungs-, Schutz- und Bewahrungseinrichtung von Baudenkmälern, die ebenfalls im Rahmen der europäischen Nationenausbildung der Moderne entstanden ist: die Denkmalpflege.

Das vom Architekten und Kunsthistoriker Michael Falser geleitete Forschungsprojekt »Heritage as a Transcultural Concept« untersucht das größte steinerne religiöse Bauwerk der Welt, den kambodschanischen Tempel von Angkor Wat, in seiner kolonialen, postkolonialen und letztlich globalisierten Entstehungsgeschichte zu einer wahrhaften Kulturerbe-Ikone. Ziel des Projektes ist es unter anderem, das nationalstaatlich geprägte Paradigma von Kulturerbe mit dem methodischen Ansatz einer grenzübergreifenden, ja sogar zwischen den Kontinenten Asien und Europa (in diesem Falle Kambodscha und Frankreich) fluktuierenden Erbekonstruktion zu konfrontieren. Das Ziel, die methodische Forschung der Transkulturalität mit dem Zuschnitt auf Kulturerbe und Denkmalpflege innerhalb eines deutschen Fachpublikums zu diskutieren und auch den reichen Erfahrungsschatz von ›Praktikern im denkmalpflegerischen Feld‹ mit einzubeziehen, regte die gemeinsame Tagung an.

An dieser Stelle möchte ich den folgenden Personen und Institutionen meinen Dank aussprechen: der Deutschen Forschungsgemeinschaft und dem Arbeitskreis für die finanzielle Unterstützung der Tagung sowie dem Cluster-Direktorium für die Finanzierung der Drucklegung der Tagungsergebnisse. Ebenso herzlich möchte ich Michael Falser danken für seine engagierte Arbeit bei der Konzeptionalisierung der Konferenz und der Koordinierung des Tagungsbandes sowie den

Mitarbeiterinnen des Lehrstuhls – Brigitte Berger-Göken, Miriam Breitkopf und Jennifer Pochodzalla – für ihre unermüdliche Unterstützung. Dem hier vorliegenden Band wünsche ich eine konstruktive Aufnahme in die disziplinübergreifende Fachwelt der Kunst- und Architekturgeschichte, Kulturerbe-Forschung und Denkmalpflege.

Monica Juneja
Chair for Global Art History im Exzellenzcluster
»Asia and Europe in a Global Context« an der
Ruprecht-Karls-Universität Heidelberg

Der Arbeitskreis und die Theorie und Lehre der Denkmalpflege – transkulturell und postkolonial

Die Ausrichtung einer Jahrestagung in Kooperation mit einem Universitätsinstitut, das keine Denkmalpflege-Denomination hat, war in Heidelberg im vergangenen Herbst ein Novum in der 35-jährigen Geschichte des Arbeitskreises Theorie und Lehre der Denkmalpflege e.V. In der Regel werden unsere jährlichen Fachveranstaltungen in Zusammenarbeit mit der einschlägigen Professur einer Hochschule des In- oder Auslands oder – wie zuletzt 2008 in Straßburg und demnächst in Münster – mit einer Institution der staatlichen Denkmalpflege durchgeführt. Neu und gewissermaßen aus der Reihe tanzend sind entsprechend auch Form und Format der vorliegenden Tagungspublikation.

Dagegen ist das Thema, das uns mit dem Exzellenzcluster »Asia and Europe in a Global Context« der Universität Heidelberg verbindet, der transkulturelle Austausch, für den Arbeitskreis nicht grundsätzlich neu. Als Fachvereinigung der sich mit Denkmalpflege beschäftigenden Hochschullehrer/-innen haben wir uns aktuellen theoretischen und methodischen Herausforderungen im Feld des Erhalts des baukulturellen Erbes möglichst frühzeitig zu stellen. Denn neben der Lehre ist es eine zentrale Aufgabe der von den Zwängen des Amtsalltags von Denkmalbehörden freien Denkmalpflegefachleute an den Hochschulen, perspektivisch über aktuelle und zukünftige Herausforderungen im Zusammenhang mit dem Erhalt und der Vermittlung des baukulturellen Erbes nachzudenken. Als entsprechende Fachvereinigung, die den Theoriebegriff programmatisch in ihrem Namen führt, haben wir dabei als eine Art Thinktank zu agieren. Der Arbeitskreis hat immer wieder versucht, dieser Rolle gerecht zu werden, was sich nicht zuletzt in den von Birgit Franz vorgestellten Publikationen widerspiegelt.

Dieses Nachdenken über grundsätzliche Herausforderungen gilt auch und gerade für die Auswirkungen internationaler Entwicklungen, die man mit den Stich- bzw. Schlagworten ›Globalisierung‹ und ›Postcolonial Studies‹ ganz grob umschreiben kann. Zwar hat eine Diskussion über die Relevanz dieser Entwicklungen für die Denkmalpflege im deutschsprachigen Raum vergleichsweise spät eingesetzt, doch dürfte der Arbeitskreis immerhin eine der ersten Fachvereinigungen gewesen sein, die sich hierzulande dieser Diskussion zugewandt hat.[1] An unserer Jahrestagung 2007 in Leipzig befasste sich im Rahmen des Tagungsthemas »Sozialer Raum und Denkmalinventar« eine Sektion mit dem postnationalen Denkmalbegriff. Sabine Coady Schäbitz gab dort unter der Titelfrage *Whose heritage is it anyway?* einen Einblick in die schon wesentlich früher einsetzenden Diskussionen über exkludierende Aspekte und Möglichkeiten integrierender Wirkung von Denkmalpflege in Großbritannien.[2] Biagia Bongiorno berichtete über das Projekt »Fremdes Erbe« an der TU Berlin, das sich mit Orten der Immigrationsgeschichte in Berlin beschäftigt[3], und Michael Falser stellte das von Thomas King entwickelte Konzept der *Traditional Cultural Properties* vor, mit dem die US-amerikanische Denkmalpflege das dingliche und örtliche Erbe der nicht hegemonialen Bevölkerungsgruppen (d.h. sowohl der Indigenen wie der nicht weißen Immigranten) zu erfassen sucht.[4] Im Rahmen der nachfolgenden Tagung in Straßburg, die dem Thema »Grenzverschiebungen, Kulturraum, Kulturlandschaft. Kulturerbe in Regionen mit wechselnden Herrschaftsansprüchen« gewidmet war, wurden einige der Diskussionsstränge gleichsam am Rande weitergeführt.[5] Es war also folgerichtig, den Vorschlag unseres Mitglieds Michael Falser aufzugreifen und

---

1 | Einzelne unserer Mitglieder leisteten bereits früher wichtige Beiträge zum Thema, vgl. beispielsweise Dolff-Bonekämper, Gabi: »Sites of Historical Significance and Sites of Discord. Historic Monuments as a Tool for Discussing Conflict in Europe«, in: Cultural Heritage Committee of the Council of Europe (Hg.), Forward Planning: The function of Cultural Heritage in a Changing Europe. Straßburg 2001, S. 53-58. Lipp, Wilfried: »Der Mensch braucht Schutz. Geborgenheit und Differenz in der Globalisierung. Konservatorische Perspektiven einmal anders«, in: Österreichische Zeitschrift für Kunst und Denkmalpflege, 54,2/3 (2000), S. 183-188. Lipp, Wilfried: »The Conflict of Preservation in the Age of Postmodernism and Globalization«, in: Prague. A Hub of European Culture. International Symposium ICOMOS 2000,16.-19. Mai. Prag o.J., S. 63-65.

2 | Coady Schäbitz, Sabine: »Whose heritage is it anyway? Denkmalschutz und Integration in Großbritannien«, in: Birgit Franz/Gabi Dolff-Bonekämper (Hg.), Sozialer Raum und Denkmalinventar. Vorgehensweisen zwischen Erhalt, Verlust, Wandel und Fortschreibung. Jahrestagung 2007 in Leipzig (Veröffentlichungen des Arbeitskreises Theorie und Lehre der Denkmalpflege e.V., 17). Dresden 2008, S. 84-86.

3 | Bongiorno, Biagia: »Fremdes Erbe – Eigenes Erbe. Berliner Orte der Migrationsgeschichte«, in: Franz/Dolff-Bonekämper: Sozialer Raum und Denkmalinventar, S. 92-96.

4 | Falser, Michael: »Places that count: Zum Konzept des Traditional Cultural Property in der US-Denkmalpflege«, in: Franz/Dolff-Bonekämper: Sozialer Raum und Denkmalinventar, S. 97-101. Dazu: King, Thomas F.: Places that count. Traditional Cultural Properties in Cultural Resource Management. Walnut Creek 2003.

5 | Franz, Birgit/Dolff-Bonekämper, Gabi: Grenzverschiebungen, Kulturraum, Kulturlandschaft. Kulturerbe in Regionen mit wechselnden Herrschaftsansprüchen. Jahrestagung 2008 in Straßburg (Veröffentlichungen des Arbeitskreises Theorie und Lehre der Denkmalpflege e.V., 18). Holzminden 2009.

der Einladung der Lehrstuhlinhaberin des Heidelberger Chair of Global Art History, Monica Juneja, zu folgen, um das Thema der Transkulturalität von Kulturerbe und Denkmalpflege ins Zentrum einer Tagung zu stellen.

Nun sind gegenwärtig transnationale und interkulturelle Spurensuche vielfältig bearbeitete Themen: Sei es, dass den erstaunlich vielfältigen direkten oder mittelbaren Zeugnissen des Kolonialismus in Deutschland nachgespürt wird[6], sei es, dass die Exporte zentraleuropäischer Bauweise über die ganze Welt – vom *villaggio svizzero* auf Sizilien[7] bis zur Rezeption europäischer Architektur im vorkolonialen Indien[8] – wissenschaftlich erschlossen werden, oder sei es, dass man beginnt, sich mit dem ›fremden Erbe‹ der jüngeren Einwanderungsgeschichte zu befassen.[9] Während der hier publizierten Tagung konnten für alle diese Aspekte Beispiele präsentiert und diskutiert werden. Die Heidelberger Tagung hat aber auch gezeigt, dass es nicht reicht, sich von den verbesserten Reise- und Kommunikationsmöglichkeiten profitierend mehr oder weniger fernen Ländern zuzuwenden, um dort die Hinterlassenschaften unserer europäischen Vorväter zu studieren. Das Postulat einer transkulturellen Denkmalpflege umfasst mehr als die Suche nach einschlägigen materiellen Zeugnissen, und es ist mehr als der Export unserer bewährten Methoden in einst ferne Länder. Gefordert ist eine neue Denkweise, die vom ›Ende der großen Erzählung‹ auch in unserer Disziplin ausgeht. Das bedeutet gewiss auch, unsere ›Klassiker‹ mit neuen Fragestellungen neu zu lesen. Man kann dann beispielsweise feststellen, dass sich wieder einmal Alois Riegl – und damit wohl nicht zufällig ein Angehöriger der transnationalen und auch transkulturellen Donaumonarchie – als besonders anregend und zukunftsfähig erweist.[10] Man wird aber auch die größere Pluralität der Denkmaltheorie anerkennen und damit

---

6 | van der Heyden, Ulrich/Zeller, Joachim (Hg.): Kolonialmetropole Berlin. Eine Spurensuche. Berlin 2002. Honold, Alexander:»Afrika in Berlin – Ein Stadtviertel als postkolonialer Gedächtnisraum«, in: informationszentrum 3. Welt (iz3w) 278/279 (2004), S. 56-59.

7 | Wallnöfer, Pietro: »›Il Villaggio Svizzero‹. Auf den Spuren der Schweizerhäuser in Messina«, in: Adriano Boschetti et al. (Hg.), Fund-Stücke – Spuren-Suche. Berlin 2011, S. 593-609.

8 | Kegler, Karl R.: »Der zerbrochene Spiegel/1. Das ›exotische Europa‹ und die Bauten der Nawabs von Oudh«, in: Archimaera 1 (2008), www.archimaera.de/2007/1/1207/index_html vom 11.05.2012.

9 | www.fremdeserbe.dolff-bonekaemper.de/projekt.html. Vgl. auch Anm. 3.

10 | Vgl. z.B. Falser, Michael:»Denkmalpflege zwischen europäischem Gedächtnis und nationaler Erinnerung – Riegls Alterswert und Kulturtechniken der Berliner Nachwendezeit«, in: Moritz Csáky/Elisabeth Großegger (Hg.), Jenseits von Grenzen. Transnationales, translokales Gedächtnis. Wien 2007, S. 75-93. Dolff-Bonekämper, Gabi: »Gegenwartswerte. Für eine Erneuerung von Alois Riegls Denkmalwerttheorie«, in: Hans-Rudolf Meier/Ingrid Scheurmann (Hg.), DENKmalWERTE. Beiträge zur Theorie und Aktualität der Denkmalpflege. Georg Mörsch zum 70. Geburtstag. Berlin/München 2010, S. 27-40.

bisher wenig beachtete Exponenten jenseits des gewissermaßen teleologischen Mainstreams der Denkmaltheorie stärker in die Betrachtungen einbeziehen müssen. Vor allem aber wird man ganz andere Konzepte der Denkmalpflege – oder in diesem Zusammenhang vielleicht weiter gefasst: der *heritage*-Vorstellungen – als gleichwertig akzeptieren müssen. Es sind die inzwischen ja nicht mehr ganz neuen Konzeptionen, in denen etwa dem Ort größere Bedeutung als der Materie oder der örtlichen Community größeres Gewicht als der Substanz beigemessen werden. Daraus kulturkritisch den nun doch noch erfolgten Durchbruch postmoderner Beliebigkeit abzuleiten, wäre freilich verfehlt. Denn dass das Wissen – so es denn tatsächlich Wissen wäre – um die Praktiken am vielbemühten Shinto-Schrein für den Umgang mit einem mitteleuropäischen Holzhaus gar nichts erklärt (auch dann nicht, wenn dieses von Japanern bewohnt ist), sollte eigentlich eine basale Erkenntnis transkulturellen Denkens sein. Ein solches setzt das Bewusstsein für Kulturalität und damit für die kulturelle Bedingtheit von Praktiken und Denkweisen voraus. Die substanzorientierte Denkmalpflege ›abendländischer Tradition‹ wird damit keineswegs obsolet (wie es in jüngsten, zuweilen etwas aufgeregten internationalen Diskussionen gelegentlich den Anschein macht). Es geht auch nicht um den kleinsten gemeinsamen Nenner als universale Theorie, sondern um das größtmögliche Wissen um unterschiedliche Ansätze. Die Sache wird damit gewiss nicht einfacher, eröffnet aber neue Möglichkeiten der Kooperation und Partizipation. In den Debatten an der Heidelberger Tagung haben die Teilnehmer/-innen das Denken in diese Richtung schärfen können. Dafür sowie für die perfekte Organisation sei im Namen des Arbeitskreises Monica Juneja, Michael Falser und ihren Helfer/-innen herzlich gedankt.

Hans-Rudolf Meier
1. Vorsitzender des Arbeitskreises Theorie und Lehre der Denkmalpflege e.V.

Kulturerbe – Denkmalpflege: transkulturell. Eine Einleitung

Monica Juneja, Michael Falser

Das Konzept der Transkulturalität beleuchtet Transformationsprozesse, die sich in Begegnungen und den darauf folgenden Beziehungen zwischen Regionen und Kulturen entfalten. Der Begriff der Transkulturalität kann sich sowohl auf ein konkretes Untersuchungsobjekt beziehen, als auch als eine heuristisch-analytische Kategorie herangezogen werden. Das Präfix *trans* ermöglicht die Befreiung von jener gängigen Definition von ›Kulturen‹, die sie als ethnisch, religiös oder nationalstaatlich homogene Essenzen festschreibt. Sie geht auf die territorialbezogene Bildung von Nationalstaaten im späten 18. und 19. Jahrhundert in Europa zurück und fand im 20. Jahrhundert in den jungen postkolonialen Nationen von Afrika bis Asien eine weitere Verankerung. Eine transkulturelle Sicht hingegen sensibilisiert für eine dynamischere Bezeichnung von Kultur, die aus Konstellationen grenzüberschreitender Mobilität konstituiert wird und in einem stetigen Prozess des Wandels eingeschrieben ist. Dieser Ansatz macht Akteure, Prozesse und Phänomene jenseits der bisher als statisch verstandenen Kulturgrenzen »sagbar«[1] und ermöglicht dabei eine als polyvalent und reziprok konzipierte Beziehungsgeschichte.

Eine frühe Verwendung des transkulturellen Ansatzes geht auf den Begriff ›Transkulturation‹ zurück: Geprägt hat ihn der kubanische Anthropologe Fernando Ortiz in seiner 1940 erschienenen Studie über die Geschichte des Tabaks und Zuckers, um diejenigen transitiven Prozesse zwischen Kulturen zu erschließen, die sich mit dem gängigen kulturanthropologischen Erklärungsmuster der Akkulturation nur unzureichend erklären lassen.[2] Nach Ortiz umschreibt Transkulturation demnach jene multiplen Dimensionen und Phasen einer Kulturbeziehung, die nicht nur darin bestehen, eine andere Kultur anzunehmen, sondern mit dem

---

1 | Im Sinne einer historischen Diskursanalyse, vgl. Landwehr, Achim: Geschichte des Sagbaren. Einführung in die historische Diskursanalyse. Tübingen 2001.

2 | Ortiz, Fernando: Contrapunteo cubano del tabaco y el azúcar. Havana 1940; Engl. Cuban Counterpoint: Tobacco and Sugar. Durham N.C. 1995 (tr. Harriet de Onís with an introduction by Fernando Coronil, Erste Auflage. New York 1947).

Prozess der Entwurzelung der früheren Kultur auch die Entstehung neuer Phänomene in den Blick nehmen. Zwar war Ortiz' Untersuchung über die postkoloniale kubanische Gesellschaft ursprünglich von einem dezidiert linearen Verlauf ausgegangen – auf den Verlust einer früheren kulturellen Verankerung folgt Erneuerung – doch hatte sich damit das Erklärungspotential des Begriffs ›Transkulturation‹ bzw. ›Transkulturalität‹ lange nicht erschöpft.

In jüngerer Zeit hat der Philosoph Wolfgang Welsch Transkulturalität zu einem heuristischen Mittel erklärt, um jene während der europäischen Aufklärung entstandene traditionelle Auffassung von Kultur kritisch in Frage zu stellen.[3] Er rekurriert hierbei auf den im späten 17. Jahrhundert durch Samuel von Pufendorf geprägten Kulturbegriff, der sämtliche Tätigkeiten »eines Volkes, einer Gesellschaft oder einer Nation« zu umfassen schien,[4] während der als ›Kollektivsingular‹ ausgerichtete Begriff von Kultur erst am Ende des 18. Jahrhunderts durch Herder seine moderne Bedeutung erhalten habe. Dem Herder'schen Kulturbegriff schreibt Welsch drei wesentliche Eigenschaften zu: ethnische Fundierung durch die enge Bindung der Kultur an ein Volk, soziale Homogenität und Abgrenzung nach außen – und damit das Potential von kulturellem Rassismus.[5] Diesen historischen Definitionen setzt Welsch ein modernes Kulturverständnis der ›Transkulturalität‹ gegenüber, das der Erfahrung gegenwärtiger, durch Migration und globale Medien geprägter Gesellschaften gerecht werde. Transkulturalität sei damit das Ergebnis der hochgradigen Binnendifferenzierung und Komplexität von modernen Kulturen, doch hebe sie sich von den neueren Konzepten der Interkulturalität und Multikulturalität ab, die ihrerseits die Prämissen der traditionellen Kulturvorstellung bestätigten oder bloß ergänzten, statt sie zu überwinden. Für Welsch käme es künftighin darauf an, Kulturen jenseits des Gegensatzes von Eigenem und Fremdem zu denken. Die Verabschiedung des traditionellen Kulturkonzeptes sei »normativ« geboten: Transkulturalität, die Welsch automatisch als synkretistisch und kosmopolitisch versteht, fungiere hier als notwendiges ethisch-politisches Korrektiv gegen Ethnozentrismus oder Xenophobie.[6]

An dieser Stelle möchten wir zunächst einige Kritikpunkte an dem Konzept von Welsch erläutern, die sich im Rahmen der Forschung am Exzellenzcluster »Asien und Europa im globalen Kontext« an der Universität Heidelberg herauskristallisiert haben, um anschließend auf das Potential der Transkulturalität als

---

3 | Welsch, Wolfgang: »Transkulturalität. Zur veränderten Verfassung heutiger Kulturen«, in: Irmela Schneider/Christian W. Thomsen (Hg.), Hybridkultur: Medien, Netze, Künste. Köln 1997, S. 67-90.

4 | Welsch, Wolfgang: Transkulturalität, www.forum-interkultur.net/uploads/tx_textdb/ 28.pdf (abgerufen am 12. Mai 2012).

5 | Welsch: Transkulturalität, S. 68-69.

6 | Ebd.

eine Forschungsperspektive einzugehen.[7] Zunächst: Die kritische Haltung von
Welsch gegenüber dem traditionellen Kulturbegriff, den er zurecht als zwangsläufig homogenisierend und daher als obsolet betrachtet, ruht auf der Annahme, dass
Prozesse der Grenzüberschreitung und historische Verflechtungen ausschließlich
Attribute moderner Gesellschaften seien. In dieser Hinsicht ähnelt seine Sichtweise der Einstellung derjenigen Kulturanthropologen, die dazu tendieren, den
Gegensatz zwischen der gegenwärtigen Globalisierung und den Gesellschaften
der Vergangenheit zu verabsolutieren.[8] Wenn wir von der Erkenntnis ausgehen,
dass Phänomene wie etwa die Mobilität von Menschen, Gegenständen und Praktiken über große Entfernungen hinweg, Migration und kulturelle Durchdringung
seit der Antike weltweit und damit lange vor der Entstehung von internationalen
Datennetzen und globalen Kapitalmärkten Gesellschaften geformt haben, so sind
wir folgerichtig auch herausgefordert, Verschiebungen und Veränderungen der
Formen und Praktiken der Zirkulation und Kommunikation von der Vergangenheit bis in die Gegenwart empirisch und theoretisch zu erklären, statt ihre kultur-
prägende Funktion auszublenden. Darüber hinaus weist die Argumentation von
Welsch deshalb ein methodisches Defizit auf, da sie nicht klar zwischen Kultur als
einem ideologischen, historisch spezifischen Konstrukt und Kultur als Beschreibung und historische Praxis unterscheidet und daher versäumt, gerade dieses
Spannungsverhältnis zwischen jenen beiden Ebenen von Kultur selbst zum Unter-
suchungsgegenstand zu machen. Kulturbeziehungen bringen konträre Dimensionen von Relationalität hervor: Gerade Erfahrungen von soziokulturellem Austausch können auch das Bedürfnis erzeugen, Differenzen zu festigen und lassen
häufig eine ethnozentristische Rhetorik entstehen. Transkulturelle Forschung ist
demzufolge auch mit der Aufgabe konfrontiert, Aushandlungsprozesse von Differenzen in ihrem umfassenden, auch paradoxen Erscheinungsbild zu untersuchen
und zu erklären. Aus dieser Perspektive kann Grenzüberschreitung auch als Ab-
grenzungsvorgang durch Diskurse radikaler Alterität verstanden werden. Die von
Welsch postulierte Dichotomie zwischen »realer« kosmopolitischer Substanz und
einer »fiktiven« oder »politisch gefährlichen« Ideologie ist historisch-methodisch
gesehen in dieser Hinsicht jedoch wenig tragbar.[9]

Zweitens: Welsch konzipiert Transkulturalität im Sinne einer statischen Eigenschaft, einer bloßen Beschreibung der Merkmale von Kultur und der pluralen
Identitäten der Menschen, die ihr angehören. Das einem dynamischen Kulturbegriff eingeschriebene Attribut der Prozessualität wird in seinem analytischen

---

7 | Die Forschungsperspektive des im Rahmen der bundesweiten Exzellenzinitiative 2007
entstandenen und 2012 weitergeführten interdisziplinären Clusters an der Universität Heidelberg lautet: »Asien und Europa im globalen Kontext: Die Dynamik der Transkulturalität«.
8 | Vgl. Appadurai, Arjun: Modernity at Large: Cultural Dimensions of Globalization. Min-
neapolis 2000; Hannerz, Ulf: Transnational Connections: Culture/People/Places. London/
New York 1996.
9 | Welsch: Transkulturalität, S. 69.

Modell nicht problematisiert: Es macht nicht auf jene Dynamiken aufmerksam, die, aus einer historisch-diachronen Perspektive betrachtet, mit den Prozessen der Zirkulation und des Austauschs eine konstituierende Wirkung auf kulturelle Neuformationen hatten und daher in ihrer komplexen Vielfalt genau untersucht werden müssten. Mit anderen Worten: Kulturelle Differenz ist keine feststehende Essenz, sondern wird innerhalb von Begegnungen und den darauf folgenden Beziehungen ausgehandelt. Aushandlungsprozesse offenbaren folgerichtig auch eine breite Palette von Strategien, die von selektiver Aneignung, Mediation, Übersetzung, Umdeutung, Neukonfigurierung und Re-Semantisierung bis zu Nicht-Kommunikation, Abgrenzung, Ablehnung oder Widerstand reichen können – oder durch eine Abfolge oder gar Durchmischung mancher dieser Strategien charakterisiert werden könnten. Eine historische, durch mehrsprachige Quellen unterstützte Untersuchung dieser Strategien, Prozesse und Dynamiken stellt die zentrale Herausforderung transkultureller Forschung dar, um jenen Vorstellungen von festgeschriebenen Identitäten und Alteritäten und unverrückbaren Dichotomien zwischen Assimilation und Resistenz entgegenzuarbeiten.

Ende des 20. Jahrhunderts fand der Begriff ›transkulturell‹ eine größere Beachtung unter deutschsprachigen Historikern, Soziologen und Kulturwissenschaftlern. Sein Gebrauch in verschiedenen wissenschaftlichen Disziplinen bringt aber zwangsläufig auch eine fehlende Konsistenz mit sich – oftmals wird er gleichsam austauschbar mit ›interkulturell‹ verwendet, an anderen Stellen für die Beschreibung von Handlungskompetenzen im Umgang mit kultureller Pluralität.[10] In der Geschichtswissenschaft taucht der Begriff im Zusammenhang mit einem global ausgerichteten Forschungsparadigma auf.[11] In diesen Fällen bezieht sich die Chiffre transkulturell auf einen Forschungsgegenstand, der sich jenseits des europäischen Horizontes befindet. Häufig setzt der Gebrauch des Begriffs aber auch angeblich ›natürliche‹ Zivilisationseinheiten voraus, die überhaupt erst im 19. Jahrhundert entstanden sind.[12] Zivilisation und Kultur werden in diesem Sinne synonym ver-

---

10 | Vgl. zum Beispiel die Beiträge in: Hans Jörg Sandkühler/Hong-Bin Lim (Hg.), Transculturality – Epistemology, Ethics and Politics. Frankfurt a.M. 2004. In der Medizin, Psychiatrie oder Krankenpflege wird der Begriff im Bezug auf unterschiedliche ethnische Gruppen verwendet.

11 | Osterhammel, Jürgen: »Transkulturell vergleichende Geschichtswissenschaft«, in: Heinz-Gerhard Haupt/Jürgen Kocka (Hg.), Geschichte und Vergleich: Ansätze und Ergebnisse international vergleichender Geschichtsschreibung. Frankfurt a.M. 1996, S. 271-314; Bähr, Andreas/Burschel, Peter/Jancke, Gabriele (Hg.): Räume des Selbst. Selbstzeugnisforschung transkulturell. Köln/Weimar/Wien 2007; Borgolte, Michael/Schneidmüller, Bernd (Hg.): Mittelalter im Labor: die Mediävistik testet Wege zu einer transkulturellen Europawissenschaft. Berlin 2008.

12 | Höfert, Almut: »Europa und der Nahe Osten: Der transkulturelle Vergleich in der Vormoderne und die Meistererzählungen über den Islam«, in: Historische Zeitschrift 287 (2008), S. 561-597.

wendet, ungeachtet ihrer komplexen Geschichte.[13] Paradoxerweise reproduziert der Vorsatz, mit einem ›transkulturellen‹ Horizont den perspektivischen Blick jenseits eines festsitzenden Eurozentrismus zu überschreiten, also genau dieselben eurozentrischen Grundsätze, die die Einteilung der menschlichen Geschichte anhand der räumlichen, oft kulturessentialistisch geprägten Großkategorie der Zivilisation (oder Kultur) ermöglichten. Gerade diese Auffassung von Zivilisation(en) und Kultur(en), die im 19. Jahrhundert im Einklang mit der Bildung von Nationalstaaten Gestalt annahm, hat die institutionellen Strukturen akademischer Disziplinen sowie die ihnen zu Grunde liegenden Wertmaßstäbe mitbestimmt. Die Denkfigur der Transkulturalität kann also ein analytisches Mittel dafür sein, jene in der Historiographie stabilisierten territorialen wie sozialen Einheiten mitsamt ihren Grenzziehungen in Frage zu stellen. Sie ermöglicht es, den Blick auf noch wenig untersuchte Einheiten und Gruppen zu werfen, die quer zu etablierten Kategorien – wie Territorium, Staat, Nation, Religion, Ethnie und Sprachgruppe – verlaufen. Indem der transkulturelle Ansatz auf eine Befreiung von jenem Kultur- und Zivilisationsbegriff des 19. Jahrhunderts zielt und damit eine qualitative Veränderung desselben anstrebt, liegt sein kritisches Potential eben auch in einer neuartigen Reflexion über die gängigen Fachgrenzen und institutionellen Strukturen ebenso wie über die von diesen Moderne-zeitlichen Disziplinen heute bereits über globale Grenzen hinweg mitgetragenen Wertigkeiten.

Die modernen Disziplinen der Kunst- und Architekturgeschichte sowie der Denkmalpflege nahmen im Rahmen der oben genannten Prozesse der Modernisierung und Nationenbildung theoretische Gestalt an und erhielten zugleich im Konzept des Nationalstaats ihre institutionelle Anbindung. Der kunsthistorische Diskurs über sowohl materielle als auch immaterielle Kulturgüter, die heute weithin unter dem Begriff des Kulturerbes subsumiert werden, hat über längere Zeit die Taxonomien und Werturteile der westlichen Moderne – jedoch mit einem Anspruch auf universelle Gültigkeit – in sich getragen. Im Prozess der Kolonialisierung fanden diese modernezeitlichen Typologien und Methoden der kulturellen Klassifizierung und kunst- und architekturstilistischen Zuordnung eine globale Verbreitung und Akzeptanz, oder aber durchliefen Prozesse der Umdeutung und Aneignung, um sie für die Konstruktion des nationalen (später postkolonialen) Kulturerbes heranzuziehen.

Im Westen hat sich die Disziplin der Kunstgeschichte das hegelianische Narrativ des Fortschritts angeeignet – ein Narrativ, das sich im Einklang mit der musealen Konstruktion von der Geschichte der Errungenschaften einer als westlich bezeichneten Zivilisation entfaltete. Dagegen pflegen die jungen postkolonialen

---

13 | Fisch, Jörg: »Zivilisation, Kultur«, in: Otto Brunner (Hg.), Geschichtliche Grundbegriffe: Historisches Lexikon zur politisch-sozialen Sprache in Deutschland, Bd. 7. Stuttgart 1992, S. 679-774; für eine außereuropäische Perspektive vgl. Sartori, Andrew: »Culture as a Global Concept«, in: Bengal in Global Concept History: Culturalism in the Age of Capital. Chicago 2008, S. 25-67.

Staaten der außereuropäischen Welt – zu denen heute die noch jüngeren Nationalstaaten der postsowjetischen Welt hinzugekommen sind – eine im Rahmen
der einzelnen Nation geformte Erzählung von einer uralten, einzigartigen Kultur,
die ebenfalls über ihre neu geschriebene Geschichte und in ihren neu etablierten Museen zur Schau gestellt wird. Beide Positionen – die westeuropäische als
auch die nichteuropäische – bedingten sich gegenseitig und bildeten gemeinsam
den Kanon der Kunstgeschichte, indem historische Prozesse der Verflechtung und
Überlagerung sowie die konstitutive Wirkung ethnisch-religiöser Pluralität häufig
ausgeblendet oder unter unzureichenden Begriffen wie etwa ›Einfluss‹, ›Transfer‹
oder ›Anleihe‹ subsumiert wurden. Damit hängen auch die typisierenden Bezeichnungen zusammen – wie etwa ›islamisch‹, ›buddhistisch‹ oder sogar ›westlich beeinflusst‹, aber auch ethnische bzw. nationale Zuschreibungen wie indisch, korea-
nisch, usbekisch usw. – mit denen Kunstformen und Gegenstände oft etikettiert
und über diesen Weg zur Stiftung von Identitäten bzw. zur Erfindung von Traditionen gebraucht werden.[14]

Eine transkulturelle Sicht auf wissenschaftliche Disziplinen wie in unserem
Falle die Architektur- und Kunstgeschichte oder auf institutionalisierte Kulturerbe-
Einrichtungen wie die Denkmalpflege regt dazu an, unsere Untersuchungseinheiten neu zu konstituieren und anders zu benennen. Hier unterscheidet sich der
Ansatz der Transkulturalität von jenem der Transferforschung, die sich mit der
Übertragung von Inhalten und Praktiken von einem semantisch-visuellen System
in ein anderes beschäftigt und dabei von zwei autonomen, klar definierten Einheiten ausgeht – auch wenn diese Forschung heute von Übersetzungsprozessen
und »hybriden«[15] Formen spricht. Geht man von der Annahme aus, dass Kulturen über Beziehungsprozesse erschlossen werden und sich im stetigen Prozess
des Werdens befinden, so postuliert diese transkulturelle Sicht eben auch nicht
strikt vorgegebene Untersuchungseinheiten – wie etwa nationalstaatliche oder zi-
vilisationsgeschichtliche Konstrukte –, sondern konstituiert ihre Untersuchungseinheiten nach der Logik der an den Zirkulationsprozessen und historischen Beziehungen beteiligten Akteure. Innerhalb großräumiger, durch Begegnung und
Austausch konstituierter geographischer Regionen treten damit spezifische lokale
Formen und Praktiken in den Vordergrund, deren Untersuchung eine mehrfach
gelagerte, transkulturelle Perspektive verlangt: einen forschenden Blick, der zwi-

---

14 | Ausführlicher zu diesem Thema Juneja, Monica: »Global Art History and the ›Burden of
Representation‹«, in: Hans Belting/Jakob Birken/Andrea Buddensieg/Peter Weibel (Hg.),
Global Studies. Mapping Contemporary Art and Culture. Ostfildern 2011, S. 274-297;
Bruhn, Matthias/Juneja, Monica/Werner, Elke (Hg.): Universalität in der Kunstgeschichte.
Themenheft ›Kritische Berichte‹ 2 (2012).
15 | Der von Homi Bhabha geprägte, aber inzwischen inflationär verwendete Begriff der
›Hybridität‹ setzt meistens zwei als rein konzipierte Kulturen voraus, die dann zu einer
Mischform verschmelzen, ohne allerdings auf die Prozesse ihrer Beziehung genauer oder
morphologisch einzugehen.

schen dem Lokalen, Nationalen und Globalen alterniert, diese Bezugsebenen aber nicht nebeneinander, sondern simultan behandelt und sich mit dem Spannungsverhältnis zwischen diesen Ebenen auseinandersetzt.

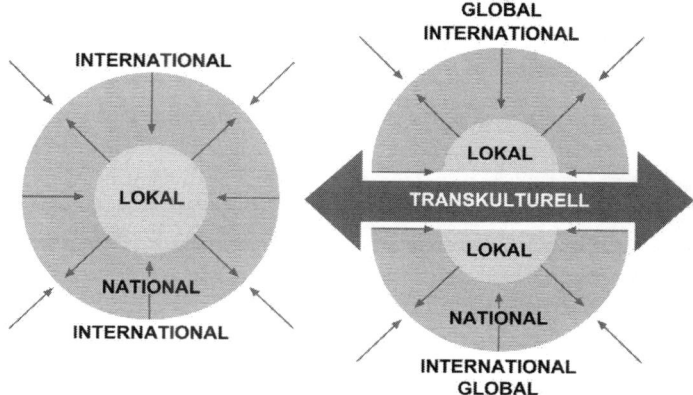

Abbildung 1: Das Konzept der Transkulturalität und die synchrone Analyse der Ebenen lokal, national, international und global
(Chart: Michael Falser 2012)

Weiters hinterfragt die Transkulturalität etliche, vornehmlich durch die Disziplinen der Kunstgeschichte und Denkmalpflege getragene Werturteile kritisch – etwa jene von der künstlerischen Moderne inspirierte Überhöhung der ›Originalität‹, welche gleichzeitig neue Dichotomien zwischen ›Original‹ und ›Kopie‹ oder ›Derivat‹ stiftet und damit historisch belegbaren Prozessen wie etwa Wiederverwenden, Nachahmen oder Replizieren nicht gerecht wird oder sie als kulturell minderwertig herabstuft. Vor allem in der Baukunst sind kulturelle Praktiken wie etwa materielle Wiederverwendung und Imitation stets und quer über Zeit und Raum hinweg nachweisbar. Ihre vielfältige Morphologie verlangt in neuen Termini beschrieben zu werden – etwa als Form des kreativen Umgangs mit angeeigneten oder eingewanderten Objekten, als dialogische Beziehung mit kultureller Differenz, oder als Mittel der Domestizierung des Fremden oder aber der Anerkennung seiner Autorität.

Aus dieser Fragestellung heraus besitzt das Konzept der ›kulturellen Übersetzung‹ ein wichtiges Erklärungspotential, um die sich innerhalb von transkulturellen Prozessen abspielende Dialektik zwischen Alterität und Assimilierung zu erschließen. Der *translational turn* in den Kulturwissenschaften hat bewirkt, dass nicht allein die Sprache oder literarische Texte den Gegenstand der Übersetzung bilden.[16] Übersetzung als ›kulturelle Praxis‹ bezieht sich auf den lateinischen Be-

---

16 | Bachmann-Medick, Doris (Hg.): Übersetzung als Repräsentation fremder Kulturen. Berlin 1997; Budick, Sanford/Iser, Wolfgang (Hg.): The Translatability of Cultures. Figu-

griff der *translatio*, der auf einen Prozess der politischen und kulturellen Neuverortung hinweist. Übersetzung kann damit als eine Form der Grenzüberschreitung gedeutet werden, die einen Übergangsraum durch Begegnung und Interaktion schafft, in dem Vorstellungen, Werte, Denkmuster und Praktiken aus einem kulturellen Kontext in einen anderen übertragen werden. Übersetzung als transkulturelle Praxis fungiert sowohl als Kommunikation als auch Inszenierung von kultureller Differenz. Es geht weniger darum, eine Äquivalenz (im Sinne der wörtlichen Bedeutung) zwischen zwei Entitäten zu erstellen als vielmehr darum, eine konzeptionelle Kohärenz zu schaffen.[17] Übertragen auf Bau-, Rekonstruktions- und Wiederverwendungspraktiken in der Architekturgeschichte zum Beispiel, regt der dynamische Übersetzungsbegriff einerseits dazu an, die wertenden Kategorien mimetischer Exaktheit zu destabilisieren, andererseits dazu, Transformationsprozesse im Rahmen einer Kulturbeziehung präziser und nuancierter zu erfassen.

Die wissenschaftliche Erschließung von Praktiken wie jenen der materialen Wiederwendung, Rekonstruktion oder Replikation, so unser Plädoyer, muss aber auch jenseits der ursprünglichen Absichten der Auftraggeber und der kanonischen Stilfragen nach den sozialen Erfahrungen und kulturellen Rezeptionsformen der oft heterogenen Benutzergruppen von Bauten und Objekten fragen. Der transkulturelle Ansatz schärft den Blick für diejenigen Erfahrungen, die häufig ausgeblendet werden, wenn historische Überreste aus der Vergangenheit zu (nationalen) ›Denkmälern‹ oder (homogenen) ›Erinnerungsorten‹ stilisiert werden, die zur Stiftung von (kollektiven) Identitäten beitragen sollen, indem sie die Gemeinsamkeit zwischen Menschen, die ihrerseits jedoch in vielschichtige, ja multiple Vergangenheiten eingebettet sind, hervorheben. Der transkulturelle Ansatz setzt sich damit auch mit jenem Spannungsverhältnis auseinander, das zustande kommt zwischen dem wissenschaftlichen Diskurs und dem institutionalisierten Konzept des Kulturerbes einerseits und den vielfältigen, sich an ein und demselben Erinnerungsort überlagernden und oftmals in ihren Sinnstiftungen konfligierenden Benutzungspraktiken von Gebäuden in Vergangenheit und Gegenwart anderseits. Genau aus dieser spannungsreichen Gemengelage heraus sind jene als Kulturerbe konnotierten historischen Bauten oftmals zum Standort ethno-politischer oder religiöser Konflikte geworden: Im Mittelpunkt der Auseinandersetzungen stehen Fragen nach dem ›Ursprung‹ von Bauten, ihrer gewaltsamen Aneignung durch ›fremde‹ Herrscher oder den Intentionen ihrer Auftraggeber.

Der transkulturelle Ansatz grenzt sich aber auch von der in der Globalisierungsforschung häufig anzutreffenden Sichtweise ab, welche die Auflösung von Grenzen durch die beschleunigte Mobilität und mediale Vernetzung der Gegen-

rations of the Space Between. Stanford 1996; Carbonell, Ovidio: »The Exotic Space of Cultural Translation«, in: Román Álvarez/M. Carmen-África Vidal (Hg.), Translation, Power, Subversion. Clevedon/Philadelphia/Adelaide 1996, S. 79-98.

17 | Vgl. Stewart, Tony K.: »In Search of Equivalence: Conceiving Muslim-Hindu Encounter through Translation Theory«, in: History of Religions 40,3 (2001), S. 260-287.

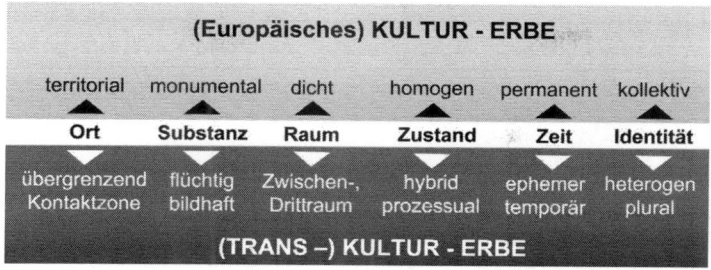

(Europäisches) KULTUR - ERBE					
territorial	monumental	dicht	homogen	permanent	kollektiv
▲	▲	▲	▲	▲	▲
Ort	**Substanz**	**Raum**	**Zustand**	**Zeit**	**Identität**
▼	▼	▼	▼	▼	▼
übergrenzend Kontaktzone	flüchtig bildhaft	Zwischen-, Drittraum	hybrid prozessual	ephemer temporär	heterogen plural
(TRANS –) KULTUR - ERBE					

Abbildung 2: Eine Differenzierung der Hauptcharakteristika von ›Kultur-erbe‹ aus der herkömmlich europäischen Sicht (oben) und der Perspektive transkultureller Forschung (unten) (Chart: Michael Falser 2012)

wart zelebriert. Abweichend von Globalisierungsanthropologen wie etwa Arjun Appadurai, dessen berühmte »scapes« eine Polarität zwischen vollkommenem räumlichen Fluss und fest eingegrenzten Räumen voraussetzen,[18] plädiert der transkulturelle Ansatz für die Transzendierung des Gegensatzes, um so die neuen Räume zu lokalisieren, die als Ergebnis der Grenzüberschreitung entstehen, zugleich aber die Grenzen auch immer stets neu zu definieren. Mit anderen Worten: Dem von Appadurai beschriebenen Phänomen der ›de-territorialization‹ folgt zugleich eine neue ›re-territorialization‹. Zum einen machen solche Räume kulturelle Differenzen auf eine besondere Art sichtbar und erfahrbar und eröffnen den Akteuren ein Feld, in dem sie die Konstruktion kultureller Differenzen selbst in ihren Handlungskonzepten und deren Ergebnissen – etwa ein Kunstwerk, ein architektonisches oder denkmalpflegerisches Konzept – vorführen können. Zum anderen schafft der Prozess der Entgrenzung auch neue Grenzen, die quer durch nationale und kulturelle Einheiten gezogen werden und neue Konflikte generieren. Heute wird zum Beispiel ein gemeinsamer, moderner Begriff für Kunst oder Kulturerbe grenzüberschreitend von Eliten weltweit rezipiert. Dies setzt eine gemeinsame Teilhabe an maßgeblichem Wissen über Kunst und Architektur sowie einen Konsens über die museale oder identitätsstiftende Funktion des Kulturerbes und die Autonomie des modernen Kunstwerks voraus. Allerdings trennt heute auch eine neue, ebenfalls Nationen und Regionen überschreitende Grenze diese globalen Eliten von denjenigen, die nicht an modernen Kunst- und Kulturinstitutionen und ihren Diskursen über das moderne Kulturerbe beteiligt sind. Dies produziert wiederum Brüche und Spaltungen auf lokaler Ebene, die dann über die Medien zu globalen Kontroversen und Diskursen aufgebauscht werden. Die Zerstörung der Buddha-Statuen von Bamiyan und gleichzeitig des Nationalmuseums von Kabul im Jahre 2001[19] ist ein prägendes Beispiel dieses Konflikts, erzeugt

---

18 | Appadurai: Modernity at Large.
19 | Flood, Finbarr Barry: »Between Cult and Culture: Bamiyan, Iconoclasm and the Museum«, in: Art Bulletin LXXXIV,4 (2002), S. 641-659; Falser, Michael: »Die Buddhas von

durch neue Hierarchien auf jener lokalen Ebene, auf der der Diskurs über die museale Identität von Kunst und Kulturerbe keine einheitliche oder gemeinsame Resonanz gefunden hat. Gerade die transkulturelle Forschung ermöglicht hierbei eine differenziertere und kritischere Betrachtung von Kosmopolitismus oder ähnlichen, schwer zu fassenden Konzepten wie etwa *métissage* oder Hybridität, die zu Schlüsselbegriffen der modernen Globalisierung avancierten.

ZUM AUFBAU DES BUCHES UND INHALT DER BEITRÄGE

Um die verschiedenen transkulturellen Austausch-, Aushandlungs- und Herstellungsprozesse, ihre Akteure und institutionellen Regime, Wertekonstruktionen, Theorien und Konzepte und letztendlichen materiellen Zwischen- und Endprodukte im Fokus von Kulturerbe und Denkmalpflege besser diversifizieren zu können, haben wir – wie schon zur Tagung selbst – zur Gliederung der hier vorliegenden Beiträge eine Dreiteilung des Oberbegriffs ›Kultur‹ vorgenommen. Im breit gefächerten ›Einsatzbereich‹ der Kulturwissenschaften möchten wir übergreifend Herangehensweisen, Aspekte und Themenfelder der Geistes-, der Sozial-, und Normwissenschaften ansprechen und haben deshalb ›Kultur‹ in ihre materialen, sozialen und mentalen Komponenten zerlegt – obwohl sich diese naturgemäß überlagern und immer untrennbar miteinander verbunden sind. Mit dem Blick auf das übergeordnete Thema der ›Transkulturalität‹ ergeben sich hiermit jene drei Übergruppen und Kapitel des Buches, deren jeweils vier Unteraspekte mit jeweils zumindest einem Beitrag und manchmal sogar mehreren Fallstudien angesprochen werden: Das transkulturelle Artefakt (der materiale Aspekt von Kultur mit Artefakten, deren Entstehungs- und Transformationsprozesse, Fertigkeiten und Varianten der Herstellung), das transkulturelle Soziofakt (der soziale Aspekt von Kultur mit Prozessen und Konstrukten der Gesellschaft, von einzelnen Akteuren und Institutionen, von Sozialklima und Identität) und das transkulturelle Mentefakt (der mentale Aspekt von Kultur mit der Vielfalt an Ideen, Werten, Konventionen, Gesetzen, Begriffen, Konzepten und Theorien).[20] Im Folgenden soll versucht werden, anhand dieser Gliederungsstruktur den Aufbau der Kapitel, ihre begrifflichen Untergruppen und die wichtigsten Thesen und Inhalte der einzelnen Beiträge zu umreißen.

Bamiyan, performativer Ikonoklasmus und das ›Image‹ von Kulturerbe«, in: Zeitschrift für Kulturwissenschaft. Themenheft ›Kultur und Terror‹ 1 (2010), S. 82-93.

20 | Diese Unterteilung von ›Kultur‹ leitet sich u.a. aus der Kultursemiotik ab und ist beispielhaft analysiert bei: Posner, Roland: »Kultur als Zeichensystem. Zur semiotischen Explikation kulturwissenschaftlicher Grundbegriffe«, in: Aleida Assmann/Dietrich Harth (Hg.), Kultur als Lebenswelt und Monument. Frankfurt a.M. 1991, S. 36-74.

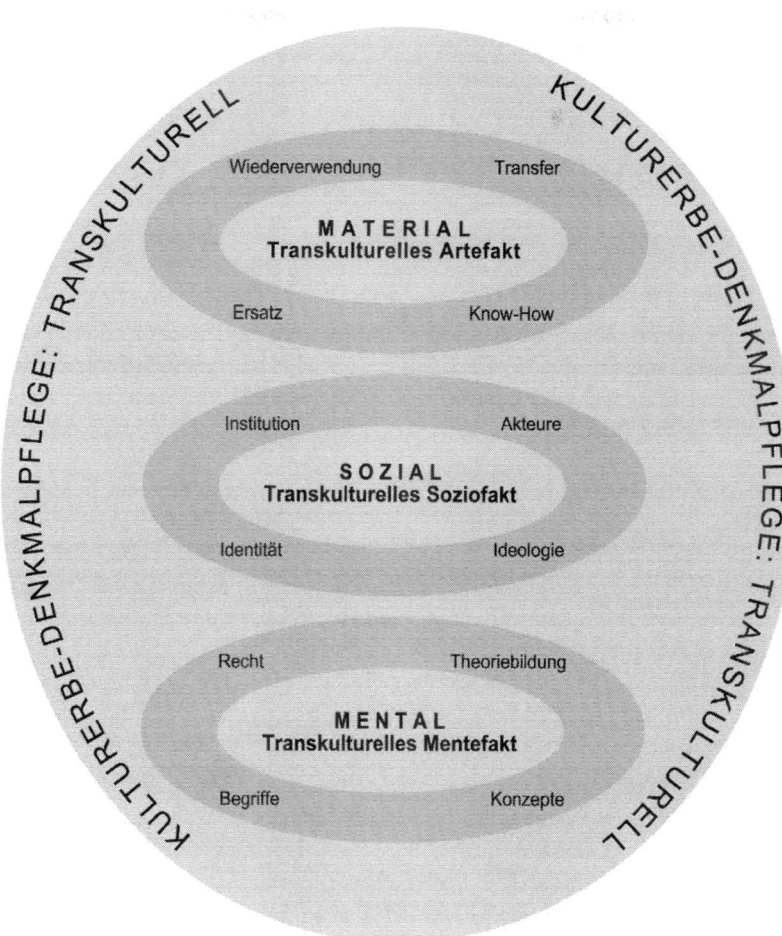

Abbildung 3: Die Unterteilung von ›Kulturerbe‹ in seine drei Untergruppen material, sozial und mental und ihre Differenzierung in Themen und Zugangsformen, die innerhalb der vorliegenden Publikation von Beiträgen abgedeckt werden (Chart: Michael Falser 2012)

Das transkulturelle Artefakt

Zu Beginn der Analyse nehmen wir auf den materialen Aspekt der Kultur Bezug und sprechen unter dem Oberbegriff des transkulturellen Artefakts vier Aspekte an: Wiederverwendung, Transfer, Ersatz und Know-how.

Wiederverwendung

Monica Juneja konfrontiert am Beispiel des Gebäudekomplexes Qutb Minar in Delhi/Indien die etablierten kunstwissenschaftlichen Kategorien der Originalität, Ursprünglichkeit und eindeutigen Auftraggeberschaft mit jenem transkulturellen Ansatz, der kreative Prozesse und Praktiken der Wiederverwendung und Aneignung von Objekten und Gebäudeteilen ins Zentrum der Analyse stellt.

Ihr zentrales Untersuchungsobjekt ist die Masjid-i Jama, die erste Moschee der Stadt Delhi aus dem 11. Jahrhundert am Bauplatz eines hinduistischen Vorgängerbaus, die heute einer spannungsreichen Kulturerbe-Konstruktion eingeschrieben ist: Denkmal der glorreichen Vergangenheit der Stadt und UNESCO-Welterbe einerseits, hindu-nationalistisch und damit anti-muslimisch instrumentalisierter Erinnerungsort andererseits, letztlich aber, wie Juneja baugeschichtlich nachweist, ein palimpsestisch gefasster Identifikations- und Gedächtnisraum, eine ›trans‹-kulturelle Kontaktzone.

Transfer

Carola Jäggi fokussiert auf jene materialen Wanderbewegungen, die Spolien als transkulturelle Objekte definieren lassen, da sie sowohl räumlich, zeitlich und symbolisch ›weite Distanzen‹ überwinden können. Von Interesse sind auch ihre später erfahrenen (Um-)Deutungen, die von den Intentionen der ehemals für die Spolienverwendung verantwortlichen Akteure abweichen können. Anhand antiker, mittelalterlicher und moderner Fallbeispiele diskutiert Jäggi Motivationen der Spolienverwendung von ökonomischem Pragmatismus und ideologisch-ästhetischen Erklärungsmustern, der Schönheit und Kostbarkeit der Materialien, antiquarischem Interesse und der Anerkennung fremdkultureller Überlegenheit bzw. der selbsternannten Vererbung kultureller Traditionen bis zu musealem Interesse und der Verwendung als Marketing-Gag.

Einen anders gelagerten Fall des materiellen (Teil-)Transfers von Kulturerbe schildert **Johannes Cramer**. Das reich dekorierte Haupttor des frühislamischen, heute nahe der jordanischen Hauptstadt Amman gelegenen Wüstenschlosses Mschatta wurde um 1900 im Zusammenhang mit dem Bagdad-Bahn-Projekt und der deutsch-imperialen Sammlungspolitik von Kaiser Wilhelm II. auf die Berliner Museumsinsel geschafft und steht dort bis heute im Pergamonmuseum. Cramer diskutiert dieses nun auf zwei Orte ›aufgeteilte Erbe‹ unter dem Aspekt der, am jeweiligen (deutschen und jordanischen) Ort unter völlig unterschiedlich gelagerten, wissenschaftlich-denkmalpflegerischen Expertenkulturen und kulturpolitischen Prämissen diskutierten Präsentations- und Erhaltungsoptionen ein und desselben Ensembles. Während die Rückführung des Originals noch kein Thema zu sein scheint, schwebt die Diskussion einer Rekonstruktion des ›am echten Ort‹ fehlenden Mittelbaus auf Grundlage des am ›falschen Ort‹ befindlichen echten Teils im Raum und macht die gemeinsame, ja ›trans‹-kulturelle Verantwortung dieses geteilten Kulturerbes deutlich.

Ersatz

Michael Falser fügt der Diskussion transkultureller Materialströme eine weitere Dimension hinzu. Er geht am Beispiel des kambodschanischen Angkor Wat-Tempels aus dem 12. Jahrhundert der Frage nach, wie monumentale und vermeintlich immobile Kulturbauten durch Übersetzung in ein anderes materielles Medium transkulturell mobil werden können. Der Tempel wurde durch die ›Übersetzungstechnik‹ des Gipsabgusses in seinen repräsentativen Dekorteilen kopiert, daher in einem leicht transportierbaren und beliebig vervielfältigbaren Transfermedium für das europäische Festland angeeignet und dort in den Museen von Paris und Berlin und in französischen Kolonial- und Weltausstellungen (1867-1937) schrittweise bis zum Maßstab 1:1 nachgebaut. Nach gängigen Kulturerbe-Kriterien (Chart 2) lassen sich diese hybriden, heute verschwundenen Nachbauten ebenso wenig beurteilen wie ihre dem Originalobjekt ›authentisch‹ abgeformten Gipsabgüsse, die heute als historische Quellen sui generis wiederentdeckt werden.

Know-how

Der Beitrag von **Renato D'Alençon** und **Francisco Prado** liefert den letzten Baustein dieser Sektion zum ›transkulturellen Artefakt‹. Mit ihrer Untersuchung der hölzernen Fachwerkbauten, die knapp 7000 deutsche Aussiedler in Unterstützung der chilenischen Regierung zwischen 1852 und 1875 im südlichen Chile am Randes des Llanquihue-Sees errichteten, analysieren sie jenen Transferprozess, in dem soziale Akteure mit dem mitgeführten Know-how traditioneller Konstruktionstechnik und Ästhetik ihre typische Baukultur in einem naturräumlich-klimatisch und kulturell differenten Kontext re-materialisierten. Anhand detaillierter Vergleichsstudien des nach Chile emigrierten Konstruktionssystems des Fachwerkbaus mit jenen Bauten der Ursprungsorte Altpreußens weisen die Autoren auf die z.T. nur minimalen, kulturwissenschaftlich jedoch hochinteressanten Varianten und Mutationen jener Baukunst wie auch auf Reaktionen und Vorläufer-Konstruktionen der lokalen Baukunst hin, was ein bis heute etabliertes 1:1-Transfer- bzw. Kulturerbe-Narrativ deutscher Architektur in Chile eindeutig entkräftet.

Das transkulturelle Soziofakt

Die folgenden sechs Beiträge zur Sektion des transkulturellen Soziofakts gliedern sich in vier Untersuchungsaspekte: Ideologie, Akteure, Institution und Identität.

Ideologie – (Post-)Kolonialismus

Unter dem Begriff ›Ideologie‹ subsumieren wir drei Beiträge zur Fragestellung, wie ›deutsche Architektur‹ im kolonialpolitischen Kontext aus Deutschland transferiert, im kolonisierten Land implantiert und nach den unterschiedlichen dort vorherrschenden Parametern modifiziert wurde, welches Eigenleben diese Architekturen und städtebaulichen Ensembles während der kurzen deutschen Kolonialzeit und der postkolonialen Phase entwickelten und bis heute durch neue ›Stakeholder‹ vor Ort entfalten und wie man jenes Kulturerbe beurteilt und ggf. sogar denkmalpflegerische Strategien zu Erhalt, Anpassung bzw. Weiterentwicklung finden kann.

Den Beginn dieser Untersuchung macht **Ariane Isabelle Komeda** zur deutschen Kolonialarchitekur im heutigen Namibia. Dabei konfrontiert sie das gängige Stereotyp, dass Kolonialarchitektur ausschließlich als kolonialpolitisches Transfer-Instrument zur Markierung physisch-territorialer Herrschaft und der Untermauerung eines nationalen Imperialverständnisses diente, mit jener Herangehensweise, die mit Hilfe konkreter Fallbeispiele transkulturelle Phänomene und Prozesse wie Akkulturation oder Hybridisierung in die Entstehungsdynamiken von Architektur einbezieht und genauer zwischen anfänglicher Intention, tatsächlicher Realisierung und anschließender Weiterentwicklung und Rezeption differenziert. Komeda schließt ihren Betrag mit dem Ausblick zur Frage, welche Rolle ehemals deutsche Kolonialarchitektur heute im Rahmen namibischer Identitätsfindung und -konstruktion spielt und welche Umgangsformen und Erhaltungsoptionen daraus vor Ort in Relation zum relativ jungen namibischen Denkmalschutz resultieren.

Christoph Schnoor berichtet von den deutsch-kolonialen Interventionen in Samoa, die im ästhetischen Transfer von Paradies-Erwartungen einerseits und dem kolonialen Ausbau der Hauptstadt Apia zu einer hygienischen Nordseebad-Architektur nach preußischem Reinheitsgebot andererseits widersprüchliche, kausal miteinander verbundene, ›trans‹-kulturell aufgeladene Spannungen mit sich brachten. Ideen eines deutsch-kolonial gesteuerten ›indigenen Heimatschutzes‹ und kolonialer Kontroll- und Normierungsdrang bestanden in einem parallelen Prozess, in dem der Drang nach Abgrenzung und Hygiene mit zunehmender Nähe zu dem aus der Ferne doch herbeigewünschten Paradies zunahm. Heute vermarktet sich das unabhängige Samoa touristisch weiterhin als Südsee-Paradies, die deutsche Strandbad-Kolonialarchitektur steht gleichzeitig zum Abriss bereit.

Gert Kaster weitet mit dem letzten Beitrag zum Phänomen Kolonialarchitektur den Blick auf die kolonialen Transfer- und postkolonialen Aneignungsprozesse ehemals ›deutscher Architektur‹ mit dem Fallbeispiel zu Qingdao/China – einer Stadt, deren Kulturerbe als Stadtplanung und Architektur einer um 1900 entstandenen deutschen Marine- und Handelsstadt nach wechselhafter Geschichte – und den großflächigen Abriss-Kampagnen der 1980er Jahre – einen erstaunlichen Imagewandel durchläuft. Dabei geht es, wie in konkreten Fallbeispielen dargestellt, in diesem Prozess der schrittweisen Integration, Aneignung und Überführung des fremden deutschen Kolonialerbes in eine eigene, chinesische Kulturerbe-Konstruktion nicht nur um die Vorgänge der bloßen, oftmals aus rein funktionalen und pragmatischen Überlegungen heraus motivierten Erhaltung und Weiternutzung der überkommenen Architektur, sondern auch um die Entstehung neuer Architektur, die nach Strategien von baulicher Nachahmung, Rekonstruktion und stilistischer Kopie der ehemals deutschen Architektur abläuft.

Akteure

Mit der darauf folgenden Ausführung verbunden ist der Beitrag von **Frauke Michler,** der transkulturelle Prozesse von Theorietransfer und -bildung der Disziplin Denkmalpflege am Beispiel von Frankreich und Deutschland des 19. und frühen 20. Jahrhunderts untersucht. Dabei wird überraschend deutlich, dass es über das etablierte Narrativ einer untrennbaren Kausalität von moderner Nationalstaatenausbildung und der Entstehung der Institution Denkmalpflege hinaus v.a. Einzelakteure und primär zentralstaatsferne Vereinigungen gewesen waren, die in einem wahrhaft grenzüberschreitenden Kommunikationsraum die wesentlichen Impulse für eine aufgeschlossene Denkmal- und Kulturerbetheorie gaben. So wie diese freundschaftlich geprägten Beeinflussungen das Konzept eines europäischen Kulturerbes vorprägten, so waren mit negativen Vorzeichen aber auch nationalistisch geprägte Phänomene der Feindschaft und Abgrenzung, beidseitiger Kultur-Chauvinismus und Stereotypenbildungen des Eigenen und Fremden zwischen dem zentralstaatlichen Frankreich und dem föderalen Deutschland mit ihren unterschiedlichen Geschichtskulturen und Denkmalpflegesystemen Teil dieser ›kreativen Dynamik‹. Mit der Diskussion eines europäischen Kulturerbe-Labels, das heute die nationalstaatliche Erbekonstruktion auf die ›Nation Europa‹ ausweitet, ist Michlers Beitrag hochaktuell.

Institution

Dem Thema der individuellen Akteure im transkulturellen Ausbildungsprozess der Denkmalpflege anschließend ist das Fallbeispiel von **Franko Ćorić.** Ähnlich wie Michlers Beitrag geht es hier darum, die Entwicklungsgeschichte der Denkmalpflege nicht aus der alleinigen Perspektive des Nationalstaats mit seinen festen Grenzziehungen und der in ihn ›zentral‹ eingeschriebenen Leitkultur heraus zu schreiben, sondern die ›von außen‹ herangetragenen politischen, transkulturellen Einflüsse zu erforschen. Ćorićs Fallbeispiel zu Kroatien ist für diese methodische Herangehensweise deshalb passend, da dieses Land in seiner Geschichte des 19. und 20. Jahrhunderts bis heute abwechselnd von drei großen überregionalen Regimen und Machtkomplexen überlagert und im Wechselspiel von Peripherie und Zentrum geprägt wurde/wird: von der k.u.k. Monarchie bis 1918 mit Zentrum in Wien, vom sozialistischen Jugoslawien bis 1992 mit den parallelen Stoßrichtungen des Internationalismus einerseits und der regional verhafteten Rückbeziehung auf proletarisch-volkskundliches Erbe andererseits und heute von der Anziehungskraft der Europäischen Union im Lichte fortschreitender Globalisierung und Tourismusindustrie.

Identität

Den Abschluss der Sektion zum ›transkulturellen Soziofakt‹ bildet der Beitrag von **Georg Maybaum** über jene ›Kulturerbe-qua-Identität‹-Formationen in Mexiko, die er anhand von zehn kurzen Fallbeispielen aus der Aushandlungsdynamik zwischen der Ablehnung und Aneignung fremdkultureller Einflüsse einerseits und der Neuerfindung (Re-inkarnation) der eigenen Kultur, also des imaginiert ›Reinen‹ und kulturpolitisch instrumentalisierten ›Indigenen‹ andererseits ableitet; diese Formationen lassen sich in transkultureller Herangehensweise auch mit dem heute kulturwissenschaftlich etablierten Begriff des ›Glokalen‹ umschreiben, in dem globale Einflüsse und lokale Reaktionen bzw. lokale Phänomene im globalen Rezeptionsraum kausal miteinander verwoben sind.

Das transkulturelle Mentefakt

Diese Sektion fokussiert auf vier Spielarten des transkulturellen Mentefakts, die sich um die zentralen Bezugspunkte Kulturerbe und Denkmalpflege gruppieren: Begriffe, Konzepte, Recht und Theoriebildung.

Begriffe

Katharina Weiler untersucht in ihrem Beitrag, wie, durch welche Akteure und kulturellen Hintergrundinteressen der heute global zirkulierende Topos des ›authentischen Handwerks‹ im englischen bzw. britisch-indischen Kolonialkontext konfiguriert wurde und heute als unverrückbares, essentialistisch aufgeladenes Narrativ der indischen Selbstwahrnehmung einverleibt ist und die denkmalpflegerischen Methoden alter wie neuer Herstellungsprozesse auf indischen Tempelbaustellen nachhaltig mitbestimmt. Es findet sich heute in den ›lokal‹ wirksamen Doktrinen nicht-staatlicher Denkmalpflege-Institutionen in Indien ebenso wieder wie in ›global‹ zirkulierenden Denkmalpflege-Dokumenten zu ›living heritage‹ und den UNESCO-Diskursen um immaterielles Kulturerbe – ein Beispiel für transkulturelle Begriffskonstrukte und deren Migration.

Diese Herangehensweise zu transkulturell vielschichtig gelagerten Begriffen und ästhetischen Konzepten verfolgt auch **Winfried Speitkamp** mit seinem Beitrag zu Kulturerbe-Konstruktionen und (post-)kolonialen Kulturtransferprozessen zwischen Europa und Afrika bis in die Südsee. Im ersten Teil geht Speitkamp auf die Heimatschutz-Forderungen zur deutschen Kolonialzeit in der Südsee ein, die als »Experimentierfeld kollektiver Läuterung der Kultur der Kolonialherren« deutbar sind und ein Hybrid an unterschiedlichen Denklinien um 1900 darstellten. Im zweiten Teil diskutiert er koloniale Tendenzen, dem afrikanischen Kontinent ein eigenes Kulturerbe zuzugestehen, das als Kolonial-Konstrukt einer »afrikanisch-transkontinentalen Kulturseele« in nachkolonialer Zeit von afrikanischen Künstlern und Politikern zur Grundlage der Négritude-Bewegung aufstieg. Damit verschränkten sich europäische Fremd- und afrikanische Selbstsicht zu einem transkulturellen Amalgam aus Zuschreibung, Projektion, Imagination und Essentialismus.

Konzepte/Instrumente

Die letzten drei Beiträge beziehen sich auf konzeptionelle, rechtliche und theoretische Facetten der Denkmalpflege und Kulturerbe-Forschung. Zu Beginn geht

Claus-Peter Echter auf das in seinen Augen typisch deutsche und zwischen einer Denkmalliste und einem vertieften Inventar angesiedelte Erfassungsinstrument der Denkmaltopographie ein und diskutiert anhand von drei Fallbeispielen zu Siebenbürgen, Luxemburg und Penang/Malaysia die Anwendungsoptionen und Resultate, die jenes in andere kulturelle Umfelder exportierte Erfassungskonzept mit sich bringt und damit auch schwer abschätzbare lokale Rezeptionsformen und Eigendynamiken herausfordert.

Recht

Ernst-Rainer Hönes diskutiert die Rechtskonstruktion Kulturerbe in ihren nationalen, globalen und transkulturellen Perspektiven – letzterer Zuschnitt muss als ein Erbe definiert werden, an dem alle im Sinne der Menschenrechte teilhaben dürfen und das an Rechtsnormen gebunden ist, das in verschiedenen Kulturen gleichzeitig Anwendung findet, soweit es jedoch die jeweils herrschende Normenhierarchie zulässt. Im Rechtsstaat hingegen gilt das formalisierte Recht, das vom Normsetzer ausgeht, und daher kann es von den Entstehungsvoraussetzungen her aus transkultureller Perspektive, so Hönes, kein Recht über/auf ein transkulturelles Erbe geben. Manche Kulturerbe-Normen, wie die ›Haager Konvention zum Schutz von Kulturerbe bei bewaffneten Konflikten‹ oder die Kontrolle von Kunst- und Antiquitätenschmuggel, sind schon längst transnational, während die globale Kulturerbe-Gemeinde vor laufenden Kameras 2001 die Sprengung der Bamiyan-Buddhas in Afghanistan hinnehmen musste und als ›Kulturbarbarei‹ brandmarkte – nirgendwo anders wurde der fragile und auch in z.T. ›regional‹ (religiös-fundamentalistischen) Auseinandersetzungen erhebliche Spannungen auslösende Charakter einer humanistisch geprägten, transkulturell verstandenen Idee von ›global und universal‹ verpflichtendem Schutz des Kulturerbes der Menschheit so schmerzhaft deutlich.

Theoriebildung

In gewisser Verbindung mit dem vorherigen Thema der Kulturerbe-Rechtsprechung steht der letzte Beitrag dieses Bandes von **Jukka Jokilehto** zum Entstehungsprozess globaler Kulturerbe-Doktrinen. Diesen Prozess konzeptionalisiert er als ›Transkulturation‹, in dem kulturelle Einheiten (hier mentale Produkte wie Wertekonstrukte und Denkmaltheorien) durch Kontakt, Transfer und Austausch zu neuen Konfigurationen führen. Angewendet auf den Boom von global wirksamen Kulturerbe-Konventionen, -Chartas, -Dokumenten und -Empfehlungen und mit speziellem Fokus auf Europa und Asien, unterscheidet Jokilehto zwei miteinander verzahnte, transkulturelle Tendenzen globaler Theoriebildung der Denkmalpflege: auf der einen Seite seit Mitte des 20. Jahrhunderts und v.a. ab der UNESCO-Welterbe-Konvention von 1972 die Tendenz zunehmend global auf kulturelle Diversität hinwirkende Kulturerbe-Doktrinen; auf der anderen Seite die, v.a. in den sich rasch entwickelnden asiatischen Nationalstaaten zu beobachtende Tendenz der letzten 20 Jahre zur (Re-)›Provinzialisierung‹ von Kulturerbe-Definitionen und selbst passend zurechtgelegten -Handlungsanweisungen. Hier behandelt Jo-kilehto die Beispiele Australien, China, Japan und Indien. So lassen sich in einer transkulturellen, wiederum ›glokalen‹ Dynamik Tendenzen der Globalisierung und Regionalisierung/Provinzialisierung auch in Theoriebildungsprozessen von Denkmalpflege und Kulturerbe nachweisen. Auch sie sind in ihrer global-lokalen Verquickung, so die Gesamtthese des vorliegenden Tagungsbandes zur Methodik der Transkulturalität, aus der herkömmlich nationalstaatlichen Perspektive nicht mehr zu verstehen und zu erklären.

Das transkulturelle Artefakt

Materielle Appropriation, Kulturerbe und Erinnerungsdiskurse. Der Denkmalkomplex um das Qutb Minar in Delhi

MONICA JUNEJA

Die umfangreiche Forschung um das Konzept der Erinnerungskultur hat uns darauf aufmerksam gemacht, in welchem Maße historische Bauten, die zu Erinnerungsorten kanonisiert werden, zur Stiftung von Identitäten, seien sie nationaler, urbaner oder religiöser Art, beitragen. Diese Studie fragt nach denjenigen historischen, transkulturell konstituierten Erfahrungen von Menschen, die über die Begriffsbildung historischer Bauten sowie ihre Stilisierung als *lieux de mémoire* ausgeblendet werden. In welchem Spannungsverhältnis steht der wissenschaftliche Diskurs zu den komplexen und vielfältigen Praktiken der Benutzung von Gebäuden in Vergangenheit und Gegenwart, die sich stets überlagern und innerhalb eines einzigen Gedächtnisortes mehrere, oft konfligierende Sinndeutungen stiften? Inwieweit fungiert das Material als Erinnerungsträger, wie wären seine Aneignung und Wiederverwendung historisch und morphologisch zu deuten? Der Beitrag fragt nach den neuen Impulsen, die uns eine transkulturelle Sichtweise liefern kann, um Vorstellungen von Kultur, Identität und Nation neu zu denken.

EIN ORT UMSTRITTENER ERINNERUNG

Im Mittelpunkt dieser Fallstudie steht ein wichtiger Denkmalkomplex der Stadt Delhi: der Gebäudekomplex um das *Qutb Minar*, das malerisch-reizvolle Minarett, das zur einprägenden Ikone der Stadt geworden ist. (Abb. 1)

Abbildung 1: Der Qutb-Komplex, Delhi

Zu den historischen Bauten hier gehört ebenfalls die *Masjid-i Jama*, die Freitagsmoschee, die erste Moschee der Stadt Delhi, die im 11. Jahrhundert infolge der Eroberung der Stadt durch die Armeen des türkischen Feldherrn Qutb-ud Din Aibak
gebaut und dann über die folgenden Jahrhunderte erweitert wurde.[1] Der gesamte
Denkmalkomplex gehört heute zu den *World Heritage Sites* der UNESCO. Täglich
bewundern viele hundert Besucher das technische Wissen sowie die Kunstfertigkeit der Menschen, die diese Leistung bereits vor tausend Jahren erbracht hatten.
Auch für viele Bewohner von Delhi steht der Komplex – vor allem das Minarett – für
die glorreiche Vergangenheit der Stadt. Touristische Literatur sowie der kunstwissenschaftliche Diskurs beschreiben die hier vorhandenen Bauten in den Termini
einer harmonisch-synkretistischen Vermischung islamischer und hinduistischer
Stilelemente, einer Synthese aus Kraft und Zierlichkeit. All diese Aspekte werden
als Zeichen einer hochentwickelten Kultur gedeutet, die das Land besaß, bevor es
der kolonialen Herrschaft unterworfen wurde.

Diese Deutung ist jedoch nicht unumstritten. Die im selben Komplex gebaute Moschee liefere, so eine verbreitete Meinung, den Beweis für die Demütigung
und Unterwerfung der Hindu-Bevölkerung der Stadt durch aggressive muslimi-

---

1 | Zur Gründung und Frühgeschichte des Sultanats von Delhi, vgl. Jackson, Peter: The De-
lhi Sultanate – a Political and Military History. Cambridge 1999. Kumar, Sunil: The Emer-
gence of the Delhi Sultanate, 1192-1286. Delhi 2007.

sche Horden, deren ikonoklastischer Eifer nicht nur die Zerstörung der sakralen Tempelstätte, sondern auch des gesamten hinduistischen Traditionskorpus mit sich gebracht habe. Zitiert wird immer wieder die persische Inschrift auf dem Eingangstorbogen der Moschee (Abb. 2), die besagt, die Moschee sei aus dem Baumaterial von 27 Tempeln errichtet worden, welche an diesem Standort zur Zeit der türkischen Eroberung der Stadt im Auftrag des radjputischen Herrschers der Chauhan-Dynastie im Entstehen begriffen waren. Auf dem im Eingangshof des Denkmalkomplexes aufgestellten Erklärungsschild des *Archaeological Survey of India* ist vom Schutt der »dem Erdboden gleichgemachten Tempelbauten« die Rede, der für die Errichtung der Moschee wieder verwendet wurde.[2] (Abb. 3)

Seit dem 19. Jahrhundert wird die Moschee *Quwwat-ul Islam*-Moschee (›die Macht des Islam‹) genannt, eine Bezeichnung, die nirgends in den zeitgenössi-

Abbildung 2: Qutb-Moschee, Delhi. Inschrift auf dem Eingangstorbogen

---

2 | Das *Archaeological Survey of India* (ASI) wurde 1861 gegründet und ist bis heute die einzige für die Denkmalpflege verantwortliche staatliche Einrichtung Indiens, zu ihrer Geschichte, vgl. Singh, Upinder: The Discovery of Ancient India: Early Archaeologists and the Beginnings of Archaeology. Delhi 2007. Die im Eingangsbereich des *Qutb*-Komplexes aufgestellte Informationstafel des ASI berichtet in zwei Sprachen, Englisch und Hindi. In jüngster Zeit ist – infolge kritischer Stimmen über die Wortwahl des Textes – der englischsprachige Text entsprechend modifiziert worden und umschreibt die Erklärung: »[... the mosque was] erected by Qutbuddin Aibak with the carved columns and other architectural members of twenty-seven Hindu and Jain temples.« Der Text auf Hindi hingegen spricht weiterhin vom Schutt der »dem Erdboden gleichgemachten« Tempelbauten, siehe Abb. 3 vom März 2012.

Abbildung 3: Qutb-Moschee, Delhi. Eingangshof, Erklärungsschild des Archaeological Survey of India (ASI)

schen Quellen des Sultanats von Delhi zu finden ist.[3] Der Denkmalkomplex wird zum Erinnerungsort der traumatischen Erlebnisse der Teilung des indischen Subkontinents im Jahr 1947 stilisiert, denn es sei das früheste Beispiel des Zusammenstoßes zweier religiöser Gemeinschaften und ihrer darauf folgenden konfliktbeladenen Geschichte. Die Erinnerung an die Zerstörung und die Plünderung heiliger Stätten der Hindus, welche durch die Baugeschichte der Moschee am Leben gehalten wird, dient zur Legitimierung der Gewalt – etwa die Zerstörung durch Hindu-Fundamentalisten der durch den Mogulherrscher Babur gebauten Moschee im nordindischen Ayodhya im Dezember 1992.[4]

Es handelt sich also um zwei Diskurse, die den Ort der umstrittenen Erinnerung charakterisieren – eine säkular-nationalistische Sicht, die anhand der architektonischen Stilgeschichte von friedlicher Verschmelzung von Traditionen spricht und den Gebäudekomplex als Sinnbild für ein vorkoloniales Arkadien und eine glorreiche Vergangenheit deutet[5], während die radikale religiös-politische Deutung ihn zum Ursprungsmoment von religiöser Gewalt stilisiert, einer Gewalt, die über die

---

3 | Juneja, Monica (Hg.): Architecture in Medieval India – Forms, Contexts, Histories. New Delhi 2001, S. 76 und 103 (Anmerkung 281).

4 | Für einen Überblick dieser Geschichte noch vor dem Ereignis, vgl. die Beiträge in Gopal, Sarvepalli (Hg.): Anatomy of a Confrontation: the Babri Masjid – Ramjanabhumi Issue. New Delhi 1991. Mukhia, Harbans: »The Ram Janmabhoomi-Babari Masjid Dispute: The Evidence of Medieval Sources«, in: Ders. (Hg.), Exploring India's Medieval Centuries: Essays in History, Society, Culture and Technology. Delhi 2010, S. 87-94.

5 | Juneja, Architecture in Medieval India, S. 32-35.

folgenden Jahrhunderte hin die Geschichte des indischen Subkontinents entscheidend geprägt habe.[6] Die konfligierenden Interpretationen beruhen auf gemeinsamen Prämissen, indem sie die Bauten als Projektionsfläche für Vorstellungen von Kulturen als Attribute homogener, voneinander abgeriegelter Gemeinschaften betrachten, deren soziales Handeln allein von den durch die Meinung der jeweiligen Orthodoxie festgelegten Normen bestimmt war. Diese Sichtweise spitzt sich im Bezug auf die Frage der Aneignung und Wiederverwendung von Spolien zu. Das Vorhandensein von ›hinduistischem‹ Material in einer Moschee setzt wiederum eine Polarität zwischen ›Zerstörung‹ und ›Errichtung‹ voraus, die auf die koloniale Ethnographie und Geschichtsschreibung zurückreicht, aber in folgenden Zeiten bis in die Gegenwart stets wieder belebt wird.[7] Im Folgenden werden die Prozesse der materialen Appropriation und Wiederverwendung genauer unter die Lupe genommen, um die Aufmerksamkeit auf die beteiligten Akteure, Gruppen und deren Handlungen – Prozesse wie etwa Selektion, Übersetzung, Entstellung und Neukonfigurierung – zu lenken und diese in transkultureller Perspektive zu deuten.

Die Materialität von Bauten führt eine spezifische Dynamik in das räumliche und symbolische Programm ein, die den Weg für polyvalente Erfahrungen und Deutungen durch die Nutzer öffnet. Leider geht keines der gängigen oben genannten Erklärungsmuster darauf ein, dass wichtige Gebäudekomplexe inmitten einer Stadt von unterschiedlichen sozialen Schichten – Herrschereliten, Händlern, Handwerkern, Männern und Frauen – sowie von diversen religiösen Gruppen für ganz unterschiedliche Zwecke benützt wurden. Ebenfalls unberücksichtigt bleibt der Umstand, dass die Stadtbewohner, die sich in den Räumlichkeiten öffentlicher Bauten bewegten und miteinander kommunizierten und handelten, ihr eigenes durch Migration und sprachliche und religiöse Pluralität konstituiertes Kultur- und Erfahrungsgut mitbrachten, durch dessen Prisma sie die architektonische Sprache und Eigenschaften dieser Räumlichkeiten stets neu deuteten. Sogar eine Moschee, die allzu oft als zivilisatorische Quintessenz einer Weltreligion kanonisiert worden

---

6 | Vgl. Habibullah, Abul Barkat Muhammad: The Foundation of Muslim Rule in India. Allahabad 1961. Vgl. auch Kumar, Sunil: »Qutb and modern memory«, in: Suvir Kaul (Hg.), The Partitions of Memory. The Afterlife of the Division of India. New Delhi 2001, S. 140-182, hier S. 141-42.

7 | Der Kolonialverwalter James Tod bezeichnete die türkischen Eroberer als die »Goths and Vandals of Rajasthan«. Er deutete die »Fragmente« der von ihnen aus religiösem Eifer »zerstörten« Gebäude als »disjointed memorials of two distinct and distant eras, that of the independent Hindu, and that of the conquering Muhammadan«; Tod, James: Annals and Antiquities of Rajasthan, or the Central Western Rajpoot States of India (Band 1). London 1960 (1. Auflage in zwei Bänden 1829-32), S. 609. Für eine Zusammenfassung der Debatten, die in jüngster Zeit wieder aufgeflammt sind, vgl. Eaton, Richard: »Temple Desecration and Indo-Muslim States«, in: Ders. (Hg.), Essays on Islam and Indian History. New Delhi 2001[2], S. 94-132.

ist, fungiert als transkultureller Raum, indem sie im städtischen Alltag eine Vielfalt von Funktionen erfüllt, so dass sie auf vielschichtige Weise die Erfahrungen von Herrschern und Adeligen, von Mystikern und Theologen, von Händlern und ihren Kunden, von neuen Migranten und alten Bewohnern – quer über Sprach- und Religionsgruppen hinweg – der vormodernen Stadt Delhi mitprägte.

DIE *QUTB*-MOSCHEE ZWISCHEN DER EURASISCHEN KONTAKTZONE UND DEM LOKALEN STANDORT

Um die Entstehungsgeschichte der *Qutb*-Moschee erschließen zu können, muss sie in einer Untersuchungseinheit jenseits des Territoriums der jeweiligen Nationalstaaten im modernen Südasien verortet werden. Es handelt sich um eine breite, sich zwischen Südeuropa und Asien erstreckende Kontaktzone, in der diese Geschichte als Bestandteil eines grenzüberschreitenden Raumes, einer gemeinsamen kulturellen Hermeneutik zu verstehen wäre. Denn sie ist Bestandteil eines Musters der Eroberung und ›symbolischen Aneignung‹ von fremdem Gebiet, das sich während der Jahrhunderte islamischer Ausweitung über Asien, Nordafrika und Südeuropa herauskristallisiert hatte.[8] In diesem Muster von Krieg, Eroberung und Besiedlung fremder Gebiete haben Diskurse von radikaler Alterität sowie Praktiken des Ikonoklasmus neben Erfahrungen von kosmopolitischem Austausch und dem Umgang mit religiöser und kultureller Pluralität ihren Platz. Eine transkulturelle Sicht auf historische Prozesse ist also immer vor der Herausforderung, paradox erscheinende Phänomene oder das Spannungsverhältnis zwischen Artikulationen von Xenophobie und Praktiken der Aneignung und Assimilierung von Differenzen überzeugend in das Narrativ einzubeziehen.

Unmittelbare Handlungsformen drückten den Sieg über das eroberte Land aus: Die wichtigsten politischen und sakralen Zentren, wie etwa der Palast des unterworfenen Herrschers und die Gebets- und Versammlungsorte der Bevölkerung wurden sofort in Besitz genommen. Als Erstes ordneten die neuen Herrscher die Errichtung einer Freitagsmoschee an, in der der Imam die neue Herrschaft proklamierte. Zugleich wurden neue Münzen geprägt. Der Akt der Aneignung bezog sich auf mehr als das geographische Gebiet: Er umfasste das vor Ort vorhandene Baumaterial, die Arbeitskräfte sowie das Korpus von religiösen und künstlerischen Traditionen der besiegten Bevölkerung. Alle diese Elemente fanden eine Wiederverwendung durch die neuen Herrscher, die sie in ihrem repräsentativen Apparat erneut integrierten. In den Regionen von Südeuropa und Nordafrika zum Beispiel wurden vorhandene Sakralbauten wie etwa Basiliken, Kirchen oder Synagogen – also alle Gebäude, die über zentrale saalähnliche Räume verfügten, um eine große Anzahl von Gläubigen unterzubringen – in Moscheen umgewandelt. Das Umfunktionieren geschah mit minimaler Anpassung, die ›neue‹ Architektur

---

8 | Grabar, Oleg: The Formation of Islamic Art. London/New Haven 1987, S. 43ff.

übernahm etliche Elemente – Säulenreihen, Bögen, Kuppeln – aus den im Krieg angeeigneten Gebäuden.[9] Zugleich berief sich die neue Architektur auf den symbolischen Gehalt der ersten, für die junge Gemeinde der Muslime, identitätsstiftenden Moschee, und zwar: Das einfache Muster aus dem Haus des Propheten in Medina, das in dem hypostylen Plan entwickelt wurde und sich im Laufe der Jahrhunderte in sämtlichen großen repräsentativen Freitagsmoscheen von Spanien bis Zentralasien verbreitete.[10] (Abb. 4)

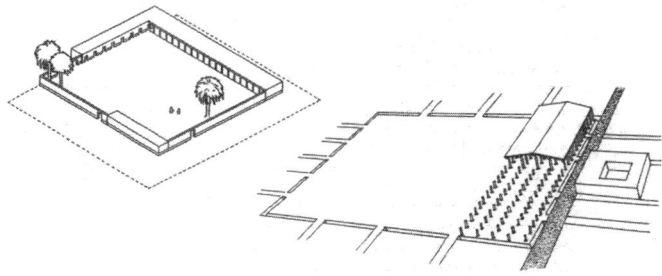

Abbildung 4: Haus des Propheten, Medina. Hypostyler Grundriss

Auch in Indien spiegelten die monumentalen Moscheen die symbolische Erinnerung an die erste Gemeinde der Muslime wider. In diesem kulturellen Kontext aber ließen die voneinander abweichenden Gebetsrituale der Hindus und Muslime eine schnelle Anpassung der Räumlichkeiten von Tempeln und Moscheen schlecht zu. Daher die Notwendigkeit, die Bauteile der Tempel zunächst auseinanderzunehmen, um sie dann zur Errichtung eines großen Gebetssaales wiederzuverwenden. Die Bauteile zu demontieren, ohne sie durchbrechen zu müssen, fiel den lokalen Steinmetzen nicht allzu schwer, denn die indische Baukunst folgte bislang nicht dem Prinzip des Zementierens, um große Steinblöcke zusammenzuhalten, sondern verwendete die Methode der Schwalbenschwanzverbindung (Verzahnung von zwei Blöcken). Die einzelnen Steinblöcke, die anschließend sorgfältig aufeinandergestapelt wurden, um die Säulen des hypostylen Gebetsraumes zu errichten, sind zum großen Teil unversehrt geblieben. Ihre reichhaltig mit Motiven jainischer, hinduistischer und buddhistischer Traditionen verzierten Oberflächen zeigen bis heute kaum Spuren von systematischem Ikonoklasmus.

Eine ähnliche Sorgfalt lässt sich an der Konstruktion des Dachgewölbes beobachten. Hier nahmen die Handwerker die einzelnen Steine des lotosförmigen Tempelgewölbes auseinander und fügten sie im Dach der Moschee vorsichtig wieder zusammen, um das originale Lotosmuster wieder herzustellen. (Abb. 5) Das gesamte Endergebnis ist unerwartet und ungewöhnlich: Ein sakraler Raum der

9 | Ebd., S. 104ff.

10 | Hillenbrand, Robert: Islamic Art and Architecture. London 1999, S. 15.

Muslime wird durch das reichhaltige visuelle Vokabular der hinduistischen und jainischen Ikonographie mit Leben erfüllt. Unzählige in die Tiefe der Moschee verschwindende Säulenreihen sind von oben bis unten mit von einheimischen Bildhauern geschaffenen plastischen Motiven bedeckt – Lotosblüten und sakralen Wasserbehältern, mythologischen Wesen oder Figuren und Geschichten aus der jainischen Überlieferung. (Abb. 6)

Abbildung 5: *Qutb*-Moschee, Delhi. Dach, wiederhergestelltes Lotosgewölbe

Abbildung 6: *Qutb*-Moschee, Delhi. Säulen in der Gebetshalle (Riwaq) (links), Säulendetail (rechts)

Viele Motive, die einen expliziten anthropomorphen Charakter besaßen, wurden mit dem Gesicht zur Wand nach innen gekehrt, andere blieben aber deutlich sichtbar und unbeschädigt – wie etwa die Darstellung der zehn Inkarnationen des Got-

tes Vishnu auf der südlichen Außenwand. Ebenfalls bemerkenswert ist ein Fries
auf der Nordwand, auf dem Szenen der Geburt Krishnas eingemeißelt sind.

Bei der Aneignung des Materials sowie der Wiederverwendung von Steinblö-
cken, Motiven und Symbolen an anderer Stelle handelte es sich um weder völlig
beliebige noch um einheitliche Prozesse. Sie bringen vielmehr Selektionsprinzi-
pien sowie eine Vielfalt von Umgangsformen zum Ausdruck: Sie bilden Handlungen und Praktiken, die als Teil einer Morphologie transkultureller Beziehungen zu erschließen wären. Lenken wir unsere Aufmerksamkeit von der Tatsache
der Appropriation per se auf die daran beteiligten Akteure und ihre Handlungen,
so können die letzteren neue Beziehungen zwischen sozialen Gruppen und materiellen Artefakten beleuchten. In den meisten Fällen wurden die Statuen der
Gottheiten aus den Nischen entfernt oder ihre Gesichter – Augen und Nase –
abgeschlagen. Diese Handlung ist der normativen Form des Ikonoklasmus im
Islam zuzuordnen, die bestrebt war, figürliche Darstellungen ›legitim‹ oder im
theologischen Sinn ›gefahrlos‹ zu machen, indem man ihnen das Leben oder den
Geist (*Ruh*) nahm.[11] Dagegen blieben Tier- oder Vogelgestalten sowie Fabelwesen
aus der hinduistischen Bilderwelt – wie zum Beispiel der *Simhamukha*, das breite mit pummeligen Backen ausgestattete Gesicht eines Löwen mit zwei Hörnern
– unversehrt (Abb. 7a), oft neben den Figuren mit entstellten Gesichtern. In der
Qutb-Moschee erscheint das Löwengesicht unzählige Male – auf den Säulen und
Balken des Gebetsraumes, sogar auf der Türschwelle zum *Muluk Khana*, dem Auf-
enthaltsbereich des Herrschers. Das Löwengesicht, das den Ruhm symbolisierte,
evoziert eine visuelle Verwandtschaft mit ähnlichen Figuren in Stuckarbeit, die in
zeitgenössischen Palastbauten der zentralasiatischen Regionen in Transoxanien
zu sehen waren.[12] Transkulturelle Bildbeziehungen, so die These, sind weniger
auf die Zuschreibung einmaliger Identitäten angewiesen, vielmehr kommen solche Beziehungen über die Pluralisierung von Deutungen und Wahrnehmungen
zustande. Dennoch lässt sich in der räumlichen Neuverortung des angeeigneten
Baumaterials ein klares hierarchisches Prinzip beobachten. Die sakralsten Bereiche um die *Qibla Liwan*, die nach Mekka orientierte geschlossene Wand, sind relativ frei von anthropomorphen Darstellungen hinduistischer Gottheiten gehalten.
Ihre Sakralität wird über nichtanthropomorphe Motive, etwa Tempelglöckchen,
wiederum hervorgehoben. Dies bildet eine Form der Übersetzung von einem Zei-
chensystem in das andere, die auf Identifikationspotential beruht, ohne auf Äquivalenz angewiesen zu sein.[13] Weitere Motive konnten umfunktioniert werden, da
sie eine Brückenfunktion zwischen den Kosmologien boten. In der *Qutb*-Moschee

---

11 | Vgl. Flood, Finbarr Barry: »Between Cult and Culture: Bamiyan, Iconoclasm and the
Museum«, in: Art Bulletin LXXXIV,4 (2002), S. 641-659, hier S. 647-648.

12 | Vgl. Flood, Finbarr Barry: Objects of Translation: Material Culture and Medieval ›Hin-
du-Muslim‹ Encounter. Princeton 2009, S. 169, Abb. 99, 100.

13 | Vgl. Stewart, Tony K.: »In Search of Equivalence: Conceiving Muslim-Hindu Encounter
through Translation Theory«, in: History of Religions 40,3 (2001), S. 260-287.

wurden zwei in der hinduistischen und buddhistischen Ikonographie stets wieder-
kehrende Symbole, die Lotosblüte und der sakrale Wasserbehälter, aus dem neue
Blätter herauszuwachsen scheinen, zu einem Motiv verschmolzen und stilisiert.
Beide waren Sinnbilder für die Leben spendende Funktion des Universums. Sie
boten eine Verbindung zu weiteren kosmologischen Traditionen, auch im Islam,
in dem Wasser ebenfalls einen zentralen Stellenwert besaß. Die Funktionen des
Wassers in der islamischen Kunst waren vielfältig: Es diente zur Bewässerung von
Gärten, als optische Reflexionsfläche, als Zeichen der Flüsse des Paradieses, zur
rituellen Reinigung. Gemeinsam mit der Lotosblüte, welche das Wasser mit der
Erde sinnbildlich verband, fand diese Symbolsprache unzählige stilistische Varia-
tionen in der gesamten indischen Kunst bis in die Kolonialzeit – sogar in dem im
postmodernen Stil errichteten *Bahai House of Worship* (Neu-Delhi) des späten 20.
Jahrhunderts.

Wir begegnen also innerhalb eines einzigen Baus mehreren Diskursen. Die Inschrift auf dem Eingangstorbogen proklamierte den Sieg der türkischen Eroberer
und zugleich die Unterwerfung der Ungläubigen. Sie bildete also einen legitima-
torischen Diskurs, der mittels einer recht komplexen und schwer entzifferbaren
kalligraphischen Schrift kommuniziert wurde. Seine Adressaten waren eine kleine
Gruppe von Adeligen und Theologen, deren politische Ambitionen und Sichtweise
er zum Ausdruck brachte. Parallel zum theologisch-politischen Diskurs vermittelt
die Bild- und Raumsprache der Moschee eine andere Botschaft, deren besonderer
Stellenwert innerhalb einer Gesellschaft, in der die Kommunikation mit der Mehrheit der Bevölkerung über mündliche und visuelle Medien erfolgte, hervorzuheben wäre. Es scheint also sinnvoll, – je nach Adressaten und Benützern des Ortes –
von mehr als einer einzigen Bedeutungs- und Rezeptionsmöglichkeit zu sprechen.

Wie sah die heterogene Zusammensetzung der Nutzer der Freitagsmoschee
aus? Welche Mentalitäten, Glaubensrichtungen und Alltagspraktiken brachten sie
täglich in die Räumlichkeiten mit? Welche Funktionen hatte der Bau im urbanen
Leben, über den Ort des öffentlichen Freitagsgebets hinaus? Von einem theologischen Standpunkt aus betrachtet, bildet die Moschee ein Teilelement der gesamten
islamischen Welt, deren sakrales Zentrum in Mekka liegt. Die Architektur der Moschee betont daher einerseits die Orientierung in Richtung des Zentrums, das sich
außerhalb des Gebäudes befindet. Jeder fromme Muslim sollte auf diese Weise
daran erinnert werden, dass er einer grenzüberschreitenden Weltgemeinschaft angehört. Andererseits wird die Moschee als ein während des Gemeinschaftsgebets
nach innen gerichteter, geschlossener Raum konzipiert. Hier wird eine Grenze
gezogen zwischen innen und außen, zwischen denjenigen, die den Muslimen des
urbanen Raumes angehören und Zugang zum Ort der egalitären Bruderschaft und
der Zuflucht vor Rivalitäten und Gefahren der Außenwelt haben und der nichtmuslimischen Bevölkerung der Stadt, die während des Gebets außerhalb bleibt.

Die Inschriften aus dem Koran, welche die nachträglich erbaute und nach Mekka orientierte Bogenstellung (*Maqsura*) der Moschee verzieren, sollten in dieser Hinsicht eine ganz andere Botschaft vermitteln als die auf dem Eingangstor (Abb. 7b).

Abbildung 7a: *Qutb*-Moschee, Delhi. Säule mit Simhamukha (Detail) (links),
Abbildung 7b: Bogen der Maqsura, Inschriften (rechts)

Denn es ging nicht mehr um die Bestrafung der Ungläubigen, sondern um die Pflichten, wie etwa Frömmigkeit im Alltag und sittliches Verhalten, die allen Muslimen auferlegt waren und die ihre Bruderschaft auszeichneten. Die horizontale Achse der Moschee sowie ihr laterales Raumprinzip sollten eine Hierarchie der versammelten Gemeinde aufheben und eine Gemeinschaftserfahrung jenseits aller Differenzen erzeugen. Eine wichtige Wirkung des hypostylen Plans war es, den Raum in identische, sich stets wiederholende Einheiten zu unterteilen, die sich in die Endlosigkeit zu erstrecken schienen. Da keine einzige Einheit gegenüber den anderen auf besondere Weise hervorgehoben wurde, vermittelte der Raumplan das Gefühl der Gleichheit aller hier versammelten Gläubigen.

Der Akt der Ein- und Abgrenzung nach außen hin diente dazu, den in der sozialen Wirklichkeit sehr heterogenen, transkulturell entstandenen Bestandteilen der muslimischen Bevölkerung der Stadt Delhi die Gestalt einer Gemeinde zu verleihen. Die indischen Muslime während der Vormoderne bestanden aus Migranten, Eroberern und lokalen Konvertiten: Sie kamen aus Afghanistan, Sindh, Khurasan oder waren ehemalige Hindus, hatten unterschiedliche Sprachen und brachten ein heterogenes, aus unterschiedlichen Quellen gespeistes Kulturgut mit.[14] Ihre Rezeption der ikonographischen und räumlichen Gestaltung der Moschee wäre kaum einheitlich gewesen, doch dieser neue Sakralbereich diente zur Stiftung von Identitäten und Knüpfung neuer Bindungen. Mit anderen Worten: Er unterstützte diejenigen mehr oder weniger erfolgreichen Mechanismen anhand derer Menschen immer wieder versuchen, den oft diskrepanten und amorphen Erfahrungen und Praktiken des Alltags eine Kohärenz und Konsistenz zu verleihen.

Lenken wir unseren Blick auf die Funktionen des Baukomplexes, die sich über das gemeinsame Gebet hinaus im Leben einer Pluralität sozialer und religiöser

---

14 | Vgl. Jackson: The Delhi Sultanate. Flood: Objects of Translation.

Gruppen entfalteten, so ließe sich seine Geschichte in weitere Schichten von Raum und Zeit einbetten. Der Baukomplex stand im Herzen des urbanen Lebens auf einer Achse mit Märkten, dem *Haud* (Stadtteich), dem Schrein des Sufi-Heiligen Qutb ud-Din Bakhtiyar Kaki, den Wohnhäusern der Textilienhändler aus Multan. Er enthielt eine *Madrasa*, einen Tresor, unmittelbar neben der Außenmauer befanden sich der Getreidemarkt und weitere Basare. In der Moschee selbst wurde wöchentlich die *Khutba*, der genealogische Bericht der Herrscherdynastie, verlesen, um dem regierenden Sultan die legitimierende Zustimmung seiner Untertanen zu erteilen. Zugleich diente sie als Schiedsgerichtshof und als Ort, an dem Proteste zum Ausdruck gebracht oder gar Verschwörungen geplant wurden. Sie war nicht nur ein Ort der Frömmigkeit, sondern ein Ort von Handelsbeziehungen und sozialen Begegnungen.

Im Gefolge von Eroberung und Aneignung entstanden langfristige Erfordernisse: Die Autorität der neuen Herrschaftsschichten sollte aufrechterhalten werden. Dies erforderte die Anerkennung und Zustimmung verschiedenster sozialer Gruppen – der Eroberer und Einwanderer sowie der großen Mehrheit der einheimischen Bevölkerung. Die wirtschaftlichen Bedürfnisse der neuen und alten Gruppen waren aufeinander abzustimmen. Die Verbreitung neuer Normen konnte kaum ohne friedliche Akzeptanz älterer Regelungen gelingen. Vorurteile und Abgrenzung, Toleranz und Lebensfreude wurden alle Teil dieser aus vielen kulturellen Strömungen gespeisten urbanen Kultur. Praktiken zur Regelung der Beziehungen zwischen den Muslimen und der nichtmuslimischen Bevölkerung im Sultanat von Delhi entstanden oft aus Vorläufern anderer Regionen der islamischen Welt, in denen arabische Eroberer in Kontakt mit Juden und Christen gekommen waren. Der Status des *Dhimmi*, der Nichtmuslimen zugesprochen wurde, bedeutete, dass der Staat gegen eine Kopfsteuer (*Jizyah*) die Verantwortung für den Schutz seines Lebens und seines Eigentums übernahm. Die Orthodoxie war auf beiden Seiten bestrebt, das Prinzip der Abgrenzung aufrechtzuerhalten. In der Alltagspraxis aber kamen die Vorschriften der *Shari'ah*, des islamischen Rechts, nie unvermittelt zur Anwendung. Wechselseitige Abhängigkeiten verbanden die Fernkaufleute und Händlergruppen – Händler, Geldverleiher, Ladenbesitzer, meistens alle Hindu – mit dem Adel, der neben dem Sultan das höchste gesellschaftliche Ansehen genoss. Kontakte und das Knüpfen neuer Beziehungen untermauerten die urbane Existenz. Der Beruf des Kaufmanns zum Beispiel erforderte die Kenntnis verschiedener Verhaltensformen, da er von der Kunst der Kommunikation und kultivierter Kontaktpflege mit potentiellen Kunden abhängig war. Da Bauten und ihre Räumlichkeiten als Orte der Begegnungen und Verhandlungen fungierten, boten sie vermittelnde Räume, die ihrerseits gesellschaftliche Erfahrungen und Beziehungen mitprägten. Die Wiederaufnahme vieler religiös-kosmologischer Traditionen der eroberten Kultur und ihre neue Verortung in den zentralen Bauten, die sakrale Bereiche und zugleich Räume des Alltags bildeten, waren an diesen Prozessen beteiligt.

DAS MINARETT — VOM SIEGESTURM ZUM ZEICHEN DER JUSTIZ

Auch das Minarett gehörte einer Reihe von Siegestürmen an, die in weiten Teilen Asiens errichtet wurden.[15] Jeder einzelne Turm gewann im lokalen Kontext stets neue Assoziationen, welche die Erinnerung an Krieg und Eroberung überlagerten. Dies gilt auch für das *Qutb Minar*. Seine Deutung erlebte über die Jahrhunderte hinweg bis in die Gegenwart eine Reihe von Sinnverschiebungen. Der Begriff *Qutb* bedeutet Achse oder Zentrum. Die einprägende Silhouette des 72,5 Meter hohen, sich verjüngenden Minaretts war das eindeutige Zeichen der neuen politischen Herrschaft sowie der fremden Kultur, die sich in der früheren Siedlung der radjputischen Herrscher etablierte. Doch war die Gründung des Sultanats noch lange kein fait accompli. Die Herrschaftsfrage war über mehrere Jahre Gegenstand eines Kampfes zwischen rivalisierenden türkischen Gouverneuren. Die Errichtung des Minaretts war zugleich ein beeindruckendes Mittel, um die Vormachtstellung des Gouverneurs Aibak und der Delhi-Fraktion zu proklamieren.

Im späten 12. Jahrhundert ließ sich der renommierte Sufi Qutb ud-Din Bakhtiyar Kaki im zentralen Stadtteil um die Freitagsmoschee nieder. Seine *Dargah* (Schrein) wurde zur beliebten Pilgerstätte der Stadtbevölkerung, darunter Muslime sowie Hindus, für die diese grenzoffenere Strömung muslimischer Frömmigkeit eine große Anziehungskraft besaß. Qutb ud-Din Bakhtiyar Kaki wurde zum Schutzheiligen der Stadt kanonisiert, das Minarett nun als *Qutb Sahib Ki Lath*, der Stab des heiligen *Qutb*, getauft. So verlor in den Augen der folgenden Generationen der Stadtbewohner das als prägendes Zeichen einer fremden Herrschaft stilisierte *Qutb Minar* seine Assoziationen mit Eroberung, Besatzung und Kampf um die Herrschaft. Der Bau, der bis in den Himmel zu reichen schien, wurde nun als Verbindungsglied zwischen irdischem und himmlischem Reich gedeutet, sein auf die Stadt fallender Schatten, so der Volksglaube, sei der segnend-schützende Schatten des heiligen Bakhtiyar Kaki.

Eine weitere Bedeutungsschicht gewann das *Qutb Minar* in der politischen Kultur der vorkolonialen Mogulherrscher des indischen Subkontinents. Der Begriff *Qutb* (Achse) erlebte in den politischen Theorien der Sultane von Delhi, vor allem der Mogulkaiser, zunehmend eine Verknüpfung mit der Idee der Gerechtigkeit, denn die Herrscher wurden als Achse der perfekten Justiz tituliert.[16] Das Ideal der Gerechtigkeit – ein zentrales Thema der transkulturellen Forschung – besaß einen besonderen Stellenwert, denn sie fungierte als wirksamer ideologischer Mechanismus, um die Macht der Herrscher über eine Vielzahl ethnisch-kultureller Elitengruppen eine Legitimität zu verleihen. Eine Visualisierung und Materialisierung des Konzeptes bot nochmals das prächtige Minarett von Delhi. Seine sich

---

15 | Etwa die Minarette von Ghazni und Jam im heutigen Afghanistan, abgebildet in: Hattstein, Markus/Delius, Peter (Hg), Islam: Kunst und Architektur. Köln 2000, S. 336-337.
16 | Alam, Muzaffar: The Languages of Political Islam in India: 1200-1800. New Delhi 2004, S. 37-39, 54-59.

verjüngende Silhouette sowie die Oberflächenbehandlung seiner ersten Stockwerke wurden in repräsentativen Bauten der nachfolgenden Herrscher immer wieder symbolisch ›zitiert‹. (Abb. 8) Diverse »Kopien des Qutb Minars«[17], die bis zum Ende des Mogulreichs entstanden, lenkten die Deutung des Minaretts in eine durch das Ideal der Gerechtigkeit geprägte politische Richtung.

Abbildung 8: *Qutb Minar*, Delhi. Detail des ersten Stockwerks

Abschließend möchte ich betonen, dass die Auseinandersetzung mit historischen Bauten verlangt, die Beziehungsgeschichte zwischen Material, Objekten, Orten und handelnden Subjekten herauszuarbeiten, die alle Teil eines transkulturellen Raums sind und ihn wiederum konstituieren. Denn Bauten fungieren als vermittelnde Räume, sie erleben über die Generationen den historischen Wandel und werden zum Ort palimpsestischer Zeit. Eine transkulturelle Sicht sensibilisiert für die Dynamik zwischen globalen Entfernungen und lokalen Bindungen, die sich in Beziehung zu den materiellen Strukturen und zwischen Grenzüberschreitung und neuen Grenzziehungen abspielt. Damit fordert die Transkulturalität uns heraus, Geschichte jenseits der auf allgemeinem Konsens ruhenden Erinnerungsfunktion zu suchen, wie sie etwa im kanonisch gewordenen Werk von Pierre Nora definiert

---

17 | Koch, Ebba: »The Copies of the Qutb Minar«, in: Iran 19 (1991), S. 95-107.

wurde, und stattdessen den Gedächtnisort zu verkomplizieren.[18] Anstelle der in der Kunst- und Architekturgeschichte gängigen taxonomischen Bezeichnungen scheint es ertragreicher, nach Netzwerken von Affinität zu suchen, die nicht durch eine einzige religiöse, linguistische oder ethnische Identität eingegrenzt, sondern durch Praxis und Benützung definiert sind. Auch wenn Bauten als solche nicht in ihrer Ganzheit beweglich sind, können sie als Verbindungselement für transkulturelle Beziehungen fungieren und Grenzen stets neu definieren. Damit wäre auch die Beziehung zwischen Kultur, Identität und Nation neu zu fassen: Wäre es nicht sinnvoller, die Nation nicht mehr als Verbindung einer dominanten Kulturgruppe mit einer Anzahl atomistischer, eher hermetischer ›Minderheiten‹ zu konzipieren, sondern als ein Feld disparater und verstreuter, autonom und gleichzeitig überlappend agierender Identitäten, deren Wege sich stets kreuzen und die an Prozessen der Abgrenzung wie des Austausches beteiligt sind?

---

18 | Juneja, Monica: »Architectural Memory between Representation and Practice: Rethinking Pierre Nora's *Les lieux de mémoire*«, in: Indra Sengupta (Hg.), Memory, History and Colonialism. Engaging with Pierre Nora in Colonial and Postcolonial Contexts. London 2009, S. 11-36.

Materiale Wanderbewegungen: Spolien aus transkultureller Perspektive

Carola Jäggi

Unter Spolien versteht die Kunst- und Architekturgeschichte Bauglieder, die aus ihrem ursprünglichen konstruktiven Zusammenhang herausgelöst und in einem neuen Kontext wiederverwendet wurden. Solche wiederverwendeten Werkstücke konnten aus einem Vorgängerbau am selben Ort übernommen sein, konnten aber auch aus fernen Weltgegenden stammen und einen weiten Transportweg hinter sich haben. In beiden Fällen handelt es sich um transkulturelle Objekte, da sie entweder – als Zeugen aus einer anderen Zeit – eine längst untergegangene Kultur repräsentieren oder aber, zum Teil auch zusätzlich, für eine Kultur in einem anderen geographischen Raum stehen. In Bezug auf Spolien ist Transkulturalität somit nicht nur als räumliches, sondern auch als zeitliches Phänomen zu verstehen. Interessant sind dabei vor allem die Deutungen und Umdeutungen, die solche Stücke im Laufe der Jahrhunderte erfahren haben und die oft wesentlich von den Intentionen der ehemals für die Spolienverwendung verantwortlichen Akteure abweichen konnten. In den unterschiedlichen Epochen sind dabei unterschiedliche Strategien zu beobachten, und zwar sowohl in Hinblick auf die Spolienverwendung selbst als auch in Hinblick auf die Deutungsmodelle.

TRANSKULTURELLE BEUTESTÜCKE: *SPOLIA* IN DER ANTIKE

Artefakte fungieren seit jeher als Medien zwischenmenschlicher Interaktion – auch über weite Distanzen hinweg. Schon in urgeschichtlichen Fundkontexten zeugen »fremde Dinge« von überregionalen Tauschbeziehungen, von Handel, Einheiratung nicht-autochthoner Individuen oder von Beutenahmen infolge kriegerischer Übergriffe auf Nachbarn und Fremdvölker. Für diese letztgenannte Form der Aneignung fremden Kulturguts hat das Lateinische den Terminus *spolium* (Pl. *spolia*) geprägt, der – in Ableitung des Verbes *spoliare* (= entkleiden) – primär die dem erschlagenen Feind abgenommene Rüstung meint, sich dann aber auch auf

Beutestücke ganz allgemein bezieht.[1] Ein Relief im Durchgang des Titusbogens in Rom zeigt, (Abb. 1) wie solche *spolia* als sichtbare Zeichen des Sieges bei römischen Triumphzügen mitgeführt wurden; unter den zur Schau gestellten Beutestücken sind hier auch der siebenarmige Leuchter, der Schaubrottisch und die silbernen Trompeten zu sehen, die die Truppen von Titus im Jahre 70 n. Chr. im jüdischen Tempel in Jerusalem erbeutet und nach Rom überführt hatten, wo sie im *Templum Pacis* am *Forum Romanum* ausgestellt bzw. im Kaiserpalast auf dem Palatin verwahrt wurden, bis sie knappe 400 Jahre später, anno 455, im Zuge der vanda-

Abbildung 1: Relief im Durchgang des Titusbogens (81 n. Chr.); dargestellt ist der Triumphzug nach Titus' Sieg im ›Jüdischen Krieg‹ (70 n. Chr.), infolge dessen die Gerätschaften aus dem Jüdischen Tempel in Jerusalem als Beutestücke nach Rom gelangten

---

1 | Zur Begriffsgeschichte siehe – außer in den einschlägigen Wörterbüchern und Lexika – Brenk, Beat: »Spolia from Constantine to Charlemagne: Aesthetics versus Ideology«, in: DOP 41 (1987), S. 103-109, hier S. 103; Alchermes, Joseph: »Spolia in Late Roman Cities of the Late Empire – Legislative Rationales and Architectural Reuse«, in: DOP 48 (1994), S. 165-178, hier S. 165-168; Kinney, Dale: »Rape or Restitution of the Past? Interpreting spolia«, in: Susan C. Scott (Hg.), The Art of Interpreting. Pennsylvania 1995, S. 53-67; Kinney, Dale: »Spolia. Damnatio and renovatio memoriae«, in: Memoirs of the American Academy in Rome 42 (1997), S. 117-148, hier S. 120-122; Kinney, Dale: »Roman Architectural Spolia«, in: Proceedings of the American Philosophical Society 145 (2001), no. 2, S. 138-150, hier S. 138; Liverani, Paolo: »Reimpiego senza ideologia. La lettura antica degli spolia dall'arco di Costantino all'età carolingia«, in: RM 111 (2004), S. 383-434, hier S. 411-415; Meier, Hans-Rudolf: »Die Anfänge des neuzeitlichen Spolienbegriffs bei Raffael und Vasari und der Konstantinsbogen als Paradigma der Deutungsmuster für den Spoliengebrauch«, in: Das Münster 60 (2007), Heft 1, S. 2-8, hier S. 2.

lischen Eroberung und Plünderung Roms nach Karthago gelangten.[2] Der im 6. Jahrhundert schreibende Historiograph Prokop berichtet, wie der Vandalenkönig Geiserich aus dem kaiserlichen Palast in Rom, dem Palatin, alles wegschleppen ließ,

»[...] sei es aus Erz oder aus anderem Stoff. Auch den Tempel des Jupiter Capitolinus plünderte er und nahm die Hälfte des Daches mit, das aus bester Bronze gefertigt und stark vergoldet war, so daß es gar prächtig aussah und aller Bewunderung wert war. Ein Schiff, auf dem sich die Bildsäulen befanden, soll er unterwegs verloren haben; mit den übrigen kamen die Vandalen glücklich im Hafen von Karthago an.«[3]

Nochmals 80 Jahre später fiel ein Teil dieser Beute in die Hände der Byzantiner, die unter dem Kommando von Justinians Heerführer Belisar die Vandalen bezwangen und Karthago einnahmen. Nun war es der vandalische Königsschatz, der triumphierend durch die Straßen von Konstantinopel geführt wurde, unter anderem

»[...] goldne Thronsessel und Sänften, deren die [vandalische, C.J.] Königin sich zu bedienen pflegte, viel edelsteinbesetzte Kleinodien, goldene Trinkgefäße, das ganze Tischgerät, außerdem viele Talente Silbers und der ganze Schatz kaiserlicher Gefäße, die von der Plünderung des Kaiserpalastes zu Rom durch Geiserich herrührten, darunter das jüdische Tempelgerät, das einst Titus aus Jerusalem nach Rom gebracht hatte.«[4]

Auf Antrag eines Juden, der monierte, die Kultgegenstände aus dem Jerusalemer Tempel gehörten nicht nach Konstantinopel, sondern an *den* Ort, »wo sie einst Salomo, der Judenkönig«, aufgestellt habe, ließ Justinian sie nach Jerusalem zurückführen und – da der jüdische Tempel im Jahre 70 n. Chr. zerstört worden war – »in das Heiligtum der Christen« schaffen, vermutlich die Grabeskirche, wo sie aller Wahrscheinlichkeit nach im 7. Jahrhundert Opfer der persischen Eroberung wurden.[5] Zumindest hat sich seither jede Spur der kostbaren Gerätschaften verloren, doch vermögen sie auch in absentia die transkulturelle Mobilität von *spolia* im ursprünglichen Sinne – als Beutestücke und Trophäen – exemplarisch aufzuzeigen.

---

2 | Jos., Bell. 7, 5-7; vgl. Knell, Heiner: Bauprogramme römischer Kaiser, Mainz 2004, S. 127-129 (zum *Templum Pacis*) und S. 138-143 (zum Titusbogen).

3 | Prokop, Vandalenkrieg I, 5, hier zit.n. der Übersetzung von D. Coste: Prokop: Vandalenkrieg – Gotenkrieg. München 1966, S. 14.

4 | Prokop, Vandalenkrieg, II, 9; wie Anm. 3, S. 59.

5 | Ebd.

SPOLIEN IM ARCHITEKTONISCHEN KONTEXT:
DEUTUNGEN UND UMDEUTUNGEN IM MITTELALTER

Im Folgenden soll es aber nicht um Spolien im Sinne von Beutestücken gehen, sondern um Bauglieder, die aus einem älteren Kontext stammen und in einem Neubau wiederverwendet wurden. In diesem Wortsinn erscheinen der Pluralis *spolia* und seine Adjektivformen *dispoliatus* bzw. *spoliatus* erstmals im frühen 16. Jahrhundert im Zusammenhang mit einer Beschreibung der quattrocentesken Capella Sistina in der römischen Peterskirche, deren Porphyrsäulen der Autor als antike Werkstücke aus den Domitiansthermen erkennt.[6] Auch der Konstantins-bogen neben dem Kolosseum wird bereits in jener Zeit als Spolienbau erkannt; niemand Geringerer als Raffael bestimmt die dort wiederverwendeten *spoglie* zu-mindest teilweise richtig als Werke aus der Zeit Trajans und Antoninus Pius' und nennt als Grund für den Rückgriff auf Altstücke die Einsicht der spätantiken Stein-metzen in die unerreichbare Überlegenheit ihrer kaiserzeitlichen Vorläufer.[7] Bis in jüngste Zeit hinein gilt der Konstantinsbogen als Inkunabel mittelalterlicher Spolienverwendung, wobei neben das Argument der Kapitulation vor der Größe der Alten bzw. den Hinweis auf den generellen Kulturverfall in der Spätantike das Argument der Zeitersparnis oder aber ideologisch-programmatische, zum Teil auch ästhetische Erklärungsmuster getreten sind, um die umfassende Verwen-dung von Altstücken an diesem spätrömischen Ehrenmonument zu deuten.[8] Dass

---

6 | »In ecclesia s. Petri est capella cum Choro & pulcherrimis columnis porphir. spolia Thermarum Domiani [sic!] quae vocatur Syxti capella«; Albertini, Francisco: Opusculum de mirabilibus novae et veteris urbis Romae. Basel 1519, fol. 79v. Vgl. Kinney: Spolia, S. 121f. Meier: Die Anfänge, S. 2.

7 | Bonelli, Renato: »Lettera a Leone X«, in: Arnaldo Bruschi et al. (Hg.), Scritti rinasci-mentali di architettura (= Trattati di architettura, Band 4), Mailand 1978, S. 459-484, hier S. 474f.; vgl. Germann, Georg: »Raffaels ›Denkmalpflegebrief‹«, in: Volker Hoffmann/Jürg Schweizer/Wolfgang Wolters (Hg.), Die »Denkmalpflege« vor der Denkmalpflege. Akten des Berner Kongresses 30. Juni 1999-3. Juli 1999 (= Neue Berner Schriften zur Kunst, Band 8), Bern u.a. 2005, S. 267-286.

8 | Die Arbeiten zu den Spolien am Konstantinsbogen füllen inzwischen ganze Biblio-theken. So wird der Konstantinsbogen in fast allen in Anm. 1 genannten Werken paradig-matisch aufgeführt. Siehe zusätzlich: Deichmann, Friedrich Wilhelm: Die Spolien in der spätantiken Architektur (= Bayerische Akad. der Wiss., Phil.-Hist. Klasse, Sitzungsberi-chte, Jg. 1975, Heft 6). München 1975, S. 6 und 8; Ward-Perkins, John B.: »Re-using the Architectural Legacy of the Past, entre idéologie et pragmatisme«, in: Gian Pietro Brogiolo/ Bryan Ward-Perkins (Hg.). The Idea and the Ideal of the Town between Late Antiquity and the Early Middle Ages. Leiden/Boston/Köln 1999, S. 225-244, hier S. 227-233; Elsner, Jas: »From the Culture of Spolia to the Cult of Relics: The Arch of Constantine and the Gene-sis of Late Antique Forms«, in: PBSR 68 (2000), S. 149-184; Pensabene, Patrizio: »Cause e significativi del reimpiego a Roma: dall'arco di Costantino alla basilica di S. Agnese f.l.m.«,

Spolien gerade in den letzten Jahren wieder ein vieldiskutiertes Forschungsthema geworden sind, dürfte nicht zuletzt Frucht der Postmoderne sein, die durch ihren spielerischen Umgang mit tradierten Baumotiven und ihre Absage an standardisierte Form-Funktion-Relationen das Interesse an nicht-kanonischen Architekturlösungen auch bei historischen Bauten geweckt hat. Die postmoderne Architektur bedient sich zudem selbst verschiedentlich älterer Werkstücke (Abb. 2), sei es aus einem neuen Bekenntnis zum Ornament heraus, sei es aus ökologischen oder öko-

Abbildung 2: ›Lesezeichen‹ in Magdeburg-Salbke; Freiluftbibliothek von KARO-Architekten Leipzig und Sabine Eling-Saalmann (Architektur + Netzwerk Magdeburg), 2009 errichtet unter Wiederverwendung der Außenverkleidung des 2007 abgebrochenen Horten-Kaufhauses in Hamm. Für die Kulturtransfer-Debatte besonders interessant ist der Transfer von Abbruchteilen eines westdeutschen Kaufhauses aus der Wirtschaftswunderzeit in einen Kulturbau in einem ostdeutschen Problemviertel des frühen 21. Jahrhunderts

---

in: Eugenio Russo (Hg.), 1983-1993: dieci anni di archeologia cristiana in Italia. Atti del VII Congresso Nazionale di Archeologia Cristiana (Cassino 1993, Band 1), Cassino 2003, S. 407-424, hier S. 409-415; Brandenburg, Hugo: »Magazinierte Baudekoration und ihre Verwendung in der spätantiken Architektur Roms des 4. und 5. Jh. Ein Beitrag zur Bewertung der Spolie«, in: Boreas. Münstersche Beiträge zur Archäologie 30/31 (2007/2008), S. 169-189, hier S. 173; Balty, Jean-Charles: »De l'art romain à l'art roman: Les spolia, ›mémoire de l'antique‹«, in: Les Cahiers de Saint-Michel de Cuxa 39 (2008), S. 235-248, hier S. 236; Bosman, Lex: »Spolien aus Roms Vergangenheit als Beitrag zu römischer oder romanischer Architektur«, in: Leonhard Helten/Wolfgang Schenkluhn (Hg.), Romanik in Europa. Kommunikation – Tradition – Rezeption, Leipzig 2009, S. 37-51, hier S. 38.

nomischen Gründen oder aber aus dem expliziten Wunsch heraus, durch Wiederverwendung von Altmaterial an den zerstörten Vorgängerbau zu erinnern.[9]

Nicht dies soll hier jedoch zur Debatte stehen, sondern vielmehr die Frage nach der Transkulturalität von Spolien, mithin die Frage, inwiefern Spolien transkulturelle Artefakte sind oder dies zumindest sein können. Sie sind es schon deshalb, weil sie selbst dort, wo sie am selben Ort wiederverwendet werden, von einer vergangenen Zeit – und damit von einer untergegangenen Kultur – zeugen, also in zeitlicher Hinsicht eine Lücke überbrücken und diese durch das Nebeneinander von Alt und Neu bisweilen erst sichtbar machen. Im Kontext der Heidelberger Tagung dürfte Transkulturalität aber eher als räumliches Phänomen interessieren. Bezogen auf Spolien beträfe dies Werkstücke, deren Herkunfts- und Versatzort weit auseinanderliegen, die also an einem Ort ausgebaut und an einem anderen, in der Regel weit entfernten Ort wiederverwendet wurden. Angesichts des großen logistischen Aufwands, den Schwertransporte über große Distanzen bis heute bedeuten, ist in solchen Fällen verschärft nach der Ratio der Wiederverwendung zu fragen. Ökonomischer Pragmatismus, wie er bei manchen in-situ-Spoliennahmen ein wesentliches Movens gewesen sein dürfte, kann bei Ferntransporten a priori ausgeschlossen werden. Was aber war es, was die Mühen des Aufwandes aufwog, was dem Altstück gegenüber der Neuanfertigung den Vorzug gab, was das Original wertvoller machte als ein zeitgenössisches Imitat? Wie bei fast allen Fällen der Spolienverwendung gibt es auch hierzu keine allgemeingültige Antwort. Immer handelt es sich um Einzelfälle mit sehr konkreten Auftragslagen, aber auch – und vor allem – mit äußerst vielfältigen Rezeptionsgeschichten. Die sechs fein reliefierten Spiralsäulen etwa, die in der konstantinischen Peterskirche in Rom das Sanktuarium vom Restraum schieden, waren kleinasiatische Werkstücke des späten 2. oder frühen 3. Jahrhunderts und wurden von Konstantin wohl wegen ihrer schieren Schönheit und Kostbarkeit ausgewählt.[10] Der Autor des im 6. Jahrhundert

---

9 | Meier, Hans-Rudolf: »Vom Siegeszeichen zum Lüftungsschacht. Spolien als Erinnerungsträger in der Architektur«, in: Hans-Rudolf Meier/Marion Wohlleben (Hg.), Bauten und Orte als Träger von Erinnerung. Die Erinnerungsdebatte und die Denkmalpflege. Zürich 2000, S. 87-98; Engelmann, Iris/Meier, Hans-Rudolf: »›Passagen [...], die in ihr vergangenes Dasein führen‹ - Spolienportale in der Architektur der Moderne«, in: architectura. Zeitschrift für Geschichte der Baukunst 40 (2010), Heft 2, S. 189-198; Meier, Hans-Rudolf: »Spolia in Contemporary Architecture: Searching for Ornament and Place«, in: Richard Brilliant/Dale Kinney (Hg.), Reuse Value. Spolia and Appropriation in Art and Architecture from Constantine to Sherrie Levine. Surray/Burlington 2011, S. 223-236.

10 | Ward-Perkins, John Bryan: »The Shrine of St. Peter and its Twelve Spiral Columns«, in: JRS 42 (1952), S. 21-33; Deichmann: Die Spolien in der spätantiken Architektur; Weigel, Thomas: »Spolien und Buntmarmor im Urteil mittelalterlicher Autoren«, in: Joachim Poeschke/Hugo Brandenburg (Hg.), Antike Spolien in der Architektur des Mittelalters und der Renaissance. München 1996, S. 117-153, hier S. 127; Liverani: Reimpiego. S. 416-418; zuletzt Bauer, Franz Alto: »Sagenhafte Herkunft. Spolien im Umkreis des byzantini-

kompilierten *Liber Pontificalis* versieht sie dann mit der konkreten Herkunftsbe-zeichnung *de Grecias*, was er möglicherweise von ihrem besonders feinen Marmor, vielleicht aber auch ihrer hohen Steinbearbeitungsqualität ableitete, die in seinen Augen Zeichen eines besonders hohen (d.h. griechischen) Alters gewesen sein könnte.[11] Im Laufe des Hochmittelalters wurde den Säulen dann eine Herkunft aus dem Apollontempel in Troja angedichtet, und im 14. Jahrhundert galten sie als Spolien aus dem salomonischen Tempel in Jerusalem, womit die Stücke ex post mit einer symbolischen Potenz aufgeladen wurden, die weit über ihre ästhetischen Qualitäten hinausweist.[12] Einen ähnlichen Fall sekundärer Deutungsüberlagerung stellen die sog. *Pilastri Acritani* in Venedig dar (Abb. 3) – Beutestücke aus der Poly-euktoskirche in Konstantinopel, die im Zuge des vierten Kreuzzugs 1204 in die La-gunenstadt gelangten, in der frühen Neuzeit aber als Trophäen galten, die 1258 in der Schlacht von Akkon dem Erzfeind Genua abgenommen worden seien.[13] Doch auch jenseits dieser nachträglichen ›protonationalen‹ Mythologisierung dokumen-tieren die zahllosen Spolien aus dem vierten Kreuzzug, die an, in und vor der venezianischen Markuskirche disponiert sind, die einstige Hegemonialmacht der Serenissima.[14] Allerdings waren diese Spolien keine Bedingung dafür, dass sich Venedig byzantinischen Kultureinflüssen öffnete; dies war schon vor dem vier-ten Kreuzzug der Fall – am sinnfälligsten sichtbar am Kreuzkuppelschema von S. Marco, das spätestens auf das 11. Jahrhundert, vielleicht auch schon auf das 9. Jahr-hundert, jedenfalls nicht erst auf das frühe 13. Jahrhundert zurückgeht.[15]

Das Mittelalter ist derart reich an ›transkulturellen‹ Spolienbewegungen, dass es schwerfällt, eine Auswahl zu treffen. Zu nennen wäre unter anderem Theode-rich, der für seine Bauten in der Residenzstadt Ravenna nicht auf Spolien aus Ra-venna selbst zurückgriff, sondern auf solche aus Rom, wobei es dem Ostgotenkö-nig ein Anliegen war, zu betonen, dass die betreffenden Stücke aus aufgelassenen

---

schen Kaisers«, in: Thomas G. Schattner/Fernando Valdés Fernández (Hg.), Spolien im Umkreis der Macht. Akten der Tagung in Toledo vom 21. bis 22. Sept. 2006. Mainz 2009, S. 59-80, hier S. 61.

11 | »Et exornavit supra columnis purphyreticis et alias columnas vitineas quas de Grecias perduxit«; zit.n. Duchesne, Louis: Le Liber Pontificalis. Texte, introduction et commentaire, Vol. I, Paris 1886, S. 176f.

12 | Zuletzt Meier: Vom Siegeszeichen, S. 91f.

13 | Ebd., S. 88. Vgl. auch Müller, Rebecca: *Sic hostes Ianua frangit*. Spolien und Trophäen im mittelalterlichen Genua. Weimar 2002, S. 55f.; Tigler, Guido: »I pilastri ›acritani‹. Genesi dell'equivoco«, in: Giordana Trovabene (Hg.), Florilegium Artium. Scritti in memoria di Re-nato Polacco. Padua 2006, S. 161-172.

14 | Zuletzt dazu: Henry Maguire/Robert S. Nelson (Hg.): San Marco, Byzantium, and the Myths of Venice. Washington 2010.

15 | Demus, Otto: The Church of San Marco in Venice. History, Architecture, Sculpture. Wa-shington 1960; zuletzt Cecchi, Roberto: La basilica di San Marco. La costruzione bizantina del IX secolo. Permanenze e trasformazioni. Venedig 2003.

Abbildung 3: Venedig, Platz südlich von S. Marco:
Frühbyzantinische Pfeiler aus der Polyeuktoskir-
che in Konstantinopel (sog. Pilastri Acritani)

bzw. zerstörten Gebäuden stammten, so dass ihre Wiederverwendung gleichsam
einer Rettung des Materials gleichkomme.[16] Interessanterweise setzte Theoderich
diese Spolien aber nur in seinem Palast ein, während er für seine Kirchenbauten
auf zeitgenössische Werkstücke zurückgriff, die er aus Prokonnesos bzw. Konstantinopel kommen ließ.[17] Auch Karl der Große bemühte sich knappe 300 Jahre später

---

16 | Var. III, 10 (507/11); MGH Auct. ant. 12. Berlin 1894, S. 84; vgl. Brenk: Spolia, S. 107-
109; La Rocca, Cristina: »Una prudente maschera ›antiqua‹: la politica edilizia di Teodo-
rico«, in: Teoderico il Grande e i Goti d'Italia. Atti del XIII Congr. internaz. di studi sull'Alto
Medioevo (Mailand 1992). Spoleto: Centro italiano di studi sull'alto medioevo 1993, Band
2, S. 451-515; Meier, Hans-Rudolf: »Der Begriff des Modernen und das Ende der Antike.
Ein neuer Blick auf die materiellen Zeugen des Altertums«, in: Franz Alto Bauer/Norbert
Zimmermann (Hg.), Epochenwandel? Kunst und Kultur zwischen Antike und Mittelalter.
Mainz 2001, S. 67-74. Liverani: Reimpiego, S. 424-433; Fauvinet-Ranson, Valérie: *Decor
civitatis, decor Italiae*. Monuments, travaux publics et spectacles au VIe siècle d'après les
Variae de Cassiodore. Bari 2006, S. 97-100.

17 | Jäggi, Carola: »Spolien in Ravenna – Spolien aus Ravenna: Transformation einer Stadt
von der Antike bis in die frühe Neuzeit«, in: Stephan Altekamp/Carmen Marcks-Jacobs/
Peter Seiler (Hg.), Perspektiven der Spolienforschung. Akten einer Tagung im November
2009. Berlin 2012 (im Druck).

um Spolien aus Rom, als es darum ging, adäquates Baumaterial für seine Aachener Pfalz zu beschaffen; ebenso erbat er sich »Säulen, Mosaiken und Skulpturen« aus Ravenna, wobei er sich diese explizit aus »dem ravennatischen Palast wünschte.[18] Ob dies an dessen Ausstattung mit römischen Spolien lag oder damit zusammenhing, dass Theoderichs Palast in Ravenna damals nicht mehr genutzt wurde, ist heute nicht mehr zu eruieren; Papst Hadrian jedenfalls war nur allzu gerne bereit, die Ruine einem hochrangigen Interessenten zur Ausweidung zu überlassen und den Ravennaten dadurch die Möglichkeit zu entziehen, hier je wieder einen mit Rom konkurrierenden Herrschaftssitz zu etablieren.[19] Für Karl bedeuteten die Spolien aus den alten italischen Machtzentren wohl in erster Linie eine sichtbare Anknüpfung an das spätantike Kaisertum, eine klare Legitimation seiner eigenen Herrschaft; indem er seinen Biographen Einhard die transalpine Herkunft der Stücke schriftlich kommemorieren ließ, wurde diese zu einem Faktum, auch wenn in Tat und Wahrheit nur ein Teil der in der Pfalzkapelle verbauten Säulen aus Italien stammt und durch provinzialrömische Stücke aus den rheinischen Römerstädten ergänzt wurde, wie dies von der Forschung verschiedentlich postuliert wird.[20]

SPOLIEN IN DER MODERNE: SOUVENIRS, ANTIQUITÄTEN UND ›ORIGINALE‹ IN HISTORISTISCHEN KONTEXTEN

Alle der bislang hier angeführten Fälle transkultureller Spolien stammen bezeichnenderweise aus der Spätantike und dem Mittelalter und damit aus einer Zeit, in der – wie wir von Michael Falser wissen[21] – durch das Fehlen nationalstaatlicher Strukturen die Bedingungen für das Konzept des Kulturerbes gar nicht gegeben sind. So stellt sich die Frage, ob Spolien, die über weite Distanzen wandern, um an einem kulturell ›fremden‹ Ort wiederverwendet zu werden, in der Moderne eine grundsätzlich andere Ratio besitzen als vergleichbare Materialwanderungen in der Vormoderne. Die Fälle, die mir bekannt sind, sprechen eher gegen eine sol-

---

18 | Der Vorgang ist lediglich auf der Basis des päpstlichen Antwortschreibens zu rekonstruieren; MGH Epp. 3. Berlin 1892, S. 614. Vgl. Joanna Story et al.: »Charlemagne's Black Marble: The Origin of the Epitaph of Pope Hadrian I«, in: PBSR 73 (2005), S. 157-190, hier S. 188f.

19 | Verzone, Paolo: »La demolizione dei palazzi imperiali di Roma e di Ravenna nel quadro delle nuove forze politiche del sec. VIII«, in: Festschrift Friedrich Gerke. Baden-Baden 1962, S. 77-80.

20 | Vita Karoli Magni cap. 26; MGH SS rer. Germ. 25. Hannover/Leipzig 1911, S. 31. Zur Herkunftsproblematik der in der Aachener Pfalzkapelle verbauten Spolien zuletzt Müller, Rebecca: »Antike im frühen Mittelalter. Erbe und Innovation«, in: Bruno Reudenbach (Hg.), Geschichte der bildenden Kunst in Deutschland, Band 1: Karolingische und ottonische Kunst. München 2009, S. 191-215, hier S. 194-198.

21 | Vgl. die Einleitung in diesem Band.

che Annahme. Wenn etwa 1837/8 der preußische Kronprinz Friedrich Wilhelm IV. das hochmittelalterliche Apsismosaik aus der aufgelassenen Cyprianuskirche in Murano erwirbt und es nach Potsdam überführen lässt, um es dort wenige Jahre später in der in seinem Auftrag und teilweise auch nach seinem Entwurf errichteten Friedenskirche zu ›employieren‹ (Abb. 4), dann schwingt hier neben einem allgemeinen antiquarischen Interesse des Monarchen auch das Bewusstsein mit, dass die eigene, deutsche Nation vergleichbare Werke nicht hinterlassen hat.[22]

Abbildung 4: Potsdam, Friedenskirche: Inneres gegen Osten

---

22 | Das Zitat stammt aus dem Tagebuch von Ludwig Persius, dem Entwerfer der Friedenskirche, vgl. Eva Börsch-Supan (Hg.): Ludwig Persius. Das Tagebuch des Architekten Friedrich Wilhelms IV., 1840-1845. München 1980, S. 45; vgl. Hallensleben, Horst: »Ein venezianisches Mosaik des Mittelalters in Potsdam«, in: Jahrbuch der Max-Planck-Gesellschaft (1983), S. 753-756; Polacco, Renato: »Il mosaico absidiale della chiesa dei SS. Cornelio e Cipriano di Murano ora a Potsdam«, in: XLII Corso di cultura sull'arte ravennate e bizantina. Seminario internazionale sul tema: »Ricerche di Archeologia Cristiana e Bizantina«. Ravenna 1995, S. 771-787; Reiß, Anke: Rezeption frühchristlicher Kunst im 19. und frühen 20. Jahrhundert. Ein Beitrag zur Geschichte der Christlichen Archäologie und zum Historismus. Dettelbach 2008, S. 118-123.

Der Süden, konkret Italien, steht auch hier gleichsam als Synonym für kulturelle Überlegenheit, für altehrwürdige Tradition und im Speziellen für die aposto-
lischen Wurzeln der Kirche, zu denen der Preußenkönig durch seine eigene
Kirchenreform zurückkehren wollte. Durch seinen Rückgriff auf Werke der christlichen Antike und des Mittelalters ließ Friedrich Wilhelm IV. jene Zeit wieder auf-
leben, als Staat und Kirche noch aufs Engste verbunden waren.[23] Spolien scheinen
dafür aber keine Bedingung gewesen zu sein; das ganze liturgische Mobiliar der
Friedenskirche, das sich formal an S. Clemente in Rom orientiert, wurde von zeitgenössischen Künstlern geschaffen bzw. kam durch Schenkung befreundeter Monarchen hinzu, und das Portal zum Kreuzgang ist eine in Terrakotta geschaffene
Nachbildung des Heilsbronner Refektoriumportals aus dem 13. Jahrhundert.[24]

Ein etwas anders gelagerter Fall ist der in den 1920er Jahren im neogotischen
Stil erbaute Chicago Tribune Tower. (Abb. 5)

Abbildung 5: Spolien im Sockelgeschoss des Chicago Tribune Tower

Colonel McCormick, einer der beiden Herausgeber der Chicago Tribune, hatte als
Korrespondent nach dem Ersten Weltkrieg selbst Relikte aus den kriegszerstörten
Städten Europas nach Amerika mitgebracht und wies bis weit in die 1940er Jah-
re seine Auslandskorrespondenten wiederholt explizit an, interessante Steine und
Architekturfragmente aus ihren Einsatzgebieten nach Chicago zu übersenden, wo

---

23 | Zuchold, Gerd-H.: »Friedrich Wilhelm IV. und die Byzanzrezeption in der preußischen
Baukunst«, in: Otto Büsch (Hg.), Friedrich Wilhelm IV. in seiner Zeit. Beiträge eines Collo-
quiums. Berlin 1987, S. 205-231.

24 | Badstübner, Sibylle: Die Friedenskirche zu Potsdam, Berlin 1972; Hung, Johannes:
»Das Heilsbronner Refektoriumsportal und seine Nachbildung in Terracotta an der Friedenskirche zu Potsdam«, in: Jahrbuch des Hist. Vereins für Mittelfranken 92 (1984/5),
S. 271-275; Hallensleben, Horst: »Die Friedenskirche zu Potsdam und ihre römischen Vorbilder«, in: Jahrbuch der Rheinischen Denkmalpflege 30/31 (1985), S. 92-100.

sie am Mutterhaus der Zeitung gut sichtbar in das Mauerwerk des Gebäudesockels integriert wurden.[25] Auf diese Weise gelangten Bruchstücke der Cheopspyramide, der Hagia Sophia in Istanbul, der Chinesischen Mauer, des Taj Mahal, der Burg Ehrenbreitstein bei Koblenz, der Pariser Kathedrale Notre-Dame, des Londoner House of Parliament und vielen anderen historischen Monumenten nach Chicago, ein Set, das in jüngeren Jahren ergänzt wurde um Stücke aus der Berliner Mauer oder des zerstörten World Trade Center. Standen die Spolien in der ersten Bauphase noch für die weltumspannende Vernetzung der im betreffenden Hochhaus domizilierten Zeitung, so stehen die erst sekundär hinzugekommen Stücke für welthistorische Ereignisse, die es zu kommemorieren gilt. Ein Schwerpunkt der Chicagoer ›Spoliensammlung‹ scheint allerdings auf Orten zu liegen, die für die amerikanische Geschichte von besonderer Bedeutung sind; außerdem scheint insofern eine gewisse Vollständigkeit angestrebt, als alle amerikanischen Bundesstaaten durch mindestens ein charakteristisches Steinobjekt vertreten sein sollten. Dass jedes Stück einzeln beschriftet ist, zeigt den Wunsch nach eindeutiger Identifikation; die Spolien repräsentieren hier also ganz bestimmte Orte oder Ereignisse – und nicht eine vage Epoche oder eine bewunderte vergangene oder ferne Kultur.

Nur wenige Jahre nach dem Chicago Tribune Tower entstand an der Nordspitze von New York ein klosterähnlicher Komplex, in dem seit 1937 die Mittelaltersammlung des Metropolitan Museum of Art eingerichtet ist. Dass das Museum dem europäischen Mittelalter gewidmet ist, visualisiert nicht zuletzt seine Architektur mit den zwei Kreuzgängen, die dem Museum den Namen *The Cloisters* gaben. Beide Kreuzgänge bestehen zu wesentlichen Teilen aus originalen Werkstücken romanischer Klöster, die in den ersten Jahren des 20. Jahrhunderts vom amerikanischen Bildhauer und Kunstsammler George Grey Barnard in Südfrankreich zusammengekauft und nach Amerika verschifft worden waren.[26] Allerdings wäre die Ausfuhr der ›Spolien‹ aus Frankreich fast gescheitert, da einige der betroffenen Bauten just in jenen Jahren unter Schutz gestellt wurden. Anwürfe versuchten Kunstraubs wies Barnard mit dem Hinweis darauf zurück, dass es sich bei den betroffenen Bauwerken nicht um Gebäude »von historischem Wert«, sondern um »bedeutungslose Überreste« handle, wie man sie in allen Gärten und Häusern jener Gegend anträfe; außerdem schien ihm sein Tun schon dadurch legitimiert, dass er die Stücke nicht ankaufte, um damit Handel zu treiben, sondern um sie jungen amerikanischen Künstlern zur Verfügung zu stellen, die an diesen Stü-

---

25 | Solomonson, Katherine: The Chicago Tribune Tower competition: Skyscraper Design and Cultural Change in the 1920s. Cambridge 2001, S. 277-281; zuletzt: Wharton, Annabel J.: »The Tribune Tower: *Spolia* as Despoliation«, in: Brilliant/Kinney: Reuse Value, S. 179-197.

26 | Kletke, Daniel: The Cloister of St.-Guilhem-le-Désert at The Cloisters in New York City, Berlin 1997.

cken ihre künstlerischen Fähigkeiten vervollkommnen sollten.[27] Alteuropa – und speziell die französische Romanik – figuriert hier also als kulturelles Vorbild, dem das weiße Amerika verpflichtet war, ohne im eigenen Lande über entsprechende Relikte zu verfügen.

Das Fehlen einer eigenen materiellen Vergangenheit, das nur durch Import von ›Originalen‹ aus Europa kompensiert werden konnte, macht sich in ähnlich drastischer Weise auch an den Villen amerikanischer Neureicher bemerkbar, die bereits Umberto Eco als »neurotische Reaktion auf Erinnerungsleere« und Emanationen »des unglücklichen Bewusstseins einer Gegenwart ohne Substanz« bezeichnet hat.[28] Spolien aus diversen Epochen suggerieren hier eine Geschichte, die es so nicht gibt. In ähnlicher Weise versuchen heute Neureiche an der Côte d'Azur, ihre Anwesen mit alten Olivenbäumen zu veredeln (Abb. 6), die an anderen Orten

Abbildung 6: Alte Olivenbäume in der Nähe von Tarragona, bereit für den Transport nach St. Tropez

---

27 | Vgl. den Brief von Barnard an Jacques Sans, den Architekten der Monuments histo-riques in Perpignan, vom 15. Mai 1913: »...il ne s'agit pas ici d'un monument ou d'un im-meuble ayant une valeure au point de vue historique, mais bien des vestiges sans impor-tance de l'ancienne abbaye de Saint Michel de Cuxa dont on trouve les pareils dans tous les jardains, dans toutes les maisons de Prades et de la region [...]. Je crois devoir faire observer pour mieux justifier mon opposition, que ce n'est pas pour faire du commerce [...], mais bien pour servir de modèle aux jeunes artistes américains qui veulent apprendre un métier sur les modèles émanant de sculpteurs français pour lesquels l'Amérique a une grande admiration«; Comminges, Elie de: »Georges G. Barnard et l'achat des chapiteaux de Saint-Michel-de-Cuxa«, in: Annales du Midi 93 (1981), S. 71-82, hier S. 80.

28 | Eco, Umberto: Travels in Hyperreality. Essays. San Diego/New York/London 1986, S. 30f. (»... the frantic desire for the Almost Real arises only as a neurotic reaction to the vacuum of memories, the Absolute Fake is offspring of the unhappy awareness of a present without depth«).

– zumeist in Spanien – über Jahrhunderte gewachsen sind und nun als lebende Spolien transferiert werden, um an einem neuen Ort wieder eingepflanzt zu werden und damit aus diesem neuen Ort einen scheinbar alten zu machen.[29] Besser kann das Bewusstsein der eigenen Wurzellosigkeit nicht verdeutlicht werden!

RESÜMEE:
TRANSKULTURALITÄT ALS RÄUMLICHES UND ZEITLICHES PHÄNOMEN

Wie lässt sich das Gesagte mit Blick auf die drei im Titel der Tagung genannten Termini ›Kulturerbe‹, ›Denkmalpflege‹ und ›transkulturell‹ resümieren? Dass Spolien transkulturell sein können, ja in der Regel sind, haben die meisten der genannten Beispiele gezeigt, wobei Transkulturalität hier nicht nur als räumliches, sondern auch als zeitliches Phänomen zu gelten hat. Als ›wandernde‹ Objekte, die sich in Raum und Zeit bewegen, verbinden Spolien Kulturräume, überbrücken Jahrhunderte, kreieren neue Stadträume und implementieren Vergangenheit in die Gegenwart. Sie transportieren Zeit und Raum – eine Potenz, die ein neues Werkstück nicht besitzt, im Gegensatz zu ideologischen und ästhetischen Botschaften.[30] Oft stehen sie für vage Größen wie Alter, Geschichte, Tradition, Antike, die alten Griechen oder *die* Römer, für Alteuropa oder andere als überlegen betrachtete Kulturen, zum Teil auch für die Größe eines Herrschaftsgebietes oder die Vielfalt der beherrschten Völker, kaum je aber für konkretere Entitäten wie Nationalstaaten oder ethnische Gruppen mit einer kollektiven Identität. Das Konzept des ›Kulturerbes‹ scheint hier also nicht zu greifen. Einzig dort, wo Spolien Trophäencharakter hatten, wo sie im wahrsten Sinne des Wortes Souvenirs sind, werden sie zu Platzhaltern ihrer einstigen Besitzer und damit zu Teilen deren kultureller Identität. Vor allem aber waren es die ›Beraubten‹, die in den ihnen entwendeten und andernorts als Spolien wiederverwendeten Werkstücken Teile ihres kulturellen Erbes sahen und den materiellen Verlust als Identitätsverlust empfanden, und zwar nicht erst in der Moderne, als etwa in Frankreich angesichts der aggressiven Ankaufspolitik von ausländischen Antiquaren wie Barnard viele der im Zuge der Säkularisierung längst funktionslos gewordenen Sakralbauten unter Schutz gestellt wurden, sondern auch schon wesentlich früher. In Ravenna etwa wehrten sich im 15. Jahrhundert die Oratorianer dagegen, dass die Überreste

---

29 | Smit, Rebecca: »Wurzelbehandlung. Die Millionäre an der Côte d'Azur haben ein neues Hobby: Sie lassen Olivenbäume in Spanien ausgraben und pflanzen sie neben ihren Pool«, in: Süddeutsche Zeitung Magazin vom 22.9.2006, S. 16-18, bes. S. 18 (http://sz-magazin.sueddeutsche.de/texte/anzeigen/1766/). Vgl. auch www.anikapotzler.de/old/ (22.9.2011).

30 | Vgl. bereits Coates-Stephens, Robert: »Attitudes to *Spolia* in some late antique texts«, in: Luke Lavan/William Bowden (Hg.), Theory and Practice in Late Antique Archaeology. Leiden/Boston 2003, S. 341-358.

der baufälligen Severuskirche aus dem 6. Jahrhundert nach Venedig verschleppt wurden.[31] Die Venezianer, zu deren Herrschaftsgebiet Ravenna seit 1441 gehörte, formulierten ihr Tun als Hilfeleistung, seien die kostbaren Werkstücke doch damit der eigensüchtigen Verkaufspraxis des Abtes von S. Apollinare in Classe entzogen und somit gleichsam ›gerettet‹, doch dürfte ihr eigentliches Movens das Fehlen vergleichbarer Altstücke aus eigenen Beständen gewesen sein. Für die ravennatischen Mönche aber wurde mit der alten Severuskirche ein Bau abgeräumt, der die gloriose Vergangenheit Ravennas visualisierte und sie selbst in eine jahrhundertealte Filiation stellte. Ihr Plan sah vor, die Säulen von S. Severo für den Neubau der eigenen Klosterkirche wiederzuverwenden und damit an den eigenen Ort und die eigene Geschichte anzuknüpfen – leider, so muss man sagen, zu spät. Wie hier scheinen Spolien auch andernorts häufig erst in Defensivsituationen identitätsstiftend gewirkt zu haben, scheinen erst in Zeiten des drohenden Verlustes als Vertreter des kulturellen Erbes erkannt worden zu sein. Dies erinnert sehr an die Aktionsweise der modernen Denkmalpflege. Jenseits dieser Parallele sind Spolien aber ein denkmalpflegerischer Albtraum, legitimieren sie doch jeden Abbruch, wenn nur die Einzelteile wiederverwendet werden; das Konzept des integralen Schutzes baulicher Entitäten hat in der Spoliendebatte keinen Platz.

---

31 | Ricci, Giovanni: »Ravenna spogliata fra tardo medioevo e prima età moderna«, in: Quaderni storici 71 (1989), S. 537-561, hier S. 537 und 545f.

Das Wüstenschloss Mschatta in Berlin und Jordanien als geteiltes Erbe zwischen zwei Kulturen

Johannes Cramer

Das frühislamische Wüstenschloss Mschatta im Bilad al-Sham stammt aus umayyadischer Zeit. Es ist berühmt wegen der überaus reichen Baudekoration des Haupttores, das seit 1903 auf der Museumsinsel in Berlin gezeigt wird. Seit 100 Jahren ist es ein geteiltes Erbe im Sinne der *UNESCO World Heritage Convention*.

· Der Beitrag untersucht die unterschiedlichen Restaurierungs- und Präsentationsstrategien in Jordanien und Deutschland. In Jordanien wird der lange vergessene und durch Steinraub schwer beschädigte Originalort seit 2009 umfassend instand gesetzt und durch teils weitreichende Eingriffe für die interessierte Öffentlichkeit aufbereitet, während in Deutschland die Umsetzung der Fassade im Pergamonmuseum eine scharfe Kontroverse auslöste. Die Erhaltung einiger unverständlicher Relikte einer niemals realisierten Museumsplanung gilt den Verantwortlichen mehr als die bestmögliche Präsentation des Kunstwerks. Trotz des gleichen Theorieansatzes hier wie dort könnten die praktisch realisierten Maßnahmen gegensätzlicher nicht sein.

AUSGANGSLAGE

Qasr al-Mushatta ist seit 100 Jahren ein zwischen Jordanien und Deutschland geteiltes Erbe umayyadischer, also frühislamischer Architektur. Die von 661 bis 750 herrschenden Umayyaden waren der erste islamisch-arabische Stamm, der nach einer kurzen Zeit der gewählten Kalifen (das Oberhaupt der islamischen Welt) den Anspruch auf die Nachfolge Muhammads in dynastischer Erbfolge erhob und diesen durch eine Vielzahl interessanter und großer Bauten auch architektonischen Ausdruck verlieh. Die mit zahlreichen Mosaiken geschmückte Große Moschee in Damaskus, dem Machtzentrum der Umayyaden, ist das bedeutendste dieser Bauwerke. (Abb. 1)

Abbildung 1: Luftbild der Anlage in Jordanien im Zustand vor Beginn der Instandsetzungs- und Restaurierungsmaßnahmen. Der im 8. Jahrhundert fertig gestellte und später vom Erdbeben zerstörte Palast liegt hinten, die Prachtfassade im Vordergrund

Qasr al-Mushatta wird von der Forschung eingereiht in eine Gruppe von etwa zwanzig unter sich vergleichbaren Anlagen – allgemein Wüstenschlösser genannt –, die meist an abgelegener Stelle im Bilad al-Sham (Groß-Syrien, Fruchtbarer Halbmond) errichtet wurden und ebenfalls den Umayyaden zugeschrieben werden, die damit ihren Herrschaftsanspruch über das rasch wachsende Gebiet manifestieren wollten. Über quadratischem Grundriss mit ca. 145 Metern Seitenlänge wurde in der Mitte des 8. Jahrhunderts im Kernland des in der Entstehung begriffenen islamischen Großreichs eine weitläufige ›Palaststadt‹ errichtet, deren Funktionsweise ungefähr mit den hochmittelalterlichen Pfalzen Mitteleuropas vergleichbar gewesen sein mag. Gesicherte Erkenntnisse zur ursprünglichen Nutzung fehlen allerdings. Ist ein in seinen Grundstrukturen völlig unverändertes Bauwerk aus der Frühzeit des Islam schon an sich eine Besonderheit, so kann die Haupt- und Eingangsfassade der Anlage ohne jeden Zweifel Einzigartigkeit für ihre Zeit und ihren Kulturraum beanspruchen. Der fast 50 Meter lange Abschnitt beidseits des Haupttores ist mit einer höchst originellen plastischen Bauzier aus vielgestalten Profilen geschmückt, welche nicht nur Rahmungen, sondern darüber hinaus merkwürdige Dreiecke und Rosetten bilden, die noch dazu über und über mit einem mit höchster Kunstfertigkeit gemeißelten Ranken- und Figurendekor überzogen sind, wie man es vergleichbar nur noch aus den südostasiatischen Hochkulturen kennt. Zwei Drittel dieser reich dekorierten Fassade wurden 1903 im Zusammenhang mit dem Bau der Hedjaz-Bahn[1] nach Berlin ins Museum gebracht. Das verbleibende Drittel und die ausgedehnte Ruine des allgemein so genannten ›Wüstenschlos-

---

1 | Weber, Stefan/Troelenberg, Eva-Maria: »Mschatta im Museum. Zur Geschichte eines besonderen Monuments frühislamischer Kunst«, in: Jahrbuch Preußischer Kulturbesitz Band 46/2010. Berlin 2011, S. 104-132.

ses‹ liegen heute fast vergessen, verfallend und von einem rasch wachsenden Industriegebiet in ihrer visuellen Integrität erheblich bedroht knapp außerhalb des internationalen Flughafens von Amman. Das Schicksal dieser seit 1903 gleichsam künstlich geteilten siamesischen Zwillinge an ihren beiden Standorten in Jordanien und Deutschland könnte unterschiedlicher nicht sein und fordert zu einem transkulturellen Vergleich geradezu heraus. (Abb. 2)

Abbildung 2: Die Hauptfassade mit ihrem differenzierten und detailreich ausgearbeiteten Dekor wurde 1903 nach Berlin gebracht – zunächst in das Kaiser-Wilhelm-Museum (heute Bodemuseum), später an den gegenwärtigen Standort im Obergeschoss des Südflügels des Pergamonmuseums

Die Anlage wurde im 8. Jahrhundert in einem damals weitgehend unbesiedelten, nur nomadisch genutzten und fast wasserlosen Steppengebiet am Rande des agrarisch nutzbaren Raumes des Bilad al-Sham errichtet. Als Bauherr wird von der Literatur allgemein Walid II. (ermordet 744) genannt. Sein gewaltsamer Tod habe auch zum Abbruch der Bauarbeiten geführt, so dass die ausgedehnte Anlage unvollendet und niemals genutzt liegen geblieben sei. Die Hinweise auf eine nicht zum Abschluss gekommene Baumaßnahme sind tatsächlich vielfältig.[2] Die herausgehobene kulturgeschichtliche Bedeutung der Anlage war 1903 allen Beteiligten deutlich. Das dokumentiert sich schon dadurch, dass die deutschen Museumsmänner um Kaiser Wilhelm II. energisch drängten, die Fassade für die soeben neu entstehenden Berliner Museen zu besorgen, während die Denkmalpfleger des osmanischen Reichs Sultan Abdülhamid II. ebenso inständig baten,

---

2 | Von den Bauten ist nur der Palastteil fertiggestellt worden, während die östlich und westlich angelagerten Wohnungen nicht mehr errichtet wurden. Die Umfassungsmauern waren offenbar nicht bis zu ihrer im Detail nicht bekannten Gesamthöhe aufgemauert und die Baudekoration ist in Teilbereichen nur vorbereitet oder halb hergestellt.

das wertvolle Objekt keinesfalls außer Landes zu geben. Ob das Verbleiben eines Drittels der reich geschmückten Fassade am Originalort damals ein Kompromiss in diesem Streit war oder – wie es die Literatur darstellt[3] – ausschließlich dem Umstand geschuldet war, dass am vorgesehenen Standort im Berliner Kaiser-Friedrich-Museum (heute Bodemuseum) nicht mehr Platz zur Verfügung stand, kann hier offen bleiben. Der deutsche Expeditionsleiter Schulz fertigte während des Abbaus einige summarische Bestandszeichnungen an und brachte die wertvollen Steine pünktlich und wohlbehalten nach Berlin. Die Forschung interessierte sich danach für das merkwürdige und bemerkenswerte Objekt – hier wie dort – nur noch kurz. Nachdem allgemeines Einvernehmen hergestellt war, dass es sich tatsächlich um einen frühislamischen Bau handele und nicht – wie zunächst zur Diskussion gestellt – um frühchristliche oder sassanidische Architektur, schliefen weitere wissenschaftliche Untersuchungen zum Gesamtplan und der Zweckbestimmung der Anlage sowie den Vorbildern des eigentümlichen Fassadedekors schnell wieder ein.[4]

Ungeachtet der eigentlich höchst lückenhaften Objektkenntnis entwickelte sich der Fassadenteil im Berliner Museum schnell zu einem Leuchtturm islamischer Kunst und Kunstrezeption in den westlichen Kulturen. Das großartige Bauwerk, das mit Ausnahme einiger undekorierter Quader, welche die Expedition zur Reduzierung von Transportraum in Jordanien zurückgelassen hatte, ohne jede moderne Ergänzung im Museum aufgebaut werden konnte, entwickelte eine solche Faszination auf Museumsleute und Besucher, dass dreißig Jahre nach der ersten Präsentation die kleine islamische Abteilung im Keller des Kaiser-Friedrich-Museums in das soeben neu errichtete Pergamonmuseum verlegt wurde, wo sie sich flächenmäßig vervierfachte. So steht die Fassade seit dem Jahr 1932 gleichrangig neben den berühmten Architektur-Monumenten des Zweistromlandes und der Antike. Ihr mühseliger Weg nach Berlin und die museale Wertschätzung und Präsentation an prominentester Stelle gilt als Initialzündung für die wissenschaftliche Erforschung der islamischen Kunst im Speziellen und damit auch für die Auseinandersetzung der westlichen Welt mit dem islamischen Kulturraum überhaupt. Tatsächlich hatte es zuvor eine systematische und vergleichende Betrachtung der frühislamischen Kunst und Architektur nicht gegeben. Das Augenmerk der Museumsleute des 19. Jahrhunderts war bis dahin ganz überwiegend auf die dekorativere und fremdartigere Gebrauchskunst beschränkt geblieben.

---

3 | Enderlein, Volkmar/Meinecke, Michael: »Graben, Forschen, Präsentieren. Probleme der Darstellung vergangener Kulturen am Beispiel der Mschatta-Fassade«, in: Jahrbuch der Berliner Museen N.F. 94, 1992, S. 137-172.

4 | Die Forschungsgeschichte wird hier aus Platzgründen nicht weiter ausgebreitet. Sie findet sich ausführlich resümiert bei Weber/Troelenberg: Mschatta im Museum.

Geteiltes Erbe – gegensätzliches Schicksal

Über die richtige Präsentation der Fassade im Museum gab es schon vor dem Zweiten Weltkrieg ausführliche Diskussionen und gibt es am Anfang des 21. Jahrhunderts eine umfangreiche öffentliche und Fachdiskussion, welche die Gemüter im Zusammenhang mit der Neugestaltung des Pergamonmuseums bis 2019 erhitzt.[5] Die beabsichtigte Translozierung der Fassade vom Obergeschoss des Südflügels in den Hauptrundgang des Nordflügels in die unmittelbare Nachbarschaft des Pergamonsaales kann nach allgemeiner Übereinstimmung nur nach gründlichster Untersuchung und Dokumentation erfolgen. Jeder Stein muss einzeln begutachtet, in seinem Zustand erfasst und auf die Notwendigkeit von Sicherungsmaßnamen für den Transport untersucht werden[6] – wie es sich für ein Kunstwerk im Museum gehört. Geringe Beeinträchtigungen der Oberflächen, oberflächliche Abwitterungen des mittlerweile fast scharfkantig und brüchig gewordenen Kalksteins sind ebenso Anlass zu ausgedehnten Messreihen wie geringe Veränderungen der Luftfeuchtigkeit und Schwankungen der Raumtemperatur infolge jahreszeitlichen Wechsels und Besuchermassen. (Abb. 3)

Abbildung 3: Vorschlag für die Neuaufstellung der Fassade im Nordflügel des Pergamonmuseums auf der Ebene des Hauptrundgangs. Durch die Erhaltung älterer Wandpfeiler hinter der Fassade hat der Betrachter eine geringere Distanz zum Objekt, als das die baulichen Voraussetzungen grundsätzlich zuließen

---

5 | Bernau, Nikolaus: »Rettet das Pergamonmuseum«, in: Die Zeit Nr. 3 vom 13.01.2011, S. 37. Weitere kontroverse Diskussionen folgten in den Ausgaben des Tagesspiegels vom 23.01., 26.03. und 04.04.2011.

6 | Diese Arbeiten wurden von 2002 bis 2005 unter der Leitung von Johannes Cramer und Dorothée Sack im Auftrag des Bundesamtes für Bauwesen und Raumordnung durchgeführt. Projektleiter war Stefan Breitling.

Nicht zuletzt wird diskutiert, wie man dem wertvollen Kunstwerk durch die richtige Annäherung und Beleuchtung gerecht werden könne angesichts der Tatsache, dass die Wirkung des Bauwerks wohl eine dreifache gewesen sein muss. Aus der Ferne sollte der Besucher das Monumentale der ausgedehnten Anlage mit ihren zahlreichen massiven Türmen bewundern. In der Annäherung konnte er dann erkennen, dass der schwere Bau mit eindrucksvollen Dekorationen aus plastisch hervortretenden Dreiecken geschmückt war. Stand der Besucher erst vor dem Tor, so musste er von der Vielzahl der feinsten Dekorationen tief beeindruckt sein, die mit größter Kunstfertigkeit, Fantasie und Erfindungsgabe aus dem Kalkstein herausgehauen waren. Die Exposition zur Südsonne gab dabei der Schattenbildung eine besondere Bedeutung.

Dem Forschungsstand von 1903 entsprechend gab man sich für die museale Präsentation gleichzeitig damit zufrieden, dass man über die weiteren Einzelheiten der Gestaltung, also etwa farbige Fassung, Behandlung der Oberflächen oder Skulpturenschmuck, nichts wusste und auch nichts wissen konnte, weil der Bau ja niemals fertiggestellt worden sei.

Aber was wurde aus dem Originalort und den dort vorhandenen Schätzen? Immerhin war ja zumindest ein Drittel der dekorierten Fassade in der Levante verblieben. Allein: diese Steine waren offenbar schon am Ende des osmanischen Reichs ganz überwiegend verschwunden – wahrscheinlich von interessierten Liebhabern unmittelbar nach dem Abzug der deutschen Expedition verschleppt. Einige Rosetten wurden später im nahe gelegenen Jizah, einer Station der Hedjaz-Bahn, als Supraporten verbaut fotografiert und sind seit 2011 im neu gebauten Nationalmuseum in Amman ausgestellt. Am Originalort finden sich von dem verbliebenen Drittel im Bauzusammenhang nur noch die unteren Lagen der Fassade mit dem rankengezierten Torus.[7] Die übrige Anlage – weitgehend ohne interessante Steinmetz-Dekorationen – wurde über einhundert Jahre nicht oder nur wenig beachtet. Sie blieb lange Zeit sich selbst überlassen und wurde allmählich ausgeraubt. Aus den mit gut gearbeiteten Kalksteinquadern gebauten Außenmauern mit ihren markanten Rundtürmen wurden vor allem die Läufersteine systematisch ausgebrochen und anderweitig verbaut, so dass die Wände heute stark fragmentiert und teilweise auch einsturzgefährdet sind. Der seit einem Erdbeben – vermutlich im Jahr 854 – in der Ruine verbliebene Einsturzschutt wurde in den sechziger und achtziger Jahren beräumt und abgefahren oder nach Materialgruppen sortiert in großen Haufen in dem Ruinenareal gelagert. Bestandsgefährdende Schäden wurden seit den achtziger Jahren durch die jordanische Antikenbehörde repariert. Um die Jahrtausendwende wurde eine Grabung zur Klärung des Grundrisses durchgeführt.[8]

---

7 | Einige Steine sind auch noch nach 2005 verschwunden. Zuletzt wurde ein Stein aus der Fassade gebrochen, um ihn in der Ausstellung des Metropolitan Museum New York *Byzantium and Islam, Age of Transition* vom 14.03. bis 08.07.2012 zu zeigen.

8 | Der Umfang dieser Grabung ist unbekannt, weil entsprechende Berichte in der Antikenbehörde nicht zu finden sind und der Ausgräber Detailangaben zur Lage der Befundöffnungen und den Befundergebnissen nicht zur Verfügung stellt.

Aus der gemeinsamen Verantwortung für das Kunstwerk und als Grundlage für sachgerechte Entscheidungen im Zusammenhang mit zukünftigen Interventionen in Jordanien ebenso wie in Berlin wird seit 2009 ein Forschungsprojekt durchgeführt, welches die seit 1903 fortbestehenden Forschungsdefizite beseitigen und die Kenntnis von *Qasr al-Mushatta* auf ein zuverlässiges Fundament stellen soll.[9] Dazu wird der gesamte Bestand noch einmal genau untersucht, dokumentiert und erforscht.[10] Die Ergebnisse sind erwartungsgemäß überraschend. Die kunstwissenschaftliche Analyse zeigt, dass nur das Detailstudium der zahllosen unterschiedlichen Motive den Weg zu einer sachgerechten Deutung des Formenguts vor dem Hintergrund ganz unterschiedlicher Vorbilder weisen kann.[11] Als ›Abfallprodukt‹ der vollständigen zeichnerischen Erfassung der gesamten Fassadendekoration an beiden Standorten, durch die eine virtuelle Gesamtansicht der Fassade entstehen wird, kam eine seit einhundert Jahren übersehene Bauinschrift zum Vorschein. Die bauarchäologische Untersuchung in Jordanien zeigt, dass der Bau nicht als unfertige Ruine liegen blieb, wie alle Autoren schreiben, sondern ausgebaut und genutzt war, und auch nicht 749 durch ein Erdbeben zerstört worden sein kann, wie das die Literatur seit Creswell annimmt.[12]

Welche Aussagekraft und welche Botschaft hat nun dieses bessere Wissen um die materielle Überlieferung für die beiden Standorte? Im Ergebnis haben wir mit Mschatta im Jahr 2012 ein geteiltes Erbe, das an keinem der beiden Standorte allein und für sich verständlich wird. Der Platz in Jordanien ist seiner wichtigsten Schätze durch die Translozierung nach Deutschland und durch Kunstdiebstahl beraubt. Die vergleichsweise wenigen Originalsteine mit dem hochwertigen Dekor können dem Besucher nur einen schwachen Eindruck davon geben, was hier vor 1300 Jahren entstehen sollte und auch entstand. Der hohe Standard des Kunstschaffens einer soeben in der Selbstfindung begriffenen Kultur ist mit den vergleichsweise

---

9 | Das Vorhaben wurde von dem leider im Jahr 2010 überraschend verstorbenen Generaldirektor des jordanischen Antikendienstes, Dr. Fawwaz al-Khraysheh, wirkungsvoll gefördert. Als Zweiter Projektleiter stellt Dr. Ghazi Bisheh seine profunden Kenntnisse zur Verfügung.

10 | Die hier vorgestellten Ergebnisse sind Teil eines Forschungs- und Restaurierungsprojekts, welches die TU Berlin und die Staatlichen Museen zu Berlin unter der Leitung von Johannes Cramer, Claus-Peter Haase und Günther Schauerte im Benehmen mit der jordanischen Antikenverwaltung seit 2009 mit der Finanzierung der Deutschen Forschungsgemeinschaft und des Auswärtigen Amtes durchführen. Die Verantwortung für die Bauforschung liegt bei Barbara Perlich, für die Kunstgeschichte bei Claus-Peter Haase und für die Restaurierung und die Organisation bei Johannes Cramer. Dazu auch: http://baugeschichte.a.tu-berlin.de/bg/forschung/projekte/islam/mushatta2.html vom 24.04.2012.

11 | Diese Analyse wird von Katharina Meinecke durchgeführt. Die Ergebnisse können hier nicht im Detail diskutiert werden.

12 | Die vollständige Befundvorlage kann nicht Ziel dieses Beitrags sein. Eine monografische Publikation ist in Vorbereitung.

wenigen Resten kaum zu erfassen. Der ruinöse Zustand des Ortes marginalisiert das Verbliebene schon für interessierte westliche Besucher und macht es für die ortsansässige Bevölkerung vollends uninteressant. Einzig im Frühjahr, wenn in der Ruine eine Vielzahl von Blumen blüht, kommen einheimische Besucher in nennenswerter Zahl zum Picknick – nicht um die Architektur zu studieren.

Dieses Studium freilich ist für das Verständnis der Anlage höchst ertragreich. Die intensive (bau-)archäologische Untersuchung konnte nicht nur die Einzelheiten der Bau- und Untergangsgeschichte der Palaststadt weitgehend klären, sondern auch zahlreiche Aufschlüsse zu all den Fragen liefern, welche die Fassade in Berlin nach einhundert Jahren musealer Behandlung nicht oder nicht mehr beantworten kann. Dazu gehört zunächst das sichere Wissen, das die heute grau im Museum stehende Architektur einmal genauso gleißend weiß war wie der mit einem Kalk-Gips-Estrich belegte große Zentralhof. Die eindrucksvolle Wirkung der weißen Palastfassade wurde sehr wahrscheinlich durch eine stark farbige Fassung, wie sie für den Zugang zum Palast durch Befunde gesichert ist, weiter gesteigert. Diese Farbigkeit der Architektur wurde durch große Mosaikflächen verstärkt, die man sich für die Wände im Inneren des Wohnpalastes sicher vorstellen darf.[13] Ob auch das umfangreiche, durch Ausgrabungen und Streufunde gesicherte Skulpturenprogramm der Audienzhalle im Sinne der Antike farbig zu denken ist, bleibt ungeklärt, ist aber anzunehmen. (Abb.4)

Der Fassade in Berlin mangelt es – gleichgültig, welche Aufstellungsart am Ende gewählt werden wird –, unter dem oft grauen Berliner Himmel an der naturräumlichen Einbindung, der Weite der umgebenden leeren, nur extensiv agrarisch genutzten Landschaft und dem gleißenden Licht des Orients. Das von den Schöpfern der Fassadendekoration intendierte Spiel mit Nähe und Ferne, von Großform und Detail und ganz besonders von Licht und Schatten wird man in einem Museum niemals so herstellen können, wie es am Ursprungsort zu finden war. Daraus ergeben sich trotz gleicher Entstehungsgeschichte aus dem unterschiedlichen Schicksal während des zurückliegenden Jahrhunderts für den Umgang mit dem Kunstwerk hier und dort ganz unterschiedliche, scheinbar widersprüchliche, ja sogar miteinander unvereinbare Schlussfolgerungen. Die durch Verfall und ein in der unmittelbaren Nachbarschaft bedrohlich wachsendes Industriegebiet stark gefährdete Anlage in Jordanien ist in ihrem derzeit vorgefundenen Bestand ohne entschlossene Maßnahmen akut in ihrer visuellen Integrität, ja sogar in ihrem materiellen Fortbestand gefährdet. Nur eine bewusste und für die Öffentlichkeit markant wahrnehmbare Restaurierungs- und Aufwertungsmaßnahme kann den völligen Verfall und damit den vollständigen Verlust des noch immer hochbe-

---

13 | Umfangreiche Funde von Tesserae mit Mörtelanhaftung und sogar die Identifizierung des Platzes, an dem die Mosaiksteine von den großen Rohlingen abgeschlagen wurden, lassen daran keinen Zweifel. Ein archäologischer Befund zeigt ferner, dass die Steine auch wirklich an der Wand verbaut waren. Die Detailuntersuchung wird derzeit von Catreena Hamarneh durchgeführt.

Abbildung 4: Rekonstruktionsvorschlag für die Palastfassade auf der Grundlage der bauarchäologischen und restauratorischen Untersuchungen

deutenden Platzes verhindern. Dieses Ziel ist mit den in Mitteleuropa gängigen Strategien der Denkmalbewahrung in Jordanien aber nicht zu erreichen. Die detailorientierte ›Pinzettenrestaurierung à la Cesare Brandi‹[14] bleibt in einer Gesellschaft, die einerseits ein reiches antikes Kulturerbe hat und andererseits in der Vergangenheit im Interesse des Fortschritts – welchen auch immer – lernen musste, auch schmerzliche Verluste zu akzeptieren, nicht zu vermitteln. Nur die entschlossene Aufwertung durch eine konsequente Ruinensicherung kann die weitere Ausbeutung der Ruine stoppen. Dass damit auch die Gesamterscheinung des Ortes verändert wird, ist erklärtes Ziel des Projekts. Die Wahrnehmung des Ortes als bedeutende Architektur wird darüber hinaus vor allem durch die Anastylose der eingestürzten Bogenarchitekturen im Palast erreicht. Die Bauteile der Fassade zum Zentralhof und des Eingangs zur Audienzhalle sind noch zu einem großen Teil vorhanden – wenn auch durch Kunstdiebstahl zum Teil ihrer besten Elemente beraubt –, so dass der gesicherte Wiederaufbau möglich ist.[15] Hier finden sich auch noch einzelne hochwertig verzierte Bauteile – zum Beispiel Rosetten –, die im wiederhergestellten Bauzusammenhang ihre ursprüngliche Wirkung wieder entfalten können. Ein entsprechendes *Site Management* muss die Maßnahmen ergänzen. Im Gesamtergebnis wird eine Ruinenstätte entstehen, die als Ganzheit

---

14 | Brandi, Cesare: Theorie der Restaurierung (Hefte des Deutschen Nationalkomitees, ICOMOS, Band 41). München 2006.

15 | Dieser Wiederaufbau wurde auch dadurch auf gesicherter wissenschaftlicher Grundlage möglich, dass sich auf den Kalksteinwänden eingeritzt Baurisse für die Bögen ebenso fanden wie für die dekorierte Hauptfassade. Letzterer Fund macht im Vergleich mit dem Bestand in Berlin die Verifizierung der Zuverlässigkeit der Risse im Detail möglich. Dazu Perlich, Barbara: »Ritzzeichnungen am Qasr al-Mschatta. Neue Einsichten in das frühislamische Bauwesen«, in: Architectura 40 (2010), S. 135-146.

Abbildung 5: Die Hauptfront des Palastes nach Anastylose der dreibogigen Fassade, deren Steine zum großen Teil in der Ruine gefunden wurden

Abbildung 6: Reparatur und Wiederaufbau der Westmauer. Die Maßnahme verhindert weiteren Steinraub und Teileinstürze des gefährdeten Mauerkerns und bildet für den Besucher der Ruine einen Sichtschutz gegen die Industriebauten in dem westlich angrenzenden Bereich

wieder verständlich ist, damit für den touristischen Besucher attraktiv wird und so das Interesse der Tourismusindustrie auf sich zieht. So kann der fortdauernde Verfall und die schleichende Zerstörung der zurückliegenden einhundert Jahre hoffentlich aufgehalten werden. Alle diese Maßnahmen werden im allgemeinen Konsens mit minimalem Abstimmungsaufwand realisiert. (Abb. 5, 6)

Im Museum in Berlin sind solche weit reichenden Veränderungen, noch dazu im Einvernehmen der Beteiligten, undenkbar. Weder könnte man sich hier die radikale Beseitigung des Wüstenstaubs aus den letzten 1000 Jahren vorstellen mit dem Ziel, der Fassade ihre ursprüngliche, gleißend weiße Erscheinung zurückzugeben, noch ist an eine probeweise Farbfassung zu denken, welche die ursprüngliche Wirkung verdeutlichen würde. Schon die Frage, ob und wenn ja, wie fehlende Teile der Fassade zu ergänzen seien, wirft komplizierteste Abstimmungsfragen auf.

Wesentlicher als solche die konkrete Substanz betreffenden Fragen aber ist geworden, dass trotz allgemeiner Übereinstimmung zur Translozierung der Fassade in den Hauptrundgang des Pergamonmuseums die Frage, wie im Detail die Fassade präsentiert werden soll, zu erbitterten Auseinandersetzungen geführt hat. Die Positionierung im so genannten Stadtbahnsaal entsprechend dem Entwurf von Oswald Matthias Ungers macht, wenn man auch nur eine Andeutung der landschaftlichen Weitläufigkeit erreichen will, welche den Originalort kennzeichnet, den Abbruch von elf Wandvorlagen erforderlich, die von einem niemals realisierten Museumsprojekt der frühen zwanziger Jahre übrig geblieben sind. Diese Mauerzungen ohne eigenständige gestalterische Qualitäten sind einerseits ein Zeugnis des Scheiterns veralteter Präsentationsvorstellungen der Kunst in Stilräumen, wie dies noch zwei Jahrzehnte zuvor im Kaiser-Friedrich-Museum selbstverständlich praktiziert wurde. Im Pergamonmuseum rückte man von der zur Hälfte umgesetzten Idee für ein Deutsches Museum noch vor dessen Realisierung wieder ab und brach das 1925 bereits als ›unmodern‹ empfundene gotische Pseudogewölbe wieder ab. Andererseits sind die verbliebenen Vorlagen ein Zeugnis fehlender Mittel während der großen Depression der späten zwanziger Jahre, ein neues, zukunftsorientiertes Museumskonzept konsequent umzusetzen. Der Abbruch der Mauerzungen hätte Eingriffe in die Deckenkonstruktion erforderlich gemacht, die man sich damals nicht leisten konnte. Gleichwohl gelten diese Wandvorlagen den Anhängern Brandis heute als unverzichtbarer Teil der Bau- und Veränderungsgeschichte des Museums. Ihr Zeugniswert wird offenbar sogar von den Verantwortungsträgern höher eingeschätzt als die Möglichkeit, durch ihre heute technisch und finanziell mögliche Beseitigung der Fassade von Mschatta mehr Präsentationsraum zu geben.

GETEILTES ERBE – KONTRÄRE KULTURELLE POSITIONEN

Was also ist das Ergebnis dieser transkulturellen Betrachtung eines durch historische Zufälle auf zwei Standorte auseinandergerissenen Baudenkmals?

In Deutschland friert die auf höchstem intellektuellem Reflexionsniveau argumentierende europäische Denkmalkultur das Monument unter Verweigerung eigener Wertung und Deutung ein und überlässt es zukünftigen Generationen, sich vielleicht später wieder eine eigene Position zu erlauben. Das führt ohne jede erkennbare Auseinandersetzung mit Fragen der Qualität und Botschaft des

Architekturmonuments zur Gleichsetzung von hochwertigem Kunstgut, wie es die Fassade darstellt, mit den Fragmenten des Deutschen Museums als abstrakter ungeformter Materie. Ohne erkennbares Zögern der maßgeblichen Entscheidungsträger bei Museum und Denkmalpflege werden diese Fragmente eines veralteten, deswegen im gesellschaftlichen Konsens schlussendlich nicht realisierten Plans auf eine höhere Wichtigkeitsstufe gestellt als das Kunstwerk, weil diese Fragmente materiell vorhanden sind, während die – unter den gegebenen Umständen – bestmöglich denkbare Aufstellung eines Schlüsselmonuments der islamischen Kunst im Diskurs naturgemäß zunächst abstrakt bleiben muss.

In Jordanien kennt man diesen Konflikt nicht. Weder gibt es die verbissenen Diskussionen um den richtigen theoretischen Weg in der Denkmalbehandlung, noch kann man sich vorstellen, dass abstrakte Reflexion vor dem Hintergrund eines gewichtigen Theoriegebäudes wichtiger sein sollte als die konkrete Verbesserung der tatsächlich vorhandenen Substanz durch selbstverständlich die Substanz und die Erscheinung zum Teil erheblich verändernde bauliche und restauratorische Eingriffe.

Der gleiche Gegenstand führt damit in zwei unterschiedlichen Kulturen zu diametral entgegengesetzten Handlungsvarianten. Das im Sinne der *UNESCO World Heritage Convention* geteilte Erbe der Umayyadenzeit, welches durch die Zufälligkeiten der Zeitläufte zwar von unterschiedlichen Staaten verwaltet wird, aber nur als Einheit und Gesamtheit verstanden werden kann und seinen Sinn erhält, wird an den zwei Standorten im Rahmenwerk zweier unterschiedlicher Kulturen ebenso wie zweier ganz unterschiedlicher Handlungsziele von den gleichen Personen mit den gleichen Theoriekenntnissen höchst unterschiedlich gesehen und behandelt.

Transkulturelle Übersetzung von Architektur: Gipsabgüsse von Angkor Wat für Paris und Berlin

Michael Falser[1]

Bezogen auf den zentralen Begriff dieses Tagungsbandes – Kulturerbe – nimmt die Herangehensweise der ›Transkulturalität‹ nicht nur die architektonischen Materialisierungen von Kulturerbe in den Blick, sondern ist vielmehr hilfreich die Motivationen, Prozesse, Macharten und Akteure jener Kulturerbe-›Produktion‹ zu lesen, die im Spannungsfeld der ›Trans‹-Kultur im Kontakt und Austausch zwischen Kulturen entstehen. Eine hilfreiche Denkfigur in Bezug auf die Entstehungsbedingungen von architektonischem Kulturerbe zwischen Kulturen stellt hierbei jene der ›Übersetzung‹ dar, die in diesem Beitrag mit der materialen Übersetzungstechnik des Gipsabgusses diskutiert wird. Mit Beispielen von kolonial- bzw. machtpolitisch motivierten und per se hochinnovativen Nachbauten von asiatischen Tempelarchitekturen (Fokus Angkor Wat) aus in situ ›authentisch‹ abgegossenen Einzelteilen für europäische Museen und Welt- bzw. Kolonialausstellungen (Fokus Frankreich und Deutschland) hinterfragt dieser Beitrag gleichzeitig die althergebrachten Charakteristika von Kulturerbe.

---

1 | Siehe das Projekt *Heritage as a Transcultural Concept – Angkor Wat from an Object of Colonial Archaeology to a Contemporary Global Icon* am Chair of Global Art History des Exzellenzclusters ›Asia and Europe in a Global Context‹, Karl Jaspers Centre of Transcultural Studies, Universität Heidelberg: www.asia-europe.uni-heidelberg.de/en/research/d-historicities-heritage/d12.html vom 15.04.2012. Eine längere Ausführung zum Thema in: Falser, Michael: »Krishna and the Plaster Cast. Translating the Cambodian Temple of Angkor Wat in the French Colonial Period«, in: Transcultural Studies 2 (2011), S. 6-50; http://archiv.ub.uni-heidelberg.de/ojs/index.php/transcultural/article/view/9083 vom 15.04.2012.

TRANSLATIONAL TURNS, KOLONIALE ÜBERSETZUNGSPOLITIK UND DIE REPRÄSENTATION VON KULTURERBE

Seit zwei Jahrzehnten schwirrt der Begriff des *translational turn* durch die geistes- und besonders kulturwissenschaftliche Literatur.[2] Neben *postcolonial, linguistic, performative, iconic* oder noch ganz anderen *turns*, könnte man kritisch und fallweise berechtigt von einer Inflation dieser methodischen Denkfiguren sprechen, wenn hinter all diesen zusammenfassend nicht das durchaus überfällige Bemühen stünde festgelegte Erklärungsmuster für ›Kultur‹ im Allgemeinen, für kulturelle Entstehungsprozesse, kunsthistorische Produktpaletten und deren normativ erstellte Taxonomien im Speziellen aufzubrechen. In diesem zu hinterfragenden Definitionskanon ist auch das Konzept von Kulturerbe eingeschrieben, das sich seit dem späten 18. Jahrhundert aus dem eurozentrischen Narrativ ethnisch, religiös und besonders nationalstaatlich-territorial homogener Einheiten speist, heute aber spätestens mit dem allumfassenden Schlagwort der sog. Globalisierung seine exklusive Deutungsmacht verloren hat – ohne aber gleichzeitig sein konfliktbeladenes Potential eingebüßt zu haben. Das Erklärungsmuster der ›Trans‹-Kulturalität – im Fokus des vorliegenden Tagungsbandes – diskutiert Möglichkeiten einer notwenigen Emanzipation gegenüber dem Narrativ nationalstaatlicher und ethnisch homogener ›Behälter‹ für Kulturerbe-Formationen. Das *trans* in dieser Perspektive nimmt nicht nur das ›Endprodukt Kulturerbe‹ als angeblich natürlich vorgegebenes, in der Tat aber soziokulturell erst konstruiertes Faktum in den Blick, sondern fokussiert auf die prozessualen Abläufe in ›Trans‹-Formationen, die im Kontakt, Austausch und damit ›Transfer‹-Abläufen zwischen Kulturen entstehen. Damit rücken auch die Produktionsbedingungen von Kulturerbe in den Vordergrund, sozusagen das *Making-of*, und mit ihm seine sozialen Akteure (von Einzelpersonen bis ganzen Institutionen), ihre mentalen, ideologischen, machtpolitischen Motivationen und materialen Interventionen, Manipulationen und Transformationen am konkreten, physisch präsenten Objekt. Diese Transferabläufe zwischen Kulturen lassen sich mit einem der zentralsten Begriffe von transkultureller Forschung beschreiben: Übersetzung (engl. *translation*). Mit dem *translational turn* wurde dieser Begriff aus seinem linguistisch-literarischen Fokus methodisch ausgeweitet: Übersetzung kann somit im metaphorischen Sinne als der generelle Vorgang jeglicher zwischenmenschlicher Interaktionen innerhalb einer Kultur und/oder zwischen Kulturen bezeichnet werden (›Kultur als Text‹) oder, und das wird der Bezugspunkt für die hier folgenden Ausführungen sein, als methodisches Werkzeug dienen, um Machtkonstellationen in Kontakt-, Austausch- und Transferbeziehungen zwischen Kulturen zu kontextualisieren (›Übersetzung als transkulturelle Praxis‹).

---

2 | Dazu das Überblickskapitel zum *translational turn* in: Bachmann-Medick, Doris (Hg.), Cultural turns. Neuorientierungen in den Kulturwissenschaften. Reinbeck bei Hamburg 2009³, S. 238-283.

Als eine der macht- und gewaltvollsten Projekte zwischenkultureller Übersetzung lässt sich die Phase des Kolonialismus bezeichnen. Mit unserem Tagungsfokus nehmen wir v.a. den spätmodernen Kolonialismus Europas ins Visier, da sich hier die heute weltweit wirkungsmächtige Konzeption von sog. Kulturerbe (engl. *cultural heritage*, franz. *patrimoine culturel*) ausbildete und von hier auf das kolonisierte Nicht-Europa übertragen wurde. Dem kolonialen Transferprozess von Europa nach Nicht-Europa in Form von ästhetischen und institutionellen Konzepten stand in umgekehrter Wirkungs- und Flussrichtung von Nicht-Europa nach Europa ein massiver Aneignungsvorgang materialer Kultur entgegen: denn während die klassischen europäischen Kolonialmächte wie England, Holland, Spanien und Frankreich ihre wissenschaftlichen Erfassungs-, ästhetischen Bewertungs-, kategorischen Auswahl-, institutionalisierten Schutzgebungsinstrumente und technischen Erhaltungspraxen von Architektur (als Denkmalpflege) in ihren Kolonien ausbildeten, transferierten sie den, von ihnen gleichzeitig als koloniales ›Kultur-Erbe‹ in ihre *mission civilisatrice* eingeschriebenen Kunstobjekt- und architektonischen Denkmalbestand hochselektiv zurück ins europäische Mutterland, integrierten sie diesen in ihre kolonial-, also kulturpolitischen Machtrepräsentationen auf europäischem Terrain. In dieser kolonialen (Rück-) Übersetzungspolitik entstanden aber nicht nur imperiale Sammlungen mit originalen Kunstgegenständen und Architekturteilen, wie sie heute am prominentesten im British Museum (Stichwort: ›Elgin Marbles‹) oder im Pariser Louvre (z.B. Objekte der Ägypten-Expedition Napoleons) zu bestaunen sind. Sie stehen für diesen Beitrag nicht im Mittelpunkt der Untersuchung, da sie als kolonial erbeutete Originalobjekte einer (in Außereuropa angeeigneten) *longue durée* wie selbstverständlich im weitestgehend vergleichbaren machtpolitischen (Re-)Präsentationsmodus von Sammlung und Museum neben ihren europäischen Pendants zu stehen kamen: im nobilitierenden Vorgang der exklusiven Einschreibung außereuropäischer Kunstobjekte in den Kulturerbe-Kanon europäischer Kolonialmächte kamen auch architektonische Objekte mit bisweilen kolossaler Größe im öffentlichen Raum zur Aufstellung wie z.B. der Luxor-Obelisk auf der Pariser *Place de la Concorde*. Damit hatten diese kolonialen Transferprodukte dieselben Qualitäten von Kulturdenkmälern zu erfüllen wie ihre europäischen Pendants und ›Vor-Bilder‹: nationalterritorial eindeutige Zuordnung, monumentale Substanz, strukturelle Homogenität, zeitliche Permanenz (Objekte langer Dauer) und das Potential zur nationalkollektiven und kulturpolitischen Identitätsstiftung.

Im kolonialzeitlichen Übersetzungsprozess von Kunst- und Architekturobjekten kamen aber auch *neue* Produkte zustande, die zu ihrer Entstehungszeit die oben genannten, herkömmlichen Qualitäten von Kulturerbe wenn überhaupt nur temporär erfüllen konnten bzw. sollten; aus heutiger postkolonialer Sicht transkultureller Forschung können sie in ihrer Nachwirkung sogar als Produkte grenzüberschreitender Raumkonstellation, flüchtiger und bildhafter Erscheinungsform, hybrider bzw. ephemerer Materialität und heterogener Identitätskonstruktion ge-

deutet werden (vgl. Chart 2 in der Einleitung zu diesem Band). Es handelte sich
um jene dreidimensional erlebbaren Tempelnachbauten, mit denen die europäi-
schen Kolonialmächte – allen voran England und Frankreich, aber auch Holland,
Italien, Portugal, Belgien bis zu den USA – ihren kolonialen Kulturerbe-Besitz in
Welt- und Kolonialausstellungen von London, Paris und Marseille, Amsterdam bis
Chicago ›repräsentierten‹. (Abb. 1)

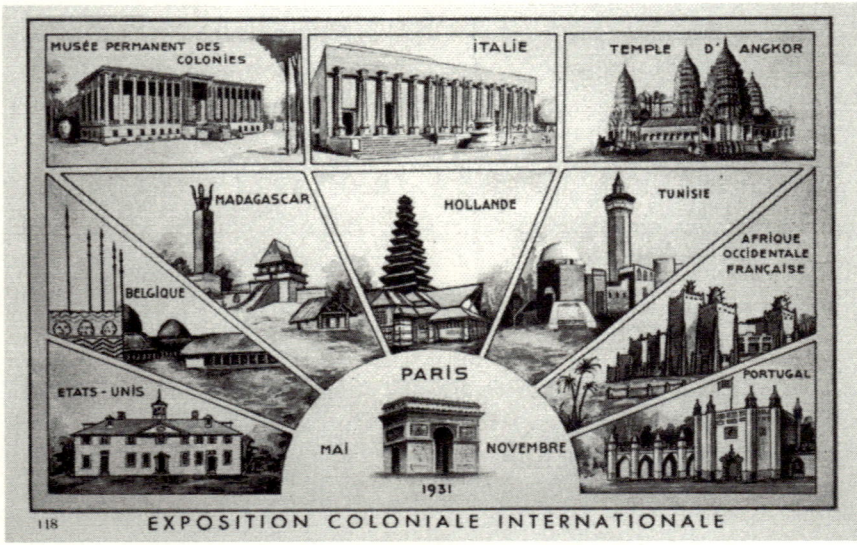

Abbildung 1: Postkarte zur Pariser Kolonialausstellung von 1931: um das ›echte‹ Monument des Arc de Triomphe gruppieren sich strahlenförmig die Kulturerbe-Nachbauten der
verschiedenen teilnehmenden Nationen: Die USA mit einem Nachbau von George Washing-
tons Mount Vernon, Belgien mit einer Ausstellung zu Belgisch-Kongo, Frankreich mit dem
Musée permanent des Colonies, Tempelinterpretationen aus Madagaskar, Tunesien und
Französisch-Westafrika und dem Temple d'Angkor als Repräsentationsbau für ganz Franzö-
sisch-Indochina, Holland mit einem Hybrid-Nachbau von Tempelteilen aus Niederländisch-
Indien (heute Indonesien) und Italien mit dem Nachbau der römischen Ruine Leptis Magna
im heutigen Libyen

So konnten jetzt v.a. afrikanische und asiatischen Architekturen aus (angeblich) ent-
völkerten und damals (angeblich) nur schwer zugänglichen Ruinenstätten in tropi-
schem Urwald oder glühendem Wüstensand inmitten der städtischen Zentren europäischer Macht in Welt- und Kolonialausstellungen zwischen den 1850er und 1930er
Jahren als geschickt montierte Nach- bzw. Neuinterpretationen vor ihr großteils bil-
dungsbürgerliches Publikum treten und dessen Imagination von exotischer Kultur
vorprägen – lange bevor in umgekehrter Richtung Kulturtouristen, jetzt oftmals mit
einer klaren visuellen Erwartungshaltung gegenüber diesen jetzt universal ikonisier-
ten Meisterbauten im Kopf, die originalen Kulturstätten in Beschlag nehmen wür-

den.[3] Im erweiterten methodischen Sinne des *translational turn* kann man das hier beschriebene Phänomen architektonischer Übersetzung als koloniale Aneignungspraxis von fremdem Kulturerbe begreifen: in einer asymmetrischen Machtsituation produzierte und formierte die Kolonialmacht einen selektiven Wissensbestand der kolonisierten Kultur als eine zivilisatorische Meistererzählung namens Architekturgeschichte (natürlich mit jener Europas als glorreichem Endpunkt). Ausgewählte Bauten wurden damit dem originalen kulturellen Zusammenhang entnommen und übersetzt in die eigene Kultur, kamen dort aber (wie im Vorgang der linguistischen Übersetzung auch) keinesfalls in gleicher Form an, sondern durchliefen im Prozess der Übersetzung in ihre europäische Repräsentationsform[4] eine vielgestaltige Transformation durch Selektion (auch bewusste Auslassung bestimmter, z.T. auch damals nicht bekannter Mehrinformationen), Interpretation (oftmals Stereotypisierung, als inhaltliche Reduktion auch Essentialisierung, im asiatischen Kontext als Orientalisierung) und letztlich Neu(an)ordnung, die man negativ ausgedrückt als Fälschung des Originals, positiv als hochkreative Umschreibung und Neuformulierung in der Qualität eines Kunstwerks sui generis bezeichnen kann.

DIE TECHNIK DES GIPSABGUSSES UND DER »ABDRUCK ALS MACHT«[5]

Wie linguistische Übersetzungsprojekte von alten Tempelinschriften, Textrollen und ganzen Epen (vermeintlich) komplett untergegangener oder (vermeintlich) im Niedergang befindlicher und v.a. (vermeintlich) nur durch die einschreitende Kolonialmacht wiederzuerweckender Hochkulturen eingeschrieben waren in die kolonial-wissenschaftliche Leistungsschau auf europäischem Festland (man denke an die Übersetzung der ägyptischen Hieroglyphen durch den Franzosen Champollion mit Hilfe des sog. Rosetta-Steins, an die Übersetzung von 1001 Nacht etc.), so diente in unserem Falle der Gipsabguss zur leichten und zerlegbaren ›Über-Setzung‹ großmaßstäblicher, massiver und per se ›immobiler‹ Architekturen über weite

3 | Zum Phänomen der Abbildung und Vorprägung kolonialer Überseekultur in Welt- und Kolonialausstellungen vgl. Mitchell, Timothy: »The World as Exhibition«, in: Comparative Studies in Society and History 31 (1989), S. 217-236.

4 | Dazu vgl. Carbonell, Ovidio: »The Exotic Space of Cultural Translation«, in: Román Álvarez/M. Carmen-África Vidal (Hg.), Translation, Power, Subversion (Topics in Translation, Band 8). Clevedon 1996, S. 79-98. Des Weiteren vgl. Tymoczko, Maria/Gentzler, Edwin (Hg.): Translation and Power. Amherst 2002.

5 | Didi-Huberman, Georges: »Der Abdruck als Paradigma. Eine Archäologie der Ähnlichkeit« (darin: ›Auratische Formen: Der Abdruck als Macht‹, S. 43), in: Ders.: Ähnlichkeit und Berührung. Archäologie, Anachronismus und Modernität des Abdrucks. Köln 1999, S. 14-69. Deutscher Nachdruck aus dem originalen Ausstellungskatalog L'empreinte des Pariser Centre Georges Pompidou 1997.

Distanzen. Wie lässt sich unsere zentrale These verbildlichen, dass die Technik des Gipsabgusses ein wirkungsvolles Instrument im transkulturellen Übersetzungsqua kolonialen Aneignungsprozess von außereuropäischem, architektonischem Kulturerbe war?

Als erste Abformung eines Originals (oftmals von Skulpturen, in unserem Falle von Architekturdekor) erhält man eine Matrize, von der man als weiteren Abguss mit Gips dann einen Körper erhält, der dem Original gleicht. Dabei variieren die Abguss-Techniken für die Herstellung einer einmaligen Kopie, deren Negativform zerstört wird (verlorene Form), und jenen z.B. mit speziell hergestellten Negativformen aus Gelatine, mit deren Hilfe man vielfache Abgüsse, also Duplikate des Originals machen kann. (Abb. 2a-c)

Abbildung 2a-c: Gipsabgüsse architektonischer Dekorteile aus Silikon-Modeln und Dekorlager leichtgewichtiger Dekorplatten (franz. staff) in jener Dekorationsfirma Auberlet et Laurent in der Nähe von Paris, die schon die Abformungen von Angkor und die Bekleidung der bis zu 60 Meter hohen Angkor-Tempelnachbauten in den französischen Kolonialausstellungen von Marseille 1922 und Paris 1931 ausgeführt hatte; Aufnahme Michael Falser 2010

V.a. im Kontext großer Architekturoberflächen wurden vor 1900 oftmals auch Tonabformungen oder sog. Papiermulden angefertigt. Für die Herstellung leichter und dünner Dekorelemente nach architektonischen Originalflächen wird bis heute Sisal oder Fiberglas (ein Faserkunststoffverbund) in die Gipsabformung (franz. *staff*) eingemischt. In unserem Kontext transkultureller Übersetzungspraxis von Architektur ist jene Denkfigur des Abdrucks hilfreich, die der Kunsthistoriker Georges Didi-Hubermann in seinem Buch *Ähnlichkeit und Berührung. Archäologie, Anachronismus und Modernität des Abdrucks* erläuterte: der Prozess des Abdrucks hinterlässt eine Spur des originalen Objekts in einem fremden Medium. Während das Original nach dieser Spurbildung unweigerlich seinen Zustand weiter verändern wird (in der Architektur sprechen wir von Alterungsprozessen von Baudenkmälern, Patinabildung, ggf. Verfall), kann im Negativ-Abdruck ein Momentanzustand des Originals permanent fixiert werden, der in unserem Falle der Gipsabguss-Technik jederzeit als Positivform sogar in mehrfachen Exemplaren ins Leben zurücktreten kann. Dieser Moment des direkten und intimen Kontakts mit dem Original lädt das Abdruckmedium mit einer Qualität der Authentizität und zugleich Autorität zur oberflächlichen Rückübersetzbarkeit auf. Vergleichbar mit dem Herstellungsprozess der Münzprägung, ermächtigte also der Besitz von Gipsabgüssen ›re-präsentativer‹ Dekorelemente von (fremden) Architekturobjekten – gut ausgewählt quasi dem generischen Oberflächenkode jener Bauten – die Kolonialmacht zu deren u. U. mehrfachen Re-Materialisierung und sogar lizensierten Zirkulierung, da sie jetzt völlig unabhängig vom originären Kulturkontext des einmaligen Originals den Ort (von Museum bis Freilichtausstellung) und Zeitrahmen (Dauer), die Funktion, das gewünschte Publikum und zusammenfassend also die kulturpolitische Intention der ›Re-Präsentation‹ bestimmen konnte. Wie die folgenden Fallbeispiele zeigen werden, konnte also eine außereuropäische, kolonial erworbene, originale und damit einzigartige Architektur im europäischen Mutterland nicht nur an mehreren Orten gleichzeitig, sondern auch in zeitlichen Abständen je nach Zusammensetzung ihrer (evtl. mehrfach oder seriell) abgegossenen Einzelteile in völlig unterschiedlichen, von hybriden Kleinkollagen bis 1:1-maßstäblich angefertigten Wiederaufführungen der fassadenhaften Bildwirkung wiedererstehen. Bezogen auf diesen kolonialen Übersetzungsvorgang[6] von Architektur durch die Technik des Gipsabgusses lassen sich ganz generell und zusammenfassend eine Reihe von analytischen Fragen transkulturellen Zuschnitts formulieren:

- Was wurde (nicht) übersetzt? (Materialkontext, Charakteristika der originären Quelle)
- Wann, wie oft und unter welchen jeweiligen Umständen geschah die Übersetzung? (zeitlicher und kausaler Kontext)
- Wo und über welche Distanz hinweg wurde übersetzt? (räumlicher Kontext)
- Wer war der Übersetzer? (Autorenschaft, Mediation, institutioneller Kontext)
- Wie wurde die Übersetzung ausgeführt? (Bezugsquelle, Technik, Prozesse, Herstellungskontext)
- Was war der Grund der Übersetzung? (Motive, Erwartungen, normativer Kontext)
- Für wen wurde übersetzt? (intendierte bzw. erreichte Zielgruppe bzw. -kultur, Angebot und Nachfrage, Anzahl, Verteilung, Zirkulation)
- Wie sah das Resultat oder Endprodukt der Übersetzung im Vergleich zum Ausgangsmaterial aus? (intendierte 1:1-Übersetzung, Auslassungen und Ergänzungen, Fehlübersetzungen und Unübersetzbarkeit, Hybridität und Kreativität im Übersetzungsprozess)

---

6 | Zur Analyse literarischer und kultureller Übersetzungsvorgänge u.a.: Hermans, Theo/ Koller, Werner: »The Relation between Translations and their Sources, and the Ontological Status of Translations« (S. 23-30), und Frank, Armin Paul: »Translation Research from a Literary and Cultural Perspective: Objectives, Concepts, Scope« (S. 790-851), beide in: Harald Kittel et al. (Hg.), Übersetzung. Ein internationales Handbuch zur Übersetzungsforschung. Berlin 2004.

- Wie lassen sich intendierte Wirkung, tatsächliche Rezeption und das Nachleben, evtl. Nebenwirkungen dieser Übersetzungsvorhaben bzw. -produkte analysieren?

VON DER *HOTTENTOTT-VENUS* BIS ZUM *MUSÉE INDO-CHINOIS*: ASPEKTE EINER MODERNE-ZEITLICHEN (FRANZÖSISCHEN) MOTIVATIONSGESCHICHTE TRANSKULTURELLER GIPSABGUSS-SAMMLUNGEN

Um die Rolle des Gipsabgusses für die Übersetzung von Architektur besser einordnen zu können, soll hier eine sehr verknappte Rückblende relevanter Entwicklungsschritte seit ca. 1800 angedeutet werden, die wir in Hinblick auf die folgenden Fallbeispiele auf Frankreich zuspitzen.

Der Status von ausgestellten Gipsabgüssen war und ist bis heute ambivalent, war doch die Einrichtung des Museums vornehmlich der schatzhausartigen Aufbewahrung und publikumserzieherischen Aufstellung von rein originalen Kunstobjekten vorenthalten. Dabei fördert gerade die Analyse von Gipsabguss-Sammlungen spannende Erkenntnisse über die v.a. im jeweiligen national- bzw. kulturpolitischen Kontext stets umstrittenen Diskurse der Disziplin der Kunstgeschichte zutage. Museen und Ausstellungen mit Gipsabgüssen waren besonders umkämpfte Orte kultureller Rechtfertigung und Machtdemonstration,[7] wurde in ihnen als der Schnittstelle von Kunst, Wissenschaft und Politik gerade auch kolonialpolitisch angeeignete (übersetzte) Fremdkultur selektiv und systematisch (nach ihrem jeweils zugewiesenen kulturellen Entwicklungsstand kategorisiert) ausgestellt und politisiert. Damit wurde Fremdkultur in ein nach europäischen Maßstäben entworfenes, zivilisatorisches Kulturphasen-Narrativ von Formation, Hochzeit und Niedergang eingepasst, das sich u.a. bis zu Winkelmanns *Geschichte der Kunst des Altertums* (1764) und der Meng'schen griechisch-römischen Gipsabguss-Sammlung von Rom und später Dresden zurückverfolgen lässt. Als Vorgeschichte zu den späteren französischen Kolonial- und Weltausstellungen in Paris und Marseille mit ihren hybriden Tempelnachbauten nach Gipsabgüssen aus dem kolonialen Asien hielten Gipssammlungen von Skulpturen der klassisch-europäischen Antike in der ersten Hälfte des 19. Jahrhunderts zu Studienzwecken Einzug in die Pariser *Écoles des Beaux-Arts*. Doch auch die Naturwissenschaften entdeckten diese oberflächengetreue Reproduktions-

---

7 | »[...] le musée de moulages est un musée de combat, de justification, de démonstration«, in: de Font-Réaulx, Dominique: »L'histoire de l'art en ses musées, les musées de moulage«, in: Dominique Viéville (Hg.), Histoire de l'art et musées. Actes du colloque, École du Louvre 27.- 28.11.2001. Paris 2005, S. 155-171, hier S. 156. Zum Thema Archäologie und Gipsabguss, siehe: Beard, Mary: »Cast: Between Art and Science«, in: Henri Lavagne/ François Queyrel (Hg.), Les moulages de sculptures antiques et l'histoire de l'archéologie. Actes du colloque international, Paris, 24 octobre 1997. Genève 2000, S. 157-166.

und Fixationstechnik für sich und entwickelten mit ihnen wie die Kunstgeschichte Kategorien, Taxonomien und Klassifikationen, jetzt im Bereich botanischer und klinisch-anatomischer Analyse. In diesem Zusammenhang ermöglichten gerade Gipsabgüsse den Brückenschlag zwischen Natur- und Kulturbeobachtung: so wie sie jetzt im Zeitalter von Weltentdeckung und einsetzendem europäischem Kolonialismus angeblich mit objektiver Genauigkeit und wissenschaftlicher Neutralität zu universalen Rassenklassifikationen nach eurozentrischen Evolutions- und Erbtheorien beitrugen – man denke an die Abguss-Serien von Köpfen angeblich wilder Erdenbewohner oder sogar dem Gesamtabguss der sog. *Hottentott-Venus* durch den Naturalisten George Cuvier nach ihrem Tod 1815[8] –, tauchten erste originale Alltagsgegenstände und auch architektonische bzw. skulpturale Gipsabgüsse von Fremdkulturen in ethnographisch orientierten Sammlungen auf. Jetzt wird schließlich auch die Archäologie in das europäisch-koloniale Sammlungs- und Klassifizierungsprojekt der gesamten Weltkultur einbezogen. Großmuseen wie der Louvre, oder wenig später auch die Berliner Museen im Jahre 1819, richteten für ihre Ausstellungsparcours mit damals noch explizit gemischt originalen und (vor Ort oder in fremden Sammlungen) abgegossenen Skulpturen und Architekturfragmenten eigene Gipsformereien (*ateliers de moulage*) ein, die auch für den freien Markt Duplikate von Kunstobjekten nach Bestellkatalog anfertigten. In dieses vielgestaltige Drängen um die Deutungshoheit und das Abbildungsprivileg von Kultur (und damit auch Kunst) muss letztlich auch der Programmvorschlag für ein *Musée de Sculpture Comparée* eingeordnet werden, den der Historiker, Architekt und Denkmalpfleger Eugène Viollet-le-Duc in seinem *Dictionnaire raisonné de l'architecture française du XIe au XVIe siècle* (Kapitel *sculpture*) 1866 formulierte. Dabei ging es ihm mit einer Sammlung von monumentalen, abgeformten Architekturelementen von v.a. französisch-mittelalterlichen Kirchenbauten darum, den akademischen Kanon von ›Hochkultur‹ in Form des griechischen und römischen Altertums mit der aus seiner Sicht qualitativ vergleichbaren, französischen Hochgotik zu konfrontieren. Wie eine seltene Abbildung des erst nach Le-Ducs Tod im Vorfeld der Pariser Weltausstellung von 1878 im Trocadéro-Palast tatsächlich installierten *Musée de Sculpture Comparée* aber zeigt, waren in der Erstversion des Museums nicht nur architektonisch-skulpturale Meisterwerke der größtenteils französischen, aber auch gesamteuropäischen Geschichte der Kunst im zyklischen Ablauf von Formation, Hochzeit und Abfall vertreten, sondern auch Gipsabgüsse von Vergleichswerken der außereuropäischen ›Archaik‹ wie z.B. aus der assyrischen oder ägyptisch-pharaonischen Zeit. (Abb. 3)

So hatte dieses Gipsabformungsunternehmen vor 1900 mit vereinzelten Beispielen aus Nicht-Europa erste Versuche einer transkulturellen Übersetzungs- und Abbildungspraxis vorgenommen, die von großer Vorbildwirkung waren: in nachweislicher Bezugnahme auf Viollet-le-Ducs Museumskonzeption im nördlichen

---

8 | Zur Erfindung der/des ›Wilden‹ durch die europäische Forschung und Ausstellungspraxis, darin auch die Rolle des Gipsabgusses u.a.: Exhibitions: L'invention du sauvage, Ausstellungskatalog des *Musée du Quai Branly* vom 29.11.2011 bis 03.06.2012. Paris 2011.

Abbildung 3: Der Gipsabguss-Nachbau des Portals von St. Madeleine in Vézelay im Pariser Musée de Sculpture Comparée im Palais de Trocadéro, mit ebenfalls gipsabgegossenen und auf Podesten ausgestellten Statuen aus Altägypten (links) und dem klassischen Griechenland (rechts), Aufnahme um 1900

Flügel des Trocadéro-Palastes entstand im Endpavillon des südlichen Flügels das sog. *Musée Indo-chinois,* das nach einer mehrheitlich ethnographisch verorteten Sektion nach der Weltausstellung von 1878 bis ca. 1927 permanent installiert wurde, mit der Umgestaltung des Trocadéro für die Expo von 1937 aber völlig verschwand. Dieses Kleinmuseum kam durch den Abenteurer, Schiffskapitän und später ›Amateur‹ kambodschanischer Kunst, Louis Delaporte (1842-1925), zustande, der während der französischen Mekong-Expedition von 1866-68 beeindruckende Zeichnungen der kambodschanischen Tempel von Angkor (9.-13. Jahrhundert) angefertigt hatte, diese später in Frankreich popularisierte, erste originale Objekte angkorianischer Kunst nach Frankreich brachte und mit großem Erfolg seinem Publikum vorstellte. Doch im Sinne unseres theoretischen Gesamtrahmens war die originale Tempelarchitektur Angkors zu diesem Zeitpunkt kaum ›übersetzbar‹: erstens waren für die skulpturalen und v.a. architektonischen Originalstücke aus Angkor die Transportmöglichkeiten zu beschränkt, sie waren zu groß und zu schwer für den damals kaum ausgebauten Land- und Wasserweg von Angkor bis zu den französisch-kolonialen Häfen von Phnom Penh und Saigon. Zweitens unterlag der französische, kolonialpolitisch durchaus wünschenswerte Transfer großer Mengen des angkorianischen Bauschmucks in ein Pariser Museum – und damit seine Überschreibung in das kolonial erweiterte Kompendium des französischen *patrimoine culturel* – einer rechtlichen Beschränkung. Angkor kam erst 1907 zum französischen Protektorat Kambodscha und war bis dahin Teil von Siam (heute Thailand), dessen lokaler Statthalter der Provinz Siem Reap nachweislich

jeden Abtransport von Originalen untersagte. Das Übersetzungsmedium des Gipsabgusses bzw. der Tonabformung bot für beide Probleme eine Lösung: in mehreren Expeditionen bis ca. 1900 unter der Leitung bzw. Konzeption von Delaporte
wurden repräsentative Bauschmuck-Oberflächen v.a. der Tempel von Angkor Wat
und Bayon abgeformt und (neben wenigen hochaufwendigen Entwendungen von
Originalen) kleinteilig, leicht und transportsicher nach Frankreich geschafft. Nach
einer Testphase eines Khmer-Museums in Compiègne nördlich von Paris, nachweislich fasziniert von den Gipsnachbauten aus *British India* in den *architectural
courts* bzw. *cast courts* im Londoner South Kensington Museum (heute Victoria and
Albert Museum) und der Präsentation des 1:10-Gipsmodells einer angkorianischen
Torarchitektur zur Expo 1878, konnte Delaporte jetzt mit seinem Museum nicht
nur ganze Fassadenteile von Angkor an den schwarz verhängten Wänden (vgl. Viollet-le-Ducs Szenographie wenige Meter entfernt) zeigen, sondern auch die ersten
freistehend-vollplastischen Interpretationen angkorianischer Tempelarchitektur
auf europäischem Festland präsentieren. (Abb. 4a-b)

Abbildung 4a-b: Die freistehenden Angkor-Nachbauten aus wieder (z.T. völlig neuartig) zu-
sammengesetzten Original-Abgüssen im Musée Indo-chinois im Pariser Trocadéro-Palast
(vor 1925), links (4a) ein Phantasie-Nachbau nach dem Bayon-Tempel, rechts (4b) eine
ziemlich exakte Nachformung des zentral-östlichen Tempelaufgangs im Angkor Wat-Tempel

Dabei variierten die beiden Ergebnisse des architektonischen Übersetzungspro-
zesses – also der partiellen Dekorflächenabgüsse am angkorianischen Original,
des Transports der kleinteiligen Negativformen nach Frankreich, ihres vollplasti-
schen Nachgusses in Paris und schließlich baulichen Wiederzusammensetzung
– beträchtlich und führen uns zurück zum Prozess von Übersetzung im Allge-

meinen. Während Delaportes Nachbau eines Teils des östlichen Zentralturms des Angkor Wat-Tempels in der Ästhetik eines sauberen Schnitts durch das Original als in seiner dreidimensionalen Bildwirkung weitestgehende Direktübersetzung zu lesen war (linguistisch gesehen also eine Art Wort-zu-Wort-Übersetzung – Delaporte tauschte nur sehr vereinzelt Dekordetails aus), so war die andere Montage eine stark reduzierte, aus im Detail getreu duplizierten Einzelteilen völlig frei zusammengesetzte Hybrid-Kollage und damit per se eine kunstvolle Neuinterpretation (linguistisch gesehen also mehr eine sinngemäße und freie Übersetzung des Originals) des in Realität mit einer Vielzahl an weit massiveren Gesichtertürmen erbauten Großtempels Bayon.

Zusammen mit Viollet-le-Ducs *Musée de Sculpture Comparée* und dem ebenfalls etablierten *Musée d'Éthnographie* lässt sich Delaportes Übersetzungsprojekt angkorianischer Tempel im *Musée Indo-chinois* als Teil eines transkulturellen Architekturparcours im Trocadéro-Palast lesen. Neben der Popularisierung des baulichen Erbes Kambodschas für ein jetzt weltweites Publikum hatten die reiz- und geheimnisvoll in Paris repräsentierten Nachbauten Angkors aber einen noch weitaus folgenreicheren Effekt: mit seiner mit hunderten von einzelnen originalen Gebäude- und Dekorelementen abgegossenen Bauteilsammlung angkorianischer Tempel hatte Delaporte den dekorativ-bildhaften Kode jener Architektur für die französisch-koloniale *mission civilisatrice* Indochinas wirksam gemacht (angeeignet) und stellte mit ihr bis in die 1930er Jahre einen unerschöpflichen Fundus für jene Nachbauprojekte angkorianischer Tempel bereit, die im Zentrum der bedeutendsten medialen Ereignisse des späten 19. und frühen 20. Jahrhunderts stehen sollten: Welt- und Kolonialausstellungen.

ÜBERSETZUNGEN VON ANGKOR FÜR KOLONIAL- UND WELTAUSSTELLUNGEN VON PARIS UND MARSEILLE

Im folgenden Abschnitt soll stichpunktartig auf die Karriere der Angkor-Nachbauten in Kolonial- und Weltausstellungen von Paris (1889, 1900, 1931, 1937) und Marseille (1906, 1922) eingegangen werden.[9] Nach dem 1:10-Modell eines Stadttors von Angkor von/und dem *Musée Indo-chinois* nach der Expo von 1878 erschien die erste Freiluft-Restitution Angkors elf Jahre später zur Weltausstellung von 1889. (Abb. 5a) Als *Pagode d'Angkor* war sie neben anderen Nachbauten aus Indochina, den afrikanischen Kolonien und neokaledonischen bzw. senegalesischen Dorfnachstellun-

---

9 | Auf die immense Bibliographie zu den jeweiligen Kolonial- und Weltausstellungen wird hier verzichtet (siehe dazu Falser, Michael: »Krishna and the Plaster Cast«. Die hier verdeutlichten Einzeldetails stammen aus der Forschung des Autors u.a. in den französischen National- bzw. Kolonialarchiven in Paris und Aix-en-Provence, zum deutschen Fallbeispiel im Archiv des Ethnographischen Museums in Berlin, zum kambodschanischen Kontext im Nationalarchiv in Phnom Penh und dem Archiv der *École Française d'Extrême-Orient* in Paris.

gen, gegenüber den modernen Bauten des Hygiene- und Kriegsministeriums Teil der eigens eingerichteten Kolonialsektion Frankreichs auf der *Esplanade des Invalides*, und damit nicht im unmittelbaren Bannbereich des für jene Weltausstellung erbauten Eiffelturms. Architekt dieses phantasievoll-hybriden Übersetzungsversuchs von Angkor war der Franzose Daniel Fabre. Er konsultierte nicht nur Delaportes Rat und nutzte seine reiche Moulagen-Sammlung, sondern brachte auch seine eigene direkte Erfahrung als Stadtbauarchitekt der kambodschanischen Hauptstadt Phnom Penh ein, wo er ungefähr zeitgleich das im Beaux-Arts-Stil errichtete Neubauviertel der Franzosen mit einer Stadtraum-Möblierung *à la angkorienne* garnierte, allem voran mit einer bis heute existenten Brücke, die Abgüsse der Schlangen- und Löwenplastik aus Angkor in Betonästhetik zitierte. Wieder elf Jahre später im Jahre 1900 kam der Beaux-Arts-Architekt Alexandre Marcel für den Nachbau des ganzen Tempelhügels von Phnom Penh mit einer Großkonstruktion aus einem Fundament aus Beton und Aufbauten aus Holzgerüst und Ziegelfüllung zum Zug, dessen begehbares Innenleben in Paris aber eher einer Art Grottenbahn durch die skulpturale Welt der Felsenarchitektur der indischen Stätten von Ajanta und Ellora glich. Der hier bestellte Übersetzer Angkors war aber weniger an oberflächengetreuen Gipsabgüssen Delaportes interessiert, noch war er so ortskundig in Kambodscha wie sein Vorgänger Fabre. Als Architekt, der in der europäischen Euphorie buntgemischter Orient-Rezeption neben kambodschanischen Pagoden und indischen Höhlenbauten wahlweise auch ägyptisch inspirierte Villenbauten ausführte, war er mehr der Kategorie eines *architecte orientaliste* zuzuordnen. In der ersten rein französischen Kolonialausstellung von Marseille (dem wichtigsten Kolonialhafen Frankreichs) im Jahre 1906 war Henri Vildieu, Architekt öffentlicher Bauten in der indochinesischen Provinz Tonkin und Planer der gesamten indochinesischen Sektion der Expo, zusammen mit seinem Kollegen François Lagisquet, Inspektor für zivile Bauten, für den *Pavillon du Cambodge* zuständig. (Abb. 5b) In einer lateral gestreckten Variante der 1889-Version kamen hier aber erstmals auch Zitate jener buddhistischen Köpfe des angkorianischen Bayon-Tempels hinzu, die schon Delaporte für sein Pariser Museum als singuläre Abgüsse aufgestellt, aber ebenso in eine phantasievolle 3D-Interpretation jenes Tempels intergiert hatte. Diese ungenauen, mehr einer exotisch-bildhaften Zitierweise verpflichteten Übersetzungen Angkors für die Ausstellungen von 1889 und 1906 hatten aber auch einen ganz konkreten Hintergrund: Das Gebiet um Angkor lag bis zu diesem Zeitpunkt, wie schon erwähnt, auf siamesischem Territorium und eine genaue photographische wie archäologisch-bauforscherische Dokumentation jener Tempel lag damit außerhalb des französischen Möglichkeitsbereichs. Dies änderte sich mit dem Transfer dieses Gebiets in das französische Protektorat *Cambodge* 1907 schlagartig und beeinflusste die weiteren Übersetzungen Angkors für die französische *métropole* dramatisch. 1908 wurde in Angkor der Posten eines Generalkonservators geschaffen und mit dem ausgebildeten Soldaten, Zivilbeamten und eingeschulten Archäologen Jean Commaille besetzt. Er wurde gleichzeitig auch zum *commissaire-adjoint, chargé de la partie artistique et éthnographique* für die zweite 1914 geplante, aus Kriegsgründen aber letztlich auf 1922 verlegte Kolonialausstellung in Marseille ernannt und stand bis zu seinem unerwarteten Tode 1916 für eine möglichst authentische Übersetzung Angkors mit dem für das *Palais de l'Indochine* der Expo 1922 beauftragten Architekten Auguste Delaval in schriftlicher mit architektonischen Skizzen durchsetzter Direktkorrespondenz. Bis auf ein in der Höhe verändertes Sockelgeschoss, das innerhalb der Struktur (im Gegensatz zum massiven Sockel des Originals) einen zweistöckigen Ausstellungsparcours moderner Prägung aufnahm, war der Nachbau von 1922 mit 70 Meter Seitenlänge und 57 Meter Maximalhöhe tatsächlich der erste Versuch einer weitestgehenden 1:1-Übersetzung des Tempels von Angkor Wat auf dem europäischen Kontinent. (Abb. 5c) Neben dekorativen Neuerfindungen lieferte Delaportes Bauteilkatalog zusammen mit Originalen aus dem Pariser *Musée Guimet* wiederum die Grundlage des gigantischen Projekts mit 35.000 ›angkorianischen‹ Gipsabgüssen und 50.000 m² leichtgewichtigen Verschalungen für die Innen- und Außenflächen des Palais durch die Dekorfirma *Auberlet et Laurent*. Das glorreiche Finale in dieser Reihe war aber ohne Zweifel die Internationale Kolonialausstellung 1931 in Paris. Wie schon in Marseille 1922 war hier der Nachbau der Angkor Wat der Repräsentationsbau der gesamten indochinesischen Sektion. Mit den französischen Architekten Charles und Gabriel Blanche (Vater und Sohn) wurde diese tatsächliche 1:1-Übersetzung mit erneut modernem Innenleben der wohl jemals größte architektonische Nachbau von außereuropäischem Kulturerbe auf europäischem Festland, vielleicht sogar weltweit. (Abb. 5d) In der Kolonialpropaganda zur Ausstellung wurde dieser Nachbau auch als Beweis der hingebungsvollen *mission civilisatrice* der Franzosen bezüglich der Erforschung und des Erhalts von Kulturerbe in den Kolonien verkauft: und in der Tat war zu diesem Zeitpunkt – als Beziehung zwischen dem architektonischen Original in Kambodscha und seiner zeitgleichen Übersetzungsform in Paris – der ›echte‹ Tempel von Angkor Wat als Touristen-Highlight vor Ort bereits in den institutionell festgelegten, weitestgehend restaurierten und perfekt infrastrukturell erschlossenen *Parc Archéologique d'Angkor* eingeschrieben. Passend zu unserer Differenzierung von Übersetzungsmethoden, -prozessen und -ergebnissen kategorisierte der Kunstkritiker Pierre Courthion die aus den jeweiligen Kolonien angeeigneten Kulturerbe-Nachbauten der anwesenden Kolonialländer Holland, Italien (z.B. mit dem Nachbau der römischen Ruinenstadt *Leptis Magna* im heutigen Libyen), Belgien, USA und Frankreich) als entweder a) »neue Kreationen in unabhängigem Umfeld für eine mehr künstlerische Wertschätzung«, b) »stilisierte Interpretationen von charakteristischen Einwohner- und Gebäudeeinheiten« im Stile eines Open-Air-Museums für ein dilettantisches Publikum, oder c) als »Kopien und exakte Rekonstitutionen von Gebäuden und indigenen Palästen« im Interesse von Ethnographen und Wissenschaftlern, um »pittoreske Folklore« betrachten zu können.[10] Die Angkor Wat-Version von 1931 – mit neu eingefügtem Ausstellungsparcours innerhalb eines giganti-

---

10 | Courthion, Pierre: »L'architecture à l'exposition coloniale«, in: Art et décoration 60 (1931), S. 37-54, hier 37.

schen inneren Holzgerüstes, als prominentester Teil eines indochinesischen und bei Nacht eindrucksvoll beleuchteten Ensembles und im Detail minutiös aus originalen Dekorvorlagen reproduziert und verkleidet – war ein Übersetzungshydrid, das alle drei Kategorien gleichzeitig belieferte. Doch zu diesem Zeitpunkt hatte das französische Kolonialprojekt von Asien über Afrika bis in die Karibik bereits stark an Popularität und politischer Zugkraft verloren: nur sechs Jahre später präsentierte sich Frankreich 1937 mit seiner letzten Großausstellung *Exposition Internationale des Arts et Techniques dans la Vie Moderne,* in der seine gesamte Kolonialsektion auf die *Île des Cygnes* in der Seine verbannt und drastisch eingeschrumpft wurde. Dieses

Abbildung 5a-e: Die hybriden Tempelnachbauten von Angkor in den verschiedenen französischen Kolonial- und Weltausstellungen: a) Paris 1889 (links oben), b) Marseille 1906 (oben rechts), c) Marseille 1922 (mitte rechts), d) Paris 1931 (unten rechts), e) Paris 1937 (links unten)

Schicksal musste auch der letzte französische Nachbau Angkors teilen, dessen Übersetzung als *Pavillon de l'Indochine* unter der Federführung von Paul Sabrié, Architekt indochinesischer Zivilbauten, zu einer zu 1922 und 1931 vergleichsweise enttäuschend platten Version im Stile von 1889 bzw. 1906 geriet. (Abb. 5e)

Zu diesem Zeitpunkt war auch die Delaporte'sche Abguss-Sammlung längst in einer Fabrikhalle in Clichy verschwunden und seine Originale dem *Musée Guimet* einverleibt worden. Erst in den letzten zehn Jahren ist ein erneutes Interesse an den angkorianischen Gipsabgüssen zu beobachten; einige davon sind in feuchten Lagerdepots in der Nähe wieder zum Vorschein gekommen, (Abb. 6) fallweise restauriert worden und harren einer Wiederauferstehung, evtl. in einer vom *Musée Guimet* für 2014/15 angedachten Ausstellung zu Ehren von Louis Delaporte.

Abbildung 6: 2002 wiedergefundener Originalabguss eines Giebelfeldes aus Angkor Wat (vgl. Giebelfeld in Abb. 5a) im Lager des Klosters von St. Riquier in der französischen Provinz Somme; ursprünglich abgegossen vor 1900, hier wohl nachgegossen für die Kolonialausstellung von 1931)

LOST IN TRANSLATION? GIPSABGÜSSE VON ANGKOR VON INDOCHINA BIS BERLIN

Die ›Flussrichtung‹ von architektonischen Übersetzungen angkorianischer Tempelarchitektur wurde in diesem Beitrag bisher ausschließlich auf jene von der originalen, (vor-)kolonialen Bezugsquelle nach den französischen Machtzentren von Paris und Marseille beschränkt. Obwohl diese Übersetzungen durch Gipsabgüsse in der einzigartigen Form vollplastischer Restitutionen in französischen Museen und Welt- bzw. Kolonialausstellungen die publikumswirksamsten Produkte hervorbrachten, waren sie nicht die einzigen. Um 1900 entstand als wissenschaftliche Kerninstitution des französischen Kolonialauftrags in Asien die *École Française d'Extrême-Orient* (EFEO), aus deren Kreis sich bis ca. 1970 auch die Generalkonservatoren Angkors rekrutierten. Neben ihrem Hauptsitz in Hanoi gründete die EFEO für ihre Sammlungsbestände mehrere Museen in Indochina, darunter 1920 das *Musée Sarraut* (das heutige Nationalmuseum Kambodschas) in Phnom Penh. Auch dort wurden ein *atelier de moulage* und sogar ein Verkaufsraum für Gipsabgüsse eingerichtet, (Abb.7) um den regionalen u.a. auch touristischen Bedarf an angkorianischen Skulpturen und Tempeldekors zu decken.

Abbildung 7: Die Gipsabguss-Werkstatt im ehemaligen Musée Sarraut (heute Kambodschanisches Nationalmuseum) in Phnom Penh: rechts eine Abgussplatte der Bas-Reliefs von Angkor Wat, Aufnahme wohl aus den 1920er Jahren

Neben veritablem Originalmaterial, das zeitgleich aus den archäologischen Baustellen im Angkor-Park zutage gefördert, fallweise durch die *Commission de Déclassement* aus ihrem de iure automatischen Schutzstatus entlassen und an zahlungskräftige Interessenten verkauft oder auf diplomatischem Wege ›veräußert‹ wurde, waren auch Gipsabgüsse aus Angkor in ganz Indochina und weit darüber hinaus hoch im Kurs. Viele landeten in Privatvillen und Büros französischer Kolonialbeamter, oder wurden ebenso weltweit an Freunde und Sammler versendet. Oder sie wurden ihrerseits als Stilzitate in die aktuelle indochinesisch-französische Kolonialarchitektur verbaut, als Innendekor für die noch heute bestehende Nationalbibliothek in Phnom Penh ebenso wie am kambodschanischen Studentenheim in der Pariser *Cité Universitaire* aus den 1950er Jahren kambodschanischer Unabhängigkeit.

Doch der Run auf Originale und Gipsabgüsse von Angkor war nicht nur ein französisches Phänomen. Um 1900, als das Territorium dieser mächtigen Tempel noch zu Siam gehörte, meldeten auch andere ehrgeizige Nationen Europas – und im Unterschied zu Frankreich nicht in einem direkt kolonialen Machtkontext – ihr Interesse im Zusammenhang mit ihren archäologischen Sammlungen an. Und so will es die Geschichte, dass um 1900 trotz allem Bemühen nicht die Franzosen die bedeutendste Kollektion an komplett zusammenhängenden Gipsabgüssen angkorianischer Architektur besaßen, sondern die Deutschen. Angeblich hatte das Völkerkundemuseum in Berlin mit seinem damaligen Direktor und frühen Kambodscha-Reisenden Adolf Bastian auf Anfrage des Vize-Direktors der völkerkundlichen Sammlung, Albert Gründwedel, aus Delaportes Sammlung (im Wettlauf um die wissenschaftliche Deutungshoheit vor Ort?) keine Abgüsse erhalten können. Als Folge heuerte es den eher zwielichtigen Abenteurer, angeblichen Edelsteinminenbesitzer in Siam und in der Papiermulden-Abformtechnik schnell eingeschulten Harry Thomann an, der dem Museum neben ethnographischen Originalen und anderen Abformungen angkorianischer Skulpturen und Architekturoberflächen mehr als 600 m² durchgehender Bas-Reliefs der berühmten Galerien von Angkor Wat zurückbrachte (zusammen mehr als 400 Abformungen!). Kurz vor 1900 ausgegossen durch die Gipsformerei der Berlinischen Museen wurden sie

Abbildung 8a: Eine in das Berliner Völkerkunde-Museum eingebaute Abgussplatte des Bas-Reliefs aus Angkor Wat, um 1900 (gesamte linke Wandfläche)

Abbildung 8b: Eine in die nach 1990 wieder in postmodernen Formen wiederaufgebaute Nationalbank in Phnom Penh/Kambodscha mit einer Abgussplatte des Bas-Reliefs aus Angkor Wat, Aufnahme Michael Falser 2010

in die Wände des Völkerkundemuseums an der Berliner Stresemannstraße eingebaut. (Abb. 8a) Nach dem Zweiten Weltkrieg als verloren geglaubt, tauchten die Negativformen jedoch wieder auf, wurden für das westberlinische Dahlem-Museum
erneut nachgegossen und 1986 kurzeitig ebendort in einer Selektion ausgestellt.[11]

Und während diese deutschen Gipsabgüsse der Bas-Reliefs von Angkor Wat
heute wieder ganz aktuell als ein zukünftiges Highlight des geplanten Humboldt-
Forums auf der Spreeinsel inmitten des wiedervereinigten Berlin diskutiert werden, zieren sie in ihrer aktuellen kambodschanisch-postmodernen Einbau-Varian-
te in Phnom Penh die Fassade jenes nach 1990 wieder aufgebauten Bankgebäudes,
(Abb. 8b) das ursprünglich schon zur Kolonialzeit dasselbe Flachrelief aufwies und
von den Khmer Rouge 1975 aus ideologischen Gründen teilzerstört worden war.

So setzt sich die architektonische Übersetzungsgeschichte von Angkor seit der
zweiten Hälfte des 19. Jahrhunderts bis heute also sowohl in Kambodscha als auch
in Europa fort und wird auch in Zukunft immer neue Interpretationsformen finden. (Abb. 9)

Abbildung 9: Der zeitgenössische Nachbau eines ehemaligen Eingangsto-
res zur Tempelstadt Angkor Thom, in der Stadt Battambang im Nordwesten
Kambodschas, Aufnahme Michael Falser 2011

Damit stehen aber auch jene ehemaligen Gipsabguss-Sammlungen, die seit jeher
dazu beitrugen, die Architektur Angkors für den europäischen Aneignungsdrang
›mobil‹ zu machen, vor einer wichtigen Renaissance wissenschaftlicher, wahrhaft
transkultureller Forschung der nächsten Jahre.

---

11 | Dazu Falser, Michael: »Gipsabgüsse von Angkor Wat für das Völkerkundemuseum in
Berlin – eine sammlungsgeschichtliche Anekdote«, in: Indo-Asiatische Zeitschrift. Mitteilungen der Gesellschaft für indo-asiatische Kunst Berlin (2012).

Immigrant Master Builders: Architecture Transfer between Germany and Chile 1852-1875[1]

Renato D'Alençon, Francisco Prado

During the immigration of the German settlers organized by the Chilean Government between 1852 and 1875, a total of 6952 people settled a then largely unpopulated region in southern Chile, mainly at the shore of Lake Llanquihue. This immigration led to the development of a form of architectural heritage that is today recognized in Chile as ›German‹ architecture. However, it has not been clearly established the extent to which houses built by settlers in southern Chile were influenced by the import of European models. In this article we will attempt to identify the specific German influences for the houses built by these immigrants in southern Chile. The traces of these influences can be found in basic elements, building systems, and architectural features, including in the use of the transverse gable, the massive timber construction, and the carpenters' marks. We will document and discuss these elements through a parallel study of cases both in southern Chile and in the German areas of origin. We will attempt to demonstrate how the migration of social actors from one continent to the other, the transfer of their construction knowledge and building aesthetics, together with the re-materialization of their building practices in a totally new environment cannot be considered a simple translation or transport of models, but embodies a new transcultural synthesis.

INTRODUCTION

In the second half of the nineteenth century the Chilean Government promoted the immigration of German families to the largely unpopulated and unexplored

1 | This work has been elaborated through the joint efforts of a team of students from the TU Berlin and the Pontificia Universidad Católica de Chile. Recognition is are due to Daniel Korwan, Johanna Moser, and María F. Vargas, who first assisted in this research as students in our seminars, and later became co-authors of this research work.

territories of what is today known as the Lakes Region. The Mapuche people separated this region from the rest of the country during the Spanish colonization and several decades after independence. The government took active steps to occupy it by passing laws that created incentives for settlers, and by actually organizing settler groups through agents in Europe. This new colonization, which began in 1848 with the arrival of the first groups of immigrants, brought a total of 6952 people to Chile by 1875. The immigrants mainly settled on the shore of Lake Llanquihue where the wild forest was burned down to clear the land for the settlement.

Initially, the settlers developed the region (an uninhabited land that was too difficult to access and was characterized by its harsh topography and climate) through basic agricultural activities, and by combining their own experiences and technical innovations in order to cultivate the fields, raise cattle, develop products, and build related industries. As part of this process, a large number of buildings (like houses, factories, and stables) were constructed from the most readily available material – timber. This led to the development of a form of architectural heritage that is now recognized in Chile as ›German‹ architecture. Today, one still finds examples of these early buildings in many towns and villages in the Lakes Region, although very few are protected as national monuments. The extent to which the German architecture of southern Chile was influenced by the import of German architectural models has not yet been clearly established. The process of identifying pure German influences is bound to be a difficult one since many of the original houses have been lost. But more importantly, it is clear that such direct transfer would have been impossible even in an almost uninhabited territory that was occupied by settlers who came directly from Europe and who remained a largely isolated German-speaking community. Other factors need to be considered: The social circumstances of a state-driven process and the connections the settlers would need to maintain via Valdivia; the concrete limitations of climate, building materials, labor, and the available resources for their agricultural and building activities; the limited access to knowledge imposed by distance or by the lack of specific training; and later, the other influences in Chile derived from new prevailing models – namely, the French and the British. All of these factors permanently call into question the idea of ›German‹ immigration, but also suggest that the process was enriched by other relevant factors.

There is ample social scientific research on this colonization[2], and extensive documentation of the built heritage emphasizing the settlers' achievements. The work of Father Gabriel Guarda, compiled in his *La Tradición de la Madera,* and that of Hernán Montecinos in the *Arquitectura Tradicional de Osorno y La Unión –*

---

2 | Blancpain, Jean P.: Migrations et mémoire germaniques en Amérique Latine: à l'époque contemporaine; contribution à l'étude de l'expansion allemande outre-mer. Strasbourg 1994. Young, George: The Germans in Chile: Immigration and Colonization, 1849-1914. New York 1974. Weß, Mechthild: Von Göttingen nach Valdivia. Münster 2004.

among others – have helped to preserve the history of German immigrant buildings in this region by gathering valuable records and field surveys, including plans, photographs, and drawings.[3] There is a tacit understanding in this research that the houses built by the settlers reflect the styles that they knew before traveling to Chile and thus may be seen as German. However, to date there has been no attempt to accurately identify a specific relationship that confirms this German influence. By attempting to identify these German influences through a comparative study, this article complements and expands upon the existing research and may help explain some of the specific traits of this architecture.

IDENTITIES THROUGH MIGRATION: GERMAN INFLUENCES IN THE ARCHITECTURE OF THE GERMAN SETTLERS IN SOUTHERN CHILE

Architectural identity making has been heralded as a way of approaching architecture that emphasizes local, cultural specificities over global uniformity, and as the critical core for theory and design. Even though peripheral (non-Euro/North American) cultures are seen as the examples best suited to such an approach, it has mostly developed in western Europe, and few sound examples of this type of architecture or criticism stem from the ›situated knowledge‹ of the so-called underdeveloped world. The dialectic models of center versus periphery, local versus global, and permanence versus change seem unable to embrace the problematic complexity conveyed by the idea of architectural identities.

In discussing the north–south influence in support of a dialogue between architecture and identity, Herrle[4] uses the model of »packages and carriers« to reinforce the idea that »there are packages containing technologies, symbols and icons that have been produced in cultural contexts mostly from countries of the northern hemisphere« which will eventually be carried to other cultural contexts. In his discussion, Herrle emphasizes the importance of media and global communication as a rather abstract means of transferal, which is proposed as a framework for understanding the contemporary dialects of developed cultural centers and developing peripheries. Drawing on this, we propose a simpler model for the migration of influences in the case of German settlers in southern Chile: individuals – namely, craftsmen, carpenters, or simple laymen – carried packages of technological change and innovation, as well as pieces of knowledge acquired from their individual work expertise or life experience that were eventually transferred to their building practice.

---

3 | Guarda, Gabriel: La Tradición de la Madera. Santiago 1995. Montecinos, Hernán: Arquitectura Tradicional de Osorno y La Unión. Santiago 1981.

4 | Herrle, Peter: »Architecture and Identity? Steppenwolf and the carriers of change«, in: Ders./Peter Wegerhoff (Hg.), Architecture and Identity (Schriften der Habitat Unit, Fakultät VI Planen Bauen Umwelt, TU-Berlin). Berlin 2008, pp. 11-24.

This idea is not only relevant in this isolated case in Chile. During the first decades of independent life, technical expertise was not locally available and needed to be imported. This took different forms including the direct import of prefabricated buildings, which was affordable because the transportation costs in freighters needing a dead load after being emptied in Europe were reduced to nearly zero; the contracting of architects and engineers, which were invited by the government to promote innovation and reinforce – or construct – references for national values and identity in many fields; and the study travels of young Chileans who sought an education. Migration was indeed a privileged medium in the conveyance of cultural influences: individuals, sometimes technicians, but also regular citizens, act as carriers of technological change by bringing packages of innovation with them as part of their individual experience, education, and trade, and these are consequently spread through their own practice and community development. The question this study attempts to answer is: What were the specific influences of traditional German architecture on the architecture developed by German immigrants in southern Chile? The general objective of this project was to establish the influence of imported German typologies and building systems in the architecture of colonized southern Chile. Its specific objectives were to document the cases and the relevant building systems in Germany and Chile in order to establish the relevant elements of influence by region and time period.

The direct German influence in the buildings constructed by German immigrants must have declined, or at least transformed, over time. By the late nineteenth century – particularly after the occupation of the Araucanía territories, which gave the country a territorial continuity – other influences dominated and the English or French provided the general model at a later time. Much of the architecture in this region, widely labeled as ›German‹ today, was actually built during this later period between the 1890s and the 1920s. Through the second generation it continued to be an area where the culture brought by the first immigrants was strong and was actually unified with the country's territory; Llanquihue was in closer contact with the central regions of Chile. In the building methods, for instance, the influence of the North American balloon frame system prevailed all over the country along with many of the building components like wall claddings, windows, hinges etc. These were brought from the port of Valparaíso where the German merchants and German imports (whose presence was strong) were far from being the only available solutions. They competed with British, French, American, and even Italian imports, all of which were well positioned to support their own industries in extracting nitrates, copper, or other raw materials in an international context of growing industrialization.

It is therefore necessary to define a very specific time span during which we can clearly identify German influences. As a result, this study was limited to the period between 1852 and 1875, since immigrant groups were organized and registered by the government during this time with the purpose of occupying these territories, and during this time they maintained a certain degree of autonomy.

MAPPING MIGRATION: IDENTIFICATION OF RELEVANT CASES IN GERMANY AND CHILE

By mapping the migrants who are documented in the exhaustive ship lists compiled by Emilio Held, which contain family groups, dates of birth, professions, and areas of origin[5], we were able to identify nine clusters of emigration from former Prussia: Hesse, Silesia, Württemberg, Bohemia, Westphalia, Brandenburg, Saxony, Hanover, and Hamburg. (Fig. 1)

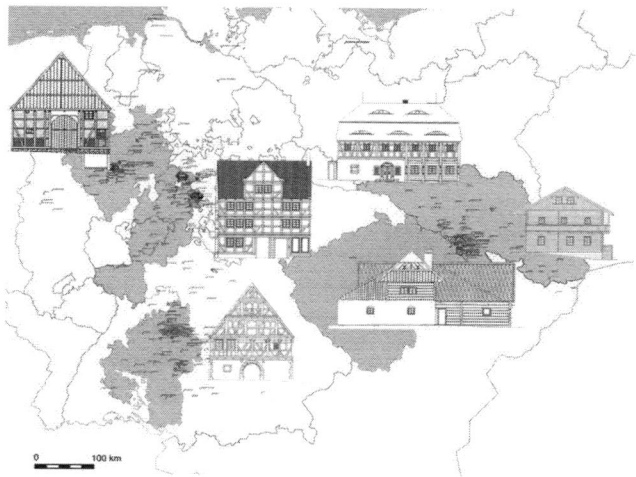

Fig. 1: Concentrations of emigrants in the region of Hesse, Silesia, Württemberg, Bohemia, Westphalia, based on immigration data compiled by Emilio Held (1965) and representative case studies based on fieldwork

The first five areas were subjected to an in-depth investigation and were compared with the typologies defined for the relevant regions in many studies of traditional German houses.[6] Most of the migrants from Hesse hailed from the northern part of the province, around Kassel and Rotenburg an der Fulda. The characteristic typologies in this region belong to the *Ernhaus*, a central-aisled German house that is accessed from the eaves-side and is often arranged as row houses in both rural

---

5 | Held, Emilio: Documentos sobre la colonización del sur de Chile: de la colección histórica de Emilio Held; bosquejo histórico; nómina de barcos y personas que llegaron entre los años 1840-1875. Santiago de Chile 1965.

6 | Baumgarten, Karl: Das deutsche Bauernhaus: eine Einführung in seine Geschichte vom 9. bis zum 19. Jahrhundert. Neumünster 1985 (1. Auflage 1980). Bedal, Konrad: Historische Hausforschung: eine Einführung in Arbeitsweise, Begriffe und Literatur, Quellen und Materialien zur Hausforschung in Bayern. Bad Windsheim 1993. Hähnel, Joachim: Hauskundliche Bibliographie Deutschland 1985-1986. Neumünster 1986.

and urban contexts. The *Fachwerk* in Hesse derives from the so-called Franconian framework construction type; a recurrent element of this type is the transverse gable (*Zwerchhaus*). Several large groups emigrated from both the Silesian and the Bohemian region of the Riesengebirge. The city of Jelenia Góra (Hirschberg) and its surroundings, especially the village of Mysłakowice (Zillerthal-Erdmannsdorf), marked the core of emigration on the Silesian side, while Broumov (Braunau) formed the northern Bohemian equivalent. On both sides of the mountains, rural houses were built mainly of massive timber (*Schrotholzbau*) or mixed constructions (*Umgebinde*). Westphalian migrants came from different places in the countryside around the cities of Werl, Detmold, and Bielefeld. A high concentration of migrants can also be observed coming from the rural area of Werl and Soest. The prevailing typology in these regions is the so-called *Hallenhaus*, which combines stable, barn, and dwelling under one huge roof. In the case of Württemberg, we identified several clusters of emigration from Zwiefalten, Langenenslingen, and Hayingen in the southern part of Württemberg; groups from the city of Stuttgart itself; and groups from several small villages east of Stuttgart, of which Strümpfelbach and Nellingen stand out. Due to the extreme poverty in Württemberg's rural region, the houses, which were often inhabited by several families, are typically very small and of a simple *Fachwerk* construction.

Once in Chile, the German immigrants settled around Lake Llanquihue and the small towns of Valdivia and Osorno. The area around Lake Llanquihue was reclaimed from north and south. Osorno and the Reloncaví Sound were the starting points for the further clearance of the forested land and for the step-by-step process of colonization by land and by boat. The main phase of the colonization around Llanquihue had taken place by 1864. The first lakeshore settlement was Puerto Octay in 1852, followed by Puerto Montt (1853), Puerto Varas (1854), Frutillar (1856), and much later Llanquihue. (Fig. 2)

The case study research was conducted according to four basic criteria: location (Lake Region, focus on Lake Llanquihue), year of construction (1852-1875), the presence of characteristic traditional German architectural elements, and the survival of the building in the present day. Of the three main house types – Primitive House, Classical, and Chalet – classified by Hermosilla and Ortega[7], the first is most relevant for the period in question. Ortega refers to these as »Blockhaus«, thereby introducing a misunderstanding of the German term *Blockhaus* (which alludes specifically to massive timber houses) by associating it with the period or with the simplicity of the volumes rather than with massive timber. The »Primitive House« reflects the basic typology used by German settlers during the early colonial years. It is a rectangular volume with a gable roof and a three-zone floor plan. The dimensions of this type of construction vary from relatively small to relatively large in later years. The structural system used is based on sill beams and

---

7 | Ortega, Óscar/Hermosilla, Patricio: Puerto Octay. Estudio de la imagen y de los Patrones de Diseño Arquitectónico. Santiago de Chile 1994.

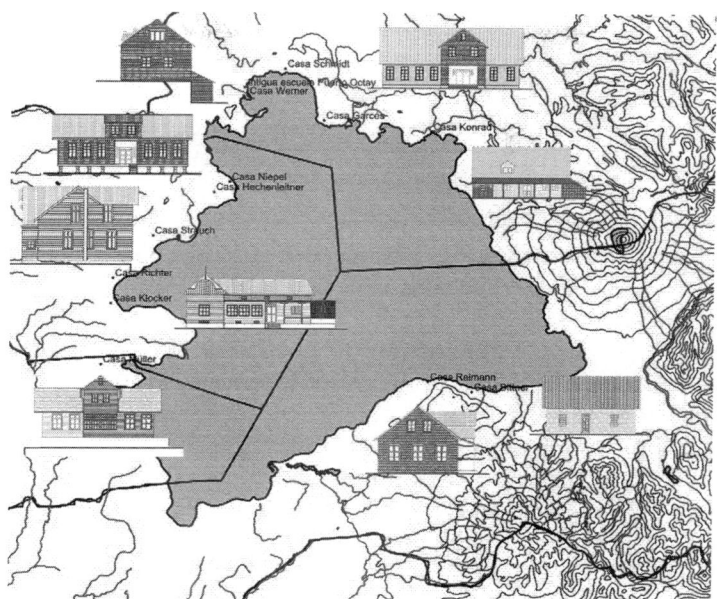

Fig. 2: The main concentration of the early immigrants was located around Lake Llanquihue, where representative case studies based on fieldwork are shown

wooden uprights, and its foundations are large hand-carved wooden beams that sit on rocks; insulation is not used. Generally, the cladding is formed by a horizontal wooden siding and the roof was originally clad with larch tiles. Rare cases of massive timber constructions were also identified and will be discussed further in the next section. Over time the basic type was extended through the addition of different elements and spaces like verandas, transverse gables, and alcoves, as well as through a general enlargement in size.

A MISSING LINK: THE LOCAL INFLUENCE OF CHILOÉ'S CARPENTERS

In seeking to answer the question of what the recognizable continuities of architecture elements are, we refer to the broader problematic of whether or not this can be understood as a German architecture that was imported as a literal copy of the original. Is there a vernacular component that is dependent on local circumstance such as material availability or climate? Is it an adaptation of a model that integrates different elements, both imported and local, in a new synthesis? If clearly none of these extremes seems plausible, what characterizes this synthesis?

All accounts of the architecture in the German colony in Llanquihue, and most of the broader historical ones for that matter, emphasize their European elements.

Gabriel Guarda also refers to the relevance of the new building techniques brought by the immigrants. According to Guarda, already by the late 1840s a »revolution« had occurred in the architecture of the south. With the introduction of new techniques brought by the immigrants, the timber construction substantially developed together with the incorporation of »the latest European fashion«. In particular, he explains that »exterior walls are now built in timber studded frames«[8] with exterior diagonal planks used to provide rigidity. Furthermore, in accounting for the craftsmen that accompanied the colonization party, Gabriel Guarda emphasizes the »schools« and »dynasties« of German skilled carpenters and draws attention to the distinctive trades in the original German designations: *Zimmermann* (carpenter), *Bauunternehmer* (contractor), *Tischler* (table maker), *Schreiner* (window maker). The Mombergs, the Leimbachs, and the Amthauers are also mentioned among them.

Indeed, the territories occupied by the colonists were unexplored. However, the island of Chiloé had been long inhabited and it provided much, if not all, of the skilled labor the colonists were able to afford as a complementary resource to their own efforts. Some of the colonists were resourceful people and did not necessarily fit the image of the man conquering the elements with his own bare hands. Like most authors, Guarda only mentions the labor brought from the island of Chiloé as a secondary resource and one which was not likely to have been as important as the German ones. This is probably due to a lack of documentary evidence, but Chiloé continues to be underrepresented as a factor in the narrative of the immigration and settling in Llanquihue. The island of Chiloé was one of the last Spanish bastions in Chile and the Chilean Government began colonizing it in 1895, an enterprise that, because of the population and the rich traditions pre-existing there, has been contrasted with that of the Germans in Llanquihue.[9]

In her insightful book *Writing a National Colony: The Hostility of Inscription in the German Settlement of Lake Llanquihue*, Regine Heberlein traces – perhaps for the first time – a critical stance on the »settlement as the reification of colonial desires«.[10] Heberlein does this for the ten-year period between 1842, when Bernardo Philippi first proposed the creation of the colony to the Chilean Government, and 1852, when the colony was actually founded. She argues that the conceptual boundaries for the colonial settlements were formed by a heterogeneous body of writing that would have homogenized »interested inscriptive practices«. It is likely

---

8 | Guarda: La Tradición de la Madera, p. 22.

9 | »En Chiloé se trataba de colonizar un pueblo viejo i en estremo susceptible, cuyos antepasados habían residido en aquellas tierras desde siglos atrás, que se consideraban dueños de ellas por habérselas repartido entre si, en la creencia que el fisco nunca las reclamaría i que no estaban dispuestos a dejarse colonizar«, in: Weber, Alfredo: Chiloé: su estado actual, su colonización, su porvenir. Santiago de Chile 1903, p. 154.

10 | Heberlein, Regine I.: Writing a National Colony: The Hostility of Inscription in the German Settlement of Lake Llanquihue, Chile (1830-1853). Amherst (New York) 2008, p. 19.

that this attempt to construct the colony in writing and to reinforce its identity as a German stem-group did not disappear altogether the day the colony was finally established. If Heberlein, studying the writing of the colony, has historiographical and methodological reasons to only examine the period when the colony existed in writing, our own architectural research has the same kind of reasons to remain bound to the period when it was actually built.

In light of this perspective, one might consider Chilotean craftsmanship as one of the local components that was obliterated by the homogenizing narratives inherited or embodied by architecture, since all of the accounts of the architecture by the settlers underrepresent the local labor – namely, that of the Chilotean carpenters. Here and there a few elements can be identified as corresponding to their influence in the architecture of Llanquihue, yet these are subjugated to a stronger influence. It would take another analysis in reference to Chiloé in order to properly identify them. However, the Chilotean influence should also be considered in some of the elements that we have identified as German-influenced, such as the *soberados*.

CONSTRUCTING IDENTITIES:
THREE PARALLELS AND A COUNTER-EXAMPLE

In the following discussion, we identify the specific influences developed by German immigrants in southern Chile. Because of the simple design of these houses, the traces of such influences are found in basic elements and building systems, which we will document and discuss through a number of case studies. The elements discussed here are as follows: The transverse gable (*Zwerchhaus*) that can also be found in southern Chile under the name *soberados*; the use of massive timber construction (*Massivholzbau*), widespread in the Riesengebirge border region of Silesia and Bohemia, though very few documented cases still exist in Chile; and the jointing marks (*Abbundzeichen*) made by the carpenters to identify the different parts during collection and assemblage. Using first-hand architectural documentation based on site surveys and complemented by information obtained from current owners, we were able to create a detailed architectural documentation that establishes relevant elements and their characteristics in the compared origin and destination regions.

Zwerchhaus and soberados

The *Zwerchhaus* is a gabled single or multi-storey structure built into the main sloped roof and aligned with the main roof ridge. Its gable is aligned with the building's exterior wall and its roof is also pitched. *Zwerchhäuser* were developed in the late Middle Ages (fourteenth century) to provide additional storage space or – not as often – living space. High roof structures (*Dachstühle*) allowed the insertion of the cross gable, which provided better lighting and use of the roof space[11] and enabled direct access to the attic, as well as serving the purpose of emphasizing the main entrance. Many traditional houses in northern Hesse have this transverse gable in the upper floors. In the case of Rotenburg an der Fulda, Weingasse 5 (Fig. 3a), the gable in the *Zwerchhaus* occupies the same vertical plane as the façade of the lower floor, or about 10 cm farther out because of the projection of the woodwork. It provided access to the attic space through a hatch with a metal hook above and was originally used as a storage room. As in most cases, the original function has been changed and the attic is currently used as a living space.

Fig. 3a: Zwerchhaus in Germany: House in Weingasse 5, Rotenburg an der Fulda. Main façade and side façade. A small displacement of approx. 10 cm is visible from floor to floor; 3b: Soberados in Chile: General exterior view of the entrance of House Richter in Puerto Fonck

---

11 | Müller, Werner: DTV-Atlas zur Baukunst. Münster 1982, p. 367.

In Llanquihue, a very similar version of the *Zwerchhaus* is called *soberado,* and it is recognized as a characteristic element of the region's architecture. Guarda described it as part of the overall scheme of the houses existing before the German colonization: »the useful space below the sloping roofs is called ›soberado‹ and is often used as storage«.[12] After the German immigration this original definition was extended to the cross gable that provides access to the roof space. The roof of the House Schmidt in Puerto Fonck (Fig. 3b) has an inclination of 45°. It encloses two attic floors and is built using a post and beam structure made of laurel (Laurelia sempervirens). The *soberado* in this case respects the alignment with the exterior wall of the ground floor volume, but the continuity is almost completely interrupted by a small access porch providing protection from the rain. The house still maintains some original walls and floors, as well as most doors and some windows. A part of the ground floor and the attic, originally used for storage, has been converted into bedrooms. It is possible to see a separation of the façade and the floor, which is indicated by the separation of the planks meeting the wall.

The *soberados* resemble but cannot be properly considered *Zwerchhäuser.* In Llanquihue we have found no evidence of them being directly accessed from the exterior using a hook or a crane the way they still are in Hesse, where many of them have hatches and no windows. In the Chilean case they seem to have always been used as at least alternative bedrooms, mixing or alternating dwelling and storage spaces. The whole house use seemed to have been less specific, and they were used eventually as barns and storage as soon as a new house was built. It is also in the case of the *soberados* that the most direct reference to the architecture of Chiloé can be made. Not only is the name borrowed from the island, but most likely the long-standing tradition of these elements was still alive on the island. But because this element also matches with German references, it is impossible to call it a specifically local trait that was co-opted for use in the colonizers' architecture.

Massive timber construction *(Massivholzbau)*

The buildings around Llanquihue are predominantly timber-frame constructions. In western regions in Europe this is the common traditional building system, whereas massive timber types are more often found in eastern areas. According to the written records and some existing testimonies in photographs and interviews, many German immigrants in Chile built massive timber houses. Only one of them is known to exist today – House Garcés in Puerto Fonck (Fig. 4b) – and it has been documented as a testimonial example of a lost typology.

The typical rural timber buildings around the Giant Mountains are rectangular shaped one- or two-storey houses with a high pitched (50°), sometimes half-hipped roof. Most of them contain gables and alcoves (*Kreuzstube*).[13] The central circulation

---

12 | Guarda: La Tradición de la Madera, p. 95.

13 | Loewe, Ludwig: Schlesische Holzbauten. Düsseldorf 1969.

Fig. 4a: Massive Timber in Bohemia. Salduv Statek, Jilemnice. Massive Walls during the process of relocation. Massive Timber in Chile; 4b: House Garcés in Puerto Fonck. Detail of the caulking in the corner of two perpendicular walls

of these stable-houses (*Wohnstallhäuser*) is accessed from the eaves-side and leads to the kitchen and chamber (*Stube*) on one side and to stables on the other. At higher altitudes, additional external closed corridors are found that protect the secondary spaces from the harsh winter climate (*Gebirgsbauten*).

The massive walls are constructed from horizontal rectangular beams with chamfered edges and lapped or mortised corner joints. The pinewood beams are around 200-300 mm in depth and caulked horizontally with a mixture of chalk and shavings. The collar tie roofs are sometimes supported with central posts (*Firstsäulenstuhl*) and covered with reet and/or shingles (*Nutschindel*), usually 550 mm long and 25 mm thick. All our Bohemian case studies (Ruppersdorf 185, Salduv Statek, Chalupy) reflect the described typology.

House Garcés serves as a rare example through which it is possible to identify elements of import, adaptation, and development. The date of House Garcés (originally Andler) is not known; however, it is estimated to have been built around 1870. It is the only known existing massive timber house around Lake Llanquihue. The rectangular house (12 x 21.6 x 10.2 m) sits in a hollow near the shore and exhibits several features in terms of design, function, and construction that are comparable to the European typology. The shape, proportion, and finishing (cladding, shingles) of body and roof are similar to Bohemian/Silesian examples. The eaves-side entrance leads to a central circulation space from which the living spaces are accessed. In contrast to the *Wohnstallhaus* model, stables are not included. The exterior closed corridor that is similar to those in the *Gebirgsbauten* is also interesting. The walls (height approx. 4 m) are constructed of square-cut larch (alerce) beams (350 mm x 20 mm) and are invisibly caulked. (Fig. 4a) The huge collar tie roof is covered with shingles, which were recently covered with zinc.

The practice of massive construction in this region was eventually lost, and despite many photographs and narrations describing them as characteristic of the first settlers, today we could find only this one extant massive timber house. In this case, the tradition of German building practices gave way to new considerations and influences: platform, post and beam, and balloon frame systems spread throughout Chile along with North American influence, especially in the mining camps known as ›company towns‹.

Carpenters' marks – *Abbundzeichen*

We have found a remarkable coincidence in the use of jointing marks – *Abbundzeichen* – in both areas of origin and destination. The *Abbundzeichen* is a traditional notation system used by German carpenters to organize the construction of a timber building by identifying pre-cut pieces. For example, a typical German two-storey framework house from the fifteenth century consists of approx. 500 different timber pieces, which are stored separately during the construction process. The notation is organized in a sequence of storeys, axes, and parts, usually based on

Fig. 5a: Abbundzeichen behind a metal shingle cladding in Witzenhausen, Hesse; 5b: Abbundzeichen in Chile: House Schmidt in Puerto Fonck. Structure detail of joint pieces and carpenters' marks

Roman numerals for easy carving, although there are some differences in the notations used in different areas and periods. (Fig. 5a)

The construction process of timber-frame houses starts with the selection of timber pieces. In Europe, this search is undertaken between December and February because no resin is produced during these months. After the selection of the construction material the selected trees are marked, cut down, and stored for a drying period of some three months. After collection and transport, pieces are pre-cut and marked with chalk or coal. Carpenters work further on each timber piece until the building, including all joints, can be laid out for testing at the carpenter's workplace.[14] Only when all the pieces fit together properly are the *Abbundzeichen* carved firmly into the wood and the framework dismantled for transportation to its final destination.

In Llanquihue, we have found many houses, built for the most part before 1890, which used this notation system. In most of them, the sophisticated identification system used in Germany, which identifies the level on which each piece of the timber frame is located, the wall within the level, and the number of the piece within the wall, has been reduced to a simple numeration of pieces. Only in House Bittner in Los Riscos do the posts carrying the roofs reveal information about position beyond mere numbering. (Fig. 5b) The notation has been simplified according to the local circumstances, yet the practice persisted widely and was applied consistently in most of the early houses that can still be examined. This can be explained by the fact that until 1876 the immigration protocols document that 170 German carpenters (*Zimmermänner*) and 160 furniture makers (*Tischler*) settled in the Lake Region. They were the third largest craft group after farmers (376) and merchants (208).

Tyrolean migration: a counter-example

In 1837 a group of 427 Protestants from the Austrian Zillertal left their country and settled in the vicinity of Erdmannsdorf in Silesia. They built a colony of around 60 houses in traditional Tyrolean style that were apparently 1:1 copies of their Austrian archetypes. (Fig. 6)

The process of the foundation of the colony in Silesia was to a large extent dependent on the input of finances and resources by the Prussian state, which organized the foundation and construction, designed the houses, organized the actual construction, and covered the expenses. In doing so the important role of the Prussian state as a catalyst was clearly stressed. For reasons that are still unclear, many of the Tyroleans left Silesia very soon. Among other places, Chile was one of the main targets for the second migration that took place in the 1850s.

By the year of 1860, 55 Tyroleans (the families Brugger, Fleidl, Hechenleitner, Heim, Klocker, Kröll, Schönherr, Fankhauser, Heim and Winkler) left Erdmannsdorf for Chile, one last Tyrolean followed in 1889. There they also settled on the shores of Lake Llanquihue, most of them in what is today known as Los Bajos, some in Frutillar, some in Totoral, and some in Puerto Varas. At least two houses from this early time – Hechenleitner, built around 1860 in Línea Pantanosa, and Klocker, built around 1900 in Los Bajos – are still extant. However, they bear no resemblance to the Tyrolean tradition; it seems as though everything was lost during the second migration wave. Given the drive the Tyroleans showed in Silesia, the short period of only 20 years they stayed there, and fact that they continued to cultivate their traditions in Chile, it is likely that the carriers still retained the basic information

---

14 | Gerner, Manfred: Abbundzeichen: Zimmererzeichen und Bauforschung. Fulda 1996.

Fig. 6a: Tyrolean house in Silesia, House Rieser (today Dom Tyrolski), Myslakowice, before 1990; 6b: Tyrolean house in Llanquihue. House Hechenleitner, Línea Pantanosa

needed to reproduce the typologies, but perhaps they lacked the catalyst role that the state had played in Prussia.

The case of the Tyrolean immigrants and their failure to carry building traditions with them serves to illustrate the question of whether or not something like architectural heritage outlasts the process of migration. It appears not to be a decision that the migrants make themselves, although they may wish to. Instead, it is defined to a large extent by the circumstances migrants face when they arrive.

CONCLUSION

We have been able to identify relevant connections between the architecture of the German immigrants in southern Chile and the traditional architecture in their regions of origin, including the use of the transverse gable (*Zwerchhaus*), massive timber construction (*Massivholzbau*), and jointing marks (*Abbundzeichen*). These elements show striking correlations to similar procedures and building systems in the areas of origin. At the same time they have been adapted to suit specific circumstances, building resources, and local materials.

The selected cases illustrate an extended use of the transverse gable (*Zwerchhaus*) in Germany (in Hesse and beyond) and in Chile's Lakes Region, which seems to have been the antecedent of the *soberados* in Chile. However, the use of those in Llanquihue seem to have been much more flexible and could serve as both bedroom and storage room, while in Germany the use was more specifically bound to storage, as the use of hooks and hatches suggest. One exceptional case remains as a testimony of an extended practice of massive timber construction (*Massivholzbau*) in Chile, and is studied in reference to its antecedents in the Riesengebirge. This tradition, even if it – as existing testimonies suggest – was strong in the first years, was eventually extinguished and broadly replaced by framework structures, which had less to do with German *Fachwerk* and more to do with American balloon frame system. *Abbundzeichen* are very explicit evidence for the influence of German models in the Chilean houses. Although they were used in a simplified manner and in relatively simple houses, the broad use of the jointing marks indicates that the carpenters involved were previously exposed to their systematic use, and that its practice persisted in Llanquihue in a simplified form that was more appropriate to the smaller, simpler buildings built by the settlers.

We have tried to identify specific building traits and practices carried by German settlers to Chile in order to establish the extent to which this architecture can properly be called ›German‹. In doing so, several specific elements have been identified to correspond to traditional practices in their regions of origin. While some of their characteristics can be recognized in both the Chilean and the German cases, none of these are literal translations of their original models. Instead, they were adapted, re-interpreted, changed, and omitted altogether according to the specific social, cultural, and material heritage carried by the migrants in order to meet the needs the new context they confronted. This new synthesis can be explained as due to patterns of cultural use as in the case of the *Zwerchhäuser*; to simpler, smaller buildings responding to modest needs, as in the case of the *Abbundzeichen*; to the substitution of old practices with new building systems of a different origin, as in the case of *Massivholzbau*; or to the lack of a specific incentive, as in the case of the Tyrolean types, which actually never crossed the ocean with the settlers. All of them, however, call into question the simplistic vision of a ›German architecture‹ in Chile. The role of the material as a mere backdrop for the social is demonstrated to be an inadequate approach and a more relational understanding has been attempted that emphasizes how social relations, geographic circumstances, strategies for action, and possibilities of transformation are incorporated into built artifacts. At the same time, the cultural load carried by the groups of emigrants persists and finds its way (or not) toward a new materialization.

Das transkulturelle Soziofakt

Kolonialarchitektur als Gegenstand transkultureller Forschung.
Das Beispiel der deutschen Bauten in Namibia

ARIANE ISABELLE KOMEDA

Koloniale Bauwerke europäischer Herkunft existieren über den ganzen Globus verteilt. Sie sind Ausdruck und Substanz kultureller Überlagerungen und stellen einen reichen, teilweise noch unerschlossenen Quellenbestand dar. Bisher wurde das koloniale Architekturerbe vorwiegend in seiner Funktion als kulturpolitisches Instrument zur Markierung physisch-territorialer Herrschaft beforscht. In jüngeren Ansätzen wird nun vorgeschlagen, Kolonialarchitektur als Ausdruck interkultureller Einflussnahme zu verstehen.[1] Ziel des folgenden Artikels ist es, den Aspekt kultureller Diversifizierung in einer interdisziplinären Herangehensweise zwischen Architektur-, Kultur- und Geschichtswissenschaften in Bezug zu formalen, gesellschaftlichen und materialen Parametern zu setzen. Dabei werden transkulturelle Phänomene wie Akkulturation oder Hybridisierung anhand dreier Fallbeispiele exemplifiziert.[2] Abschließend soll sich der Frage angenähert werden, wie die in Namibia entstandenen kolonialzeitlichen Mischformen im Spannungs-

---

1 | Um nur eines unter vielen Bespielen zu nennen: Bachoud, Louis/Toulier, Bernard/Jacob, Philippe: Patrimoine culturel bâti et paysager. Classement, conservation, valorisation. Paris 2002. Zu dem Aspekt der *Hybridität*, siehe exemplarisch Bhabha, Homi: The Location of Culture. London/New York 1994 und allgemein Bronfen, Elisabeth/Marius, Benjamin/Steffen, Therese (Hg.): Hybride Kulturen. Beiträge zur anglo-amerikanischen Multikulturalismusdebatte. Tübingen 1997. Grundlegend auch Chatterjee, Partha: The nation and its fragments. Colonial and postcolonial histories. Princeton 1993.

2 | Dieser Text basiert auf Erkenntnissen, die im Rahmen eines Dissertationsprojekts zur Deutschen Kolonialarchitektur in Namibia an den Universitäten Bern/Institut für Kunstgeschichte und Bayreuth/Neueste Geschichte, unter Einbezug ungehobener Quellen und Archive erarbeitet wird. Das Forschungsprojekt steht im Zusammenhang mit einer mehrjährigen Vorarbeit, der eine anhand der deutschen Kolonialarchitektur nachvollzogenen Querschnittbetrachtung in Afrika, China und im Pazifik vorausging. Vgl. Komeda, Ariane

feld zwischen namibischer Identitätsfindung *(nation building)* und postkolonialer Aufarbeitung interpretiert werden.

1. KOLONIALARCHITEKTUR TRANSKULTURELL? METHODISCHE FRAGEN

Koloniale Hauptstadtprojekte wie Delhi oder Kapstadt, deren Bauten im 19. und frühen 20. Jahrhundert komplexe Anordnungen der Rechte und Ansprüche von unterschiedlichen Akteuren abbildeten, gelten als kulturelle Schmelztiegel und selbst die kolonialen ›deutschen Musterstädte‹ stellten eine Abwandlung europäischer Kriterien dar.[3] So zielt auch die Frage Horst Gründers, ob diese Konstrukte eher als »europäische Enklaven« oder als »Schmelztiegel der Kulturen« zu verstehen seien, auf eine transkulturelle Kontextualisierung von Architektur ab.[4] Damit werden neue, bislang vernachlässigte, Aspekte in die kulturwissenschaftliche Erforschung der Kolonialarchitektur eingeführt, die das Bauen in den neuen Territorien von Anfang an mitbestimmten. Namibia eignet sich hierzu als ein he-rausragendes Beispiel. Zum einen legt Namibia Zeugnis über die architektonische Entwicklung des wilhelminischen Historismus und der Reformarchitektur ab und dokumentiert eine Epoche als ein exklusives Vorgehen innerhalb der kolonialen Aneignung. Zum anderen überliefern Faktoren wie Konservierung und zurückhaltende lokale Einflüsse den Erhalt der Bausubstanz infolge optimaler klimatischer Bedingungen einerseits und aufgrund der sozialpolitischen Situation während des Apartheid-Regimes andererseits. Nicht zuletzt weist die namibische Kolonialarchitektur eine singuläre Aussagekraft auf, weil sie über einen hohen Grad an bauhistorischer Authentizität verfügt: Wo in Europa Kriegszerstörung und städtebauliche Überformung das Stadtbild rigorosen Veränderungen unterzogen haben, lassen koloniale Bauten auch mit ihren lokalen Adaptionen essentielle Aussagen über die wilhelminische Architekturpraxis zu. Während die Untersuchungen von Peters und Vogt grundlegende bauhistorische und denkmalpflegerische Facetten erfassen, greift die Studie von Osayimwese zeitgenössische koloniale Architekturdiskurse auf, um sie kritisch zu hinterfragen.[5] Die Analyse

---

I.: »Das architektonische Erbe Deutschlands in Übersee«, in: Markus A. Denzel et al. (Hg.), Jahrbuch für Europäische Überseegeschichte (Band 6). Wiesbaden 2006, S. 173-180.

3 | Vgl. King, Anthony Douglas: Colonial urban development. Culture, social power and environment. London 1976; Lewcock, Ronald: Early nineteenth century architecture in South Africa. A study of the interaction of two cultures 1795-1837. Cape Town 1963.

4 | Gründer, Horst/Johanek, Peter (Hg.): Kolonialstädte – europäische Enklaven oder Schmelztiegel der Kulturen? Münster 2001.

5 | Grundlegend siehe Gründer, Horst: Geschichte der deutschen Kolonien. Paderborn 1985. Hier insbesondere: Peters, Walter: Baukunst in Südwestafrika. Die Rezeption deutscher Architektur in der Zeit von 1884 bis 1914 im ehemaligen Deutsch-Südwestafrika

der deutschen Kolonialarchitektur Namibias als Phänomen des Architekturtransfers bleibt ein Desiderat.

Nach Bernard Toulier versteht man unter dem Begriff Kolonialarchitektur »Entwurf und Realisation von Bauwerken und urbanen Siedlungen durch eine europäische Regierung zur Zeit ihrer Herrschaft über ein fremdes Gebiet« [Übersetzung AK]. Im engen Korsett dieser Perspektive wurde der unter *colonial style* subsumierte Komplex lange als ein genuin europäisches Artefakt aufgefasst.[6] Eine aktualisierte Bewertung macht es nötig, nach Kategorien Ausschau zu halten, welche die Axiome ›kolonial‹ oder ›okzidental‹ erneuern. So führt Toulier unmittelbar anschließend die Begriffe *eclectique, cosmopolite, hybride, métisse* ein. Diese Terminologie gründet auf Neuorientierungen in den Kulturwissenschaften, die im Zusammenhang mit der Forschungsrichtung der *postcolonial studies* stehen, welche eurozentrische Wissensordnungen ›gegen den Strich‹ lesen und in neue Zusammenhänge stellen.[7] In Verknüpfung damit zeigen Theoretiker wie Michel Espagne die Grundlagen kultureller Transfers auf und sind bemüht, die Grenzen des nationalen Rahmens zu überwinden, um »die Translation eines Kulturgegenstandes von einem Ausgangskontext in einen Aufnahmekontext in ihrem prozessualen Ablauf unter die Lupe zu nehmen«.[8] Wichtig für den hier dargestellten Zusammenhang sind die Untersuchungen zu Teilgebieten wie dem Erinnerungsraum

---

(Namibia). Windhoek 1981; Vogt, Andreas: Nationale Denkmäler in Namibia. Windhoek 2006; Osayimwese, Itohan: Colonialism at the Center. German Colonial Architecture and the Design Reform Movement, 1828-1914. Ann Arbor 2008.

6 | Vgl. Pevsner, Nikolaus/Honour, Hugh/Fleming, John (Hg.): Lexikon der Weltarchitektur. München 1971.

7 | Auf den deutschen Kontext beziehen sich Friedrichsmeyer, Sara/Lennox, Sara/Zantop, Susanne (Hg.): The Imperialist Imagination. German Colonialism and its Legacy. Ann Arbor 1998; Kundrus, Birthe (Hg.): Phantasiereiche. Zur Kulturgeschichte des deutschen Kolonialismus. Frankfurt a.M. 2003. Eine Einführung in die Quellen bietet Bachmann-Medick, Doris: Cultural Turns. Hamburg 2006. Zu den postkolonialen Kollektivwerken zählen insbes. Ashcroft, Bill/Griffiths, Gareth/Tiffin, Helen: The empire writes back. Theory and practice in post-colonial literatures. London 2002 und Conrad, Sebastian/Randeria, Shalini (Hg.): Jenseits des Eurozentrismus. Postkoloniale Perspektiven in den Geschichts- und Kulturwissenschaften. Frankfurt a.M. 2002.

8 | Espagne, Michel: »Globalgeschichte, Transferforschung und transnationale Geschichtsschreibung« an der Konferenz »Die Vielfalt Europas: Identitäten und Räume«, Geisteswissenschaftliches Zentrum Geschichte und Kultur Ostmitteleuropas (GWZO), Universität Leipzig, Juni 2007, http://www.uni-leipzig.de/~gwzeuro/index.php?option=com_con tent&task=blogcategory&id=36&Itemid=49&lang=en_GB vom 26.10.2012.

und den Kolonialdenkmälern[9], der Sozialstruktur[10] wie der Kultur- und Mentalitätsgeschichte.[11] Wenn es sich nun darum handelt, Bauen als ein zentrales Kapitel kolonialer Verfahren aus transkultureller Perspektive zu beleuchten, in deren Licht Kolonialgeschichte nicht nur als ein Prozess menschlicher Machtentfaltung, sondern auch als eine Geschichte vom Zusammentreffen von Kulturen begriffen wird, so richtet sich der Blick auf Phänomene kultureller Interaktion. Dabei liegt der methodische Ansatz darin, sich nicht auf bereits internalisierte Identitätskonstrukte zu berufen, sondern dem Raum zwischen Intention und Rezeption nachzuspüren und aufzuzeigen, wie die Kulturen mehrschichtig ineinandergreifen, fortwährend Inhalte austauschen und dabei neue Qualitäten schaffen, die eine identifikatorisch nicht determinierte Architekturerfahrung dokumentieren.

2. DEUTSCHE KOLONIALARCHITEKTUR IN NAMIBIA

2.1 Zum Kolonialtransfer von architektonischem Stil

Die weltweit entstandenen ›Prachtbauten‹ des Imperialismus verdeutlichen nach Meinung von Jürgen Osterhammel die Wirkkraft kolonialer Strukturen bis in die Gegenwart.[12] Stellvertretend für ein verbreitetes Bild der deutschen Kolonialarchitektur Afrikas kann ferner die Beschreibung von Winfried Speitkamp gedeutet werden: »Die Bauformen spiegelten europäisch-wilhelminische Architekturvorstellungen. Nach außen demonstrierten sie deutsche Herrschaft und deutsche Kultur zugleich«.[13] Bisher wurde anscheinend davon ausgegangen, dass sich die ursprünglich implizierten Vorstellungen mit der gebauten Realität deckten. Koloniale Topoi wie der wilhelminische Kolonialstil oder das ›herrenlose Land‹ dienten als Folie für die Herrschaftsphantasien des aufstrebenden Kaiserreiches. Zwischen dem wahrgenommenen und dem realen Bestand zeichnet sich jedoch ein Wider-

---

9 | Speitkamp, Winfried (Hg.): Erinnerungsräume und Wissenstransfer. Beiträge zur afrikanischen Geschichte. Göttingen 2008; Zeller, Joachim: Kolonialdenkmäler und Geschichtsbewusstsein. Eine Untersuchung der kolonialdeutschen Erinnerungskultur. Frankfurt a.M. 2000.

10 | Bley, Helmut: Kolonialherrschaft und Sozialstruktur in Deutsch-Südwestafrika, 1894-1914. Hamburg 1968; Krüger, Gesine: Kriegsbewältigung und Geschichtsbewusstsein. Realität, Deutung und Verarbeitung des deutschen Kolonialkriegs in Namibia 1904-1907. Göttingen 1999.

11 | Kundrus, Birthe: Moderne Imperialisten. Das Kaiserreich im Spiegel seiner Kolonien. Köln 2003.

12 | Osterhammel, Jürgen: Kolonialismus. Geschichte – Formen – Folgen. München 2006, S. 43.

13 | Speitkamp, Winfried: »Denkmal und Erinnerungslandschaft«, in: Wolfram Martini (Hg.), Architektur und Erinnerung. Göttingen 2000. S. 167.

spruch ab, der bereits während der Organisation des kolonialen Bauwesens spürbar wurde. Die Bautätigkeit wurde folgendermaßen charakterisiert, dass sie

»[...] infolge des noch nicht sehr entwickelten Standes [...] nicht so weit gegliedert [ist] wie in der Heimat. [...] In Deutsch-Ostafrika und Kamerun besteht zurzeit nebeneinander ein Baureferat und ein Eisenbahnreferat, [...] in Deutsch-Südwestafrika nur ein Eisenbahnreferat beim Gouvernement.«[14]

Welche zeitgenössischen Architekturmodelle lagen dem Transfer in die deutschen Kolonien denn zugrunde? Die Architektur im Kaiserreich fand sich in einer Epoche der Transformation, die ein historisches Instrumentarium mit technischen Errungenschaften zu einem architektonischen Programm vereinigte. Für die Bewältigung neuer Bauaufgaben wurde eine ambitionierte Generation von Architekten, Bautechnikern und Ingenieuren ausgebildet, die fast alle aus der Bauakademie oder der seit 1879 bestehenden Technischen Hochschule Charlottenburg hervorgingen. Die Spätphase des Historismus war angebrochen.[15] Die dort implementierten Bahnhöfe, Bildungsbauten, Parlamente, Rathäuser, Theater und Privatvillen des wilhelminischen Historismus fanden eine weite Verbreitung in Form von Publikationen (Architektonische Rundschau, Deutsche Bauzeitung, Centralblatt der Bauverwaltung etc.) und waren einem internationalen Publikum bekannt. (Abb. 1)

Jahrzehnte später, auf dem Höhepunkt der Reformbewegung, hob der Architekt Hermann Muthesius (1861-1927) im Eröffnungsvortrag der Werkbund-Tagung 1914 einen neuen »deutschen Stil« als ein wichtiges Exportmittel hervor.[16] Ausgehend von der Forderung an den Deutschen Werkbund, die Vorbedingungen für diesen kunstindustriellen Austausch zu schaffen, verlangte er einen überzeugenden »internationalen Stil«, der von einem Deutschland »an der Spitze der Welt« ausgehen sollte. Es entstand der Wunsch, unter der Führung der Baukunst eine normative Ästhetik zu schaffen, welche dem neuen imperialistischen Nationalverständnis global Nachdruck verleihen sollte. Blieb die Stilfrage, die bereits 1828 mit Heinrich Hübschs Schrift *In welchem Style sollen wir bauen?*[17] die Gesellschaft bewegte, in Deutschland wie auch in Frankreich und England im Zeitalter des Stilpluralismus weitgehend offen, so galt dies erst recht für den Architekturtransfer an den kolonialen Schauplatz; siehe erstes Fallbeispiel. Die Ansätze kolonialpublizistischer Medien wie Handbücher und Lexika stellten Normen wiederum in den

---

14 | Schnee, Heinrich (Hg.): Deutsches Kolonial-Lexikon (Band 1). Leipzig 1920, S. 153.

15 | Nicolai, Bernd: »Die Architektur der industriellen Gesellschaft 1850-1950«, in: Kunsthistorische Arbeitsblätter 2.3 (2000), S. 47-56. Zu einer detaillierten Erörterung siehe Hammerschmidt, Valentin W.: Anspruch und Ausdruck in der Architektur des späten Historismus in Deutschland (1860-1914). Frankfurt a.M. 1985.

16 | Posener, Julius: Anfänge des Funktionalismus. Von Arts and Crafts zum Deutschen Werkbund. Berlin 1964, S. 203ff.

17 | Hübsch, Heinrich: In welchem Style sollen wir bauen? Karlsruhe 1828.

Abbildung 1: Privatvilla Schill, Eisenlohr & Weigle
1899, Stuttgart (aus: Architektonische Rundschau,
Jg. 15, Nr. 10, 1899)

Hintergrund und versuchten, eine Aufmerksamkeit für nicht-westliche Traditionen zu generieren, indem diese beschrieben und breit publiziert wurden. Besonders beachtenswert ist der Versuch Heinrich Schnees, die baulichen Grundlagen
aus ihrer wilhelminischen Verbindung zu lösen und in einer lokalen Verflechtung
neu zu bestimmen. So schreibt er in dem von ihm herausgegebenen Deutschen
Kolonial-Lexikon:

»Es handelt sich in den Schutzgebieten vorwiegend um Nützlichkeitsbauten, bei denen es
weniger darauf ankommt, monumentale Architektur mit Prunkfassaden zu entfalten, als
darauf, in schlichter aber gediegener Bauweise mit den geringsten Mitteln den Zweck des
Baues insbesondere gegenüber den klimatischen Bedingungen restlos zu erfüllen und
künstlerisch zum Ausdruck zu bringen; dabei sollen möglichst wenig einzelne Teile von der
Heimat oder dem Auslande bezogen werden, die Ausführung muß von den eingeborenen
Handwerkern in inländischen Baustoffen bewirkt werden können, und ihre Güte soll auf
lange Dauer alle kostspieligen Ausbesserungs- oder Erneuerungsarbeiten überflüssig
machen.«[18]

---

18 | Schnee: »Baukunst«, in: Deutsches Kolonial-Lexikon (Band 1), S. 145.

Die hier vorgeschlagenen Vorgehen lassen Ansätze der Relativierung am eigenen Kulturimport erkennen und verdeutlichen, wie an dessen Stelle bauliche Transferprozesse treten:

>»Auch wurden anfangs fertige abgebundene Fachwerkhäuser leichtester Bauart, Zelte, sog. Döckersche Baracken u. dgl. hinausgesandt, um für die Weißen die erste Unterkunft zu bieten. [...] Außerdem sind diese Bauten ziemlich teuer, die Eisenteile rosten schnell, während das Holzwerk von den weißen Ameisen angegriffen wird. Man wandte sich daher, sobald man die eingeborenen Handwerker einigermaßen angelernt hatte, den Steinbauten zu und errichtete die ersten Steinhäuser [...] in arabischer Bauart.«[19]

An diesem Beispiel aus Tansania und an vielen weiteren Beispielen des Kolonial-Lexikons zeigt sich jene Aufmerksamkeit, die Schnee außereuropäischen Praktiken und Theorien durchaus widmete. Die diesen Schilderungen zugrunde liegenden Widersprüchlichkeiten jedoch verweisen auf den Wunsch, die kulturelle Eigenart letztlich voranzustellen.

2.2 Akteure

Bei der bedeutsamen Frage nach den kolonialen Akteuren dient das Konzept der Transkulturalität als Interpretationskontext für die Begegnungssituation zwischen sozialen Trägergruppen mit einem hier nicht weiter ausgeführten Partikularinteresse an »jener seelischen Ebene, auf der sich Deutsche und Schwarzafrikaner begegnen«.[20] Humane Interaktionen zwischen den Kulturen klammert das Narrativ der Kolonialarchitektur oftmals aus und stellt ästhetische und materielle Faktoren voran. Bereits an der Berliner Gewerbeausstellung von 1896 bemerkte der sozialliberale Politiker Friedrich Naumann (1860-1919) die Abwesenheit der Arbeiter neben all den vielen Maschinen und industriellen Erzeugnissen. Dass die Diskrepanz von menschlicher Arbeitskraft und »produzierender Industrie [...] letztlich kein relevantes Thema für Entwurf und Realisierung von Bauten in den neuen Kolonien« war, betonte Wolfgang Lauber im Hinblick auf die Perspektiven sozialen Handelns in Togo.[21] Auch die aktuellen architekturwissenschaftlichen Analysen »vernachlässigen meist die Gruppen und sozialen Schichten, die vermittelnd [intermédiaires] mit der Kolonisation verbunden sind« [Übersetzung AK], kritisiert Jean-Louis Cohen und richtet dabei den Fokus auf die maghrebinischen Fachkräfte

19 | Schnee: »Hausbau der Europäer«, in: Deutsches Kolonial-Lexikon (Band 2), S. 47ff. Zur deutschen Architektur im ehemaligen Deutsch-Ostafrika: Hasse, Rolf: Tansania. Das koloniale Erbe. Augsburg 2005.

20 | Senghor, Léopold Sédar: Afrika und die Deutschen. Tübingen 1968, S. 7.

21 | Lauber, Wolfgang (Hg.): Deutsche Architektur in Togo 1884-1914. Ein Vorbild für ökologisches Bauen in den Tropen/L'architecture allemande au Togo 1884-1914. Un modèle d'adaption sous les tropiques. Stuttgart 1993, S. 42.

und die (enteigneten) Landbesitzer.[22] Die hier angesprochene Leerstelle der ver-
deckten Akteure greift das Konzept der Subalternen auf, die im Sinne von Antonio
Gramsci (1891-1937) »keiner hegemonialen Klasse angehören, die politisch unorga-
nisiert sind und über kein allgemeines Klassenbewusstsein verfügen«.[23]

In seinem Standardwerk zur Kolonialherrschaft in Deutsch-Südwestafrika beschreibt Helmut Bley die ambitionierten ökonomischen Vorstellungen der Kolonie, die auf einer aktiven Teilnahme einer am Weltmarkt orientierten Viehzucht
beruhten.[24] Dieser Anspruch verlangte nach kapitalkräftigen Sozialelementen und
schloss ein »melancholisches Temperament« zum Vornherein aus. Für die koloniale Entwicklung waren »weiße Köpfe und schwarze Hände« gefordert und für
Ersteres war bei weitem nicht jeder Europäer als Kolonisator geeignet. Der ideale Ansiedler für Südwestafrika war jung, gebildet und unbescholten und verfügte
über Grundkapital. Fachleute und Beamte wurden für den dreijährigen Kolonialdienst auf »Tropendiensttauglichkeit« geprüft, physisch und mental analysiert und
in die Akten aufgenommen. Dieser Maßstab der »Brauchbarkeit« wurde laut Bley
an *sämtlichen* kolonialen Subjekten angesetzt.[25] Um die unterschiedlichen Konstruktionen von Transfer, die sich an Europäer und Afrikaner hefteten, zu veran-
schaulichen, werden für die folgende Betrachtung drei soziale Gruppen gebildet;
a) die Beamtenschaft; b) Handwerker und die Ansiedlerschaft und c) die Herero.

a) die Beamtenschaft

1799 war die Berliner Bauakademie gegründet worden, die sich zur Bauakademie und Allgemeinen Bauschule wandelte, ab 1879 gingen diese Institutionen in
der Technischen Hochschule Charlottenburg auf, die Architekten und Ingenieure
ausbildete. Neben Berlin gab es in Preußen die technischen Hochschulen von
Aachen, Danzig und Hannover sowie regionale Baufachschulen als Ausbildungs-
stätten für die technischen Beamten im Kolonialdienst. Eine konstitutive Rolle für
die Entwicklung der südwestafrikanischen Kolonialarchitektur hatte Gottlieb Redecker, der in Afrika geboren wurde und der Sprachen Herero und Nama mächtig war.[26] Die binationale Herkunft, die exemplarische Kolonialbeamten-Karriere

---

22 | Cohen, Jean-Louis/Eleb, Monique: Casablanca. Mythes et figures d'une aventure ur-
baine. Paris 1998, S. 12.

23 | Vgl. Castro Varela, María do Mar/Dhawan, Nikita: Postkoloniale Theorie.Eine kritische
Einführung. Bielefeld 2005, S. 69. Grundlegend auch hier die indische Geschichtsschrei-
bung: Guha, Ranajit/Spivak, Gayatri C. (Hg.): Selected subaltern studies. New York 1988;
Spivak, Gayatri C.: The Spivak reader. Selected works of Gayatri Spivak, edited by Donna
Landry/Gerald MacLean. New York 1996.

24 | Bley: Kolonialherrschaft und Sozialstruktur, S. 143-146.

25 | Kundrus: Moderne Imperialisten, S. 162-173; Schnee: Deutsches Kolonial-Lexikon
(Band 3), S. 537; Bley, Kolonialherrschaft und Sozialstruktur, S. 143-146.

26 | Moritz, Walter: Vier Generationen Redecker in Namibia seit 1866. Aus Westfälischer
Vergangenheit in die namibische Zukunft. Windhoek 2010.

und das geschickte Lavieren zwischen den Kulturen machen Redecker zu einem charakteristischen Fall transkultureller Curricula. Als Architekt, Bauverwaltungsleiter und Berater zeichnete er verantwortlich für bekannte Bauten der deutschen Kolonialzeit in Namibia, insbesondere die neo-romanische Christuskirche von 1910 mit dem ausdrucksvoll geschweiften Giebel in Rustika-Mauerwerk (Abb. 2) und das Gouvernements-Verwaltungsgebäude (Tintenpalast) von 1913, ein funktional komponiertes Bauwerk mit umlaufender Veranda.

Abbildung 2: Christuskirche, Redecker 1910, Windhoek

Innerhalb seines 22-jährigen Kolonialdienstes prägte Redeckers Einfluss verschiedene Bauepochen in Windhoek. 1871 als Sohn eines westfälischen Landwirts der Rheinischen Mission im damaligen Südwestafrika geboren, wurde der Elfjährige nach dem frühzeitigen Tod der Mutter nach Deutschland geschickt, wo er sich nachher möglicherweise in Duisburg zum Bauingenieur ausbilden ließ. Nach einigen Berufsjahren kehrte Redecker nach Südwestafrika zurück, das nun unter deutscher Herrschaft stand, um im Auftrag einer deutschen Firma Fabrikbauten und den ersten Windmotor Südwestafrikas zu erstellen. Die Verbindung von europäischem Fachwissen mit afrikanischer Kulturgewandtheit und die Fähigkeit, sowohl mit den Berliner Behörden, wie mit kolonialen Bautechnikern in Verbindung zu stehen, versetzten Redecker in die Lage, umfangreiche Bauprojekte teilweise in freier Regie, teilweise in enger Zusammenarbeit mit dem Reichskolonialamt umzusetzen. Unter seinem Vorsitz als Leiter des Hochbauwesens beim Gouvernement erhielt die Bauverwaltung Struktur und »eine für das Land angemessene Bautechnologie [wurde] entwickelt«.[27] Während des Kolonialkriegs 1904-1907 entstanden unter seiner Leitung in Windhoek Regierungsneubauten, die mit der Backsteinarchitektur der Schinkelschule in Verbindung stehen. Der um 1905 einsetzende architektoni-

27 | Peters: Baukunst in Südwestafrika, S. 99.

sche Wandel zeigte sich in Bauten mit Verputz und Ziegelverblendungen an den
Ecken, gedeckt mit steilen Dächern, teilweise mit Überhang. (Abb. 3)

Abbildung 3: Haus für zehn Beamte, Redecker/Matheis 1907, Windhoek

Diesen Wandel der architektonischen Auffassung sieht Peters in Zusammenhang
mit einem Deutschlandaufenthalt Redeckers 1904, währenddessen dieser Anregungen aus der sich entfaltenden Reformarchitektur erhielt, die er dann in die
koloniale Hauptstadt transportierte. 1915 wurde Redecker in Südafrika interniert
und kehrte anschließend noch einmal für einige Jahre nach Windhoek zurück.
Redecker kam 1945 bei einem Bombenangriff in Gütersloh um – die 1896 von
seinem Vater gegründete Farm Westfalen-Hof wird heute indessen in der vierten
Generation bewirtschaftet.

b) Handwerker und die Ansiedlerschaft

»Heimische Gewohnheiten«, so forderte Redecker 1905 in einem Bericht an das
Gouvernement zur Anstellungsregelung für deutsche Baufachleute, sollten rasch
abgelegt werden, denn »was nützen dem Techniker sämtliche Prüfungen, [...],
wenn er sich nicht den neuen Verhältnissen anzupassen vermag?«[28] Hierin zeigt
sich, dass von dem fungierenden Fachpersonal adaptives Verhalten innerhalb eines
erweiterten Bauverständnisses erwartet wurde. In dem andauernden Spannungsverhältnis »zwischen Aneignung und Entfremdung«, zwischen Identitätsverlust
und dem »wahre[n] Deutschtum« wurden verschiedene Rollen der Akkulturation
verlangt, die insbesondere für die grundbesitzenden Farmer eine soziale Herausforderung darstellte.[29] Während in Lomé/Togo 1906 eine katholische Berufsschu-

---

28 | Ebd., S. 157.

29 | Eingehend zur ›Akklimatisationsdebatte‹ bei Kundrus: Moderne Imperialisten, gleich-
namiges Kapitel.

le für die Ausbildung von einheimischen Lehrlingen für das Tischler-, Schlosser-
und Schneiderhandwerk entstand, wurde in südwestafrikanischen Siedlerkreisen
moniert, dass aus dem angelernten Wissen ein unkontrollierbarer Machtfaktor erwachsen könne, infolgedessen abermals der Antrag abgelehnt wurde, Afrikanern
eine handwerkliche Ausbildung zuzugestehen.[30] In diese Debatten mischten sich
zwei unter der Ansiedlerschaft verbreitete Grundgefühle: Die Freiheit als eine pa-
ternalistische Herrschaftsausübung gegenüber der afrikanischen Bevölkerung, sowie als eine Wiederbelebung des feudalen Lebensstils und das blanke Misstrauen
gegenüber den Nama und den Herero.

c) Herero

Für das entscheidende Ziel ›der Erschließung und Entwicklung des Landes‹ seien
die Herero als »ein tüchtiges und brauchbares Bevölkerungselement« nicht anzusehen, äußerte sich der Agronom Heinrich Hindorf, der 1893/94 im Auftrag
der South-West-Africa-Company Afrikas Süden bereise.[31] Sein Bericht über den
landwirtschaftlichen Nutzen Deutsch-Südwestafrikas wurde in der Jahresbeilage
des Deutschen Kolonialblattes 1894 veröffentlicht und sollte in einem kritischen
Moment der kolonialen Ernüchterung an die Vorteile von überseeischen Besitzun-
gen erinnern. Hindorf ging von der Erwartung aus, dass die Herero sich nicht an
das europäische System anpassen würden und prognostizierte, dass sie von ihrem
»grenzenlosen Hochmute« gehindert, »als unsere Arbeiter« nicht in Frage kämen.
Tatsächlich aber war die Arbeit für die Ausländer in den ersten Momenten des
Kontaktes offenbar mit Prestige verbunden und wurde von jungen Herero aus der
Führungsschicht geleistet. Im Laufe der ersten beiden Jahrzehnte kam es zu mehr
oder weniger bereitwilligen Dienstleistungen für die Schutztruppe im Bereich des
Kasernen- und Hausbaus. Mit der zunehmenden Radikalisierung der Siedlerschaft
jedoch wurden Einheimische gezwungen, sich in ausbeuterische Arbeitsverhält-
nisse zu begeben. Nach dem deutschen Kolonialkrieg 1904-1907 hatten Vernich-
tung und Zerstörung der Nama und Herero ein soziales Vakuum hinterlassen,
das von der Arbeitsorganisation der umstrittenen Eingeborenenverordnung von
1907 »nicht ausgefüllt werden konnte«. In seiner Analyse des Berichts hält Bley
fest, dass sich »die Europäer schon damals mit dem Problem der Akkulturation
befaßten«, jedoch keine konstruktiven soziopolitischen Entschlüsse zu vollziehen
imstande waren.[32] Der Mangel an Arbeitskräften führte schließlich zu einem Ver-
teilungskampf um die afrikanischen Arbeitskräfte zwischen der Farmerschaft, den
Bergwerken und den Eisenbahn-Großbaustellen. Dieser Wandel von der Freiwil-

---

30 | Marguerat, Yves/Roux, Lucien: Trésors cachés du vieux Lomé. L'architécture populaire
ancienne de la capitale du Togo. Karthala 1993, S. 118.

31 | Vgl. Bley: Kolonialherrschaft und Sozialstruktur, S. 136-140.

32 | Ebd., S. 140. Zu Krieg und Folgen: Krüger: Kriegsbewältigung und Geschichtsbe-
wusstsein; Drechsler, Horst: Südwestafrika unter deutscher Kolonialherrschaft. Der Kampf
der Herero und Nama gegen den deutschen Imperialismus. Berlin 1966.

ligkeit in einem vorerst positiv konnotierten Arbeitsverhältnis hin zu Zwangsarbeit und faktischer Versklavung war für die koloniale Baukultur Südwestafrikas prägend. Um 1910 standen laut Peters und Krüger 90 % der männlichen Bevölkerung im Zwangsdienst der Europäer.

Ein originelles Beispiel transkultureller Praxis aus der unbelasteten Zeit vor den feindlichen Auseinandersetzungen ist das Wohnhaus von Margarethe und Themistokles von Eckenbrecher, das im zweiten Fallbeispiel Baugeschichte als schöpferischen, kulturübergreifenden Prozess lesbar macht.

2.3 Die Fiktion der ›Hülfsmittel‹

Der in Deutsch-Ostafrika tätige Regierungsbaumeister August Wiskow anerkannte 1886 in seinem Vortrag *Bautechnische Aufgaben in unseren Colonien* anlässlich des Schinkelfestes des Architektenvereins in Berlin, »dass die Hülfsmittel der Culturländer den eigenthümlichen neuen Verhältnissen gegenüber nicht immer gewachsen sind«.[33] Weiträumige Wüstenlandschaften, chronischer Wassermangel und eine der riskantesten Küsten Afrikas kennzeichneten den ›eigenthümlichen‹ Charakter des gelegentlich bissig als ›Sandbüchse‹ titulierten Gebietes. Im Gegensatz zu den arabischen Steinbauten Ostafrikas, warf die vorgefundene Baukultur des südlichen Afrikas für Europäer manche Fragen auf. Den organischen Formen der Lehmbauten konnte keine geometrisch nachvollziehbare Form zugrunde gelegt werden und die Absenz klar abgegrenzter Formen und rationaler Raumordnungen schien unverständlich und wurde »allen gegenteiligen Indizien zum Trotz, als ›ungesund‹« deklariert.[34] Auf der Berliner Kolonialausstellung 1896 wurde ein Hartebeesthaus ausgestellt und in der Folge in der Deutschen Kolonialzeitung gewürdigt, indem ihm Vorrang vor den europäischen, also massiven Bauten eingeräumt wurde.[35] Daraufhin wurde das Architektur-Exponat mit afro-europäischen Einflüssen in den amtlichen Handbüchern für Kolonisten als Erstbau-Lösung angepriesen. Es war wiederum die Deutsche Kolonialzeitung, welche 1887 praktische Bauinstruktionen ›für Europäer im Inneren Afrikas‹ veröffentlichte. Deren Verfasser war der Missionar und Kolonialpublizist Carl Gotthilf Büttner (1848-1893), der Reichskommissar Heinrich Göring jr. im Rahmen von Vertragsregelungen durch das Land begleitet hatte und allein den Praktiken einheimischer Baumetho-

---

33 | Festrede publiziert im Centralblatt der Bauverwaltung 14 (1896), siehe dazu Osayimwese: Colonialism at the center, S. 118.

34 | Comaroff, John L./Comaroff, Jean: »Hausgemachte Hegemonie«, in: Sebastian Conrad/Shalini Randeria/Regina Römhild (Hg.), Jenseits des Eurozentrismus. Postkoloniale Perspektiven in den Geschichts- und Kulturwissenschaften. 2002, S. 247-282.

35 | Weiterführend: Meinecke, Gustav: Deutschland und seine Kolonien im Jahre 1896. Amtlicher Bericht über die erste Deutsche Kolonial-Ausstellung. Berlin 1897.

den eine mehrseitige Analyse widmete.[36] Seine Erfahrungen transformierte der Missionar der Rheinischen Missionsgesellschaft in seiner Eigenschaft als *broker of local knowledge* in den Aufbau elementarer Wissenssysteme über die Gesellschaften des südlichen Afrikas. Büttners Berichte verdeutlichten die Abhängigkeit von einheimischem Knowhow, wie sich am Beispiel der Standortfrage für Siedlungen und Einzelbauten illustrieren lässt: Wo sich die Wahl des Standortes in den chinesischen Pachtgebieten als delikat erwiesen hatte, wurde sie in Afrika eminent, denn die von den Europäern bevorzugten Standorte in Wassernähe oder an baumbestandenen Plätzen führten geradezu in lebensbedrohende Fieberregionen.[37]

In einem »Lande der Ochsenvergötterung« scheint es nicht weiter verwunderlich, wenn für die Herstellung von Bodenabdeckungen Materialien wie »Kuhdung« zum Einsatz kämen, schrieb der Deutsche Premierleutnant F.W. von Bülow in seinen Landesberichten.[38] Sieht man sich dann die erste Generation kolonialer Bauten an, so wird augenfällig, dass regionale Baustoffvorkommen und heimische Techniken in den anonymen Hütten der Einzelsiedler, in den Kirchen der Missionsstationen und in zahlreichen ländlichen Bauten verbreitet Anwendung fanden, bevor sie durch neue Konstruktionen abgelöst wurden. Den baulichen Schöpfungen der Pioniere diente die Einfallskraft, welche aus dem nackten Überlebenstrieb geboren wurde, indem Utensilien wie Schwemmholz und Walrippen zur Ausfachung der Wände ihrer rudimentären Behausungen zweckentfremdet wurden. Für den Molenbau der Hafenstadt Swakopmund wurde als »Bär beim Rammen ein zerbrochenes Kanonenrohr benutzt«, das den Überresten eines gestrandeten portugiesischen Kreuzers entstammte.[39] Eine erstklassige Variante materialer Adaption stellt das Stationsgebäude Ababis in Namibia von 1901 dar, das aus dem Marmorstein einer nahegelegenen Bruchstelle gebaut wurde. Die Suche nach örtlichen Ressourcen lieferte neben Kalkgestein und Sandsteinen verschiedene Lehmarten, die in gebrannter oder ungebrannter Form für Mauern und Dachbedeckungen zur Anwendung kamen. In Ermangelung an Bauholz wurde bisweilen auf den Brennvorgang verzichtet, was die Erkenntnis zutage förderte, dass luftgetrocknete Ziegelsteine aufgrund ihres hohen Salpetersäuregehaltes vor Termiten geschützt waren. Ein zunehmender Beweggrund für die Verwendung lokal vorhandener Materialsubstanz war die wirtschaftspolitische Dimension:

36 | Büttner, Carl Gotthilf: »Über das Erbauen von Häusern für Europäer im Inneren Afrikas«, in: Deutsche Kolonialzeitung, Organ der Deutschen Kolonialgesellschaft Berlin 1 (1887), S. 16ff.

37 | Warner, Torsten: Deutsche Architektur in China. Berlin 1994.

38 | Peters: Baukunst in Südwestafrika, S. 42-44.

39 | Rautenberg, Hilda/Lions Club Swakopmund und Swakopmunder Museum (Hg.): Das alte Swakopmund 1892-1919. Neumünster 1967, S. 86 und S. 142.

»Die möglichste Heranziehung und Verwertung der Stoffe, Mittel und Kräfte, wie sie das Schutzgebiet bietet, sollte aber hier stets eine der vornehmsten Aufgaben der B.[aukunst] sein; [...] und dabei das Ziel erreichen, daß das Neuland sich von der Zahlungspflicht an das Mutterland immer mehr frei macht und wirtschaftlich auf eigenen Füßen stehen lernt.«[40]

Dennoch – das Importwesen mit Bauholz blühte, zumal von termitenresistenten Harthölzern. In der Diamantensiedlung Kolmanskop wurden Parkettböden aus ostpreußischer Kiefer und Balken aus amerikanischem Hartholz verbaut (siehe drittes Fallbeispiel).[41] Ab 1850 wurde in der Kapkolonie das von den Missionaren eingeführte Wellblech verfügbar.[42] Die Erschließung Afrikas und die konsekutive Einführung der Eisenbahn führten auch in Deutsch-Südwestafrika zur verbreiteten Diffusion importierter Baumaterialien wie Gusseisen und Wellblech.

Eine Normierung baurechtlicher Leitlinien wurde durch die innovative Mischung aus lokalen Ressourcen, internationalen Bauelementen und Rohstoffen sowie deren unbegrenzten Verwendungsarten erschwert und die angestrebte Bauvorschrift konnte nicht durchgesetzt werden. Hierin zeigt sich, dass nur Teilaspekte einer bestehenden Baupraxis aus der Heimat in die Kolonien exportiert wurden. Aus der Binnenoptik der nigerianischen Architekturhistorikerin Itohan Osayimwese bedeutet die deutsche Kolonialarchitektur in ihrer Verortung »between materiality and representation [...] a felicitous site for the analysis of colonialism«.[43] (Abb. 4)

3. FALLBEISPIELE UND IHRE ERHALTUNGSOPTIONEN

Fallbeispiel I: Der Pralltriller als akontextueller Kulturtransfer

Öffentliche und insbesondere private Gebäude illustrierten mal mehr, mal weniger die Mitnahme deutscher Baukultur der Zeit, die verbunden war mit eklektizistischen Dekorationselementen des Wilhelminismus: Rustizierte Sockel, Erker, Formsteine, Lisenen und Fachwerk sollten koloniale Bauten mit ihrer Heimat in Verbindung setzen. Die Silhouette des Direktorenhauses der Farm Neu-Heusis,

---

40 | Schnee: Deutsches Kolonial-Lexikon, S. 145.
41 | Interview mit Helmut Heitmann, Schreiner in Kolmanskop. Swakopmund im Januar 2008.
42 | Das siebenteilige Monumentalwerk von Musgrove, John: Sir Banister Fletcher's A History of architecture. Delhi 1992, widmete der Kolonialarchitektur einen eigenständigen Teil ›Part 6. The Architecture of the Colonial and Post-colonial Periods outside Europe‹, hier S. 1175.
43 | Vgl. Scriver, Peter/Prakash, Vikramaditya: Colonial modernities. Building, dwelling and architecture in British India and Ceylon. London 2007 und Osayimwese: Colonialism at the Center, S. 6.

Abbildung 4: Kunststeinwerke in S.W.A., nach 1930

die sich über den sanften Hügeln des 600.000 Hektar umfassenden Anwesens im Khomas-Hochland erhebt, sticht schon von weitem ins Auge. Ein zweiter Blick offenbart eine Stadthaus-Typologie, die weder der Erwartung eines ländlichen Herrensitzes entspricht, noch den kontextuellen Bezug zum umgebenden Wüstenraum herstellt. Zum einen weisen einige oben erwähnte Gestaltungselemente, zum anderen aber v.a. das markante Mansardenwalmdach auf Einflüsse hin, welche ihre Vorbilder neben Deutschland auch in Frankreich haben. Der mittlere Baukörper scheint sich unter dem dominierenden Dach architektonisch kaum zu entfalten, indem ihn die reduzierte Wandgliederung nahezu proportionslos und die mangelnde Höhenentwicklung gedrungen erscheinen lässt. Glatt und formlos schließt er ohne Andeutung einer Profilierung direkt an das Walmdach an und geht ebenso unvermittelt in den im Wilhelminismus verbreiteten Natursteinsockel über. Als Krönung wurde die elegant geschwungene Mansardenform in verzinktem Wellblech materialisiert, das man unterdessen auch verbreitet für die profanen Bauaufgaben verwendete. Das 1912 erbaute Wohnhaus der Direktorenfamilie veranschaulicht, wie architektonische Träume bisweilen scheinbar unbeeinträchtigt von ihrer Umgebung inszeniert wurden. Die Intention einer urbanen Typologie strandete wirkungslos in der afrikanischen Wüstenszenerie; weder Typologie noch Stil stellten sich dem kolonialen Kontext, vielmehr wurde eine Architektur reproduziert, die sich als extravaganter Kulturtransfer unter minimalen, klimatisch bedingten Anpassungen nahezu selbst persifliert. (Abb. 5)

Fallbeispiel II: Das Eckenbrecherhaus als Akkulturationsprinzip

In ihren Memoiren beschreibt Margarethe von Eckenbrecher, wie die Hereros die Wände ihrer traditionellen Lehmziegelbauten mit importierten Werkstoffen zu verkleiden begannen. Lapidar lautete Eckenbrechers Meinung über die neuartigen

Abbildung 5: Direktorenhaus Neu-Heusis, ca. 1912, Region Khomas

Blechfassaden: »Sie sehen hässlich aus, Ergebnisse unserer Kultur«.[44] Viele Einwanderer strebten ihre persönlichen Ideale an und verbanden damit eigene Vorstellungen von Kultur und Wertigkeit. Am Beispiel des privaten Wohngebäudes der Familie Eckenbrecher in Okombahe wird ersichtlich, wie innovativ sich der transkulturelle Aspekt herausstellte, wenn örtliche Baustoffe nicht nur effizient eingesetzt, sondern zudem unter schöpferischen Arbeitsmethoden verarbeitet wurden:

»Mein Mann setzte sich in die Mitte des Zimmers und spielte ihnen [einer Frauengruppe der Nama, Anm. d. Autorin] auf der Treckorgel einen flotten Tanz. Sofort fingen sie an, in ihren rhythmischen Bewegungen im Kreise herum auf und ab zu trampeln und je wilder die Musik war, desto wilder wurde auch das Getrampel. An zwei Vormittagen wurde diese Übung fortgesetzt und dann hatten wir einen tadellos festen Fussboden.«[45]

In dieser Szene verbirgt sich mehr als nur eine Anekdote. Sie veranschaulicht, wie in zwangsloser Arbeitsgemeinschaft ein Haus geschaffen wurde, das sich vom Felsenfundament bis zum Kaltluft-Dach mit Tympanon als akkulturiertes Konstruktionsprinzip versteht. Der stilistischen Verbindung einer simplen Backsteinkonstruktion mit neo-klassizistischen Elementen entsprang eine hybride Architektur, die sich identifikatorisch nicht näher festlegt. (Abb. 6)

---

44 | von Eckenbrecher, Margarethe: Was Afrika mir gab und nahm. Swakopmund 2007 (1. Auflage 1907), S. 31. Hinweise zur Unauffindbarkeit der Rechteinhaber unter Gerstenberger, Katharina: Truth to tell. German women's autobiographies and turn-of-the-century culture. Ann Arbor 2000, S. 73.
45 | Eckenbrecher: Was Afrika mir gab und nahm, S. 55-63.

Abbildung 6: Eckenbrecherhaus, Eckenbrecher ca. 1902, Okombahe

Fallbeispiel III: Die Familienunterkunft als Architekturhybrid

Die Kolmanskuppe oder Kolmanskop ist nicht nur eine bauliche Sensation in der Wüste, sie ist der Ursprung der namibischen Diamantenindustrie und Zeuge von einem rauschhaften Dasein im schnellen Reichtum. Die aufwendige Siedlungskultur manifestierte sich in herrschaftlichen Villen, hochmodernen Einrichtungsgegenständen und einem Sport- und Spielzentrum. Das Wohnhaus für Familien am Fuß des Dünenkamms wurde hochwertig materialisiert, mit luxuriösen Einrichtungen ausgestattet und war trotz oder vielleicht gerade wegen der Abgeschiedenheit begründet auf regem Gesellschaftsleben.[46] Heute ist Kolmanskop eine Geisterstadt inmitten des Sperrgebiets, deren Reiz in der Hybridisierung durch den eindringenden Sand der Wanderdünen liegt. Unter der feinen Sandschicht schimmern handgemalte Flechtbänder und Schablonenwerk, Zeugen handwerklicher Muße und feudalen Gestaltungswillens. 1980 wurde ein Teil des Geländes für den Tourismus freigegeben mit dem Ziel, Kolmanskop als kulturellen Speicher am Leben zu erhalten. Der Staat Namibia und der Diamantenmagnat De Beers verwalten gemeinsam die verlassene Minenstadt und stehen vor der Herausforderung, zumindest Teile davon als historischen Zeugen vor weiterem Verfall zu bewahren. Die unsachgemäße Renovierung der Villa des Betriebsleiters Leonhard Kolle im Jahr 1999 weist auf die Herausforderungen der konservatorischen Aufgabe hin: Allein mit dem Wegfegen der Wanderdünen wird die unergründliche Aura eliminiert und der Ort verkommt zu einer gewöhnlichen Ruine. Hier erlebt Architektur

---

46 | University of Natal, School of Architecture and Allied Disciplines/Peters, Walter/ Batho, Paul: Luderitz and environs. A conservation study. Durban 1979; Levinson, Olga: Diamonds in the desert. Cape Town 1983; Schoemann, Amy/Kohl, Helga: Kolmanskuppe. Einst und Jetzt. Göttingen/Windhoek 2004.

die direkteste Form materieller Vereinnahmung: Technik und Luxus versanden
buchstäblich in der südwestafrikanischen Wüste Namib (Abb. 7).

Abbildung 7: Familienunterkunft, um 1910, Kolmanskop

Erhaltungsoptionen

Erhaltungskonzepte sind so verschieden, wie die Orte selbst. In dem Standardwerk
The History & Conservation of Zanzibar Stone Town stellt Abdul Sheriff die Frage,
»Should it be fossilised for the tourists? Or should it grow for the benefit of the
inhabitants?«[47] Die Fragen, die in dem unfreiwillig angetretenen Erbe schlummern,
fußen auf dem asymmetrischen Wesen kolonialer Praxis und sind zugleich Teil
konfligierender sozialer und wirtschaftlicher Zwänge. Damit einhergehend gilt ein
zunehmendes Interesse der These, dass die Bewertung von Kulturerbe erst durch
die Gleichzeitigkeit unterschiedlicher Kulturen produktiv ist. Denkmalschutz in
Namibia muss insofern mehr umfassen, als die westliche Sorge um die Konservierung einiger touristischer Relikte. Er ist deshalb Teil eines anspruchsvollen Gesamt-
vorhabens, das seine Wirksamkeit vielleicht dann entwickelt, wenn das kulturelle
Gedächtnis als ein gemeinschaftliches Anliegen aller Bürger definiert wird.

Jens Hougaard, Experte der lokalen Denkmalpflegekommission in Ilha de Mo-
çambique/Mosambik nennt dafür mögliche Erhaltungsmaßnahmen, wie Ausbil-
dungskonzepte, gezielte Budgets und die Förderung von Kleingewerbe.[48] Ein ge-
genseitiges Kulturverständnis und ein unbeirrbarer Glaube an die gemeinsamen

---

47 | Sheriff, Abdul (Hg.): The history & conservation of Zanzibar stone town. Zanzibar
1995.
48 | Haefliger, Markus: »Europäische Kulturgut – afrikanisch gepflegt«, in: Neue Zürcher
Zeitung vom 31.01.2012.

kulturhistorischen Werte sind weitere Anliegen für ein junges Land wie Namibia, dessen Post-Apartheid-Generation zweifellos anderen Herausforderungen gegenübersteht als der Erhaltung seines kolonialen Erbes.

RESÜMEE

Die koloniale Ära Deutschlands war von kurzer Dauer, brachte jedoch einen regen Architekturtransfer mit sich, der bereits in der Etablierungsphase von einer transkulturellen Identität geprägt wurde und eine wenig bekannte Vielfalt an Akkulturationsformen hervorgebracht hat. Die Entwicklung einer kolonialen Architektur verlief von Anfang an nicht methodisch strukturiert. Während der Export einer spezifischen Ästhetik und nationaler Ideale zu den hehren Aufgaben der Machtentfaltung gehörte, mit der sich das junge Deutsche Reich zwischen 1884-1915 auseinandersetzte, war es aufseiten der Menschen in Südwestafrika oft nicht mehr als eine nützliche Praxis, die durch Missionare und Siedler eingeführt wurde.

Die tatsächlich angewandten Konzepte von Improvisation und Anpassung prägten nicht nur die private, sondern auch die nominelle Baupolitik, wie auch den alltäglichen und den kultivierten Gebrauch. Sie schufen Materialflüsse, formale und funktionale Transformationen und grenzübergreifende Entwicklungsspielräume, in denen die Afrikaner nicht selten ›abhängigen Herren‹ gegenüberstanden, siehe Bley. Es wurde zu zeigen versucht, dass das Bauen in den Kolonien keine einseitige Exportsituation abbildet, sondern einen bis heute andauernden reflexiven Prozess, in dem sich verschiedene Impulse abwechseln und gegenseitig bedingen und so die Aushandlung einer neuen, gemeinsamen Kultur fördern. Als Bestandteil dieser Thematik ist die Architektur des Kolonialismus ein Baustein auf dem Weg zu einer modernen, multipolaren Welt. Die transkulturelle Perspektive als Mittel zur Überwindung eurozentrischer Konzepte dient hier dazu, das Charakteristikum der kulturellen Diversifizierung forschungsübergreifend zu kontextualisieren. Drei Fallbeispiele aus Namibia dokumentierten bauliche Grundparameter wie ästhetische Formbildung, soziale Akteure, Bautechnik und Material als transkulturellen Entwicklungsgängen inhärente Aspekte.

Hygiene und Reinheit für ein Südsee-Paradies. Preußisch-koloniale Interventionen in Samoa

Christoph Schnoor

In den knapp fünfzehn Jahren ihrer kurzen Kolonialherrschaft in Samoa setzte die deutsche Verwaltung unter ihrem Gouverneur, Dr. Wilhelm Solf, eine Reihe von baulichen und infrastrukturellen Erweiterungen des Ortes Apia durch, welche wesentliche Modernisierung bedeuteten. Dieser Aufsatz untersucht sowohl die übergreifende Entwicklung Apias zu einer Kleinstadt als auch einige ausgewählte architektonische Projekte der deutschen Verwaltung. Diese Projekte werden aus der Perspektive von Hygiene und Reinheit – in direkter und in übertragener Form – betrachtet. Dabei werden zwei sich einander widersprechende Tendenzen aufgezeigt: einerseits der Versuch der Verwaltung und insbesondere des Gouverneurs Solf, Samoanisches von Fremdem zu scheiden, um die Samoa-Inseln als den ›Garten Eden‹ zu erhalten, als der sie von Deutschland aus vielfach wahrgenommen wurden. Dabei wurde Apia kurioserweise zu einem rein europäischen Ort des Fremden in Samoa. Andererseits ist die Tendenz einer Vermischung zu beobachten, die sich in Koedukation und gemeinsamer Krankenhausbetreuung zeigt sowie im Interesse, von den samoanischen Traditionen und Gegebenheiten zu lernen und diese teils in die eigene Architektur einzubeziehen. Diese Spannung zwischen Distanz und Symbiose ist nicht aufzulösen, sondern besteht in Samoa nebeneinander.

ZUM KONTEXT

Preußens Paradies: eine optische Täuschung

Wenden wir unseren Blick einem historischen Foto zu, das ganz offensichtlich eine kleine Küstenstadt zeigt. (Abb. 1)

Im Zentrum ist eine große parkähnliche Grünfläche sichtbar. Eine niedrige Hafenmauer markiert links ihren Abschluss zum Wasser hin, während im Hintergrund ein Stadtturm Wacht hält. Zur Rechten überblickt eine Reihe substan-

Abbildung 1: Apia, Samoa. Ansicht der Strandpromenade, ca. 1925

tieller zweistöckiger Bauten mit Sattel- und Walmdächern die Grünfläche, einer Kleinstadt würdig. Im Hintergrund scheint der Turm einer Kirche durch. Alles in allem eine Szene, die auf ein deutsches oder zumindest europäisches Seebad hindeuten könnte, würden nicht im Vordergrund einige dunkelhäutige, weißbekleidete Passanten in die Kamera schauen. Dies sind die Bewohner ihres Heimatortes Apia in Samoa, nur sind es paradoxerweise sie selbst, die hier nicht ins Bild zu passen scheinen, nicht die Gebäude. Es ist eigenartig: das Interesse an den für die Europäer so fremden Völkern des Pazifikraumes, der von den Deutschen gern schlicht ›die Südsee‹ genannt wurde, ist gegen Ende des 19. Jahrhunderts so groß wie zu kaum einer anderen Epoche. Paul Gauguin, Emil Nolde und andere Künstler brachten die auch heute noch so eindringlich schönen und starken Farben der Landschaft und der menschlichen Artefakte nach Europa. In dieser Zeit herrscht eine Faszination am ›Primitiven‹ vor, was implizit oder sogar explizit mit der Annahme einhergeht, dass diese Völker glücklicher sein müssten als die Europäer.[1] Kurz, ein seltsamer Wechsel findet statt: In Europa wird eine Faszination für das Ursprüngliche, Farbige, Fröhliche propagiert, die jedoch nicht mit einer Übernahme solcher Qualitäten in ihren Bauten in Ozeanien einhergeht. Da sind dann augenscheinlich die Bauten wie die Deutschen selbst in Samoa: gut preußisch und kolonial. Wäre denn eine Verbindung von europäischer Modernisierung

---

1 | Gauguin wurde in der Ausstellung ›Primitivism‹, die 1984 in New York gezeigt wurde, und in der Folgezeit wiederholt als der wichtigste Protagonist des Transfers zwischen europäischen und pazifischen Kulturen bezeichnet. Dazu Rubin, William (Hg.): ›Primitivism‹ in 20th Century Art. New York 1984. Ebenso Eisenman, Stephen: Gauguin's Skirt. London 1997. Zu Nolde siehe insbesondere Moeller, Magdalena (Hg.): Emil Nolde. Expedition in die Südsee. München/Berlin 2002.

und Südsee-Paradies nicht wünschenswert gewesen? Das ist die Hauptfrage, der dieser Aufsatz nachgeht.[2]

Hintergrund deutscher Kolonialgeschichte in Samoa

Nach langem Tauziehen zwischen den drei Mächten Großbritannien, den Vereinigten Staaten und dem Deutschen Reich, übernahm Deutschland 1900 die beiden samoanischen Inseln Upolu und Savai'i als ihr ›Schutzgebiet‹, was den Begriff ›Kolonie‹ vermied. Dr. Wilhelm Solf war dessen erster Gouverneur, und der oberste Richter, Dr. Erich Schultz-Ewerth, sein Nachfolger von 1912 bis 1914. Die Interessen der mit Kopra handelnden Firma Deutsche Handels- und Plantagengesellschaft D.H.&P.G. mit Sitz in Hamburg, die in Samoa oft nur als ›die Firma‹ bezeichnet wurde, hatten letztlich nach vielem Hin und Her dazu geführt, dass Deutschland Samoa als Kolonie annektierte. Deutsche waren seit der Mitte des 19. Jahrhunderts in Samoa anwesend, zuvorderst als Kaufleute und Plantagenbesitzer, verbunden mit der Firma des Hamburger Kaufmanns Johann Cesar Godeffroy, welche der Vorläufer der D.H.&P.G. war. August Unshelm, Handelsvertreter Godeffroys, war 1857 nach Apia gekommen. Die Firma kaufte Tausende Hektar Land in Samoa und experimentierte mit dem Anbau von Kaffee, Ananas und Baumwolle. Ein weiteres Produkt, in Europa sehr gefragt, war Kokosöl, dessen Transport jedoch zu teuer und kompliziert. Ab 1867 benutzte Theodor Weber ein Verfahren, mit dem das Öl zu Kopra getrocknet werden konnte, wodurch der Schiffstransport wesentlich erleichtert wurde. Insbesondere durch diese Erfindung war Godeffroys Firma um 1870 in der Lage, ca. 70 % des Südseehandels zu kontrollieren.[3] Theodor Weber war doppelt mächtig als Direktor der D.H.&P.G. in Apia und, ab 1870, als deutscher Konsul.[4] In Samoa gab es also frühzeitig eine enge Verquickung zwischen Handels- und politischen Interessen. 1879 wurde Apia mit seinem direkten Umland von den drei Mächten Großbritannien, den USA und dem Deutschen Reich zum neutralen Munizipalbereich erklärt.[5] In den 1880er Jahren übte Deutschland wach-

---

2 | Quellen für diesen Aufsatz sind neben der angegebenen Literatur in erster Linie die Akten der deutschen Kolonialverwaltung in Samoa, die heute zu etwa zwei Dritteln in den *Archives New Zealand* in Wellington mikroverfilmt zugänglich sind, während das restliche Drittel heute im Ministerium für Erziehung, Sport und Kultur (MESC) befindet, wo es zur Zeit mit Unterstützung der Bundesregierung digitalisiert wird. Ich danke besonders Sina Malietoa und Ferron Fruean in Apia und Heidi Kuglin in Wellington für ihre Hilfe.

3 | Hiery, Hermann Joseph: »Die Deutschen in der Südsee. Ein Überblick«, in: Moeller: Emil Nolde. S. 13-34, hier S. 20. Die Größe der von Weber angekauften Ländereien variiert in der Literatur um den Faktor 10 und wird zwischen ca. 3.000 und 30.000 ha angegeben.

4 | Pringle, Gary: Heritage Assessment Apia, Western Samoa. Unveröffentlichte Magisterarbeit. Sydney 1989, S. 17.

5 | Konvention vom 02.09.1879, betreffend die Munizipalverwaltung für Apia. In: Norbert Wagner (Hg.), Archiv des deutschen Kolonialrechts. Brühl/Wesseling 2008, S. 310.

senden Druck aus, die Macht in Samoa zu übernehmen, was zu einer Reihe von unkontrollierten Handlungen sowohl der drei Mächte als auch der samoanischen Herrscherparteien führte. Ein Hurrikan im März 1889 zerstörte auf einen Schlag sechs Kriegsschiffe, die im Hafen Apias ankerten und führte den rivalisierenden Mächten die Unverhältnismäßigkeit ihres Streits vor Augen sowie ihre Unfähigkeit, zu einer Einigung zu kommen. In der darauf einberufenen Konferenz von Berlin wurde die Macht zwischen den USA, Großbritannien und dem Deutschen Reich geteilt, um Samoa durch ein Kondominium gemeinsam zu kontrollieren. Ein knappes Jahrzehnt lang wirkte die schwerfällige mehrparteiliche Verwaltung von Samoa. Nach dem Tod von Regent Malietoa Laupepa 1898 brach jedoch erneut Zwist aus, eine Kommission wurde eingesetzt, die das Ende der Königtums sowie des Kondominiums beschloss und darüber hinaus, dass nur eine einzige Macht Samoa kontrollieren solle. Eine Reihe von weltpolitischen Gründen, darunter Zugeständnisse Deutschlands an Großbritannien, führten dazu, dass die USA Kontrolle über Tutuila erhielten, während dem Deutschen Reich die beiden westsamoanischen Inseln Upolu und Savai'i zugesprochen wurden. Von 1900 an leitete die deutsche Verwaltung eine Reihe von Infrastrukturmaßnahmen in Samoa an, die für die Modernisierung des Inselstaates dauerhaft von Bedeutung sind. Die knapp fünfzehn Jahre deutscher Kolonialherrschaft in Samoa gingen am 29. August 1914 mit der Landung neuseeländischer Truppen und mit der Übernahme der Kontrolle Westsamoas durch Neuseeland (das zu diesem Zeitpunkt selbst noch keinesfalls unabhängig von Großbritannien war) zu Ende. Die fünfzehn Jahre deutscher Verwaltung markieren damit nur einen kleinen Teil der etwa hundert Jahre samoanischer Fremdabhängigkeit, die mit der Unabhängigkeit von Neuseeland am 1. Juni 1962 endete, in diesem Jahr also zum fünfzigsten Mal gefeiert wird.

Die deutsche Bevölkerung in Samoa war klein in ihrer Zahl, aber die Wirkung der Inseln auf Deutschland schon gegen Ende des 19. Jahrhunderts äußerst stark:

»Schon wurde das Wort Samoa in der Heimat zu einem fast magischen Begriff, und dessen zunehmend häufige Nennung in deutschen Zeitungen und Zeitschriften [...] bereicherte die Phantasie und Vorstellungswelt der meisten Deutschen mit Assoziationen von ›traumhaft‹, ›paradiesisch‹ und, wenn man schon nicht selbst dorthin konnte, fast drogenhaft imperialen Sehnsüchten.«[6]

Solche Träume wurden von Publikationen gefördert wie Otto Ehlers' Reisebericht *Samoa, die Perle der Südsee* aus dem Jahre 1894, das bis 1914 siebenmal aufgelegt wurde. Ehlers schließt seinen Bericht: »Ein deutsches Samoa kann für uns eine wertvolle Kolonie werden. Das Land ist von paradiesischer Schönheit, das Klima das denkbar angenehmste, der Boden von unerschöpflicher Fruchtbarkeit und die Bevölkerung die liebenswürdigste unseres Planeten.«[7] Er wollte allerdings den von

---

6 | Hiery: Die Deutschen in der Südsee, S. 25.

7 | Ehlers, Otto: Samoa. Die Perle der Südsee. Berlin 1895, S. 198.

ihm erträumten zukünftigen Gouverneur in Samoa nicht beneiden; denn dieser Posten »erfordert einen Mann, der erstens mit den hiesigen Verhältnissen vertraut ist, die Sprache des Landes spricht und ebenso viel Geduld wie Ausdauer und Energie besitzt«.[8] Alle diese Anforderungen erfüllte Wilhelm Solf, und dennoch erfüllte er die imperialen Wünsche seiner Landsleute nicht, weshalb er sich häufig gerade von den Deutschen in Samoa kritisiert sah. Wie aus der kurzen historischen Skizze deutlich wird, waren die Deutschen allerdings nur *eine* Nationalität unter anderen Fremden: So zählt die sogenannte *Cyclopedia of Samoa, Tonga, Tahiti and the Cook Islands* von 1907, eine der wichtigsten gedruckten Quellen zur samoanischen Kolonialgeschichte, als Bewohner Deutsche, Briten, Amerikaner, Franzosen, Dänen, Norweger, Schweden und Chinesen auf.[9] Der Zensus von 1905 führt 380 weiße Bewohner Apias an, während die Inseln Upolu und Savai'i etwa 33.000 samoanische Einwohner hatten. Die Fremden lebten fast ohne Ausnahme in Apia.

HYGIENE FÜR EIN PARADIES:
TRANSFERPROZESSE, AKTEURE, UMSETZUNGEN

Das heutige Apia hat eine ganze Reihe Dörfer in eine kleine Stadt eingemeindet, die leider heute in ihrem Zentrum von Hässlichkeit dominiert wird, weil aus Einzelbauten, oft vernachlässigten oder nachlässig entworfenen Zweckbauten, kein Ensemble entstanden ist. Im Jahre 1900 allerdings war Apia eher ein Dorf als eine Stadt, eine Reihe von Häusern, die alle – wenn auch unregelmäßig – um die Apia-Bucht herum wie Perlen an einer Schnur aufgereiht waren. Es bestand aus nicht mehr als gut zwanzig Gebäuden. Allerdings gehörten die umgebenden Dörfer bereits zum *Municipal district of Apia*, wie der weitere Gemeindebezirk seit 1879 hieß. Dies schloss Orte ein wie Mulinu'u – der Sitz der samoanischen Regierung am Ende der Halbinsel nördlich von Apia (Mulinu'u heißt übersetzt etwa ›das letzte Dorf‹ oder ›das Dorf am Ende‹) –, Sogi, Savalalo, Matafele, Apia selbst und Mata-Utu: Dörfer, die alle miteinander durch eine einzige Küstenstraße verbunden waren, der Haupt- oder Strandstraße. Von den zentralen Bereichen Apias aus gingen und gehen heute noch vier Straßen mehr oder weniger direkt nach Süden ins Landesinnere (Fugalei, Vaea, Ifi-Ifi, Falealili). (Abb. 2)

---

8 | Ebd., S. 199.
9 | Cyclopedia of Samoa, Tonga, Tahiti and the Cook Islands. A Complete Review of the History and Traditions and the Commercial Development of the Islands, with Statistics and Data never before Compiled in a Single Publication. Papakura 1983 (1. Auflage 1907), S. 3.

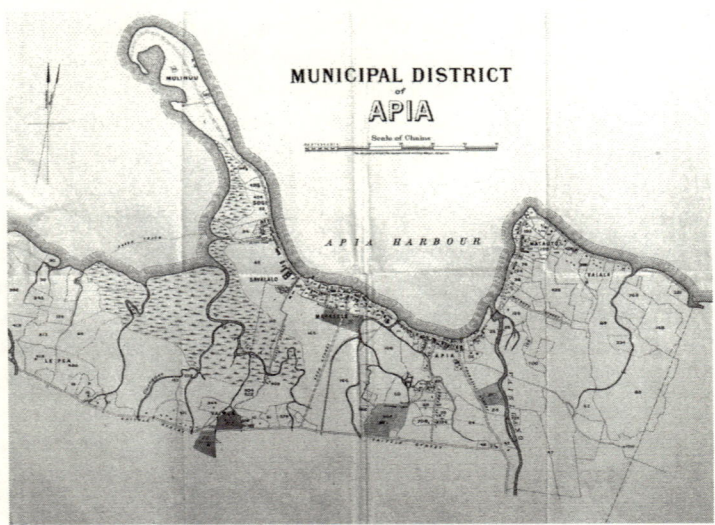

Abbildung 2: Ausschnitt der Karte zur Munizipalität Apia, gedruckt in Neuseeland, 1900

Eine europäisch inspirierte Stadtentwicklung

Die deutsche Verwaltung in Apia verwandelte in den knapp fünfzehn Jahren ihrer Kolonialherrschaft mit einer Reihe von baulichen wie infrastrukturellen Maßnahmen Apia in ein Städtchen, das sich weiter und weiter von der herkömmlichen samoanischen Art zu leben entfernte. War um 1900 diese Diskrepanz zwischen der Stadt und dem Rest Samoas bereits in Ansätzen durch Bauten der D.H.&P.G. sowie der europäischen und amerikanischen Siedler und Kaufleute vorhanden, so wurde sie von der deutschen Verwaltung vertieft und verfestigt. Bereits kurz nachdem die Deutschen in Apia die Kolonialmacht übernommen hatten, begann die deutsche Verwaltung ein Verfahren der Stadtentwicklung, das sie mehr als eine Dekade lang in Anspruch nahm und das wegen des Kriegsausbruchs nicht fertiggestellt wurde. Diese Entwicklung läutete eine fundamentale Abweichung von der bisherigen Ortsstruktur ein und damit eine Entfernung von dem, was als samoanische Dorfform bezeichnet werden kann.[10]

Einen ersten Eindruck von dieser Entwicklung bot die *Samoanische Zeitung* vom 6. Juli 1901 in ihrem Bericht über die Planungen für die sogenannte ›Tiger

---

10 | Vgl. Schnoor, Christoph/Taliva'a, John: »Samoan Village Space in Transition«, in: Antony Moulis/Deborah van der Plaat (Hg.), Audience. Proceedings of the 28th Annual Conference of the Society of Architectural Historians, Australia and New Zealand (SAHANZ). Brisbane 2011 (CD-ROM). Ebenso Guernsey, Allen Ann: »Architecture as Social Expression in Western Samoa. Axioms and Models«, in: Traditional Dwellings and Settlements Review 5 (1993), S. 33-45.

Bay‹. Dies war ein Bereich südlich der Strandstraße in Matafele, dem westlichen Teil Apias. Anscheinend handelte es sich bei dem als Tiger Bay bezeichneten Bereich um das Gegenstück zum Rotlichtbezirk in europäischen Städten: In den Akten und Zeitungsberichten um 1901 ist von Hehlern und Aufbewahrungsorten von Diebesgut die Rede, sowie von einer zunehmenden Zahl von Geschlechtskrankheiten in diesem Ortsteil, der auf Prostitution hindeutet.[11] So ist es verständlich, dass Maßnahmen dagegen ergriffen wurden. Warum diese radikal die betroffenen Bevölkerungsgruppen aus dem Ort ausweisen, ist im Folgenden zu untersuchen. Die *Samoanische Zeitung* berichtet von der Vorlage eines Planes »zur Verbesserung der Tiger Bay und zur Hebung des Stadtteils Matafele« durch Gouverneur Solf. Zunaechst war sein Ziel, »dass parallel der Strand- und Mulivai-Strasse mitten durch die Tiger Bay ein breiter Weg gelegt werden wuerde, an welchen die Eingeborenen in vorgeschriebener Baufluchtlinie ihre gegenwaertig unordentlich durcheinander stehenden Huetten zu verlegen haetten«,[12] später wurde daraus jedoch die gänzliche Vertreibung der samoanischen Bewohner aus diesem Teil Apias. (Abb. 3)

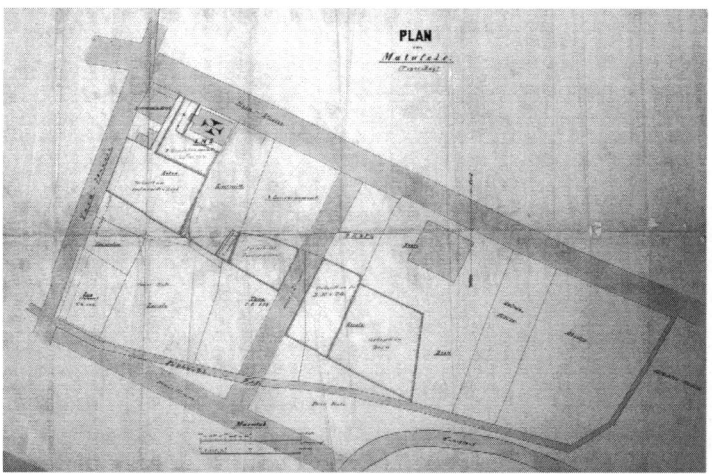

Abbildung 3: Lageplan zur geplanten Entwicklung von Matafele (Tiger Bay), Apia

Bereits um Solfs erstes Ziel einer neuen parallel geführten Straße erreichen zu können, mussten umständliche Verhandlungen mit den zumeist europäischen Landbesitzern durchgeführt werden, die katholische Mission der französischen Maristen und die D.H.&P.G. eingeschlossen. Wollte man diesem ›Bäumchen wechsle dich‹-Spiel zwischen 1900 und 1914 im Einzelnen folgen, müsste man trotz der geringen Größe Apias eine Karte für jedes einzelne Jahr zeichnen. Der Landtausch

---

11 | Vorab zur Verfügung gestellte digitalisierte Exemplare der deutschen Kolonialakten in Samoa, MESC, Apia, Samoa (S12_IG71_F3).
12 | Samoanische Zeitung vom 6. Juli 1901, S. 1.

ging jedoch ebenso wie das Abreißen, Verschieben, Umsetzen und Wiederverwenden von Teilen abgerissener Bauten mit einer Leichtigkeit vonstatten, die ihresgleichen sucht und unter anderem in den leichten Holzkonstruktionen der Gebäude begründet ist. Nur sehr wenige Samoaner waren an diesen Entwicklungen direkt beteiligt. Dieser erste Schritt war Teil einer größer angelegten Entwicklung Apias zu einer ›ordentlichen‹ Stadt, und breitere und gleichmäßigere, wie auch geradere Straßen, waren ein Teil dieser Maßnahme. Ein weiteres Ziel war, die in den Regularien vorgesehene Freilegung der Strandseite zu erreichen. Die Munizipalitäts-Ordnung hatte bereits 1880 festgelegt »that the sea breeze should circulate freely through the town and not be intercepted by buidlings near the water along the shore of the harbour«[13] und deshalb das Errichten oder sogar Reparieren von Bauten nördlich der Strandstraße zur See hin untersagt. Allerdings dauerte es Jahre, bis hier Fortschritt erzielt war. Erst 1907 berichtet die *Samoanische Zeitung*: »Es wird gewiss jedermann mit Genugtuung erfuellen, dass das Gouvernement nun endlich die Freilegung der Strandseite unserer Hauptstrasse energisch in Angriff genommen hat.«[14]

Hygienefragen in Samoa

In verschiedenen Ausprägungen ist Hygiene – oder Reinheit – ein wichtiges Thema dieser Zeit in Apia. Dieses Thema wird insbesondere von Herrn Carruthers 1901 in einer Sitzung des Gouvernementsrats zum Thema gemacht. Carruthers war ein australischer Rechtsanwalt, bereits 1877 nach Samoa gekommen. 1880 wurde er in den Munizipalrat berufen, mit der Durchsetzung von Recht und Ordnung betraut in einer Stadt, die damals, etwa von Konsul William Churchward, als ›Hölle der Pazifik‹ beschrieben wurde:

»A particularly rowdy half-caste population had sprung up, who led the natives into all the vices of their beachcombing progenitors; the sale of liquors of the vilest and most maddening description was permitted, without restriction, to natives and whites, amongst whom were many men whose very existence depended upon disorder, and who occupied their whole time in fostering it. It was, according to report, a very pandemonium, and at that time well deserved the name of the ›Hell of the Pacific‹!«[15]

Diese Namensgebung ist nicht ungewöhnlich: Auch Russell, das damalige Kororareka in der Bay of Islands in Neuseeland, war zur gleichen Zeit als ›hell-hole of the Pacific‹ berühmt-berüchtigt. Wenn in solchen zeitgenössischen Schilderungen der

---

13 | Vgl. Pringle: Heritage Assessment, Appendix 1.

14 | Samoanische Zeitung vom 20. April 1907.

15 | Churchward, William: My consulate in Samoa: a record of four years sojourn in the Navigator Islands, with personal experiences of King Malietoa Laupepa, his country, and his men. Folkestone 1971 (1. Auflage 1887).

Begriff der Hölle auftaucht, hat er eigentlich immer mit den Begleiterscheinungen der europäischen Kultur zu tun, weniger mit Verhaltensweisen der indigenen Bevölkerung. Und für die weitere Argumentation scheint es bedeutend, dass es insbesondere die Mischlinge waren, die *half-castes* (*'afakasi*, wie sie von den Samoanern genannt werden), welche für Unruhe sorgten. Anwalt Carruthers scheint seine Aufgabe sehr entschlossen wahrgenommen zu haben, da der – unbekannte – Autor der *Cyclopedia* 1907 versichert, »heute gibt es keinen Ort im Pazifik mit einer Gemeinde, die weniger Verbrechen aufweist als Apia«.[16] In der bereits angesprochenen Sitzung von 1901 nun dankt Carruthers dem Gouvernement ausdrücklich für die vorgesehene Sanierung der Tiger Bay, geht aber weiter als der Gouverneur:

»[Carruthers] schlaegt vor, auch die uebrigen in der Tiger Bay gelegenen Grundstuecke anzukaufen, gegebenenfalls auf dem Weg des Enteignungsverfahrens die verschiedenen Eigenthuemer zur Herausgabe zu zwingen. Fuer dieses Verfahren seien ordnungs- und sanitaetspolizeiliche Gruende in genuegender Anzahl und von genuegender Schwere vorhanden. Es koenne auch die noch geltende Munizipalverordnung betreffend den Bau von Samoahuetten in der Naehe von Wohnhaeusern der Fremden fuer die Zwecke des Enteignungsverfahrens herangezogen werden.«[17]

Die geräumte Tiger Bay solle dann als »Schmuck- und Erholungsplatz für die fremden Ansiedler« gestaltet werden. Das schlagende Argument für Carruthers' Forderung nach einer völligen Räumung der Tiger Bay ist »die Tatsache, dass die Eingeborenen mangels Abortanlagen in der Naehe ihrer Wohnungen die der Tiger Bay benachbarten Plaetze am Strande verunreinigten und dadurch eine Gefahr für die Gesundheit der Weißen bildeten«.[18]

So bilden moralische und körperliche Reinheit zunächst die Gründe, warum eine radikale Lösung gesucht wird. Carruthers' Beschuldigung, dass die samoanischen Bewohner der Tiger Bay den Strand verunreinigten, muss allerdings sorgfältig bewertet werden. Was war denn hygienische Praxis in Samoa um 1900? Newton Allan Rowe, ein neuseeländischer Beamter in Samoa und Kritiker der neuseeländischen Militärverwaltung, schildert die hygienische Praxis der Samoaner 1930 wie folgt:

»The Samoan is regular in his personal habits, and it is his custom, where he lives by the coast, to go to the beach at day-break each morning and deposit his faeces below high-

---

16 | »Mr. Carruthers, an Australian barrister and solicitor, had already come to Samoa in 1877. He was appointed municipal magistrate in 1880, charged with the preservation of law and order in Apia, which at that time was somewhere described as the ›hell of the Pacific‹. Today there is no place in the Pacific with a community freer from crime than Apia.« In: Cyclopedia of Samoa, S. 96.

17 | Samoanische Zeitung vom 6. Juli 1901, S. 1.

18 | Ebd.

water mark. When the tide is full he will wade out into the sea. [...] This state of affairs is possibly not ideal [...] but it is difficult, apart from the building of communal latrines by the Government, to see how to effect any satisfactory improvement.«[19]

Rowe sieht Gemeinde-Latrinen als möglichen Ausweg aus dem sanitären Problem; für den Erlass der neuseeländischen Verwaltung, der jeder Familie das Errichten eines Toilettenhäuschens am Strand verordnete, hat er jedoch nur Spott übrig: »Had these preposterous places, or pretended drop-privies been used, it would simply have led to the depositing and exposure of the excrement above high-water mark.«[20] Diese Kisten, »crude, and for the most part useless, privies, constructed of all sorts of junk, such as pieces of old soap-boxes«[21], so ist anzunehmen, hatten sich als Resultat dieses Erlasses nach 1920 verbreitet. Wie ist es dann aber möglich, dass Otto Riedel, der spätere Direktor der D.H.&P.G. in Samoa, solche Aborthäuschen bereits bei seinem Eintreffen in Samoa 1893 beschrieb?

»Je näher wir herankamen, desto weniger glich Apia Honolulu. [...] Nach Stadt sah das nicht aus. Eher nach einem etwas improvisierten Badeort. In diesem Eindruck bestärkten mich kleine Häuschen, die in die Reede hineingestellt waren. Ich hielt sie für Kabinen zum An- und Auskleiden. Ein Landkundiger zerstörte mir diese Illusion, indem er mir beibrachte, daß sie zwar auch der Reinlichkeit dienten, es sich aber nicht empfehle, in ihrer Nähe zu baden, weil Flut und Ebbe, von der man erwarte, daß sie für die notwendige Hygiene sorge, das manchmal doch nur recht unvollkommen tue. Kanalisation und Wasserleitung gäbe es in dieser Gegend noch nicht.«[22]

Der Widerspruch mag sich dadurch auflösen, dass Rowes Kritik sich daran entzündete, dass mehr als dreißig Jahre nachdem Riedel diese Zeilen schreiben konnte, die neuseeländische Verwaltung nichts unternahm, einen solchen Zustand zu verbessern, stattdessen ihn fortschrieb, ja verstärkte. Deutlich aber ist in jedem Fall, dass die Europäer hygienische Ansprüche an die Samoaner stellten, welche diese anscheinend nicht erfüllten.

Im Licht der noch jungen Fortschritte im Verstehen von Hygiene und der Einführung hygienischer Standards in Europa lässt sich diese Kritik vielleicht am ehesten erklären: Das als ›primitiv‹ verstandene Verhalten der Samoaner mag den europäischen Kolonialisten die eigene noch nicht lange etablierte Entwicklung vor Augen geführt haben. Abwasserleitungen wurden in europäischen Städten ab den 1860er Jahren installiert, aber erst kurz vor der Jahrhundertwende war Wissen über die Gefahren verunreinigten Wassers und ein Verstehen der chemischen Vorgänge in Fäkalien verfügbar geworden. In diesen Jahren machten Robert Koch,

19 | Rowe, Newton Allan: Samoa Under the Sailing Gods. London/New York 1930, S. 184f.

20 | Ebd., S. 185.

21 | Ebd., S. 184.

22 | Riedel, Otto: Der Kampf um Deutsch-Samoa. Berlin 1938, S. 28f.

Louis Pasteur und viele andere Biologen, Chemiker und Ärzte enorme Fortschritte in der Entdeckung von Epidemien und ihrer Bekämpfung.[23] Das mag verdeutlichen, dass Carruthers durchaus Recht hatte, auf die gesundheitlichen Risiken hinzuweisen, die von den schlechten hygienischen Bedingungen in der Tiger Bay herrührten, aber er hätte aus dieser Besorgnis heraus hygienischere Praktiken oder infrastrukturelle Einrichtungen fordern können. Stattdessen beschränkte er seine Forderung darauf, die samoanischen Bewohner der Tiger Bay zu vertreiben, und der Gouvernementsrat folgte diesem Vorschlag. Kam es niemandem in den Sinn, dass eine Verbesserung der hygienischen Bedingungen auch das Leben der Samoaner im Allgemeinen verbessert hätte? Dies wirkt umso unverständlicher, als die Deutschen eine Reihe von Expeditionen in den Südpazifik entsandten, mit so berühmten Medizinern wie Robert Koch, die nicht nur Forschung zu Epidemien und endemischen Krankheiten betrieben, sondern außerdem Menschen in großer Zahl behandelten.[24]

Allerdings gilt auch zu bedenken, dass die Vertreibung von Teilen der Bevölkerung aus Städten nicht auf Samoa beschränkt ist, sondern eine gängige europäische Methode der Stadtplanung im 19. und 20. Jahrhundert darstellt. Wiederholt wurden sozial schwächere Bevölkerungsschichten im Zuge der Stadtentwicklung aus ihren angestammten Quartieren vertrieben, so in Paris im Zuge der sogenannten Haussmannisierung (ab 1853) oder in Berlin in den frühen Jahren des 20. Jahrhunderts.[25] Deshalb ist es auch nicht überraschend, dass unter den vielen dem Autor zugänglichen zeitgenössischen Fotografien von Apia sich nur eines findet, das eine Mischung von kolonialen Gebäuden mit samoanischen *fale* zeigt. (Abb. 4) Dass diese eher zur Gruppe der nicht-repräsentativen, ja ärmlichen *fale o'o* (Wohnhaus) gehören, muss es für die Europäer wesentlich leichter gemacht haben, sie aus dem Stadtbild zu entfernen, weil sie nicht nur hygienisch, sondern auch ästhetisch als störend empfunden wurden.

Segregation zum Schutz des Paradieses?

Kann aus dem bisher Geschilderten eine Segregation der Bevölkerung als ein klares politisches Ziel der deutschen Kolonialverwaltung angesehen werden, oder war diese nur ein Nebeneffekt der hygienisch begründeten Entwicklung? Solf schreibt im April 1906, er habe nie »von heut zu morgen Maßregeln getroffen«, sondern immer auf lange Sicht geplant. Er fügt hinzu, dass in seinen »Plänen über die Entwicklung Samoas die Eingeborenen eine ganz andere Rolle [spielen], als diejenigen Ansiedler es wünschen, die die Samoainseln als ein corpus vile für ihre

---

23 | Grüntzig, Johannes W.: »Medizinische Expeditionen in die deutschen Kolonien«, in: Moeller: Emil Nolde, S. 43-62.

24 | Ebd., S. 45.

25 | Für Berlin vgl. Bodenschatz, Harald: Platz frei für das neue Berlin. Berlin 1987.

Abbildung 4: Ansicht der Strandstraße in Apia mit fale o'o

Verdiene- und Beuteabsichten betrachten«.[26] Wie es hier anklingt, war es Solfs Ziel, Samoa als eine Kultur mit reicher Tradition, die er als Orientalist auch aus wissenschaftlicher Warte betrachtete, zu bewahren und nicht mit Modernisierung zu überfrachten, gar auszubeuten. Mit diesem Respektieren ging aber eine deutliche Abgrenzung einher.

Der samoanische Historiker Malama Meleseia bestätigt die Auffassung, dass Solf mit Bedacht regierte, zeigt sich jedoch sehr kritisch gegenüber einer der Ideologien Solfs, die in der hier diskutierten Frage von Transkulturalität zentral erscheint. Auf Solfs Widerstand gegen Mischehen zwischen 'afakasi (Halb-Samoanern) und Samoanern eingehend, erklärt Meleseia: »Despite Solf's professed admiration for the Samoans – he still regarded them as inferior and as possessing inherently different characteristics from Europeans.«[27] Vielleicht ist für Solf hier nicht so sehr eine Minderwertigkeit, sondern die Andersartigkeit ein Argument gewesen. Hinzu muss gekommen sein, was auch Meleseia betont, nämlich dass Solf keine besonders hohe Meinung von den Europäern hatte, die als Pflanzer oder Siedler nach Samoa kamen. Er war davon überzeugt, dass sie sich aufspielen und die Samoaner ausbeuten würden. So war wohl bei Solf eine Wertschätzung der Samoaner und ihrer Traditionen bei ihrer gleichzeitigen Abwertung vereint mit einer an Verachtung grenzenden Haltung seinen Landsleuten gegenüber. Und Solf war nicht nur gegen die Heirat zwischen 'afakasi und Samoanern, sondern wollte generell weder Europäer und Samoaner vermischen noch die Samoaner zu Europäern

---

26 | Wilhelm Solf in einem Brief an Dr. Reinecke, Berlin vom 20. April 1906 (Bundesarchiv Koblenz: N 1053/27), S. 16.

27 | Meleisea, Malama: The Making of Modern Samoa: traditional authority and colonial administration in the history of Western Samoa. Suva (Fiji) 1987, S. 162.

machen. So merkt Hiery an: »Daß sich als Folge des Kulturkontaktes zwischen einheimischer und fremder Bevölkerung auch Symbioten entwickeln konnten, nicht zuletzt auch menschlicher Natur, war für Solf eine Horrorvorstellung, die er zu unterbinden suchte.«[28] Dieser Kulturkontakt fand in der Realität jedoch häufig statt; denn ein wichtiger Grund, warum Samoa den europäischen Männern als Paradies galt, muss die immer wieder betonte Schönheit der Samoanerinnen gewesen sein. So konnte Solf es beispielsweise nicht verhindern, dass sein Bautechniker Albert Schaaffhausen in Hannah Wallwork 1904 eine Samoanerin mit samoanischen und amerikanischen Eltern heiratete.[29]

Positiv ausgedrückt versuchte Solf, die Samoaner vor den Europäern zu beschützen. Eine solche Position wurde besonders von den deutschen zeitgenössischen Anthropologen Augustin Krämer und Elisabeth Krämer-Bannow vertreten, die forderten, die Samoaner mitsamt der Tier- und Pflanzenwelt in einer Art ›Naturschutzgebiet‹ zu schützen, um sie vor negativen europäischen Einflüssen zu isolieren (vgl. den Beitrag von Winfried Speitkamp in diesem Buch) – eine Haltung, die auf der einen Seite Respekt vor den Eigenarten einer Kultur zeigt, aber auf der anderen Seite dieser Kultur jede Art von Fortschritt versagt.

STÄDTEBAULICHE UND ARCHITEKTONISCHE INTERVENTIONEN

Die Verschönerung Apias

Für die Stadtentwicklung von Apia heißt dies dann konsequenterweise, dass im Stadtbild keinerlei Überschneidungen von samoanischer und europäischer Kultur erwünscht waren. Aber Kultur war ein wichtiger weiterer Antrieb für die Pläne für die Tiger Bay, ebenso wie für die Freilegung der Strandseite. Neben dem Gouvernementsrat, dem quasi die Funktion der Stadtplanung oblag, waren die Ansiedler eine zweite treibende Kraft hinter den ästhetischen Bemühungen um Apia. Und das ist nun vielleicht der kurioseste Aspekt, dass nämlich die deutschen Ansiedler in Samoa trotz ihrer direkten Nähe zu dem in Deutschland so gelobten Südsee-Paradies offenbar keine Neigung verspürten, sich ästhetische Denkweisen der Samoaner anzueignen, um so näher an das vermeintliche Paradies zu kommen. Ganz im Gegenteil: der Verkehrsverein, der 1907 ganz im Sinne der zeitgenössischen deutschen Verkehrs- und Verschönerungsvereine gegründet wurde, setzte sich Ziele, die alle auf eine stärkere Europäisierung Apias hinausliefen. Er forderte einen öffentlichen Park, Ruhebänke, eine Strandpromenade, Schattenbäume, einen Musikpavillon und einen Uhrenturm, der den nach Samoa kommenden

---

28 | Hiery, Hermann Joseph: »Zur Einführung: Die Deutschen in der Südsee«, in: Hermann Hiery (Hg.), Die Deutsche Südsee 1884 – 1914. Ein Handbuch. Paderborn/München/Wien/Zürich 2001, S. 20.

29 | Samoanische Zeitung vom 25. Juni 1904.

Touristen Wohlstand und Lokalstolz vorführen sollte. Wer die *Samoanische Zeitung* von 1900 bis 1914 querliest, dem vermittelt sich der Eindruck, dass sich im Verkehrsverein eine Sehnsucht nach Kultur ausdrückt, nach der Kultur des Bekannten und Vertrauten. Im Februar 1909 berichtete die Zeitung: »Der Plan der Errichtung eines Musikpavillons in Verbindung mit einer Stadtuhr wurde sympathisch begrüsst und die Angelegenheit zwecks Beschaffung einer Skizze und eines Kostenanschlages einem Komitee überwiesen.«[30] Aus derselben Sitzung wird berichtet, dass die Anpflanzung von Schattenbäumen bereits erfolgreich gewesen war. Und etwas später, im selben Jahr 1909, wird berichtet, dass der für das Gouvernement tätige Bautechniker Schaaffhausen Pläne für den Musikpavillon gezeichnet hatte und dass man sich mit dem Gouverneur bereits auf einen Aufstellungsort für den Pavillon geeinigt habe.[31] Es bestand Sehnsucht nach einer europäisierten und demgemäß kultivierten Stadt.[32] Im oben diskutierten Bild der Strandpromenade wird deutlich, dass die stärksten visuellen Elemente in der Tat die vom Verschönerungsverein geforderten Dinge sind: die Stadtuhr mit Park und Schattenbäumen im Vordergrund, welche dem Ort den Anstrich eines europäischen, wenn nicht gar deutschen Seebades geben. Nur muss man sich dann vor Augen führen, dass es nicht die deutsche, sondern die neuseeländische Verwaltung war, die diese vom Verkehrsverein und dem Gouvernement entwickelten Pläne Anfang der 1920er Jahre vollendeten. Die hier erörterte Frage, welche Motivationen hinter der wesentlichen Umgestaltung der Ortschaft Apia liegen, lässt sich damit so beantworten: Fragen der Hygiene spielten eine Rolle, aber nur als Teil einer größeren Entwicklung, in der Apia als Stadt weiterentwickelt und damit europäischer – und entschieden weniger samoanisch – wurde. Das Gouvernement beschloss noch 1914 eine Verordnung, die eine Baufluchtlinie für die Strandstraße festlegte, in deutschen Städten und Ortschaften üblich, aber in Samoa durchaus fremd. Hier ging es nun um das ›ordentliche‹ Aussehen der Stadt, ein Wort, das auch der sonst liberale Solf benutzte. Beschwerden wurden in der *Samoanischen Zeitung* und in den Gouverne-

---

30 | Samoanische Zeitung vom 6. Februar 1909, S. 2.

31 | Leider sind weder Zeichnungen für den Musikpavillon noch für den Uhrenturm archivalisch erhalten. Die verfügbaren Quellen zur Fertigstellung des Uhrenturms sind widersprüchlich. Der Jahresbericht der neuseeländischen Regierung von 1923 verzeichnet in aller Kürze: »Clock-tower, Apia: This work was completed Third Report of the Government of New Zealand on the Administration of [the] Mandated Territory of Western Samoa, for the year ended the 31st of March, 1923, Wellington 1923, S. 21. Dagegen schreibt die Samoa Times am 28. März 1924, »[...] funds are needed to complete the tower and erect the handsome memorial tablet to our Samoan-born soldiers who left these shores to take part in the great struggle«.

32 | Bericht der Sitzung des Verkehrsvereins vom 17. Juli 1909, in: Samoanische Zeitung vom 24. Juli 1909, S. 2.

mentsakten geäußert, welche »gefährliche Ecken« in der Strandstraße betrafen.[33] Die Samoaner, die ein anderes Verständnis von Raum hatten als Europäer, ordneten ihre *fale* ›unordentlich‹ an und wurden dafür kritisiert. Dies scheint allerdings gar nicht nur ein Konflikt zwischen samoanischer und europäischer Denkweise zu sein; denn mit seinem Werk *Der Städtebau nach seinen künstlerischen Grundsätzen* von 1889 hätte der Wiener Architekt Camillo Sitte, dessen Hauptanliegen es war, der »Motivenarmut und Nüchternheit moderner Stadtanlagen«[34] künstlerische Aspekte entgegenzusetzen, die dem Flaneur visuell erfreuliche Stadträume boten, den Gouvernementsrat hervorragend mit Argumenten *für* die unregelmäßige Anordnung von Gebäuden versorgen können: Sitte widmet diesem Aspekt des Städtebaus mehr als nur ein Kapitel seines Buches und argumentiert vehement gegen den Versuch, das Lebendige aus mittelalterlichen Städten heraus zu regulieren. Auch sein Nachfolger im Geiste, Paul Schultze-Naumburg, wetterte zu Anfang des Jahrhunderts gegen die übertriebene Manie kleiner Ortschaften, es unbedingt den Großstädten gleichtun zu wollen: »Das stellen sie sich dann so vor, dass dort alles schön gerade und gleichmäßig ist.« Und man versuche, mit Fluchtlinien »alle Häuser aufzureihen wie eine Front Soldaten.«[35]

Bauten des Gouvernements zwischen den Kulturen

Betrachtet man die einander widersprechenden Positionen bezüglich des Verhältnisses zwischen Samoanern und Fremden, was bedeutet das für die deutsche Architektur in Samoa? Die Bauten sind auf den ersten Blick ganz offensichtlich nicht dem Heimatschutz verpflichtet, so wie etwa in Deutsch-Südwestafrika (Namibia) wie auch in Tsingtau (Qingdao) erfolgreich angewandt, sondern setzen in ihrer Erscheinung zunächst fast bruchlos die angelsächsische Tradition kolonialer Holzbauten mit Veranda fort.

In fast allen anderen deutschen Kolonien wurde um 1900 in Stein oder auch schon mit Beton gebaut – das damals so genannte Moniersystem ist eine frühe Variante des mit Eisen oder Stahl bewährten Betonbaues. Folgerichtig forderte Gouverneur Solf auch für Samoa eine substantiellere Bauweise: »Da diese Bauten naturgemäß für eine längere Zeitdauer den Bedürfnissen der Verwaltung genügen mussten, so war bei ihrer Ausführung hierauf eingehend Rücksicht zu nehmen.«[36] Er

---

33 | Vgl. Archives New Zealand, AGCA 6051-402: Korrespondenz der deutschen Kolonialverwaltung in Samoa mit dem Reichskolonialamt in Berlin, sowie mit der D.H.&P.G.

34 | Sitte, Camillo: Der Städtebau nach seinen künstlerischen Grundsätzen. Wien 1889. Das Zitat betitelt das achte Kapitel (im Nachdruck Braunschweig/Wiesbaden 1983, S. 92).

35 | Schultze-Naumburg, Paul: Der Städtebau (Kulturarbeiten, Band 4). München 1906, S. 168.

36 | »Wilhelm Solf, Brief an das Reichskolonialamt vom 16. Mai 1905«, in: Personalakte Albert Schaaffhausen. Akten des deutschen Gouvernements in Samoa. Museum of Samoa, eingesehen 2008.

beschreibt die bereits vorgenommenen Veränderungen gegenüber den gebräuch-
lichen Baumethoden:

»An Stelle der sonst üblichen Umfassungswände aus Holz und der primitiven Fundierung
traten jetzt Wände, welche nach dem Moniersystem ausgeführt waren oder aus Zement-
mauerwerk bestanden, und ein solider Unterbau. Dazu stellte sowohl der äußere Ausbau
als auch die innere Einrichtung und Anordnung der Räume größere Anforderungen an den
Bauleiter und Architekten.«[37]

Dieser Ausschnitt entstammt einem Brief an das Reichskolonialamt, in dem Solf
begründete, warum sein Bauaufseher Albert Schaaffhausen, offenbar einer seiner fähigsten Beamten, in eine höhere Klasse befördert werden sollte, als es seine
Ausbildung an einer Baugewerkschule eigentlich zuließ. Dieser Brief ist deshalb
ein wertvolles Dokument, weil die an sich sehr penibel geführten Akten der Kolonialverwaltung nur selten Einblick in die Gründe des jeweiligen Handelns geben.
Hier aber erläutert Solf sein grundsätzliches Verständnis der Aufgabe kolonialer
Baukunst in Samoa: Außer stabil und dauerhaft zu sein, sollten die öffentlichen
Bauten quasi ein pädagogisches Ziel erfüllen, indem sie den Kolonisten als Vorbild dienten und sie veranlassten, »von der bisherigen Bauweise aus Wellblech
und Holz, welcher der Stadt das Aussehen einer Goldgräberstadt auf Abbruch ver-
dankte, abzugehen«.[38] So begann die Kolonialverwaltung einen Trend, weg vom
kolonialen Holzstil, auch wegen akuter Brandgefahr, hin zu als erdbeben- und
feuersicher geltendem Eisenbeton. Die Holzhäuser in der Kolonie waren offenbar
generell nicht als sehr wertvoll eingeschätzt, wenn man bedenkt, wie leichtfertig
sie bewegt, abgetragen und ihre Teile für andere Bauten wiederverwendet wurden.
    Die beiden von der deutschen Verwaltung errichteten Schulbauten können als
Beispiel für Solfs Streben nach mehr baulicher Dauerhaftigkeit gelten. Die deutsche Schule in Samoa war seit 1903 eine Regierungsschule. »Sie hieß dann ›Regierungsschule für Europäer‹, war aber faktisch eine Schule für Mischlingskinder,
vornehmlich deutscher Väter und samoanischer Mütter.«[39] Bereits 1901 hatte Friedrich Stünzner einen Entwurf für den Neubau einer deutschen Schule in Apia vorgelegt, der jedoch nicht verwirklicht wurde. Erst 1905 wurde die *Schule für Fremde*
nach Entwürfen von Albert Schaaffhausen gebaut. Der Begriff des Fremden, den
Solf nach eigenem Bekunden aus dem angelsächsischen Gebrauch abgeleitet hatte, stieß in Berlin auf großen Widerstand: Was fiel dem Gouverneur ein, die Deutschen in Samoa als Fremde zu bezeichnen? Mit dieser schonungslosen Ehrlichkeit
unterlief Solf das von den Kolonisten eingeforderte Recht, Samoa als ›deutsch‹ zu
bezeichnen. Bemerkenswert ist, wie deutlich Solf es in einer Konfrontation mit
dem Reichskolonialamt ablehnt, ja »geschmacklos« nennt, »die Hautfarbe zum

---

37 | Ebd.
38 | Ebd.
39 | Hiery: Die Deutsche Südsee, S. 231ff.

Kriterium eines Rechtsunterschiedes zu machen«. Mit sarkastischer Schärfe fügt er hinzu: »Daneben fallen überdies unter die Weißen auch Farbige, sodass Chinesen, Japaner, Mischlinge und z.B. die Neger der Vereinigten Staaten von Amerika, von denen einige in Samoa leben, tatsächlich farbig, rechtlich aber weiß sind.«[40] So blieb es beim Begriff ›Schule für Fremde‹.

Umgangssprachlich wurde sie allerdings *Ifi-Ifi-Schule* genannt, weil sie an der *Ifi-Ifi-Straße* ins Landesinnere von Upolu liegt. Sie stellte ein einfaches bauliches Ensemble aus zwei einstöckigen Zement- und Feldsteinbauten mit Satteldach dar, dazwischen lag ein Spielplatz. Wie es der von Schaaffhausen unterzeichnete Lageplan aus dem Jahr 1905 zeigt, war bereits vor Baubeginn ein dritter Pavillon geplant, der aber nie gebaut wurde. Die Spielplatz- und Gartengestaltung der zwischen den Pavillons gelegenen Freiflächen war nach den in Deutschland um 1900 üblichen Standards gezeichnet. Dem Spielplatz zugewandt, wiesen die Gebäude jeweils eine Veranda auf, die Platz für Garderobe bot und bei Regen als Pausenraum diente. Die *Samoanische Zeitung*, die stolz über die Eröffnung am 1. Mai 1906 berichtete, wies darauf hin, dass die Schule mit dem Pavillon-System den neuesten Tendenzen in Deutschland folgte, so dass die Räume nicht länger zu ›Schul-Kasernen‹ gestapelt wurden. Kritisiert wurde damals allerdings das nüchterne Erscheinungsbild des Gebäudes, insbesondere die nahezu schmucklose Holzverschalung der Veranden. Heute lässt sich an den erhaltenen zwei Gebäuden der ursprüngliche Zustand nur noch erraten, denn es scheint, dass die Veranda des einen heute noch einstöckigen Pavillons später einmal verschlossen worden ist.[41] Der andere Pavillon hingegen ist nachweislich in den späten 1930er Jahren aufgestockt worden, vermutlich ebenfalls wie 1906 nach den Zeichnungen Albert Schaaffhausens, der in den 1930er Jahren als *Government architect* für die neuseeländische Verwaltung Samoas arbeitete. Dieses Gebäude wurde dadurch erhalten, dass es 2008 zum *Museum of Samoa* umgewidmet wurde, wobei die Holzkonstruktion der Veranda leider mit Bretterlagen verschalt wurde.

Für die Söhne samoanischer *Matai* (Häuptlinge) wurde eine Regierungsschule eingerichtet, die diesen Jungen den Eintritt in den deutschen Verwaltungsdienst erlauben sollte. Zunächst war die Halbinsel Mulinu'u nördlich von Apia für die Schule vorgesehen – aus gutem Grunde, denn dort befand sich der Ort der samoanischen Entscheidungsträger, und der *Mata'afa*, zur Zeit der deutschen Kolonisierung der oberste samoanische Würdenträger, war dort ansässig. Die Akten zur Schule enthalten daher auch den von Albert Schaaffhausen angefertigten *Entwurf zu einer Eingeborenen Regierungsschule in Mulinuu*, datiert auf Januar 1907. Recht bald darauf muss die Entscheidung gefallen sein, die Eingeborenenschule in räumlicher Nähe zur *Ifi-Ifi-Schule* zu errichten, südlich des Ortskerns. Auch

---

40 | »Schreiben Wilhelm Solf an Reichskolonialamt vom 16. 06. 1906«, in: Bundesarchiv Berlin R 1001/2759, S. 155.

41 | Jahresbericht des Gouvernements 1905/06, AGCA 6051-298, 144, in: Samoanische Zeitung 13,6 vom 31. März 1906, S. 2.

wurde die Bauweise geändert: Aus einem traditionellen Holzbau wurde nun, Solfs Anspruch an neue Baumethoden folgend, ein moderner Eisenbetonbau. (Abb. 5) Vielleicht hatte die räumliche Verlagerung damit zu tun, dass der Gouverneur den deutschen und anderen Kolonisten-Kindern die Möglichkeit geben wollte, am Unterricht in samoanischer Sprache teilzunehmen. Daraus ergab sich eine Art inoffizieller kultureller Koedukation. In Solfs Worten:

Abbildung 5: *Malifa-Schule*, Apia, 1907

»Es soll Sorge dafür getragen werden, daß die Kinder der deutschen Schule auf Wunsch ihrer Eltern Übung im Sprechen der guten samoanischen Sprache erhalten können. Deshalb gestatte ich, daß Schüler der deutschen Regierungsschule an dem Unterricht in der samoanischen Regierungsschule teilnehmen dürfen.«[42]

Die *Samoanische Zeitung* berichtete stolz über diese neue Schule, wobei der Autor hervorhob, dass mit dem Entwurf versucht worden war, den Wünschen und Gewohnheiten der samoanischen Schüler entgegenzukommen.

»Waehrend die meisten Raeume in den samoanischen Schulen aeußerst niedrig sind, haben die Schulzimmer in der Malifa-Schule eine Hoehe von 14 Fuß. [...] Da der Bau in Bungalowform angelegt ist, erhielt derselbe die so sehr begehrte Brise, zu deren Genuss breite rund umherlaufende Veranden einladen. Bei der bekannten Gruendlichkeit des Gouverneurs und dessen Stellvertreters wurde besonderes Gewicht auf die Anlage gelegt, und bildet dieselbe mit den umherliegenden Samoahaeusern, welche für die samoanischen

---

42 | »Wilhelm Solf, 15. November 1909«, in: Provinzialakten Samoa (NML: XV.3) zit.n. Hiery: Die Deutsche Südsee, S. 235.

Lehrer und Schueler bestimmt sind, in der Tat eine Musteranlage. [...] Die reichlich ange-
brachte Ventilation sorgt für genuegende Kuehlung und wird der Schulraum durch die an-
gebrachten Fenster und Glastueren glaenzend erleuchtet.«[43]

Der Redakteur hebt besonders hervor, wie die Schule sich klimatisch den Bedingungen Samoas und den Anforderungen der Samoaner anpasst. Dies erreicht
der Bau durch die Höhe der Räume, wodurch eine Kühlwirkung verstärkt wird,
und durch die im Verhältnis zum Gebäude großzügig breite Veranda, die um das
Gebäude herumläuft. Nicht nur wurde Solfs Forderung nach neuen, dauerhaften
Baumaterialien erfüllt, sondern das Schulhaus selbst wurde so erbaut, dass es
rundum Offenheit aufwies und Licht und Luft einließ, um dem samoanischen
Klima gerecht zu werden. Gleichzeitig erhielten die Schüler *fale* als Schlafstätten.
Solf erklärte den Samoanern 1907: »Drei große Samoa-Häuser sollen zur Schule
gehören, von denen zwei von Upolu, Manono und Apolima, und eins von Savaiʾi
erbaut werden sollen und zwar auf Kosten der Samoaner; denn es ist nicht gut für
die samoanischen Knaben, dass sie in Europäer-Häusern wohnen.«[44] Die deutsche
Verwaltung war nicht nur in diesem Fall sehr bedacht darauf, dass Samoaner nicht
in europäischen Häusern wohnen mussten. Auch im Garten des Krankenhauses
wurden von der Kolonialverwaltung vier *fale* errichtet, als Bettenhäuser für die samoanischen Patienten.

In dem erwähnten Brief an die Kolonialverwaltung lässt Solf diesen wichtigen
Aspekt der Architektur unerwähnt: die Anpassung von Bauten an das tropische,
schwül-heiße Klima. Was stadtplanerisch in der Freilegung der Strandseite der
Hauptstraße von unmittelbarer Bedeutung war, nämlich die Förderung einer Seebrise, die durch Gebäude streichen konnte, wird von ihm hier nicht angesprochen.
Dabei ist es von unmittelbarer Wirkung auf jeden Besucher, ob ein Gebäude so
entworfen ist, dass Luft als kühle Brise ungehindert hindurchstreichen kann. Und
so sind in dieser Hinsicht gut entworfene Kolonialbauten mit beidseitiger Veranda,
die wie die kleine *Malifa-Schule* nur einen Raum tief sind, anderen Gebäudetypen
gegenüber entschieden im Vorteil.

Auch ein großes Gebäude kann diesen klimatischen Vorteil aufweisen, wie das
Gerichtsgebäude zeigt, das allerdings Solfs Anspruch an neue Bauweisen nicht
erfüllte. Dieses sehr ansehnlich erhaltene Gebäude ist das größte und repräsenta-
tivste der deutschen Bauten in Samoa und wohl auch das bekannteste. Nun ist es
trotz vielfacher Bemühungen um seinen Erhalt vom Abriss bedroht. Dabei ist es
auch deshalb schützenswert, weil es eines der wenigen erhaltenen substantiellen
Holzbauten in irgendeiner der ehemaligen deutschen Kolonien ist. (Abb. 6)

---

43 | Samoanische Zeitung vom 23. November 1907.
44 | Rede des Gouverneurs Wilhelm Solf, in einem Auszug aus den Verhandlungen des
großen Fonos – der großen Versammlung – der samoanischen Selbstverwaltung, abgehal-
ten am 14. und 15. August 1907. Übersetzt aus dem Savali. Bundesarchiv, N 1053/28,
S. 47-48.

Abbildung 6: Das ehemalige Gerichtsgebäude in Apia, Zustand 2006

Die Pläne für das Gebäude stammen von Friedrich Stünzner, der im Oktober 1902 die Arbeiten unter den Zimmermeistern Paul, Gabriel und Bahn ausschrieb. Herr Bahn erhielt am 27. Oktober den Zuschlag und bereits am 20. Dezember 1902 konnte das Richtfest des neuen Gerichts gefeiert werden; am 1. April 1903 wurde es von Landmesser Haidlen und dem neuen Bauaufseher Schaaffhausen abgenommen. Es wurde bald danach als Zierde der Stadt bezeichnet. Die ursprünglichen Zeichnungen für das Gericht sind nicht erhalten, wohl aber Pläne, die Erweiterungen ab 1907 dokumentieren.[45] Die Erweiterung des Gerichtsgebäudes zu Gericht und Verwaltung des Gouvernements, wie in den darauf folgenden Jahren umgesetzt, scheint für das Gouvernement nur die zweitbeste Lösung gewesen zu sein. Im Mai 1906 nämlich hatte Schaaffhausen bereits Zeichnungen für ein eigenständiges Gouvernementsgebäude vorgelegt, das neben der Kirche der *London Missionary Society* an der Hauptstraße vorgesehen war, aus Finanznot aber nicht verwirklicht wurde. Die Grundrisse dieses Projekts, das als einhüftiges Verwaltungsgebäude dem Gerichtsgebäude ähnelt, weisen als hervorragendes Merkmal aber ein großzügiges repräsentatives Treppenhaus auf. Diese Pläne sind dann offensichtlich im Jahr 1912 wieder hervorgeholt und von Richard Schöneich, Schaaffhausens Nachfolger, überarbeitet worden. Auch dieser Entwurf konnte nicht realisiert werden.[46]

Das Gerichtsgebäude in seiner ursprünglichen Form zeigt sich einem Hotel weit eher verwandt als einem Verwaltungsgebäude. Auch zeigte Stünzners Entwurf eine Tendenz, Räume miteinander zu verklumpen, anstatt sie klar zu glie-

---

45 | Schaaffhausens Pläne für die Erweiterung des Gerichtsgebäudes sind undatiert, sowie datiert mit dem 9. Dezember 1907, in: Archives New Zealand, SEP 70 und 71.
46 | Zeichnung für ein Gouvernementsgebäude Apia, unterzeichnet von Richard Schöneich, Oktober 1912, in: Archives New Zealand, SEP 249.

dern. Durch Schaaffhausens Erweiterungen wurde das Gerichtsgebäude jedoch ein sehr repräsentativer Bau mit einem eigenen, heute von Schattenbäumen bestandenen Vorhof, den so kein anderes Gebäude in Samoa aufweist. Wichtiger in diesem Zusammenhang ist, dass das Gerichtsgebäude durch seine Erweiterungen die gleiche Eigenschaft erhalten hat wie die viel kleinere *Malifa-Schule*, was beide einem der Funktionsprinzipien des samoanischen *fale* näherbringt: Durch den einhüftigen Grundriss, der keine Flure aufweist, sondern die Zimmer über rundherum laufende Veranden erschließt, kann die Seebrise, wie im *fale* üblich, durch das Gebäude streichen und kühlend wirken.

Es ist Spekulation zu behaupten, eine solche Grundrisswahl sei eine bewusste Entscheidung gewesen, um die Architektur den samoanischen Bauprinzipien näherzubringen. Zieht man aber den Bericht der *Samoanischen Zeitung* zur *Malifa-Schule* heran, erhärtet sich die Vermutung, dass weder Solf noch Schaaffhausen hier zufällig handelten.

Gewissermaßen das samoanische Pendant des Gerichtsgebäudes ist das Gebäude der samoanischen Selbstverwaltung auf der Halbinsel Mulinu'u, das 1909 in Betrieb genommen wurde. Schaaffhausen hatte 1908 einen Entwurf für ein repräsentatives doppelstöckiges Holzgebäude mit in beiden Geschossen umlaufender Veranda gezeichnet, das dem Gerichtsgebäude ebenbürtig gewesen wäre.[47] Der ausgeführte Bau ist nur einstöckig geworden, jedoch erfüllt er die Forderung nach guter Durchlüftung, indem eine umlaufende Veranda die drei Geschäftsräume fast allseitig belüftet. Stilistisch gemahnt das Gebäude an zeitgenössische deutsche Bäderbauten, wie etwa im Ostseebad Ahlbeck, wo sich vergleichbare Rundbogenkonstruktionen finden lassen. Dieser Bau steht einerseits für eine deutliche geografische Trennung von Deutschen und Samoanern, dient andererseits aber als Beleg für eine geringe Ausübung von Kontrolle durch die Kolonialverwaltung. Hiery bezeichnet daher die von Solf eingerichtete samoanische Selbstverwaltung als »Alptraum für Juristen, wurde hier doch ein Raum geschaffen, in dem das offiziell auch in Samoa geltende deutsche Recht nur bedingt gültig war«.[48]

Sein erstes und einziges Krankenhaus erhielt Samoa 1902, zunächst nur für Europäer gebaut. Der Hamburger Mäzen Gustav Kunst hatte es errichten lassen. Er beabsichtigte von Anfang an, es dem Gouvernement zu übergeben, mit der Auflage, es als Krankenhaus weiter zu betreiben. Gegen eine Übertragung an das deutsche Gouvernement und die damit verbundenen Bedingungen wehrte sich das Reichskolonialamt zunächst, so dass das bereits fertige Gebäude 1902 eine Zeitlang ungenutzt dastand, bevor es 1903 doch seiner offiziellen Bestimmung über-

---

47 | Zeichnungen für das ›Geschäftshaus für die Eingeborenen Verwaltung in Mulinu'u‹, unterzeichnet von Albert Schaaffhausen am 4. März 1908 in Wellington. In: Archives New Zealand, AGCA, sowie im MESC, Apia, Samoa, undatiert.

48 | Hiery, Hermann Joseph: »Die deutsche Verwaltung Samoas«, in: Hiery: Die Deutsche Südsee, S. 649-675, hier S. 660.

geben werden konnte. So erhielt Samoa ein gut ausgestattetes Krankenhaus, das 2011 trotz Protestes abgerissen worden ist, weil es einem Neubau im Wege stand.

»Von der Strasse aus gesehen macht das Gebaeude einen solch freundlichen Eindruck, dass man auf seinen ernsten Zweck nicht zu schliessen imstande ist. Dem Klima entsprechend ist das Gebaeude mit genuegend Ventilation versehen, auch sind sonst alle Einrichtungen vorhanden, die man in den Krankenhaeusern der alten und neuen Welt vorfindet.«[49]

Nachdem das für Europäer gebaute Krankenhaus fertiggestellt war, bemühte sich das Gouvernement sofort darum, eine geeignete Erweiterung des Krankenhauses für Samoaner zu planen. Gouverneur Solf erwog hierzu in einem Schreiben an seinen Landvermesser Haidlen, »ob eine Vereinigung von Europäer- und Eingeborenen-Hospital unter gewissen Voraussetzungen angängig ist«.[50] Die Lösung bestand darin, ein neues von Schaaffhausen entworfenes Gebäude als Eingeborenenhospital zu benutzen, aber einzelne Einrichtungen, etwa das Operationshaus, für beide Teile des Krankenhauses zu verwenden. Die völlige Trennung von Samoanern und Kolonisten fand im Krankenhaus also nicht statt, genauso wenig wie im Schulbetrieb der beiden Regierungsschulen. Darin unterschied sich Samoa deutlich von der in den anderen deutschen Kolonien geübten Praxis. Aber nicht nur das, diese Beispiele zeigen auch einen Widerspruch zu Solfs zuvor demonstrierter Distanzierung von allen Vermischungen der Samoaner mit Deutschen und anderen Fremden.

Neuere Entwicklung

Samoa hat 1962, bei (Wieder-)Erlangung seiner politischen Unabhängigkeit, deutsche und andere koloniale Bauten übernommen und benutzt sie teils heute noch. Allerdings ist die Anzahl der noch vorhandenen Bauten aus der (deutschen) Kolonialzeit gerade in den letzten Jahren drastisch reduziert worden. Man könnte überspitzt sagen: Samoa räumt mit der Kolonialgeschichte auf, aber nicht nur damit, sondern auch mit seiner eigenen Geschichte. So gibt es Denkmalpflege in Samoa zur Zeit bedauerlicherweise nur auf dem Papier. Es findet sich eine Veröffentlichung aus dem Jahre 2008, die sich auf eine *Heritage Policy* bezieht:

»Prior to Samoa's ratification of the World Heritage Convention in 2001, the Cabinet had approved the conservation of four heritage buildings in Apia – the Supreme Court Building, old Customs House, the Western Samoa Trust Estate Corporation building and the Head of State's residence at Moto'otua. However, the Customs House has since been demolished to make way for the development of the new Development Bank of Samoa. Although some

---

49 | Samoanische Zeitung vom 16. August 1902.
50 | Anfrage des Gouverneurs Solf an den Landmesser Haidlen, 1. Juli 1903. Akten des ehemaligen Deutschen Gouvernements Samoa, jetzt MESC, Apia, Samoa.

plans were developed no restoration work has been done due to lack of funds. The National Environment Management and Development Strategies identified the conservation of heritage as a key environmental component that contributes to the heightening of perceptions of our environment and the strengthening of our knowledge and understanding of history. Further the preservation of heritage is essential not only for the evaluation of change, but also to help confirm our identity as people.«[51]

Wie aber aus diesen Zeilen deutlich wird, war schon damals das erste der vier Gebäude trotz erklärten Schutzes abgerissen worden. In der Zwischenzeit musste auch das sogenannte WESTEC-Gebäude weichen, das 1879 als Zentrale der D.H.&P.G. gebaut wurde. Nun verbleiben von diesen vier als schützenswert identifizierten Gebäude nur noch zwei – das alte Gerichtsgebäude sowie die Residenz des *Head of State* in Moto'otua, entworfen von Richard Schöneich im Jahre 1914, und offenbar gerade noch vor Ausbruch des Krieges fertiggestellt.[52] Ein Trust aus besorgten Bürgern formiert sich zur Zeit in Apia, der es sich zur Aufgabe gesetzt hat, das nun seit zwei Jahren leer stehende Gerichtsgebäude zu schützen, zu sanieren und einem neuen Zweck zuzuführen. Diese Gruppe arbeitet eng mit einem Forschungsteam zusammen, das am *Unitec Institute of Technology* in Auckland angesiedelt ist und zu dem der Auckländer Denkmalschutzarchitekt Adam Wild gehört, welcher kürzlich das Gebäude vermessen konnte und zur Zeit mit den Forschern einen Denkmalschutzplan und Entwürfe für eine neue Nutzung erarbeitet.[53] Diese beiden Gruppen sind bislang sowohl von der deutschen als auch von der neuseeländischen Regierung unterstützt worden, und es gibt die berechtigte Hoffnung, dass dieses Projekt dem Gebäude zu einem neuen Leben verhilft.

Skepsis ist allerdings ebenso berechtigt, denn das drastischste Beispiel für das erwähnte ›Aufräumen‹ mit Geschichte ist der erst kürzlich geschehene Abriss des sogenannten *fale fono*, des ersten kleinen Parlamentsgebäudes, das Samoa nach Erlangung der Unabhängigkeit verwendete.[54] (Abb. 7)

Bis Mitte März 2012 stand dieses historische Gebäude, nicht mehr in Betrieb, aber wohl erhalten, etwas verlassen auf dem weiten Grün der samoanischen ›Akropolis‹. Um das *fale fono* herum befinden sich das jetzige Parlamentsgebäude, dieses eher ein Pseudo-*fale* (Abb. 8), sowie das 2010 fertiggestellte, von chinesischen Architekten entworfene und chinesischen Arbeitern erbaute Justizministerium, das im Stil an einen Palast der Siebzigerjahre in einem der arabischen Länder gemahnt. Paradoxerweise musste das *fale fono* aber den Unabhängigkeitsfeiern weichen, weil es ihnen angeblich im Wege stand. Es gibt auch hier, vom Parlamentssprecher ausgehend, Bemühungen, das Gebäude wieder aufzubauen.

---

51 | Artikel in Newline vom 20. Juli 2008.

52 | Die Zeichnung dazu ist von Richard Schöneich mit dem 6. Februar 1914 datiert. Archives New Zealand, SEP 183.

53 | Samoan Observer vom 4. April 2012.

54 | Bericht von Radio New Zealand International vom 6. März 2012 (www.rnzi.com).

Abbildung 7: Das im März 2012 abgerissene *fale fono* in Mulinu'u, Apia

Abbildung 8: Das Parlamentsgebäude in Mulinu'u, Apia

Das *fale* (samoanisch für ›Haus‹) ist die Grundform des samoanischen Hauses, von dem es eine Reihe von Varianten des Grundtypus gibt. Diese reichen von kleinen, unscheinbaren, ja schäbigen Wohnhütten zu prachtvollen, großen kuppelartigen Bauten, und wer je in einem echten *fale tele* (einem Versammlungshaus) gestanden hat, weiß, dass diese Bauform die einzige – und wunderschöne – Form ist, in der schwülen Hitze Samoas vernünftig dem Klima entsprechend zu bauen. Ein echtes *fale* wird, wie auch die Outrigger-Boote der Samoaner, ›gelasht‹, gebunden, nicht genagelt oder gezapft. Diese Baukunst wird von den *tufuga faifale*, den *fale*-Baumeistern ausgeführt.[55] Durch die rasch fortschreitende Modernisierung Samoas hat sich diese Kunst aber fast verflüchtigt. Konnten die beiden großen Hotels in Apia, Aggie Grey's und das Hotel Kitano, noch in den 1970er Jahren traditionell gebaute *fale* in ihren jeweils weitläufigen Garten stellen, als Restaurant und Kulturbau für Vorführungen gleichermaßen verwendet, ist nun das noch erhaltene *fale* von Aggie Grey's Hotel das einzige echte traditionelle *fale* in Apia. Nachdem ein Feuer die *fale* im Hotel Kitano zerstört hat (nach 2006), sind die wieder aufgebauten *fale* dieses Hotels wie auch weiterer Institutionen ›fakes‹, welche genagelte Verbindungen verwenden; in diesem Fall ist die Offenheit des Innenraumes durch substantielle Einbauten noch dazu zerstört.

Ich sehe das Verschwinden der Kolonialbauten in einer direkten Verbindung mit dem Verschwinden der samoanischen Kulturtradition. Es gibt derzeit in Samoa ein starkes Bestreben, sich grundlegend zu modernisieren, und dabei scheinen die Traditionen, ob ursamoanisch oder angeeignet, als überflüssig verdrängt zu werden. Und es ist bemerkenswert, dass gerade in diesem Jahr 2012, dem 50. Unabhängigkeitsjahr Samoas, historische Gebäude abgerissen werden. Ein Symbol dieses Verdrängens könnte das Bild des ›Digicel Clocktower‹, wie ich ihn nennen möchte, sein: Durch die finanzielle Unterstützung des saomanischen Geschäftsmanns O.F. Nelson möglich geworden und fertiggestellt etwa 1924 als Mahnmal für die im Ersten Weltkrieg gestorbenen Samoaner, ist der Turm ein politisch wichtiges Monument der Samoaner, der wie oben gezeigt, eine städtebauliche Rolle spielt. Derzeit aber wird er allseitig von fahnenartigen Plakaten des Mobilfunkanbieters *Digicel* verhangen. (Abb. 9)

AUSBLICK

Da Samoa von Deutschen als Inkarnation des Paradieses angesehen wurde, so muss man annehmen, versuchten Forscher, Politiker und die deutsche Verwaltung in unausgesprochener Übereinstimmung, die Verhaltensweisen und Traditionen der Samoaner nicht zu ändern. Auch Solf wird dementsprechend zitiert:

»Samoa is still so small and so remote that it has fortunately no commercial future; we German officials do not have to see – and to help – our so-called progress destroy one of the most attractive races in the world. If every acre in Western Samoa were put under cultivation the result would still be utterly negligible as far as the German Empire were concerned.

---

55 | Vgl. Krämer, Augustin. Die Samoa-Inseln (2 Bände). Stuttgart 1902-03. Buck, Peter (Te Rangi Hiroa): Samoan Material Culture. Hawaii 1930. Mellon, Sean: Samoan Art and Artists. Nelson 2002.

Abbildung 9: Der Uhrenturm in Apia, verhangen als Werbeträger der Firma
Digicel, März 2012

My congenial duty, therefore, is merely to guard it as what it is – a little paradise – and to do
my best to keep any passing serpent out of our Garden of Eden.«[56]

Solf befand sich oft im Streit mit den Vertretern wirtschaftlicher Interessen in Samoa, zum einen den deutschen Pflanzern, zum anderen in besonderem Maße der
D.H.&P.G., die in erster Linie an der Ausbeutung der Plantagen in Samoa interessiert waren, während Solf hier deutlich macht, dass auch eine Intensivierung der
wirtschaftlichen Nutzung Samoas für die Gesamtwirtschaft in Deutschland keinen
Unterschied machen würde. Deshalb sah er es als seine Pflicht an, das Land und
seine Bewohner vor intensivierter Ausbeutung zu schützen. Solf sprach bei anderen Gelegenheiten auch vor Samoanern davon, dass Samoa ein wunderschönes
Land sei, das man mit dem Paradies vergleichen könne.[57] Wiederholt stellte er in
Samoa kulturelle über wirtschaftliche Erwägungen. Dieser Schutz Samoas allerdings bezog Apia nicht mit ein. Man muss wohl zu dem Schluss kommen, dass
der Ort von den Europäern – und dann folgerichtig auch von den Samoanern – als
›Nicht-Teil‹ von Samoa verstanden wurde. Meleseia bekräftigt diese Annahme:

---

56 | Wilhelm Solf, aus dem Gedächtnis zitiert von Lloyd Osborne in Rowe: Samoa Under
the Sailing Gods, S. XII.
57 | Samoanische Zeitung vom 7. September 1907, S. 2.

»The establishment of a European-controlled municipality in Apia [...] had lasting effects on the Samoan thinking. The area of the municipality had become known to the Samoans as the 'Ele'ele Sa (›the forbidden ground‹), a term used in bitterness and reproach.«[58]

So sind wohl der Mythos, dass Samoa das Paradies sei und der Umstand, dass Apia mit Hygiene, Reinheit und Ordnung so europäisch gemacht wurde wie nur möglich, nur zwei Seiten derselben Münze. Um das Paradies intakt zu halten, scheint man es sich auf Distanz gehalten zu haben. Durch die Distanzierung konnte es ein Traum bleiben, in welchem man aber nicht leben musste, weil dies die Illusion natürlich sofort zerstört hätte. Und doch kam es – auch von Solf – zu verschiedensten Versuchen, dem Paradies nahe zu kommen. Entscheidungen des Gouvernements über Koedukation oder zumindest benachbarte, wenn schon nicht kombinierte Krankenbetreuung weichen stark von den Gepflogenheiten in den afrikanischen Kolonien des Deutschen Reichs ab. Solf war gegen die Mischehe, aber er förderte den Mischunterricht. Und Solfs Beamte heirateten Samoanerinnen, was seinem Bautechniker Schaaffhausen in den 20er Jahren die Wiedereinreise nach Samoa ermöglichte. Dazu entwarf Schaaffhausen eine Architektur, die Elemente deutscher Bäderarchitektur, des typischen angelsächsischen Holz-Kolonialbaus sowie samoanischer Bauweise verband. Hier weichten sich die strengen Grenzen auf; die Aneignung der jeweils anderen Kultur fand und findet statt, wenn auch zögerlich.

Abbildung 10: Pool und *fale* des Hotel Tanoa Tusitala (früher Hotel Kitano) in Apia, März 2012

58 | Meleisea, Malama (Hg.): Lagaga. A Short History of Western Samoa. Suva (Fiji) 1987, S. 102.

Eine solche Aneignung könnte die Übernahme des von Solf verwendeten Begriffs des Paradieses gegenüber den Samoanern sein, so dass Samoa heute den Begriff des Paradieses selbst zum Anlocken von Touristen benutzen und den Besuchern in *beach fales* oder in Resort-Hotels (Abb. 10) den Traum der heilen Südsee-Welt vorspielen kann.

Das Ergebnis dieser skizzenhaften Untersuchung muss ein widersprüchliches sein, das zeigt, dass starkes Gewicht auf die Distanzierung gelegt wurde, aber allmählich eine Vermischung der europäischen und samoanischen Kultur stattfand. Die Absicht der Abgrenzung hielt der Realität der Symbiose nicht stand.

›Image-Pflege‹. Geschichte und lokale Aneignung von deutschem Architekturerbe in Qingdao, China

GERT KASTER

Transkulturalität wird in diesem Beitrag unter dem Aspekt lokaler (sozialer, ästhetischer und materialer) Aneignungsprozesse untersucht, in denen ehemalige fremd-koloniale Prägungsformen von Architektur und Städtebau schrittweise in eine ›eigene‹, heute aber plural-global gefärbte Erbekonstruktion integriert werden. Als Fallbeispiel dient die zeitlich relativ kurze, aber baulich hochprägnante deutsch-koloniale Prägungsphase in China, in der ab 1898 bis zum Ersten Weltkrieg die Stadt Tsingtau (Qingdao) auf vormals wenig bebautem Gebiet in der Kiautschou-Bucht entstand. Nach einem aus vornehmlich funktional motivierten Überdauern und teilweise rigorosen Abrisskampagnen in nachkolonialer Zeit, erfährt der hier als ›deutsches Architekturerbe‹ definierte Baubestand seit den späten 1980er Jahren einen erstaunlichen ›Imagewandel‹. Diesem lokalen Aneignungsprozess ehemals fremder Architektur eingeschrieben sind aber eben nicht nur Vorgänge von einfacher Erhaltung und Weiternutzung, sondern vor allem auch jene baulicher Nachahmung und Rekonstruktion bzw. stilistischer Kopie. Sie stehen nach der Darlegung der kolonialen Baugeschichte selbst im Zentrum dieses Beitrags.

DER HISTORISCHE KONTEXT: EINE DEUTSCHE MARINESTADT IN CHINA UND IHR NACHLEBEN BIS 1980

Gegen Ende des 19. Jahrhunderts baute das Deutsche Kaiserreich seine Kriegsmarine aus, um den Küstenschutz zu verstärken und die Seehandelswege abzusichern, aber auch, um sich aktiv in der Kolonialpolitik zu engagieren und den Vorsprung auszugleichen, den die anderen Kolonialmächte gegenüber dem Deut-

schen Reich bereits erzielt hatten.[1] Zunächst beteiligte sich die deutsche Kriegsmarine an der Besetzung der deutschen Kolonien in Afrika, Asien und Ozeanien.
Nach der Gründung der *Ostasiatischen Kreuzerdivision* im Jahr 1894 wurde ein eigener Flottenstützpunkt in Ostasien gefordert, um die Schiffe der Kriegsmarine in
einem deutschen Marinehafen warten und mit Kohle und Proviant versorgen zu
können. Nach einer Sondierungsmission in ostasiatischen Gewässern wurde die
Bucht von Kiautschou in der ostchinesischen Provinz Shandong auf Empfehlung
des Kieler Marine-Hafenbaudirektors Georg Franzius als geeigneter Standort für
einen Flottenstützpunkt ausgewählt.[2]

Nachdem die Bemühungen der deutschen Regierung im Sommer und Herbst
1897 gescheitert waren, mit der chinesischen Regierung auf diplomatischem Wege
einen Pachtvertrag für einen Marinehafen auszuhandeln, verhalf ein Zwischen-
fall dem deutschen Kaiserreich zu seinem erwünschten Stützpunkt an der Kiautschou-Bucht. Anfang November 1897 wurden in Shandong zwei deutsche Missionare der *Steyler Missionsgesellschaft* ermordet.[3] Dieses Ereignis nahm die Marine
zum Anlass, die Bucht von Kiautschou am 14. November 1897 als ›Sühnemaß-
nahme‹ zu besetzen und die dort stationierten chinesischen Truppen zur kampf-
losen Aufgabe ihrer Stellungen zu zwingen.[4] Damals war die Küstenregion an der
Kiautschou-Bucht bis auf wenige chinesische Militärlager und einige Dörfer kaum
besiedelt. Städtische Siedlungen und große Hafenanlagen gab es dort keine. Die
Gründung der deutschen Marinestadt Tsingtau fand also auf einem nur sporadisch
besiedelten und felsigen, von Sandstränden unterbrochenen, Küstenstreifen statt.[5]
Die deutschen Planer übernahmen die wenigen dörflichen Bauten nicht und integrierten sie nicht in die Planung, sondern ließen alle chinesischen Dörfer abreißen,
um an ihrer Stelle neue städtische Strukturen entstehen zu lassen. Deshalb gibt

---

1 | Salewski, Michael: »Die preußische und die Kaiserliche Marine in den ostasiatischen
Gewässern: Das militärische Interesse an Ostasien«, in: Hans-Martin Hinz/Christoph Lind
(Hg.), Tsingtau – Ein Kapitel deutscher Kolonialgeschichte in China 1897-1914. Berlin
1998, S. 76-83.

2 | Franzius, Georg: Kiautschou, Deutschlands Erwerbungen in Ostasien. Berlin 1898[3].

3 | Stenz, Georg Maria: In der Heimat des Konfuzius. Skizzen, Bilder und Erlebnisse aus
Schantung. Steyl 1902, S. 48.

4 | Der Zeitraum zwischen dem Mord an den beiden Missionaren und der Besetzung der
Bucht von Kiautschou durch deutsche Marinesoldaten war sehr kurz. Da eine Schiffsreise
von Deutschland nach Tsingtau damals wenigstens sechs Wochen dauerte und über 700
Marinesoldaten an der Besetzung des Pachtgebiets beteiligt waren, konnten die Vorbe-
reitungen zur Einnahme der Kiautschou-Bucht nicht innerhalb von zwei Wochen getroffen
werden, sondern waren wohl schon lange vorher geplant und vorbereitet worden. Kaiser
Wilhelm II. gab bereits eine Woche nach dem Mord an den beiden Missionaren den Befehl
an den Chef des Ostasiatischen Geschwaders, die Kiautschou-Bucht zu besetzen.

5 | Kaster, Gert: »Tsingtau – eine deutsche Marinestadt in China«, in: DenkMal! 18 (2011),
S. 23-36.

es in Qingdao heute auch keine älteren chinesischen Bauten mit Ausnahme des Tianhou-Tempels aus dem 15. Jahrhundert, den man als einziges altes Gebäude – wohl aus Pietätsgründen – in die neue Stadt integrierte.

Die Stadtgründung verlief nicht konfliktfrei, weil außer der Marinestadt auch der Bau einer Eisenbahnlinie von den Bergbaugebieten innerhalb der Provinz Shandong zum neuen Marinehafen geplant war, um die deutschen Kriegsschiffe mit Kohle versorgen zu können.[6] Im Pachtvertrag von 1898 war geregelt, dass beiderseits der Bahnlinie die Kohlevorkommen ausgebeutet werden konnten. Die deutsche Eisenbahngesellschaft beabsichtigte mit dem Eisenbahnbau aber auch eine infrastrukturelle Erschließung der Provinz Shandong und gestaltete die neuen Bahnhöfe entlang der Bahnstrecke in chinesischem Baustil. Der Eisenbahnbau beanspruchte aber wertvolle Ackerflächen, die von den chinesischen Bauern nicht freiwillig abgegeben wurden. Die militärische Durchsetzung des Eisenbahnbaus führte zu hohen Verlusten bei der ländlichen Bevölkerung und begünstigte eine Widerstandsbewegung in der Provinz Shandong, die schnell anwuchs und schließlich auch zum Boxer-Aufstand von 1900 führte.[7] Die Widerstandsbewegung der ›Boxer‹ breitete sich in der Provinz Shandong mit dem Beginn des Eisenbahnbaues von Tsingtau zur Provinzhauptstadt Jinan schnell aus und griff auch bald auf die Hauptstadt Peking über.

Die Stadt Tsingtau wurde nach den Städtebau-Theorien des Kölner Stadtplaners Josef Stübben konzipiert, in getrennte Stadtviertel für chinesische und europäische Bewohner unterteilt und in den Europävierteln mit zahlreichen Bauten im Gründerzeit- und Jugendstil aufgebaut.[8] Eine genaue Autorschaft der frühen Stadtplanungen von Tsingtau ist nicht belegt, doch es liegt nahe, dass die örtlichen deutschen Planer die ersten Bebauungspläne von Tsingtau wesentlich beeinflusst haben, da erste Planungen aus dem Berliner Reichsmarineamt nicht direkt umgesetzt wurden. Neben ihren militärischen Funktionen nahm die Stadt auch Handelsfunktionen wahr und entwickelte sich zu einem beliebten Urlaubsort für Amerikaner und Europäer in Südostasien, weil sie über ein gemäßigtes Klima, sandreiche Badebuchten und eine neuzeitliche Infrastruktur verfügte.[9] Nach einer

---

6 | Mühlhahn, Klaus: »Deutsche Vorposten im Hinterland: Die infrastrukturelle Durchdringung der Provinz Schantung«, in: Hinz/Lind: Tsingtau, S. 146-158.

7 | Amelung, Iwo: »Gegen die ausländischen Barbaren: Die ›Boxer‹ und ihr Mythos«, in: Hinz/Lind: Tsingtau, S. 165-172.

8 | Warner, Torsten: Deutsche Architektur in China – Architekturtransfer. Berlin 1995, S. 194ff.

9 | Ders.: Die Planung und Entwicklung der deutschen Stadtgründung Qingdao (Tsingtau) in China. Dissertation, Hamburg-Harburg 1996, S. 261ff. Großen Wert legten die deutschen Planer auf eine gut funktionierende Stadtentwässerung, die in einem ›Trennsystem‹ aus Regenwasser- und Schmutzwasser-Kanalisation bestand und nach den Erfahrungen des niederschlagsreichen Sommers 1898 besonders aufwendig ausgeführt wurde. Dies führte dazu, dass auch bei Unwettern die Regenwassermengen schnell abfließen und im

ersten schnellen Ausbauphase verlangsamte sich der Stadtausbau nach mehreren Typhusepidemien, denen zahlreiche chinesische und europäische Stadtbewohner sowie auch der deutsche Gouverneur Paul Jäschke im Januar 1901 zum Opfer fielen. Danach intensivierte man den Ausbau der Frischwasserversorgung und der Abwasserentsorgung, um weiteren Epidemien vorzubeugen. Tsingtau wurde so ›zur saubersten und gesündesten Stadt in China‹. Diesen Ruf genießt die Stadt noch heute, weil die Infrastruktur-Einrichtungen der deutschen Gründungszeit immer noch gut funktionieren. Ein deutliches Wachstum erlebte die Stadt wieder nach Ende des chinesischen Kaiserreichs im Jahr 1911, als viele wohlhabende Chinesen vor den Unruhen der frühen Republikjahre in die ausländischen Territorien flohen und ihren Reichtum in den Kolonialstädten und Schutzgebieten anlegten.[10] Nach dem Ende der Qing-Dynastie wurden die Ansiedlungsbeschränkungen für Chinesen in den Europäervierteln von Tsingtau gelockert und die Stadt erlebte einen Zuzug von wohlhabenden Chinesen aus Peking und damit auch ein starkes Bevölkerungswachstum.

Die deutsche Stadtgründungszeit endete in Tsingtau mit dem Beginn des Ersten Weltkrieges, als Engländer und Japaner von neutralem chinesischem Gebiet aus die Stadt angriffen und nach mehrmonatiger Belagerung mit militärischer Übermacht eroberten, weil den deutschen und österreichischen Verteidigern die Munition ausging.[11] Die Stadt blieb bis 1922 in japanischer Hand, bevor sie in chinesischen Besitz überging. Im Zweiten Weltkrieg wurde die Stadt erneut von Japan besetzt und kam erst 1945 nach der Befreiung durch amerikanische Truppen an China zurück. Nach Gründung der Volksrepublik China verloren viele Gebäude, insbesondere die kirchlichen Bauten, ihre ursprüngliche Nutzung und erhielten sie erst nach Ende der Kulturrevolution wieder zurück. Die größten Verluste an historischer Bausubstanz erlebte Qingdao aber in der Zeit des wirtschaftlichen Aufschwungs nach 1980, als im alten Stadtzentrum ganze Häuserblöcke abgerissen wurden, um Platz für Hochhäuser und Einkaufszentren zu schaffen. Heute gibt es ein neues Stadtzentrum weiter östlich der Altstadt, das das Verwaltungs- und Geschäftszentrum der Millionenstadt aufnimmt. Wegen der Verlagerung des

---

Gegensatz zu den anderen Kolonialstädten an der chinesischen Küste keine bleibenden Schäden an Gebäuden und Straßenbelägen anrichten konnten.

10 | Ders.: »Der Aufbau der Kolonialstadt Tsingtau: Landordnung, Stadtplanung und Entwicklung«, in: Hinz/Lind: Tsingtau, S. 84-95.

11 | Krebs, Gerhard: »Der Chor der Gefangenen: Die Verteidiger von Tsingtau in japanischen Lagern« in: Hinz/Lind: Tsingtau, S. 196-202. Die Verteidigungsanlagen von Tsingtau waren auf die Küste ausgerichtet, weil man einen Angriff auf die Marinestadt vom Meer her erwartete. Es gab fünf Festungsanlagen, die mit großen Geschützen ausgestattet waren. Verteidigungsanlagen, die auf das chinesische Binnenland ausgerichtet waren, gab es keine. Der Kontakt zum benachbarten chinesischen Gebiet war auf friedlichen Austausch und nicht auf kriegerische Konflikte ausgerichtet.

Stadtzentrums konnten die städtebauliche Struktur der Altstadt und viele Gebäude aus der Gründungszeit weitgehend erhalten werden.

ZUR ANEIGNUNG VON DEM ›DEUTSCHEN ARCHITEKTURERBE‹: ERHALTUNG, NACHAHMUNG UND REKONSTRUKTION

Weiternutzung tradierter Bausubstanz

Qingdao besitzt heute also noch zahlreiche Bauten aus der deutschen Pachtzeit. Die Chinesen haben spätestens seit dem Ende des eigenen Kaiserreichs diese Bauten ebenfalls genutzt und sich in ihnen eingerichtet. Denn die überwiegende Mehrzahl der Stadtbewohner waren Chinesen, die in zunehmendem Maße auch in den Europäervierteln Haus- und Grundbesitz erwarben.[12] Die Chinesen mussten sich erst einmal mit der europäischen Wohnkultur vertraut machen, die so gar nicht mit den chinesischen Traditionen übereinstimmte. Die Chinesen wohnten bisher in ebenerdigen Gebäuden, die nach den chinesischen Gesetzen der Geomantik errichtet waren, zum öffentlichen Straßenraum durch geschlossene Mauern abgeschirmt waren und nach Norden fensterlose Wände aufwiesen, um die kalten Nordwinde abzuhalten. In Tsingtau wurden die ›neuen Bewohner‹ mit mehrgeschossigen und villenartigen Wohnbauten konfrontiert, die Fenster und Türen zu allen Himmelsrichtungen aufwiesen und ungeschützt mitten auf einem Gartengrundstück standen, das nicht durch geschlossene Mauern vom öffentlichen Straßenraum abgeschirmt war, sondern durch offene Schmiedeeisengitter einen ungehinderten Einblick in die Privatsphäre ermöglichte. Die Eigentümernamen im Katasterplan von 1913 bezeugen, dass sich damals bereits die Hälfte der Grundstücke und Häuser in chinesischem Besitz befand. Die Chinesen arrangierten sich mit den für sie ungewohnten Bauten und nutzten sie später auch für ihre Bedürfnisse, ohne das ursprüngliche Erscheinungsbild aber wesentlich zu verändern: In der ehemaligen Bismarck-Kaserne ist heute die *Ocean-University* untergebracht, in der früheren deutsch-chinesischen Hochschule befindet sich jetzt die Eisenbahndirektion und das Knaben-Gymnasium wird nach einer baulichen Erweiterung militärisch genutzt. Es haben sich aber auch zahlreiche ursprüngliche Nutzungen erhalten, wie die beiden großen Kirchen heute noch bezeugen. (Abb. 1).

Der Bahnhof wird immer noch genutzt, die ehemalige Iltis-Kaserne ist heute Sitz der militärischen Marinestation, das frühere Marine-Lazarett ist jetzt allgemeines Krankenhaus und in der ehemals deutschen Brauerei wird heute das weltberühmte ›Tsingtao-Bier‹ nach deutscher Tradition gebraut und eben mit diesem

---

12 | Matzat, Wilhelm: »Alltagsleben im Schutzgebiet: Zivilisten und Militärs, Chinesen und Deutsche«, in: Hinz/Lind: Tsingtau, S. 106-120.

Abbildung 1: Christus-Kirche (1908-1910)

Image erfolgreich geworben.[13] Nur die großbürgerlichen Villen sind heute in kleinere Wohneinheiten aufgeteilt. Insgesamt hat sich der Charakter einer europäischen Stadt mit breiten Straßen, Platanenalleen, Villenbauten in offenen Garten- oder Parkanlagen und gründerzeitlicher Blockrandbebauung in der Altstadt aber erstaunlich gut erhalten.

Aneignung durch Adaption

Während sich die Stadt in der ersten japanischen Besatzungszeit stark nach Norden um das große Hafenbecken ausdehnte, entwickelte sich die Stadt später unter

---

13 | Die Tsingtao-Brauerei wurde 1903 als Germania-Brauerei in Tsingtau gegründet, um die deutschen Marine-Angehörigen mit deutschem Bier zu versorgen, das nach dem deutschen Reinheitsgebot in Tsingtau gebraut wurde. Mit dem Ende der deutschen Pachtzeit verlor die Germania-Brauerei ihre Stammkunden und musste neue Absatzmärkte erschließen. Das war zunächst sehr schwierig, weil weder die Japaner noch die Chinesen Biertrinker waren. Man kann im Tsingtao-Brauereimuseum sehr gut nachvollziehen, dass die Werbung der Brauerei zunächst auf die Europäer ausgerichtet war, die in Ostasien lebten. Erst nach dem Zweiten Weltkrieg stieg der Bierkonsum bei der chinesischen Bevölkerung und heute ist die Tsingtao-Brauerei die größte Brauerei in China, die immer noch nach dem deutschen Reinheitsgebot ihr Bier braut, die das beste Bier in China herstellt und die Hälfte ihrer Bierproduktion nach Amerika, Europa und Japan exportiert. Der Name der Brauerei ›Tsingtao‹ ist eine Verbindung des deutschen Stadtnamens ›Tsingtau‹ mit dem chinesischen Stadtnamen ›Qingdao‹ und damit ein Beweis für eine transkulturelle Vereinigung von deutschem und chinesischem, hier ›gastronomischem‹ Kulturgut.

chinesischer Führung in östliche Richtung. Es entstand unter anderem der Stadtteil Badaguan, in dem in den 1930er und 1940er Jahren zahlreiche Villen in west-
lichem Baustil errichtet wurden. Die Architekten dieser Bauten waren Chinesen,
die nach ihrem Architekturstudium in Europa hier ihre Architekturideen verwirk-
lichten oder es waren Architekten aus Amerika, Europa und Japan, die die Villen
für chinesische Bauherren erbauten. Das Villengebiet erhielt zwar einen sehr typischen chinesischen Namen (*ba da guan* = acht große Pässe), doch gab es für das
gesamte Villengebiet seit den 1930er Jahren Planungs- und Gestaltungsvorschrif-
ten, die sich nachweislich an den Villenbauten aus der deutschen Pachtzeit orientierten.[14] Anfang der 1930er Jahre entwickelte man für das geplante Villengebiet
einen Bebauungsplan mit acht Straßen, die man nach den acht großen Bergpässen
nördlich von Peking benannte und die dem Villenviertel seinen Namen gaben. In
den Straßen pflanzte man unterschiedliche Baumarten, die jedem einzelnen Straßenraum einen eigenen Charakter gaben: Platanen, Ginkgos, Zypressen, Glyzi-
nien, Ahorne, Pfirsiche, Zieräpfel und Zedern. Anschließend parzellierte man die
Flächen zwischen den Straßen in annähernd gleichgroße Grundstücke, die für den
Bau von freistehenden Villen mit umgebenden Garten- und Grünflächen vorgesehen waren. Auf diesen Grundstücken bauten zahlreiche asiatische, europäische
und amerikanische Architekten verschiedenartige Villen, die in ihrer Gestaltung
moderne und westliche Architekturelemente miteinander kombinieren. Zuerst
bauten dort chinesische Architekten, dann folgten britische, deutsche, amerikanische, russische und japanische Architekten, schließlich wurden auch Entwürfe
von französischen, dänischen, italienischen, norwegischen, australischen, litaui-
schen, weißrussischen, ukrainischen, lettischen, schweizerischen, schwedischen,
belgischen, ungarischen, tschechischen, österreichischen und koreanischen Architekten ausgeführt. Deshalb bezeichnet man die Vielzahl von verschiedenartigen
Villenbauten in Badaguan auch als eine ›Messe der Weltarchitektur‹. Man kann
ohne Übertreibung behaupten, dass das Villenviertel Badaguan heute ein gutes
Beispiel von architektonisch-angewandter Transkulturalität darstellt.

›Image‹-Pflege und Rekonstruktion/Kopie nach Bürgerbefragung

Der Umgang mit dem Bahnhof von Qingdao zeigt, wie heute in Qingdao Image-
Pflege betrieben wird. Der Bahnhof wurde im Jahr 1900 für eine Stadt von maximal 100.000 Einwohnern im Stil deutscher Bahnhofsgebäude der Jahrhundertwende mit einem damals üblichen Turm als städtebauliche Dominante erbaut. Im
Jahr 1988 entschloss sich die Stadtregierung, das Bahnhofsgebäude abbrechen zu
lassen, um es durch einen modernen Bahnhof für eine Millionenstadt zu ersetzen.
Dieser Beschluss wurde lange geheim gehalten, weil man Proteste aus der Bevölkerung befürchtete. Im Februar 1989 wurden aber die Abrisspläne bekannt und

---

14 | Kang, Qingquan: Badaguan. A Union of the Diversified. Beijing 2007. Die angegebene
Quelle ist nur in chinesischer Sprache veröffentlicht und wird hier zusammengefasst.

durch eine Umweltzeitung veröffentlicht. Dies führte zu einer hitzigen Debatte über den Wert der historischen Bauten in Qingdao und mündete in eine Befragung von 10.000 Bürgern der Stadt, die sich dazu äußern sollten, welches Gebäude in Qingdao das schönste sei. Um zu vermeiden, dass nur Bauten aus der deutschen Pachtzeit genannt werden, wurden zehn Gebäude zur Auswahl vorgegeben,

Abbildung 2: Gouvernements-Dienstgebäude (1904-1906)

Abbildung 3: Katholische St.-Michaels-Kathedrale (1931-1934)

von denen die Hälfte in nachkolonialer Zeit errichtet worden war. Die Befragung ergab, dass auf die ersten Plätze nur Bauten in deutschem Baustil gewählt wurden: das Gouvernements-Dienstgebäude von 1904-1906 mit dem Erweiterungsbau von 1989 (Abb. 2), die katholische St.-Michaels-Kathedrale von 1931-1934 (Abb. 3) und das Gouverneurs-Wohnhaus von 1905-1907. (Abb. 4)

Abbildung 4: Gouverneurs-Wohnhaus (1905-1907)

Nach der Befragung wurde der originale Bahnhof von 1900 im Frühjahr 1992 zwar abgebrochen, aber als Teilkopie vor den Bahnhofsneubau vorgeblendet, um dem Wunsch der Bevölkerung nach Erhaltung der historischen Bausubstanz entgegenzukommen. Der Bahnhofsneubau von 1992 ist zwischenzeitlich durch einen noch größeren Neubau in historisierenden Bauformen ersetzt worden, aber eine neue, dreidimensionale Kopie des alten Bahnhofs steht nun vor diesem neuen Bahnhof und erinnert die Bevölkerung von Qingdao an die Bauten der deutschen Gründungszeit während der vorletzten Jahrhundertwende.[15] (Abb. 5)

---

15 | Unveröffentlichter Bericht von Prof. Dr. Wilhelm Matzat aus Bonn, der 1930 in Qingdao geboren wurde und die baulichen Entwicklungen in seiner Heimatstadt mit großem Interesse verfolgt. Er ist vor allem daran interessiert, wie man in Qingdao mit dem deutschen Bauerbe umgeht. Deshalb hat er auch die Begleitumstände des Bahnhofsneubaus genau mitverfolgt:»Ausgelöst wurde die Debatte durch die Ankündigung, daß das 1900 errichtete Gebäude des Hauptbahnhofes abgerissen werden sollte. [...] Als erste protestierte Chinas Zeitung für Umweltschutz *Zhongguo Huanjingbao*. Sie veröffentlichte einen Leserbrief des Professors an der Pekinger Kunstakademie, Wang Wenbing, einem gebürtigen Tsingtauer. Dieser führte aus: Der historische Wert des Bahnhofs, eines der ersten Gebäude überhaupt in Tsingtau, sei ebenso groß wie sein kultureller, gerade in einer Stadt, die man auch wegen ihrer vielen Baustile ein ›Museum der Architektur‹ nenne. [...] In Tsingtau selbst löste die in Peking gestartete Kampagne eine hitzige Debatte unter den Architekten der Stadt

Abbildung 5: Rekonstruierter Bahnhof (2007)

Zeitgenössische Wohnformen im Stil deutscher Gründerzeit neben alten chinesischen Wohnvierteln aus der deutschen Kolonialzeit

Bei Wohnungsneubauten im Bereich der Altstadt dominieren auch heute noch die Bauformen der Gründungszeit, auch wenn sich die Gebäudestruktur stark an die heutigen Wohnbedürfnisse angepasst hat. Bei den Grundstückseinfriedungen kann man eine allmähliche Veränderung von der offenen europäischen Bauweise mit gemauerten Pfeilern und dazwischen gesetzten Schmiedeeisengittern zur geschlossenen chinesischen Bauweise mit durchlaufender Grundstücksmauer erkennen. Die schmiedeeisernen Gitter zwischen den gemauerten Pfeilern werden

---

aus. Dabei ergab sich, [...] daß ältere Architekten weniger, die jüngeren aber stärker an der Erhaltung der deutschen Architektur interessiert waren. Der Vizepräsident der Tsingtauer Gesellschaft für Ästhetik, Yan Zengxian, veranlaßte daraufhin im Februar 1989 einen zum damaligen Zeitpunkt geradezu ›revolutionären‹ Schritt, nämlich die Befragung von 10 000 Bürgern, welches Gebäude der Stadt für sie das schönste sei. [...] Tatsächlich hat man den Hauptbahnhof, nach langen Debatten, erst Anfang 1992 abgerissen, allerdings mit der Ankündigung, daß man ihn, nach der Errichtung der neuen großen Bahnhofs-halle [sic!], räumlich etwas versetzt, wieder aufbauen würde. In Wirklichkeit hat man dann nur den Uhrenturm, diesmal sogar etwas höher, und die alte Frontfassade wieder aufgerichtet, die letztere einfach an die Glaswand des neuen Bahnhofes ›rangeklatscht‹. Da Tsingtau im Jahre 2008 Olympiastadt sein sollte, [...] wurde das ›Neue Bahnhofsgebäude‹ 2006/2007 wieder abgerissen und die Bahnhofsanlage in ganz anderer Form wieder aufgebaut, mit Anlehnung an deutsche Bauformen aus der Zeit vor 1914. Auch das alte Bahnhofsgebäude von 1900 wurde wieder aufgebaut, diesmal dreidimensional.«

durch geschlossene Mauerscheiben ersetzt und berücksichtigen so das Bedürfnis der Chinesen nach abgeschlossener Privatheit gegenüber dem öffentlichen Raum.

Nördlich der Altstadt entstand bereits zur Gründungszeit das chinesische Händlerviertel *Tapautau* (*Dabaodao*), das sich mit engeren Straßen und niedrigeren Häusern deutlich von den europäischen Stadtvierteln unterschied und das vorrangig den chinesischen Bewohnern vorbehalten war. Obwohl auch dort an den Hausfassaden europäische Bauformen zu erkennen sind, erhielt dieses Händlerviertel ein chinesisches Stadtbild, das sich bis heute erhalten hat. Charakteristisch für dieses Stadtbild sind die Straßenmärkte, die in ganz China üblich sind und die das Stadtbild prägen. (Abb. 6)

Abbildung 6: Straßenmarkt im Händlerviertel Tapautau (*Dabaodao*)

Es gibt in China keine Marktplätze, sondern das Marktgeschehen findet auf den Straßen statt. Die Marktplätze in den europäischen Städten haben sich aus der griechischen Agora und dem römischen Forum entwickelt, waren Handels- und Versammlungsplätze und symbolisierten bürgerliche und demokratische Gesellschaftsstrukturen. Diese Strukturen waren in China unüblich und haben sich deshalb auch im Städtebau nicht manifestiert.

Mit dieser Entwicklung bestehen heute chinesische Neubauten in deutsch-kolonialer Formensprache der Gründerzeit ebenso fort, wie jenes damals von den deutschen Planern ausgewiesene Chinesenviertel.

ARCHITEKTUR TRANSKULTURELL: DEUTSCHES BAUERBE ZWISCHEN ABRISS, ERHALTUNG, REKONSTRUKTION, KOPIE UND INTERPRETATION

In Qingdao kann man sehr deutlich erkennen, wie durch planerische Vorgaben unterschiedliche Stadtbilder und Baustrukturen nebeneinander entstehen können, die sich in ihrer Gestaltung vor allem an den Bewohnern orientieren, für die sie erbaut wurden. Die Europäerviertel in Qingdao entstanden in deutschen Bauformen und die Chinesen-Viertel wurden chinesisch gestaltet.[16] In der Kolonialzeit unterschieden sich die Bahnhöfe entlang der Bahnstrecke von Qingdao zur Provinzhauptstadt Jinan in ihrer Gestaltung, die ›Rücksicht‹ auf die erwarteten Bahnbenutzer nahmen. In Qingdao wurde der Bahnhof wegen der überwiegend europäischen Reisenden in deutschen Bauformen gestaltet, wohingegen die ländlichen Bahnhöfe entlang der Bahnstrecke zwischen Qingdao und Jinan in chinesischen Bauformen errichtet wurden, um von der chinesischen Landbevölkerung eher angenommen zu werden. Diese unterschiedlichen Baustile haben sich auch in Zeiten starker politischer und wirtschaftlicher Veränderungen bewahrt und werden von den heutigen Bewohnern nicht nur respektiert, sondern sogar gegen spekulativen Veränderungsdruck verteidigt. Eine transkulturelle Verschmelzung der unterschiedlichen Baukulturen ist nur bei ganz wenigen Bauten zu beobachten, wie im Fortleben deutscher Bauformen in zeitgenössischem Hausbau nachgewiesen werden konnte.[17]

Im Villenviertel Badaguan entstand ein transkulturelles Architekturhybrid, das von amerikanischen, asiatischen und europäischen Architekten entworfen und erbaut wurde und in dessen Bauten viele Gestaltungsideen aus den Herkunftsländern der Architekten eingearbeitet wurden. Im Gründungskern von Qingdao blieben aber die chinesischen und europäischen Viertel räumlich, gestalterisch und infrastrukturell getrennt. Diese Trennung hat sich bis heute erhalten und sie wird

---

16 | Yuan, Bin Jiu: German Architecture in Qingdao. Qingdao 2009. Bin Jiu Yuan ist chinesischer Fotograf und hat sehr viele deutsche Bauten in Qingdao fotografiert und in einem Fotoband mit ausführlichen Erläuterungen veröffentlicht. Er behandelt in seinem Fotoband auch eine spezielle Form von kultureller Überlieferung, die gusseisernen Kanaldeckel der Abwasser-Kanalisation, die sich mit deutschsprachigen Inschriften überall im Stadtgebiet erhalten haben. Da es für diese Infrastruktur-Einrichtungen in der chinesischen Sprache keinen Ausdruck gibt, hat er ein neues chinesisches Wort erfunden, das aus der deutschen Sprache abgeleitet ist: ›Guligai‹, abgeleitet vom deutschen Wort ›Gully‹ (Einlaufschacht für Straßenabwässer).

17 | Lind, Christoph: »Heimatliches Idyll und kolonialer Herrschaftsanspruch: Architektur in Tsingtau«, in: H.-M. Hinz/C. Lind: Tsingtau, S. 96-105. Christoph Lind weist hier zum Beispiel auf Komposit-Kapitelle an deutschen Bauten hin, auf denen das Yin-Yang-Symbol eingearbeitet ist.

durch die Pflege und Wiederherstellung der deutschen Bauten in ihrer ursprünglichen Gestaltung auch noch tatkräftig unterstützt.

Transkulturelle Aktivitäten sind aber nicht nur beim baulichen Erbe von Qingdao zu finden, sondern es gibt sie auch bei denkmalpflegerischen Beratungen
durch gemeinnützige deutsche Stiftungen oder bei der finanziellen Unterstützung
von Instandsetzungen an Baudenkmalen durch das deutsche Auswärtige Amt. Die
Stiftung zum Erhalt von Gebäuden Deutscher Bauart in China ist eine gemeinnützige
Kulturstiftung, deren übergeordnete Ziele die Förderung von Kunst und Kultur,
Bildung und Wissenschaft sowie der Völkerverständigung ist. Die Stiftung möchte durch Einbeziehung deutscher Denkmalpfleger, Architekten, Stadtplaner und
Handwerker die chinesische Seite beim Erhalt der Gebäude deutscher Bauart tatkräftig unterstützen. Sie will Möglichkeiten bieten, die Weiter- und Fortbildung in
den einschlägigen Gewerken unter Einbeziehung von Experten aus Deutschland
zu fördern und auf diesem Gebiet institutionelle Kooperationen anregen. Deutsche Orgelbauer statteten die beiden großen Kirchen in Qingdao wieder mit großen Orgeln aus und belebten damit die Musikkultur in der Stadt.[18]

Auch die Stadtregierung hat den ideellen Wert der kolonialen Stadtstrukturen
und Bausubstanzen zwischenzeitlich erkannt und bemüht sich um deren Erhaltung, da die Stadt sich mit ihren baulichen Zeugnissen aus der kolonialen Vergangenheit Vorteile für eine touristische Vermarktung ihres Stadt-Images erhofft – bis
hin zur geplanten Aufnahme von Qingdao in die Welterbeliste der UNESCO.

---

18 | Die Waldkircher Orgelbaufirma Jäger & Brommer hat 2008 eine neue Orgel in der
St.-Michaels-Kathedrale und 2010 eine neue Orgel in der Christus-Kirche zum 100-jäh-
rigen Jubiläum der Kirchen-Einweihung eingebaut. Seitdem gibt es in Qingdao zahlreiche
Orgelkonzerte mit Organisten aus der ganzen Welt, die die Musik-Kultur in Qingdao spürbar
beleben.

»Abstraction des limites politiques«? Transnationale Kulturerbekonzeptionen in französischer und deutscher Denkmalpflege des 19. Jahrhunderts

FRAUKE MICHLER

> »A heritage community is thus defined as a variable geometry without reference to ethnicity or other rigid communities. Such a community may have a geographical foundation linked to a language or religion, or indeed shared humanist values or past historical links. But equally, it may arise out of a common interest of another type.«[1]

Als ›klassisches Land der Denkmalpflege‹, so der bekannte Ausdruck Paul Clemens, prägte das zentralistische Frankreich im 19. Jahrhundert sowohl institutionell wie konzeptionell die Theorie und Praxis der Denkmalpflege in Europa und wurde besonders im föderalen Deutschland, wo die frühe Denkmalpflege vor allem von Geschichts- und Altertumsvereinen getragen wurde, aufmerksam rezipiert. Um Austauschbeziehungen und Theorietransfer zwischen den so unterschiedlichen Geschichtskulturen und Denkmalpflegesystemen Frankreichs und Deutschlands in ihrer Komplexität zu erfassen, reicht es jedoch nicht aus, die jeweiligen Denkmalpflegeinstitutionen aus nationalstaatlicher Perspektive zu beleuchten. Denn wesentliche Prozesse der Theoriebildung und des wissenschaftlichen Austausches wurden nicht von staatlichen Institutionen, sondern von Akteuren der *sociétés savantes* sowie ihrer deutschen Pendants, der Geschichts- und Altertums-

---

1 | Explanatory report to the Council of Europe Framework Convention on the Value of Cultural Heritage for Society (CETS No. 199), http://conventions.coe.int/Treaty/EN/Reports/Html/199.htm vom 20.03.2012.

vereine, getragen. Besonders die langjährigen persönlichen Kontakte zwischen Arcisse de Caumont und Ferdinand von Quast förderten den Aufbau eines internationalen Netzwerks, das eine eingehende Verständigung über Konzepte und Methoden der Denkmalpflege erlaubte. Dessen Diskurs ist von einer transnationalen Perspektive geprägt und zielt darauf ab, architektonische Phänomene unabhängig von nationalterritorialen Grenzen synchron in ihrer geographischen Verbreitung zu untersuchen. Bereits zur Phase der nationalstaatlichen Institutionalisierung der Denkmalpflege werden dabei Konzeptionen eines transnationalen Kulturerbes formuliert, das sich unabhängig von territorialstaatlichen Grenzen und Denkmaldiskursen konstituiert.

EINFÜHRUNG

In der Europaratskonvention von Faro wird 2005 explizit eine »communauté patrimoniale«[2] definiert, die sich ohne Bezug auf ethnische oder politische *communities* konstituieren kann, und die daher, so Patrice Meyer-Bisch in seinen Erläuterungen zu Paragraph 2 der Konvention, »transversal« durch politische Gemeinschaften verlaufen könne.[3] Die Europaratskonvention weist damit weit hinaus über das im gleichen Jahr von der Europäischen Union initiierte Projekt des *European Heritage Labels*, das zum Ziel hat, »to strengthen European citizens' sense of belonging to the European Union [...]«,[4] und damit eine europäische *heritage community* an politische Grenzen koppelt.[5] Die Frage nach dem Verhältnis zwischen Kulturerbe und Staatlichkeit, die derzeit in der europäischen Kulturpolitik verhandelt wird, hat die Denkmalpflege seit ihren Anfängen beschäftigt, besonders zu Hochzeiten der europäischen Nationalstaaten im 19. und 20. Jahrhundert. »Erst dann, wenn die nationalen Grenzen klar erkannt sind, kann ein festes Band des Friedens zwischen den Völkern weiten Raum schaffen für eine gemeinsame Pflege der geistigen und kulturellen Güter der Menschheit«, erklärte der Potsdamer Regierungspräsident

---

2 | Rahmenkonvention des Europarates von Faro 2005, http://conventions.coe.int/Treaty/EN/Treaties/Html/199.htm vom 29.03.2012.

3 | Meyer-Bisch, Patrice: »Du ›droit au patrimoine‹. L'approche innovante des articles 1 et 2 de la Convention de Faro«, in: Council of Europe (Hg.), Patrimoine et au-delà. Strasbourg 2009, S. 65-74, hier S. 71. Vgl. darin auch: Dolff-Bonekämper, Gabi: »Les cadres sociaux et spatiaux du patrimoine – Quoi de neuf dans la Convention de Faro?«, in: Ebd., S. 75-82.

4 | http://ec.europa.eu/culture/our-programmes-and-actions/doc2519_en.htm vom 29. 03.2012.

5 | Vgl. dazu demnächst Stamm, Kerstin: »Gründungsmythen europäischen Erbes: Architekturerbe«, in: Winfried Speitkamp (Hg.), Europäisches Kulturerbe. Bilder, Traditionen, Konfigurationen. Stuttgart 2012, sowie Falser, Michael S.: »Angkor Wat liegt in Europa! Ein transkulturelles Statement zu Werdegang und Siegel des ›Europäischen Kulturerbes‹«, in: Ebd.

Heinrich Pauli 1925 in seinem Vortrag zur Denkmalpflege in Elsass-Lothringen, um daran anschließend vom »machtgierige[n] Frankreich« die Rückgabe des ehemaligen Reichslandes zu fordern.[6] Bewunderung wie Feindschaft charakterisieren das zwiespältige Verhältnis der deutschen Denkmalpflege zum französischen Nachbarn. Wie kein anderes Land hat Frankreich als »nation-mémoire«[7] (Pierre Nora) auf Theorie und Praxis der deutschen Denkmalpflege Einfluss ausgeübt. Bekannt sind die Beurteilungen Paul Clemens (1866-1947) über das »klassische Land der Denkmalpflege«[8] oder sein Aufsatz über die *Führungsstellung Frankreichs in der Denkmalpflege.*[9] Bis heute gilt Frankreich, das »pays stato-centré«[10], als Vorreiter der staatlich institutionalisierten Denkmalpflege, dessen Modell der föderale Nachbar Deutschland mit seinen völlig anderen politischen und administrativen Rahmenbedingungen zunächst auf nichtstaatlicher Ebene rezipiert und umgesetzt hat. Jean-Michel Leniaud hat die jeweiligen Prozesse folgendermaßen zusammengefasst:

»Frankreich hat Denkmalpflegebeamte geschaffen, die nach und nach die lokalen Eliten verdrängt haben. In Deutschland dagegen haben lokale Eliten erste Initiativen der Denkmalpflege angeregt, welche dann von imperialen Interessen vereinnahmt wurden.«[11]

Diese Prozesse fanden jedoch, wie Astrid Swenson erinnert, nicht in »isolierten nationalen Räumen, sondern im intensiven Austausch mit anderen europäischen und außereuropäischen Gesellschaften statt«.[12]

---

6 | Pauli, Heinrich: »Die Denkmalpflege in Elsaß-Lothringen bis 1918«, in: Paul Clemen et al. (Hg.): Tag für Denkmalpflege und Heimatschutz. Freiburg 1925, S. 99-110, hier S. 110.

7 | Nora, Pierre: »La notion de ›lieu de mémoire‹ est-elle exportable?«, in: Pim den Boer/ Willem Frijhoff (Hg.), Lieux de mémoire et identités nationales. Amsterdam 1993, S. 3-10, hier S. 6.

8 | Clemen, Paul: »Zur Gesetzgebung für Denkmalschutz«, in: Erster Tag für Denkmalpflege. Dresden, 24. und 25. September 1900. Sonderdruck aus dem Korrespondenzblatt des Gesamtvereins der deutschen Geschichts- und Altertumsvereine. Berlin 1900, S. 11-21, hier S. 18.

9 | Clemen, Paul: Die Denkmalpflege in Frankreich. Berlin 1898 (Neudruck unter dem Titel »Frankreichs Führerstellung in der Denkmalpflege«, in: Ders.: Gesammelte Aufsätze. Düsseldorf 1948, S. 143-159).

10 | Nora: La notion de ›lieu de mémoire‹, S. 6.

11 | »La France a formé des fonctionnaires du patrimoine qui ont écarté progressivement les élites locales. En Allemagne, les élites locales ont suscité des initiatives patrimoniales que l'ambition impériale a ralliées à ses desseins«, Leniaud, Jean-Michel: Les archipels du passé: le patrimoine et son histoire. Paris 2002, S. 160.

12 | Swenson, Astrid: »Zwischen Region, Nation und Internationalismus. Kulturerbekonzepte in Frankreich, Deutschland und England um die Jahrhundertwende«, in: Lothar Ehrlich (Hg.), Werte – Räume – Erinnerungskulturen. Sinnstiftungsprozesse des 19. und 20. Jahrhunderts in europäischer Perspektive. Wien/Köln 2008, S. 81-103, hier S. 87.

Wenn nun im Rahmen der Heidelberger Tagung *Kulturerbe – Denkmalpflege: transkulturell* nach kulturellen Wirkungs- und Austauschprozessen gefragt wird, lohnt es sich, den Transfer denkmalpflegerischer Konzeptionen zwischen Frankreich und Deutschland, zwei völlig unterschiedlichen Geschichtskulturen und Denkmalpflegesystemen, genauer zu hinterfragen und aus einer allein nationalstaatlich argumentierenden Perspektive zu lösen. Denn gemäß der Forderung von Michel Espagne geht es bei der Untersuchung kultureller Transfers eben gerade darum, die vereinfachende Figur der Relationen zwischen Nationen zu vermeiden.[13] Vielmehr sollen im Sinne einer »historisch-individualisierende[n] Betrachtungsweise«[14], wie sie bereits Heinz Gollwitzer in seinen Arbeiten zu Europabildern vorgeschlagen hat, die Akteure dieser Austauschprozesse und ihre Diskurse im Mittelpunkt stehen, um zu ergründen, welche Transferprozesse zwischen französischen und deutschen Akteuren der Denkmalpflege und ihren so gegensätzlichen Kulturen stattgefunden haben und wie die Theoriebildung der Denkmalpflege davon beeinflusst wurde. Vor dem Hintergrund, dass gegenwärtig ein ›europäisches Kulturerbe‹ gar durch ein Siegel zertifiziert werden soll, stellt sich umso mehr die Frage nach der historischen Verortung und Abgrenzung von nicht staatlich definierten Kulturerbekonzeptionen, danach, wie in Zeiten einer nationalstaatlich geprägten Denkmalpflege nicht nur ein internationaler Austausch stattfand, sondern darüber hinaus, welche Ansätze einer möglicherweise transnationalen Konzeption von Kulturerbe und Denkmalpflege sich bereits im 19. Jahrhundert äußerten – und es handelt sich schließlich auch darum, für die Phase der Institutionalisierung der Denkmalpflege die scheinbar selbstverständliche Koppelung von Staat und Kulturerbe in Frage zu stellen.

FRANZÖSISCHE UND DEUTSCHE HETEROSTEREOTYPEN DER DENKMALPFLEGE

Wie stellte sich jedoch eine gegenseitige Wahrnehmung von französischer und deutscher Denkmalpflege dar? Wenn man Eugène Emmanuel Viollet-le-Duc (1814-1879) folgt, so zeigte sich die Kunst im deutschsprachigen Raum durchweg als ein Amalgam importierter Stile aus den benachbarten Ländern, wie er 1854 von seinen Reisen durch Deutschland und Österreich schreibt.[15] (Abb. 1) Er habe bei diesen Reisen zwar keinen einzigen französischen Architekten getroffen, was man jedoch denselben auch nicht verübeln könne, da man östlich des Rheins ohnehin

---

13 | Espagne, Michel: »Les transferts culturels«, http://hsozkult.geschichte.hu-berlin.de/ index.asp?type=artikel&id=576&view=pdf&pn=forum vom 10.02.2010.

14 | Gollwitzer, Heinz: Europabild und Europagedanke. Beiträge zur deutschen Geistesgeschichte des 18. und 19. Jahrhunderts. München 1951, S. 9.

15 | Viollet-le-Duc, Eugène Emmanuel: Lettres adressées d'Allemagne à M. Adolphe Lance architecte. Paris 1856.

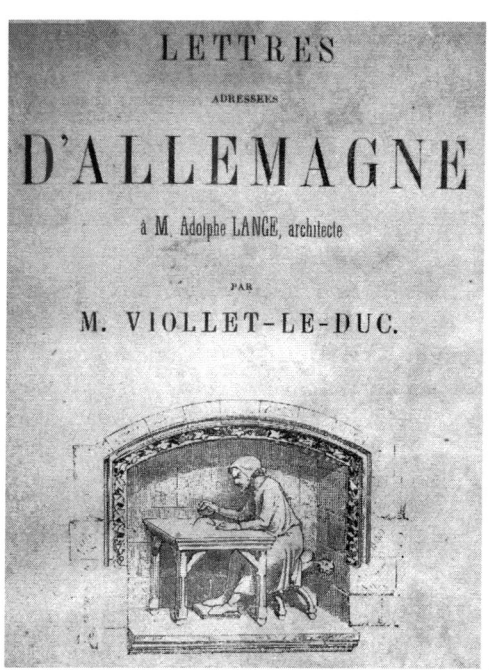

Abbildung 1: Viollet-le-Duc: *Lettres adressées d'Allemagne*, Titelblatt. Im September 1854 reist Eugène Emmanuel Viollet-le-Duc durch Süddeutschland und Österreich bis nach Prag. Seine Reiseeindrücke aus dem Land, in dem selbst »Kinder (diese Geißel unserer Denkmale) und Hunde die Bauten respektieren«, schildert er in Briefen an seinen Architektenfreund und Redakteur der *Encyclopédie d'architecture* Adolphe Lance (1813-1874).

»kein einziges Denkmal findet, das es mit unseren schönen Sakral- oder Profanbauten des Mittelalters, der Renaissance oder der Gegenwart aufnehmen kann«.[16] Erstaunlich sei angesichts dessen, mit welcher Hingabe sich die Deutschen ihrem Kulturerbe widmeten, so bemerkte er, was dann jedoch verheerende Folgen habe: »Im Allgemeinen sind die Restaurierungen mittelalterlicher Bauten in Deutschland desaströs«.[17] Zur gleichen Zeit in Deutschland beklagte der preußische Staatskonservator Ferdinand von Quast (1797-1877) im *Correspondenzblatt* der deutschen Geschichts- und Altertumsvereine die französische Restaurierungspraxis:

---

16 | Aus Prag im September 1854: »à tout prendre on ne rencontre pas de l'autre côté du Rhin un seul monument qui vaille nos beaux édifices religieux ou civils du moyen age, de la renaissance ou contemporains«, ebd., S. 2.

17 | Ebd., S. 22.

»In Frankreich werden jetzt fast alle alten Kathedralen nebst ihren Kirchen niedergerissen, um sie neu zu bauen, eine Barbarei, welche selbst die der Revolutionsperiode übertrifft, und bei uns hat diese Manier leider nur zu häufig Nachahmer gefunden.«[18]

Der dafür seit den 1830er Jahren verwendete Begriff des *vandalisme restaurateur*[19] wurde in Deutschland so breit rezipiert, dass er im 19. Jahrhundert als Inbegriff für den Restaurierungswahn der Franzosen galt. Am Heidelberger Schloss stellte Georg Dehio (1850-1932) noch 1901 fest: »Also wieder einmal ist der *vandalisme restaurateur*, wie die Franzosen das Ding treffend nennen, auf dem Kriegspfad und welch edelste Beute hat er sich ausgewählt«.[20] Wenn es um die Bildung und Bekräftigung von negativen Heterostereotypen geht, finden sich auf beiden Seiten des Rheins weitere entsprechende Beispiele. Eine gegenseitige Perzeption muss in der Tat nicht unter dem Vorzeichen der Verständigung stehen, was jüngst der von Martin Aust und Daniel Schönpflug herausgegebene Sammelband *Vom Gegner lernen* aufzeigte, in dem, wie schon im Untertitel ausgewiesen, »Feindschaften und Kulturtransfers im Europa des 19. und 20. Jahrhunderts« thematisiert wurden; auch zwischen Feinden sei Austausch »nicht nur möglich, sondern eventuell strategisch günstig«.[21]

ORGANISATION UND INSTITUTIONALISIERUNG DER DENKMALPFLEGE IN FRANKREICH UND DEUTSCHLAND

Die Entwicklung derartiger Transferstrategien entspringt in Frankreich und Deutschland jedoch völlig unterschiedlichen institutionellen Kontexten: in Frankreich einer staatlich gelenkten Denkmalpflege, in Deutschland der quasi behördlichen Struktur der Geschichts- und Altertumsvereine bzw. ihrem 1852 gegründeten Dachverband, dem Gesamtverein der deutschen Geschichts- und Altertumsvereine. Während die Vereine in den deutschen Staaten die Basis der frühen Denkmalpflege bildeten, so wurden ihre französischen Pendants, die *Sociétés historiques et*

---

18 | Correspondenzblatt der deutschen Geschichts- und Alterthumsvereine 7/3 (1858), S. 31. Vgl. auch Karg, Detlef: »Vor 150 Jahren: Bestallung des ersten Konservators in Preußen, Ferdinand von Quast«, in: Brandenburgische Denkmalpflege 1/2 (1993), S. 5-8, hier S. 7.

19 | Montalembert, Charles de: »Du vandalisme en France. Lettre à M. Victor Hugo«, in: Revue des Deux Mondes 1 (1833), S. 477-524.

20 | Dehio, Georg: »Was wird aus dem Heidelberger Schloß werden?«, in: Ders.: Kunsthistorische Aufsätze 1901. München/Berlin 1914, S. 247-259, hier S. 249.

21 | Vgl. Aust, Martin/Schönpflug, Daniel (Hg.): Vom Gegner lernen. Feindschaften und Kulturtransfers im Europa des 19. und 20. Jahrhunderts. Frankfurt a.M. 2007.

archéologiques, systematisch von der staatlichen Denkmalpflege marginalisiert.[22] Seit ihrer Institutionalisierung 1837 verfolgte die später über Jahrzehnte lang von Prosper Mérimée (1803-1870) geleitete *Commission des monuments historiques* eine rigorose Zentralisierungspolitik, die danach strebte, ein homogenes *patrimoine national* zu schaffen.[23] Der Kommission ging es dabei in erster Linie darum, typische architektonische Beispiele verschiedener Epochen quasi als Muster zu erhalten[24] – ein selektiver Ansatz, der zwangsläufig etliche kunsthistorisch weniger herausragende Denkmale vernachlässigte.[25] Regionale Initiativen wurden dabei immer stärker an den Rand gedrängt, wie besonders das bekannte Beispiel der *Société française d'archéologie* zeigt, jenem einflussreichen und wissenschaftlich herausragenden Geschichts- und Altertumsverein, der 1834 von Arcisse de Caumont (1801-1873) in der Normandie gegründet wurde. Die nahezu zeitgleich ins Leben gerufene Pariser Kommission weigerte sich schon früh, den Verein aus Caen zu unterstützen, da dieser, so Prosper Mérimée, exakt die gleichen Ziele verfolge wie die Pariser Kommission;[26] es sei »von höchster Wichtigkeit, in Angelegenheiten der Denkmalpflege keinerlei Dezentralisierung zuzulassen und die Restaurierung von Denkmalen komplett von lokalen Einflüssen abzuschirmen«[27] – eine Politik, die, so Jean-Michel Leniaud, zu einem »langsamen Ersticken der Stimme der Provinzen und der *sociétés savantes*«[28] geführt habe. Betroffen waren davon besonders

---

22 | Vgl. Bercé, Françoise: »Les sociétés savantes et la protection du patrimoine monumental«, in: Congrès national des sociétés savantes (Hg.), Actes du 100e congrès national des sociétés savantes. Paris 1976, S. 155-167.

23 | Archives départementales du Bas-Rhin, Fonds TP1, Monuments historiques. Circulaire du Ministre Secrétaire d'État de l'Intérieur Montalivet. Paris, 10.08.1837.

24 | Archives du patrimoine Paris, Fonds 80/1/56, Généralités sur les monuments historiques 1808-1985, Notice historique sur le service des monuments historiques 1874.

25 | Achim Hubel wies in seinem Diskussionsbeitrag zur Konferenz *Kulturerbe – Denkmalpflege: transkulturell* am 29.09.2011 darauf hin, dass auch heute noch der geschützte Baubestand in Frankreich vergleichsweise klein ist.

26 | Bercé, Françoise: »Arcisse de Caumont et les Sociétés savantes«, in: Pierre Nora (Hg.), Les lieux de mémoire. Band 2 (La Nation). Paris 1986, S. 533-567, hier S. 548. Auduc, Arlette: Quand les monuments construisaient la nation. Le service des monuments historiques de 1830 à 1940. Paris 2008, S. 113. Vgl. auch Auduc, Arlette: »Arcisse de Caumont et le service des monuments historiques«, in: Vincent Juhel (Hg.), Arcisse de Commont: 1801-1873. Erudit normand et fondateuer de l`archeéologie francaise. Caen 2004, S. 181-190.

27 | »la restauration des monuments historiques, qu'il est indispensable de soumettre à l'examen d'un Comité central, entièrement en dehors des influences locales«, Archives du Patrimoine Paris, Fonds 80/15/8, Procès-verbal de la Commission supérieure des monuments historiques, Séance du 2 avril 1852, S. 53.

28 | Leniaud, Jean-Michel: »Noir sur blanc«, in: Livraisons d'histoire de l'architecture 17/1 (2009), S. 5-6, hier S. 5.

die *sociétés* im grenznahen Elsass, die sich stark an den deutschen Geschichts- und Altertumsvereinen orientierten. »Während die rechtsrheinischen Provinzen ihre Schlösser restaurieren, vernachlässigt Frankreich seine Reichtümer und lässt sie dem Vergessen anheimfallen«,[29] beklagte der Präfekt des *département du Bas-Rhin* und Vorsitzende des elsässischen Altertumsvereins, der aus Paris Beihilfen zur Restaurierung von Burgruinen in den Vogesen gefordert hatte. Von der *Commission* wurden ihm allerdings nicht nur gewünschte Subventionen verweigert, der Präfekt wurde darüber hinaus auch ermahnt, keinerlei eigenständige denkmalpflegerische Arbeiten durchzuführen.[30] Gerade der deutsch-französische Grenzraum am Rhein wurde somit zu einem Beispiel der problematischen Koexistenz der »structures parallèles«[31] von Pariser *Commission* und regional organisierten *sociétés savantes*.

REZEPTION UND TRANSFER DES FRANZÖSISCHEN DENKMALPFLEGEMODELLS

Als finanzielle Referenz wurden deutsche Restaurierungsprojekte nicht nur im Elsass, sondern auch von der *Commission* in Paris selbst herangezogen, um staatliche Zuschüsse zu beantragen. Der Kölner Dombau – »das wahrhaft gigantische Projekt, dem der preußische König derzeit seinen Stempel aufdrückt«[32] – diente Prosper Mérimée 1842 dazu, Gelder für den Ausbau der Abteikirche St. Ouen von Rouen zu rechtfertigen. Zur gleichen Zeit entsandte wiederum der preußische König, auf dessen Kölner Dombauprojekt Prosper Mérimée sich berief, Friedrich Wilhelm IV. (1795-1861, König 1840-1858), seinen Kunstreferenten Franz Kugler (1808-1858) nach Frankreich, um die dortigen Einrichtungen zu Denkmalpflege zu studieren, die Kugler ihm anschließend in einem detaillierten Rapport darlegte,[33]

---

29 | »Malheureusement, tandis que les provinces rhénanes de la rive droite restauraient les châteaux susceptibles d'une réédification, [...] la France négligeait ses richesses et les laissait tomber dans l'oubli«, Archives départementales du Bas-Rhin, Fonds TP1 Monuments historiques; Correspondance de la préfecture, 21.07.1856.

30 | Archives départementales du Bas-Rhin, Fonds TP1 Monuments historiques ; Correspondance du Ministre d'État Paris. Secrétariat général. Monuments historiques. Au préfet du Bas-Rhin Stanislas Migneret. Paris, 15.05.1856.

31 | Auduc: Arcisse de Caumont et le service des monuments historiques, S. 190.

32 | Archives du Patrimoine Paris, Fonds 80/14/1/139-154. Rapport de Mérimée au Ministre du 24 novembre 1842 (Entwurf); »Vous connaissez M. le Ministre, le projet vraiment gigantesque auquel S.M. le Roi de Prusse vient d'attacher son nom. Les travaux de la cathédrale de Cologne interrompus depuis si longtemps, ont été repris cette année, et si l'on en juge par la grandeur des préparatifs, nous verrons bientôt la fin de cet immense travail [...]«.

33 | Koschnik, Leonore: Franz Kugler (1808-1858) als Kunstkritiker und Kulturpolitiker. Berlin 1985, S. 245. Vgl. auch im Beitrag von Carola Jäggi in diesem Band die Untersuchun-

der als Grundlage einer Kabinettsorder zur Erstellung eines Inventars nach französischem Vorbild diente.[34] Die weitere Rezeption des aus Frankreich importierten Inventars lässt sich 1866 in Hessen verfolgen, wo nach dessen Annektierung durch Preußen das Inventar durch den preußischen Verwalter Eduard von Möller (1814-1880) eingeführt wurde – ein Projekt, das, wie Gabi Dolff-Bonekämper gezeigt hat, »ohne den Oberpräsidenten von Möller und ohne das Geld aus der preußischen Staatskasse gewiss nicht zustande gekommen wäre«.[35] Als der preußische Verwalter von Möller nach der Annexion Elsass-Lothringens 1871 Oberpräsident in Straßburg wurde, bestand eine seiner ersten Initiativen darin, auch dort die Erstellung eines Inventars der Kunstdenkmale einzuleiten; dazu wies er die Kreisdirektoren an, eben jenes hessische Inventar zum Vorbild zu nehmen[36] – über Preußen und Hessen wurde das französische Modell also wieder in die vormals französischen *départements* reimportiert.

Eine ähnlich bedeutende Rezeption wie das französische Inventar erfuhr in Deutschland auch das erste französische Gesetz von 1887, das, so die Einschätzung von Paul Clemen, »das Vorbild für die ganze moderne Denkmälerschutzgesetzgebung«[37] darstellte und dessen Bestimmungen vor allem durch die 1897 erschienenen Übersetzungen und Erläuterungen von Hugo Lörsch (1840-1907)[38] und Joseph von Helfert (1820-1910)[39] Eingang in die deutschsprachige Denkmalpflege fanden. Dass die Umsetzung eines solchen Gesetzes in Deutschland zunächst nur in einzelnen kleineren Staaten wie zuerst 1902 in Hessen möglich war,[40] wurde

---

gen zu den Spolien der Mosaiken, die Friedrich Wilhelm IV. für die Potsdamer Friedenskirche aus Murano einführen ließ.

34 | Clemen: Denkmalpflege in Frankreich, S. 24. Zu diesem Zweck wurde auch der erste Posten eines Konservators erschaffen, auf den 1843 Ferdinand von Quast berufen wurde; Karl Friedrich Schinkel war 1841 verstorben. Vgl. auch Buch, Felicitas: »Ferdinand von Quast und die Inventarisation in Preußen«, in: Ekkehard Mai/Stephan Waetzoldt (Hg.), Kunstverwaltung, Bau- und Denkmalpolitik im Kaiserreich (Kunst, Kultur und Politik im Deutschen Kaiserreich, Band 1). Berlin 1981, S. 361-382.

35 | Dolff-Bonekämper, Gabi: Die Entdeckung des Mittelalters. Studien zur Geschichte der Denkmalerfassung und des Denkmalschutzes in Hessen-Kassel bzw. Kurhessen im 18. und 19. Jahrhundert (Quellen und Forschungen zur Hessischen Geschichte, Band 61). Darmstadt/Marburg 1985, S. 202.

36 | Archives départementales du Bas-Rhin, Fonds 259 D 266, 19. Dezember 1871.

37 | Clemen: Zur Gesetzgebung für Denkmalschutz, S. 18.

38 | Lörsch, Hugo: Das französische Gesetz vom 30. März 1887. Ein Beitrag zum Recht der Denkmalpflege. Bonn 1897.

39 | Helfert, Josef Alexander von: Denkmalpflege. Öffentliche Obsorge für Gegenstände der Kunst und des Alterthums nach dem neuesten Stande der Gesetzgebung in den verschiedenen Culturstaaten. Wien/Leipzig 1897.

40 | Speitkamp, Winfried: »Entstehung und Bedeutung des Denkmalschutzgesetzes für das Großherzogtum Hessen von 1902«, in: Landesamt für Denkmalpflege Hessen (Hg.),

vor allem der föderalen Struktur Deutschlands angelastet.[41] Nur ein gemeinsames Vorgehen aller deutschen Staaten könne, so Paul Clemen, den Widerstand gegen eine Denkmalgesetzgebung besiegen.[42] Das zentralistische Frankreich werde dabei »immer für die Ausbildung einer zielbewußten und energischen, mit großen Mitteln arbeitenden Centralgewalt das Vorbild abgeben«.[43] So schien auch für die deutsche Denkmalpflege das Ziel in einer institutionellen Zentralisierung oder zumindest Vereinheitlichung zu bestehen.[44] Dennoch lag auch nach der Reichsgründung, wie Winfried Speitkamp in seinen Untersuchungen zur Denkmalpflege im Kaiserreich dargelegt hat, »der Schwerpunkt der frühen denkmalpflegerischen Modernisierungsbestrebungen [...] bei den Einzelstaaten«.[45] In dem von der Denkmalpflege selbst bemühten Bestreben nach einer Erfüllung im Nationalstaat liegt mit der Grund dafür, dass die Ansätze einer transnationalen Denkmalpflege im 19. Jahrhundert verkannt worden sind; denn diese Initiativen lagen bei Organen, die – zumindest in Frankreich – den staatlichen Stellen fernstanden. Daher darf sich eine Untersuchung von Kulturtransfers zwischen französischer und deutscher Denkmalpflege auch nicht darauf beschränken, die Rezeption administrativer und institutioneller französischer Vorbilder zu untersuchen, sondern muss darüber hinaus nach transnationalen Ansätzen in Konzepten der Denkmalpflege fragen. Für den deutsch-französischen Kontext mögen die oben genannten Beispiele zwar einen Transfer von Strukturen und Konzepten über den Rhein hinweg dargelegt haben, doch führen sie vor Augen, dass ein internationaler Kulturtransfer nicht zwangsläufig die Schaffung transnationaler Konzeptionen bedingte, im Gegenteil oft eine nationale Abgrenzung verstärkte.

---

100 Jahre Denkmalschutzgesetz in Hessen. Geschichte – Bedeutung – Wirkung (Arbeitshefte des Landesamtes für Denkmalpflege Hessen, Band 5). Stuttgart 2003, S. 13-22.

41 | Vgl. Michler, Frauke: »Les débuts d'une codification pour le patrimoine culturel – le modèle français et ses répercussions en Allemagne à la fin du XIXe siècle«, in: Actes des Journées d'études du Collège doctoral européen sur la codification (Études et Rencontres du Collège doctoral européen, Band 3). Paris 2007, S. 219-232.

42 | Clemen: Zur Gesetzgebung für Denkmalschutz, S. 11.

43 | Clemen: Denkmalpflege in Frankreich, S. 2.

44 | Michler, Frauke: »Collégialité et fédéralisme. L'administration des monuments historiques dans les États allemands au XIXe siècle«, in: La collégialité et les dysfonctionnements dans la décision administrative. Journées annuelles d'étude de l'équipe Histoire du droit public et de l'administration à l'EPHE 2009. Paris 2011, S. 35-44.

45 | Speitkamp, Winfried: Die Verwaltung der Geschichte. Denkmalpflege und Staat in Deutschland 1871-1933 (Kritische Studien zur Geschichtswissenschaft, Band 114). Göttingen 1996, S. 188.

Internationale Kontakte

Auch Viollet-le-Duc schienen seine Reisen durch Deutschland eher in seinen Vorurteilen bestätigt zu haben: Im September 1854 besuchte er Nürnberg, das er mehr als eine *collection* denn als eine Stadt wahrnahm, welche die Bürger, so sein Eindruck, am liebsten unter eine Glasglocke gesteckt hätten: Alles werde wahllos gesammelt, nur leider ohne jeglichen *esprit critique* – von Kunst keine Spur.[46] Von Treffen mit deutschen Kollegen auf seiner Reise berichtet er nichts, ebenso wenig von der zweiten Generalversammlung der deutschen Geschichts- und Altertumsvereine, die im Vorjahr ebendort in Nürnberg stattgefunden hatte und bei der andere französische Denkmalpfleger durchaus vertreten waren,[47] so an prominenter Stelle Arcisse de Caumont, dessen rege Kontakte nach Deutschland Matthias Noell ausführlich dargelegt hat.[48] Bereits vor Gründung der *Société française d'archéologie* 1834 korrespondierte Arcisse de Caumont mit deutschen Forschern und Architekten und pflegte Kontakte zu Alexander von Humboldt (1769-1859) oder Johann Claudius von Lassaulx (1781-1848). 1842 im Vorfeld des Straßburger *Congrès archéologique* reiste er eigens nach Deutschland, um deutsche Gelehrte zu dieser Zusammenkunft einzuladen;[49] in Straßburg sei, so schrieb er später, »das gebildete Deutschland zusammengekommen, um Frankreich die Hand zu reichen«.[50] Spätestens beim *Congrès archéologique* in Lille von 1845 machte Arcisse de Caumont dann auch die Bekanntschaft von Franz Kugler sowie des frisch ernannten preußischen Konservators Ferdinand von Quast, welche bei dieser Versammlung die

---

46 | Viollet-le-Duc: Lettres adressées d'Allemagne, S. 49-51: »Or, à Nuremberg tout est curieux, tout est intéressant, tout occupe l'esprit et les yeux, mais rien ne laisse un souvenir; on sent l'empreinte du métier partout, de l'art, nulle part«.

47 | Hoppe, Willy: »Einhundert Jahre Gesamtverein«, in: Blätter für deutsche Landesgeschichte 89 (1952), S. 1-38, hier S. 6.

48 | Noell, Matthias: »›Coryphée des archéologues français‹. Arcisse de Caumont et l'Allemagne«, in: Juhel: Arcisse de Caumont, S. 253-271, hier S. 256-258.

49 | Caumont, Arcisse de: Rapport verbal, fait à la Société française pour la conservation des monuments, dans la séance administrative du 8 novembre 1842, sur quelques antiquités de Trèves et de Mayence. Caen 1843, S. 3.

50 | »où l'Allemagne lettrée était venue donner la main à la France«, Caumont, Arcisse de: Rapport verbal, fait au conseil administratif de la Société française pour la conservation des monuments, dans la séance du 7 novembre 1853, sur plusieurs excursions en France, en Hollande et en Allemagne. Caen 1854, S. 180 und S. 226. Vgl. zum *Congrès de Strasbourg* auch: »Séances générales tenues à Strasbourg par la Société française pour la conservation des monuments du 29 septembre au 4 octobre 1842«, in: Bulletin Monumental 8 (1842), S. 549-578.

Bildung einer *Société de conservation et de description des monuments historiques* in Berlin ankündigten.[51]

Gut zehn Jahre später wurde Arcisse de Caumont auf der Jahresversammlung des Gesamtvereins der deutschen Geschichts- und Altertumsvereine 1853 in Nürnberg als Ehrengast von Kronprinz Johann von Sachsen (1801-1873, ab 1854 König), dem Vorsitzenden des Gesamtvereins, begrüßt:

»Sie sehen, sagte mir der Prinz, dass wir in Deutschland imitieren, was Sie in Frankreich seit langer Zeit mit Ihren *Congrès archéologiques* fertiggebracht haben. Wir sind erst bei unserem zweiten Kongress, aber wir wandeln auf Ihren Spuren [...].«[52]

Durch die *imitation du congrès archéologique français*, sei, wie Arcisse de Caumont berichtete, aus dem Gesamtverein der deutschen Geschichts- und Altertumsvereine *der* Ort geworden, »an dem generelle Maßnahmen getroffen werden können, an dem man sich verständigen kann, sei es über Restaurierungsprinzipien, sei es über Schutzmaßnahmen zur Erhaltung [...]«.[53] Der Kongress in Nürnberg 1853 war für Arcisse de Caumont auch die Gelegenheit, den Kontakt mit zahlreichen deutschen Gelehrten zu intensivieren[54] und auf der öffentlichen Sitzung vom 15. September seinem Wunsch nach einem fortdauernden Austausch zwischen französischen und deutschen Vereinen Ausdruck zu verleihen.[55] Nicht nur schriftlich blieb der Gesamtverein anschließend mit Caumont in Kontakt, dessen Publikationen

---

51 | Chronique, in: Bulletin Monumental 11/2 (1845), S. 396; S. 495: »ils [von Quast und Kugler, Anm. FM] ont demandé à M. de Caumont, qui s'est empressé de les leur transmettre, tous les documents relatifs à l'origine et aux accroissements de la Société française«.

52 | »Vous voyez, m'a dit le prince, que nous imitons en Allemagne ce que vous avez fait en France, depuis longtemps, dans vos Congrès archéologiques. Nous ne sommes encore qu'à notre seconde session, mais nous marchons sur vos traces; je suis bien aise que vous soyez venu nous aider de votre expérience«, Caumont: Rapport sur plusieurs excursions en France, Hollande, Allemagne, S. 181.

53 | »Le congrès archéologique allemand, imitation du Congrès archéologique français, n'est qu'à sa seconde session; mais il a déjà produit du bien et il en produira beaucoup par la suite. C'est là que les mesures générales pourront être prises; que l'on pourra s'entendre, soit sur les principes à suivre dans les restaurations d'églises, de vitraux, de meubles, soit sur la surveillance à exercer de tous côtés pour la conservation des édifices«. Caumont: Rapport sur plusieurs excursions, S. 182.

54 | Vgl. die Aufzählung seiner deutschen Kontakte im Bericht aus Nürnberg. Hier seien unter anderem Baron Hans von Aufseß (1801-1872), Gründer des Germanischen National-museums in Nürnberg, und Gustav Friedrich Waagen (1794-1868), Direktor der Berliner Gemäldegalerie, genannt. Caumont: Rapport sur plusieurs excursions en France, S. 181.

55 | Correspondenzblatt der deutschen Geschichts- und Alterthumsvereine 2/1 (1854), S. 6.

er regelmäßig in seinem »Literarischen Anzeiger« dokumentierte;[56] auch kamen Caumonts deutsche Kollegen zu Kongressen nach Frankreich gereist: Sechs Jahre nach der Versammlung in Nürnberg waren König Johann von Sachsen, Baron Hans von Aufseß, Franz Kugler und Ferdinand von Quast wiederum beim *Congrès archéologique* 1859 in Straßburg vertreten.[57] Während die *Société française d'archéologie* gegenüber der staatlichen Denkmalpflege Frankreichs um ihre Kompetenzen rang, wurde ihr Modell einer dezentralen Organisation im föderalen Deutschland bereitwillig aufgegriffen. So schlug Ferdinand von Quast seinerseits zur Organisation der Denkmalpflege in Deutschland vereinsartige ›Provinzialgesellschaften‹ als adaptierte Version der französischen *sociétés* vor.[58]

VERGLEICHENDE UNTERSUCHUNGEN UND TRANSNATIONALE DENKMALPFLEGEKONZEPTE

Besonders der Kontakt mit Ferdinand von Quast, dessen »franchise allemande [...] si rare chez nous«[59] Arcisse de Caumont besonders schätzte, wirkte sich prägend auf die organisatorische und konzeptuelle Zusammenarbeit zwischen französischen und deutschen Forschern und Denkmalpflegern aus. Von Quast, der seinerseits französische Schriften für die Publikation in Deutschland bearbeitete,[60] findet sich als regelmäßiger Teilnehmer der französischen Kongresse, nach der Konferenz von Straßburg 1859 auch auf jener 1862 in Saumur oder 1867 in Paris, als er auf Einladung von Arcisse de Caumont eine Rundreise durch die Normandie an die Tagung anschloss.[61] Zusammen entwarfen Arcisse de Caumont und Ferdinand von Quast die Idee von regelmäßigen *conférences archéologiques internationales*, zu deren erster Versammlung sie sich 1855 im Umfeld der Weltausstellung in Paris mit weiteren *antiquaires étrangers très distingués* trafen.[62] Ziel dieser

---

56 | Beispielsweise notiert der Gesamtverein in seinem »Literarischen Anzeiger« die Neuerscheinungen des Bulletin monumental; vgl. Correspondenzblatt der deutschen Geschichts- und Alterthumsvereine 2/6 (1854), S. 68. Vgl. auch Noell: Coryphée, S. 260.

57 | Congrès archéologique de France. Séances générales tenues à Strasbourg, à Rouen, à St. Lo et à Vire, en 1859, par la Société française d'archéologie pour la conservation des monuments historiques XXVIe session. Paris/Caen 1860, S. 48f.

58 | Karg: Vor 150 Jahren, S. 6. Huse, Norbert: Denkmalpflege. Deutsche Texte aus drei Jahrhunderten. München 1996², S. 69.

59 | Bulletin monumental 21/3/1 (1855), S. 524.

60 | Beispielsweise brachte er zusammen mit Friedrich August Stüler (1800-1865) die erstmals 1819 erschienene *Histoire de l'Art par les Monuments* von Jean-Baptiste-Louis-Georges Séroux d'Agincourt (1730-1814) 1840 in einer kritischen Ausgabe in Berlin heraus.

61 | Bulletin monumental 1862, S. 483; Bulletin monumental 1867, S. 619-620.

62 | Bulletin monumental 1855, S. 434f. und S. 504-507.

ersten internationalen, besonders von französischen, englischen und deutschen Forschern besuchten Konferenz war es zunächst, sich über grundlegende Prinzipien einer gemeinsamen *chronologie monumentale* zu verständigen. Dazu wurden Fragen nach architektonischen Phänomenen in transnationaler Perspektive diskutiert, beispielsweise die ersten Zeugnisse von Glasmalerei, das Vorkommen bronzener Grabplatten, die Entwicklung von Westwerken oder der Einfluss orientalischer Kunst auf die Entwicklung des Spitzbogens.[63] Ferdinand von Quast sprach sich dabei unter anderem dezidiert gegen jedwede Behauptungen einer deutschen Herkunft des Spitzbogens aus und hob hervor, dass diese Form in Frankreich bereits im 12. Jahrhundert, in Deutschland erst im 13. Jahrhundert anzutreffen war.[64] Dass diese wissenschaftliche Neutralität in einer Zeit, als ›Nationaldenkmale‹ oder *monuments nationaux* den denkmalpflegerischen Diskurs an staatlichen Stellen beherrschten,[65] auch im Kreise der international vernetzten Archäologen und Kunsthistoriker keinesfalls als selbstverständlich erachtet wurde, stellte Félix de Verneilh (1820-1864) deutlich heraus, der die wissenschaftlichen Verdienste seiner deutschen Kollegen pries, welche die »loyauté la plus scrupuleuse dans l'archéologie internationale« bewiesen hätten, als sie zweifelsfrei die Ursprünge der Gotik und die stilistischen Vorbilder des Kölner Doms in Nordfrankreich verorteten.[66]

Über die *conférences archéologiques internationales*, die 1867 in Antwerpen fortgesetzt wurden,[67] fand das methodische Vorgehen einer transnationalen Untersuchung architektonischer Phänomene Verbreitung, eine Methode, die Arcisse de Caumont bereits in seinen Reiseberichten angewendet hatte, wenn er selbstverständlich Hannoversche Backsteinarchitektur mit italienischer und südfranzö-

---

63 | Bulletin monumental 1856, S. 523-526.

64 | Ebd., S. 523.

65 | Vgl. Archives du Patrimoine Paris, Fonds 80/15/9; Procès-Verbaux originaux de la Commission supérieure des monuments historiques, Séance du 25 novembre 1854.

66 | »N'oublions pas que les Allemands nous ont donné l'exemple de la loyauté la plus scrupuleuse dans l'archéologie internationale. [...] à une époque où on ne croyait guère en France à l'origine française de l'architecture ogivale, M. Mertens, de Berlin, nous accordait cette gloire, ou, pour mieux dire, il nous l'offrait. Parmi les savants qui ont contribué depuis à faire connaître dans tous ses développements ce grand fait, si flatteur pour notre amour-propre national (car il est vraiment capital dans l'histoire de l'art), on compterait autant d'Allemands que de Français: M. Schnaase et M. de Quast, par exemple. Un des ouvrages de ce dernier [...] est spécialement destiné à montrer, par son texte et par ses gravures, que les sources auxquelles a puisé l'architecte de la cathédrale de Cologne ne se trouvent point en Allemagne, mais qu'elles remontent, par Amiens, Soissons et Paris jusqu'à St.-Germer, cette pauvre abbaye du département de l'Oise.« Verneilh, Félix de: Les émaux français et les émaux étrangers. Mémoire en réponse à M. le comte F. de Lasteyrie, lu à la séance de la Société archéologique de Limoges, le 28 novembre 1862, in: Bulletin monumental 1863, S. 113-138 und S. 225-255, hier S. 254.

67 | Chronique, in: Bulletin monumental 1867, S. 619-620.

sischer in Zusammenhang setzte, einen romanischen Leuchter im Hildesheimer Dom mit einem formgleichen in Bayeux verglich, wenn ihn das Braunschweiger Renaissance-Rathaus an das Périgord erinnerte oder er das Spital in Nürnberg denen von Paris, Beaune und Angers gegenüber stellte, um nur einige Beispiele zu nennen.[68]

HOSPICE DE NUREMBERG.

La disposition de ces salles et le plan de l'hospice m'ont rappelé celui de Beaune.

Abbildung 2: Arcisse de Caumont: Hospices de Nuremberg. Als Gast der zweiten Versammlung des Gesamtvereins der deutschen Geschichts- und Altertumsvereine weilt Arcisse de Caumont 1853 in Nürnberg: »Die Aufteilung der Säle sowie der Grundriss des Spitals in Nürnberg erinnern mich an jenes in Beaune«

Nach derselben Methode ging auch Ferdinand von Quast vor, als er beispielsweise Kölner Kranzkapellen mit südfranzösischen in Zusammenhang brachte[69] (Abb. 2) oder zusammen mit Félix de Verneilh vergleichende Forschungen über Emailmalerei im Limousin und in Deutschland anstellte.[70] Anders als Viollet-le-Duc, dessen Vergleiche von französischer und deutscher Architektur vor allem auf eine Wer-

68 | Caumont: Rapport sur plusieurs excursions, S. 138, 141, 161, S. 199f.

69 | Verneilh, Félix de: »Quelques questions traitées dans les conférences archéologiques internationales convoquées à Paris en 1855 par la Société française d'archéologique«, in: Bulletin monumental 1857, S. 521-539.

70 | Quast, Alexander von/Verneilh, Félix de: »Émaux d'Allemagne et émaux limousins«, in: Bulletin monumental 1860, S. 109-130; S. 205-231.

tung und Hierarchisierung abzielten,[71] ging es Caumont und von Quast darum, ein architektonisches Phänomen synchron in seiner geographischen Verbreitung zu untersuchen – wertfrei und unabhängig von nationalen Zugehörigkeiten. Ausführlich hatte Arcisse de Caumont dieses Vorgehen bereits in seinen frühen Studien zum *Synchronisme dans l'architecture* erläutert. Hier forderte er schon 1840 explizit zu einer transnationalen Perspektive auf: Man müsse von politischen Grenzen abstrahieren, ob man nun die Geographie der Stilrichtungen des Mittelalters oder physische Geographie studierte: »on doit faire abstraction des limites politiques« – so bildeten für ihn Bayern und die preußischen Rheinlande zusammen mit dem Elsass ein und dieselbe »région monumentale«[72], einen zusammenhängenden transnationalen Kulturraum (Abb. 3). Die Parallelen zwischen Architekturgeschichte und Geographie, die Arcisse de Caumont in seinem *Synchronisme* zieht, liegen ebenfalls seiner organischen Typologisierung von Bauten zu Grunde, deren Ableitung aus der botanischen Nomenklatur Linnés Matthias Noell detailliert aufgezeigt hat.[73] Die organische Interpretation von Architektur, welche Arcisse de Caumont entworfen hatte, spiegelte sich dann auch bei Ferdinand von Quast wider, der nach der Wiederherstellung einer »organischen Verbindung zur Vorzeit«[74] strebte, um »in sinnlicher Weise« vergangene Epochen begreiflich zu machen.[75] In solch naturwissenschaftlicher Deutung von Denkmalen liegt dabei, wie Gabi Dolff-Bonekäm-

---

71 | Die Formen rheinischer Bauplastik beispielsweise seien »lourds, bâtards, [...] si éloignés de la pureté de nos profils français de la Bourgogne, de l'Auvergne, de la Saintonge et de la Guyenne.« In: Viollet-le-Duc: Lettres adressées d'Allemagne, S. 71.

72 | »Il faut dire même que la Bavière et la Prusse Rhénane ne forment, avec l'Alsace, qu'une seule et même région monumentale, et comme on doit faire abstraction des limites politiques, quand on étudie la géographie des styles du moyen-âge aussi bien que la géographie physique, je vous demande la permission de jeter un coup-d'œil sur les constructions germano-romanes, comprises entre le Rhin d'une part, la Lorraine, la Bourgogne et les Ardennes de l'autre«, Caumont, Arcisse de: Synchronisme des différents genres d'architecture dans les provinces de France. Le Mans 1840, S. 16-17.

73 | Vgl. Noell: Coryphée, besonders S. 267-270.

74 | »Wir dürfen der Geschichte nicht so in's Angesicht schlagen, alle ihre Spuren zu vernichten, und so die Fäden zu zerreißen, welche uns mit der Vorzeit in organische Verbindung setzen.« Correspondenzblatt der deutschen Geschichts- und Alterthumsvereine 7/3 (1858), S. 29. »Wir treten die ganze Erbschaft der Vorzeit cum beneficio inventarii an. Wir erkennen das Recht einer jeden Zeit an, ihren Bedürfnissen und Wünschen im Anschlusse an die Monumente der Vorzeit einen Ausdruck zu geben, und haben dieselben, in welchem späteren Style sie auch ausgeführt sein mögen, zu respektiren«, ebd., S. 30.

75 | Correspondenzblatt der deutschen Geschichts- und Alterthumsvereine 11/12 (1863), S. 118: »vielmehr müsse man, da meist viele Jahrhunderte zur Herstellung dessen beigetragen was wir als eine Gesammtheit vor Augen haben, und um uns in sinnlicher Weise unsere Zusammengehörigkeit mit der älteren Weise zu zeigen, die Werke aller Perioden und Kunstweisen erhalten und schonen«.

Abbildung 3: Während des *Congrès archéologique* 1842 in Straßburg zeigt Arcisse de Caumont am Beispiel von Maßwerkformen architektonische Gemeinsamkeiten französischer
und deutscher Architektur auf: »Bei ausgedehnten Betrachtungen über den synchronisme
der Spitzbogenarchitektur in französischen und deutschen Gegenden stellte er [Caumont,
Anm. FM] [...] die Merkmale heraus, die den Spitzbogenstil in der région monumentale des
Rheins kennzeichnen, [...] besonders die in Deutschland recht verbreitete fächerartige Anordnung der Fenster-Kompartimente, die sich ebenfalls bei zahlreichem Maßwerk in Straßburg findet.«

per angemerkt hat,[76] per se die Grundlage für eine transnationale Konzeption von
Kulturerbe. So lässt sich Caumonts quasi anatomische Typologisierung von Bauten
naturgemäß über staatliche Grenzen hinweg anwenden, wie denn auch »les plantes
de Linné« als solche von Pierre Nora als gesamteuropäische *lieux de mémoire* betrachtet werden.[77]

---

76 | Diskussionsbeitrag auf der Tagung *Kulturerbe – Denkmalpflege: transkulturell* am
01.10.2011.

77 | Nora: La notion de ›lieu de mémoire‹, S. 8.

ZUSAMMENFASSUNG UND AUSBLICK

Die Nation als leitendes Narrativ der Identitätsbildung im 19. Jahrhundert ist zweifellos auch für die Phase der Institutionalisierung der Denkmalpflege prägend gewesen. Für den Transfer von administrativen Modellen und institutionellen Konzepten der frühen Denkmalpflege ist daher auch das Vorbild des französischen
Staates von eminenter Bedeutung gewesen. Jedoch reicht dieser Parameter nicht
aus, um die deutsch-französischen Austauschprozesse in der Denkmalpflege hin-
reichend zu erfassen, da er wesentliche Faktoren der Konzeptionalisierung von
Kulturerbe verkennt, die nicht auf nationalstaatlicher Ebene verhandelt wurden,
sondern ganz wesentlich von international vernetzten Akteuren getragen wurden.
Nahezu unabhängig von staatlicher Denkmalpolitik etablierte sich deren Austausch vor allem über die *congrès archéologiques* sowie die Versammlungen des Gesamtvereins der deutschen Geschichts- und Altertumsvereine, was nicht nur eine
erweiterte Kenntnis der Denkmale des Nachbarlandes, sondern darüber hinaus
einen nachhaltigen Theorietransfer zwischen französischen und deutschen Akteuren bewirkte. Besonders die persönlichen Kontakte zwischen Arcisse de Caumont
und Ferdinand von Quast fanden dabei Niederschlag im Transfer von Konzepten
und Methoden, die grundlegend von einer transnationalen Perspektive geprägt
waren. Bereits zur Hochzeit der Nationalstaatsbildung lassen sich hier Ansätze
transnationaler Kulturerbekonzeptionen nachweisen – lange bevor Alois Riegl mit
seinem vor dem multi-ethnischen Hintergrund des habsburgischen Vielvölkerstaates entwickelten Wertesystem »eine der wichtigsten theoretischen Grundlagen
für eine übernationale Denkmalpflege«[78] (Michael Falser) schuf.

Der Zusammenhang zwischen Kulturerbe und politischen Grenzen wird
gegenwärtig unter anderen politischen Vorzeichen wieder neu verhandelt, wenn
es um Konzeptionen europäischen Kulturerbes geht. Das Beispiel der Europaratskonvention von Faro sowie des *European Heritage Labels* zeigen auf, dass die
Frage nach staatlicher Implikation dabei wieder ein zentrales Element darstellt.
Jean-Michel Leniaud hat eindringlich davor gewarnt, die zentralistische »exception
française« im europäischen Rahmen zu internationalisieren, also eine von staatlicher »centralisation, uniformisation et planification« geprägte Kulturerbepolitik
auf eine höhere Ebene zu transponieren und damit die Entscheidungen wiederum
spezialisierten Zentralinstanzen vorzubehalten, die eine Deutungshoheit für sich
beanspruchten.[79] Eine transkulturelle Perspektive auf Kulturerbe und Denkmal-

---

78 | Falser, Michael S.: »Zum 100. Todesjahr von Alois Riegl. Der ›Alterswert‹ als Beitrag
zur Konstruktion staatsnationaler Identität in der Habsburg-Monarchie um 1900 und seine
Relevanz heute«, in: Österreichische Zeitschrift für Kunst- und Denkmalpflege 59, Heft 3/4,
2005, S. 298-311, hier S. 309.

79 | Leniaud, Jean-Michel: »L'État, les sociétés savantes et les associations de défense du
patrimoine: l'exception française«, in: Jacques Le Goff (Hg.), Patrimoine et passions iden-
titaires (Actes des entretiens du patrimoine 1997). Paris 1998, S. 137-154, hier S. 139.

pflege müsse indessen, so hat es Monica Juneja in ihrem Eröffnungsvortrag der Konferenz *Kulturerbe – Denkmalpflege: transkulturell* herausgestellt, die Pluralität der Diskurse berücksichtigen und sich von nationalterritorial bestimmten Deutungsmustern lösen.[80] Wenn nun nach Transkulturalität in der Denkmalpflege gefragt wird, nach »grenzüberschreitenden Raumkonstellationen und [...] heterogenen Identitätskonstruktionen«,[81] sollten diese also auch in ihrem historischen Zusammenhang verortet werden, um angesichts der Konstituierung von neuen *heritage communities* in und außerhalb Europas erneut nach einer *abstraction des limites politiques* zu fragen.

---

80 | Eröffnungsvortrag der Tagung *Kulturerbe – Denkmalpflege: transkulturell* am 29. 09.2011.

81 | Abstract der Tagung *Kulturerbe – Denkmalpflege: transkulturell*, www.asia-europe.uni-heidelberg.de/fileadmin/Documents/Research_Areas/Research_Project_D/D12_Heritage/Kulturerbe_-_Denkmalpflege_-_Transkulturell__Heidelberg_29.9.-1.10.2011__Beschreibung.pdf vom 29.03.2012.

›Regime-Wechsel‹ und ›Kultur-Erbe‹. Zum Ansatz einer transkulturellen Geschichtsschreibung der Denkmalpflege am Beispiel von Kroatien

Franko Ćorić

Geschichte der Denkmalpflege wird bis heute immer noch, vor allem bei den großen europäischen Nationen, überwiegend aus der Perspektive des Nationalstaats mit seinen festen Grenzziehungen geschrieben und aus seiner inneren, ›zentral‹ eingeschriebenen Leitkultur heraus formuliert. Dieser Beitrag versucht demgegenüber Entwicklungsstränge einer Denkmalpflege-Geschichte mit von ›außen‹ herangetragenen politischen, quasi über- und damit ›trans‹-nationalen Einflüssen zu kontextualisieren. Kroatien ist für dieses methodische Herangehen ein geeignetes Beispiel, denn dieses Land war in seiner modernen Geschichte (bis heute) von drei großen übernationalen ›Regimen‹ bzw. Machtkomplexen überlagert: von der k. u. k. Monarchie, vom sozialistischen Jugoslawien und heute von der Europäischen Union. Im Aufzeigen der jeweiligen sozialen und institutionellen Rahmenbedingungen, der ideologisch-ästhetischen Leitmotive und letztlich daraus folgend des materiellen Umgangs mit seinem baulichen Kulturerbe eröffnet sich so die Sicht auf eine ›transkulturelle‹ Historiographie der Denkmalpflege.

ZUR METHODIK UND ZUM ZEITRAHMEN

›Transkulturalität‹ wird in diesem Aufsatz als Prozess von Transferbeziehungen verstanden, die durch Kontakt, Austausch und Überlagerung zwischen und innerhalb von Kulturen, in unserem Falle im Spannungsfeld von Regime- bzw. Regierungswechseln entstehen. Die Perspektive der Transkulturalität stellt sich hier als eine analytische Methode dar, die weniger an kulturellen ›Endprodukten‹ als vielmehr an den Transformationsprozessen selbst und ihren kulturellen und in unserem Falle politisch-ideologischen Bedingungen und handelnden Akteuren interessiert ist.[1] Der Versuch einer transkulturellen Historiographie der Denkmalpflege nimmt hierbei soziale, mentale und materielle Ebenen in den Blick. Die ›soziale‹ Ebene betrifft in unserem Falle jene Institutionen und Akteure, die Denkmalpflege als administrative und das Kulturerbe verwaltende Einrichtung in politischen Regimen etablieren. Die ›mentale‹ Ebene bezieht sich auf überregionale und ggf. übernationale Ideologien, Doktrinen, Gesetze und Normen sowie Kulturerbe- und Denkmalpflegetheorien, die die Denkmalkultur von Regimen untermauern. Die ›materielle‹ Ebene schließlich stellt jenes Kulturerbe selbst dar, das aus dem großen Bestand der baulichen Umwelt durch Selektionsvorgänge der Institution Denkmalpflege formiert wird, um kollektive und zwischengenerationelle Identität und politische Zugehörigkeit zu stiften.

Die Geschichte der Denkmalpflege aus transkultureller Sicht zu betrachten, ist in unserem Falle zweifach motiviert: zum einen war Denkmalpflege seit der Aufklärung in mittel- und westeuropäischer Tradition ein zentralstaatliches Anliegen, zum anderen bestimmten gerade im Falle Kroatiens mehrheitlich große übernationale Machtregime die Ausbildung und Umsetzung der Denkmalpflege. Damit wechselten auch stets aufs Neue die Rahmenbedingungen der Denkmalpflege. Zwischen dem Zusammenbruch der österreichisch-ungarischen Monarchie und der völkerrechtlichen Anerkennung Kroatiens lagen im Zeitraum 1918 bis 1929 die Gebiete des heutigen Kroatiens im Königreich der Serben, Kroaten und Slowenen (außer Istrien, Kvarner und Zadar, sie gehörten zum Königreich Italien). Von 1929 bis 1941 waren sie Teil des Königreichs Jugoslawien, ab 1941 bis 1945 Teil des Unabhängigen Staates Kroatien (mit Bosnien und der Herzegowina). Von 1945 bis 1963 war Kroatien eine Teilrepublik der Föderativen Volksrepublik Jugoslawien und bis 1992 schließlich der Sozialistischen Föderativen Republik Jugoslawien. Um diese Wechsel der Regime in Bezug auf die Ausbildung der Denkmalpflege und der baulich-kulturellen Erbekonstruktion zu untersuchen, werden wir mit einem Blick auf die aktuelle Situation beginnen und dann in einer Rückschau versuchen, Brüche und Kontinuitäten der oben angedeuteten sozialen, mentalen und materialen Ebenen aufzuzeigen. Der Fokus liegt dabei auf der Darstellung übergeordneter Einflüsse und übernationaler Regime auf Kulturerbe-Formationen innerhalb des heutigen Kroatiens.[2]

---

1 | Dies war die mit einem Draft-Papier initiierte methodische Fragestellung der am Chair of Global Art History am Exzellenzcluster *Asia and Europe in a Global Context* stattgefundenen Tagung 2011, deren Beiträge hier vorliegen.

2 | In der Folge werden alle original kroatischen Werke vom Autor in einer deutschen Übersetzung angeführt. Das erste Werk der kroatischen Denkmalpflege-Geschichtsschreibung wurde von Anđela Horvat verfasst, das noch heute meistgelesene Standardwerk stammt jedoch von Tomislav Marasović. Vgl. Horvat, Anđela: Konservatorische Tätigkeit in Kroatien. Zagreb 1944. Marasović, Tomislav: Schutz des architektonischen Erbes. Zagreb-Split, 1983. Heute wird die Geschichte der Denkmalpflege im 19. und 20. Jahrhundert systema-

Kulturerbe-Formationen in Kroatien

Situation und Trends nach 1992

Kroatien hat mit dem 1999 verabschiedeten und 2003 novellierten Gesetz laut Ivo Maroević die mitteleuropäische Tradition hinsichtlich Terminologie und Organisationsform der Denkmalpflege aufgegeben.[3] Vor der Verabschiedung des Gesetzes war der Terminus *spomenik kulture* (Kulturdenkmal) oder nur *spomenik* (Denkmal) bevorzugt, seitdem wird der sehr viel breitere Terminus *kulturno dobro* (Kulturgut) verwendet. Der Begriff *spomenik* (Denkmal) ist laut Maroević mit dem deutschsprachigen Einfluss der Kunstgeschichte und Denkmalpflege Kroatiens verbunden und beinhaltet sowohl die materielle als auch die geistige Komponente im Sinne von Erinnerungswert und anderen kulturellen Werten, während der Begriff *kulturno dobro* eher den materiellen Aspekt bezeichnet. Die Vertreter von staatlichen bzw. öffentlichen Institutionen (Konservatorenämter, Restaurierungsinstitute und Museen) sind zwar immer noch relevante Akteure und der Staat der bedeutendste Finanzier, doch das mitteleuropäische Modell einer zentralstaatlichen Denkmalpflege weicht unter dem Druck des neoliberalen Kapitalismus dem angelsächsischen Modell im Sinne der Entstaatlichung, wobei einzelne Unternehmen, Nichtregierungsorganisationen und Privatpersonen die denkmalpflegerische Tätigkeit übernehmen sollten (z.B. *English Heritage*). Der Staat gibt immer weniger Geld für die Denkmalpflege aus und beschäftigt sich eher mit der Unterstützung der Kulturproduktion. Es gibt gleichwohl internationale Erfolge: neue Einträge in die Weltkulturerbeliste und Europa-Nostra-Preise. Das neue Gesetz rechnet vor allem mit den Einnahmen aus der *spomenička renta* (Besteuerung der Benutzung eines geschützten Gebäudes) sowie dem Einsatz von privaten Investoren und bürgerlichen Organisationen.

Einige Konservatorenämter haben eine lange Tradition (Split seit 1842, Zagreb seit 1910), einige wurden im sozialistischen Jugoslawien gegründet und einige bestehen erst seit einigen Jahren. Sie sind nicht mehr, wie in Jugoslawien, unabhängige fachliche Institutionen, sondern ›verbürokratisiert‹ Bestandteil des Kulturministeriums geworden. Es besteht die Tendenz, in jedem Bezirk ein Konservatorenamt zu gründen, was auch als allmähliche Einverleibung in die Bezirksverwaltung gedeutet werden kann. Die Kritik, die das jugoslawische Netz von vier großen Regionalämtern in Osijek, Rijeka, Split und Zagreb zum Vergleich heran-

---

tisch am Lehrstuhl für Denkmalpflege der Abteilung für Kunstgeschichte der Philosophischen Fakultät in Zagreb erforscht.

3 | http://narodne-novine.nn.hr/clanci/sluzbeni/271022.html und http://narodne-novine.nn.hr/clanci/sluzbeni/306768.html vom 29.02.2012 (Kroatisches Amtsblatt mit dem Wortlaut von Gesetzen). Maroević, Ivo: »Kulturdenkmal oder Kulturgut. Was ist dem Fach Kunstgeschichte angemessener?«, in: Zbornik II. kongresa hrvatskih povjesničara umjetnosti. Zagreb 2006, S. 16-17.

zieht, sieht diese Tendenz als eine Schwächung des Systems an: die alten Regional-
konservatorenämter hatten weitaus mehr Personal, größere fachliche Kompetenz
sowie die Möglichkeit eingehender Beratungen vor wichtigen Entscheidungen.
Die neuen, kleinen Ämter sind dem Druck der lokalen Politik und Wirtschaft direkter ausgesetzt.

Paradoxerweise geschieht in Kroatien die Entstaatlichung der Denkmalpflege
und die Einrichtung von neuen Konservatorenämtern gleichzeitig. Hauptproble-
me der Gegenwart sind die vom Kapital gelenkte Raum- und Stadtplanung und
ihr Eingreifen in den öffentlichen Raum, der Mangel an denkmalpflegerisch sen-
sibilisierten Architekten, sowie das Fehlen eines Konservatorenvereins (er erlosch
1993), langfristiger denkmalpflegerischer Überlegungen und einer besseren Fi-
nanzierungstrategie. Das Modell der öffentlich-privaten Partnerschaft könnte hierbei eine Lösung für die Zukunft sein.

Das neue kroatische Gesetz kennt auch die Kategorie des immateriellen Kulturgutes, seit 2004 befasst sich eine Sektion des Kulturministeriums mit dieser
Aufgabe.[4] Kroatien hat zwölf Einträge in die *Intangible Heritage List* und damit die
dritthöchste Anzahl der Einträge weltweit.[5] Dieses vor allem ethnologische Kulturerbe kann vorwiegend außerhalb der bisherigen touristischen Zentren bewundert
und als Erweiterung des touristischen Angebotes interpretiert werden (ein Fünftel
des Bruttoinlandsproduktes entspringt dem Tourismus). Man sollte die identitätsstiftende Bedeutung und den damit verbundenen Widerstand gegenüber Globalisierung und allgemeiner Wirtschaftsentwicklung jedoch nicht unterschätzen. Die
Globalisierung des Kulturerbes mit der Weltkulturerbeliste einerseits und die neue
Inwertsetzung ›regionaler Traditionen‹ andererseits sind zwei Seiten ein und derselben Medaille. Die Nominierungen werden vorwiegend als ›authentische, d.h.
lebendige Traditionen‹ angesehen, sie sind, trotz ihrer ›globalen Auszeichnung‹
als Stabilisatoren *regionaler* Identität zu verstehen: traditionelle Techniken, Kenntnisse und Fertigkeiten (z.B. Spitzen-, Lebkuchen- und Spielzeugproduktion), all-
jährliche Veranstaltungen und gesellschaftliche Rituale mit langer Kontinuität,
ländliche Bräuche und Traditionen.[6] Im Unterschied zu den meisten west- und
mitteleuropäischen Staaten haben Landflucht und Verstädterung im Osten und
Südosten Europas wesentlich später stattgefunden: bei den meisten Stadtbewoh-
nern Kroatiens handelt es sich erst um die zweite oder dritte Generation, die in der
Stadt lebt. Mit den Migrationen einher ging die Veränderung der Lebensweise; vie-

---

4 | www.min-kulture.hr/default.aspx?id=3649 vom 11.04.2012.

5 | Siehe: www.unesco.org/culture/ich/index.php vom 27.03.2012.

6 | Zu nennen: das Dubrovniker St. Blasiusfest, das seit dem 10. Jahrhundert begangen
wird, die Prozessionen *Za križen* auf der Insel Hvar (seit dem 15. Jahrhundert), *Sinjska alka*
als Ritterspiel seit 1715, auch Spuren vorchristlichen Glaubens mit dem Fastnachtsumzug
von *zvončari* und der Pfingstumzug von *Ljelje*), gefährdete musikalische Traditionen (z.B.
die istrische Tonleiter oder volkstümliche Tänze wie der ›stumme Kreistanz‹ aus dem dalmatinischen Hinterland.

le Gewerbe, Fähigkeiten und Fertigkeiten sind heute vom Verschwinden bedroht. Im Unterschied zum baulichen Erbe, dessen Erhaltung und Verwaltung von der UNESCO finanziell unterstützt wird, sind für die Erhaltung der immateriellen Kulturgüter der Staat und die lokalen Gemeinschaften verantwortlich. Die wertvollsten Denkmäler gehören zum Weltkulturerbe, die immateriellen Kulturgüter und die übrigen materiellen Kulturgüter gehören den Regionen an. Damit wird von der UNESCO die Auflösung der nationalstaatlichen Denkmalpflege unterstützt.

Dieser Befund ist das Ergebnis einer Entwicklung, die durch große Regimewechsel und unterschiedliche Prägungsphasen gekennzeichnet ist. In der Donaumonarchie etablierten sich das große Narrativ der Kulturstufen und der institutionelle Rahmen, die Zwischenkriegszeit definierte den Begriff des Nationalen, im sozialistischen Jugoslawien wurden sowohl die nationalen als auch die überregionalen und die sozialistisch-volkstümlichen Perspektiven hervorgehoben. All dies gelangt nun unter dem Einfluss der kulturellen Globalisierung und wirtschaftlichen Liberalisierung in eine für die Erhaltung des kulturellen Erbes problematische und komplexe Gemengelage, die es für ein besseres Verständnis mit einem Rückblick zu entflechten gilt.

Kulturerbe zwischen Peripherie und Zentrum — Kroatisches Kulturerbe zur Zeit der k.u.k. Monarchie

Seit dem Österreichisch-Ungarischen Ausgleich 1867 gehörten Istrien und Dalmatien zur österreichischen sowie Kroatien, Slawonien und die Militärgrenze zur ungarischen Reichshälfte. Diese Teilung ist im kroatischen Kulturerbebestand heute noch spürbar: in der ungarischen Reichshälfte gab es zwar im Auftrag der Regierung ausgeführte Restaurierungsprojekte, doch erst 1910 wurde ein Amt, eine Landeskommission, gegründet, deren erster Sekretär Gjuro Szabo war. Andererseits gab es seit der Mitte des 19. Jahrhunderts in der österreichischen Reichshälfte ununterbrochen ehrenamtliche Konservorenämter. Es handelte sich um die Organe der 1850 gegründeten k.k. Zentralkommission, der Vorläuferin des österreichischen Bundesdenkmalamtes. Diese Institution entstand im Rahmen der zentralistischen, neoabsolutistischen politischen Ideen, die mit der großdeutschen Lösung der Frage der deutschen Einigung verbunden war. Die Zentralkommission stützte sich als staatliche Einrichtung aus ökonomischen Gründen auf das bereits ausgebaute öffentliche Bauwesen und die bereits bestehenden privaten Initiativen, d.h. auf die historischen und archäologischen Vereine, aus denen meistens Konservatoren und Korrespondenten gewählt wurden.[7] Die Stützen der Kommission waren darüber hinaus Vertreter des Klerus, der Lehrämter und der Gemeinden.

---

7 | Bruck, Karl Ludwig: »Vortrag des Handelsministers Freiherrn v. Bruck vom 21. Dezember 1850 [...] zu den Grundzügen einer Instruction für die k.k. Central-Commission zur Erforschung und Erhaltung der Baudenkmale«, in: Jahrbuch der k.k. Central-Commission zur Erforschung und Erhaltung der Baudenkmale I (1856), S. 3-9. Frodl, Walter: Idee und

Die k.k. Zentralkommission agierte als ein vermittelndes und Rat gebendes Glied zwischen der Regierung und der Öffentlichkeit. Die Entscheidungen über die einzelnen Restaurierungen wurden durchgehend in den Sitzungen des Wiener Gremiums getroffen und teilweise von dessen Mitgliedern entworfen. Mit den Denkmälern Istriens und Dalmatiens beschäftigten sich Mitglieder und/oder Entsandte aus dem politischen Zentrum der Macht: unter anderen Rudolf Eitelberger, Friedrich Schmidt, Heinrich Ferstel, Alois Hauser, Alois Riegl, Max Dvořák, Julius Deininger und Karl Holey, aber auch ehrenamtliche Konservatoren und Korrespondenten der Regionen: Vicko Andrić (Split), Pietro Kandler (Triest), Giovanni Smirich (Zadar), Giuseppe Gelcich (Dubrovnik und Kotor), Andrea Amoroso (Poreč), Lujo Marun (Knin), Frane Bulić (Split), Anton Gnirs (Pula), Ćiril Metod Iveković (Zadar). Die Reorganisation im Jahre 1911 bedeutete Dezentralisierung und Professionalisierung des Amtes; seitdem bestanden Landeskonservatorenämter nur noch in Pula und Split. Das Zentrum befasste sich lediglich mit den wichtigsten Denkmälern.

Die Staatsidee in der österreichisch-ungarischen Monarchie versuchte die nationalstaatlichen Tendenzen in das Konzept eines Vielvölkerstaates einzubinden. Dementsprechend waren auch die kulturpolitischen Entwicklungen in der Monarchie äußerst zwiespältig. Einerseits waren die Restaurierungen ein Ausdruck der Würdigung von historisch oder kunsthistorisch bedeutenden Bauten im Sinne des fürstlichen Mäzenatentums, andererseits waren die Geschichtsforschung, archäologische und kunsthistorische Forschungen Bausteine für die Konstruktionen von Nationalidentitäten in einem Vielvölkerstaat. Kunst und Kultur wurden als Bindemittel der Monarchie angesehen. Sowohl der Wiener Historismus als auch die historistischen Restaurierungen waren kulturpolitisch instrumentalisiert, was das folgende Zitat betreffend den Domglockenturm von Split illustrieren kann:

»Das malerische alterwürdige des früheren Thurmes ist wohl verschwunden, doch dies ließ sich nicht anders machen, denn die Frage der Gegenwart war, ob man den kommenden Geschlechtern eine nothdürftig ausgebesserte bunte Steinruine hinterlassen will, oder ein Denkmal, das durch Jahrhunderte die Erinnerung an edle Kunst und Pracht erhalten und die kommenden Geschlechter als Zeugnis der Hochherzigkeit unserer Regierung erfreuen und erheben soll.«[8]

In jedem Kronland gab es Denkmäler, die aus Staats- oder sogar aus den Privatmitteln des Kaisers restauriert wurden. Die spätere Verbundenheit der k.k. Zentralkommission mit den Herrschaftsambitionen Franz Ferdinands spricht auch für eine kulturpolitische Instrumentalisierung der ›modernen Denkmalpflege‹[9]:

Verwirklichung. Das Werden der staatlichen Denkmalpflege in Österreich. Wien/Köln/Graz 1988, S. 72.

8 | Zitiert in: Mittheilungen der k.k. Central-Commission n. F. 24 (1898), S. 243-244.

9 | Brückler, Theodor: Thronfolger Franz Ferdinand als Denkmalpfleger. Wien 2009.

dieser wollte die Nationalitätenfragen lösen, die Herrschaft an den traditionellen Werten festigen und die Kulturträgerfunktion der Deutschsprachigen behalten. Das Wirken der k.u.k. Zentralkommission hat zur Verbreitung des europäischen Historismus in den Osten und den Südosten Europas beigetragen, denn die Tätigkeit der lokalen, vorwiegend national orientierten Vereine war auch vom Staat finanziell unterstützt, damit zentralstaatlich gelenkt. Laut *Wirkungskreis der Conservatoren* (1853) war eines der Befugnisse der Konservatoren, gute Verhältnisse mit den bestehenden Vereinen zu pflegen und die Gründung von neuen zu unterstützen.[10] In den kroatischen Ländern wurde nur der Zagreber Verein vor der Gründung der k.k. Zentralkommission ins Leben gerufen. Die Gründung der restlichen drei erfolgte in der zweiten Hälfte des 19. Jahrhunderts durch die Konservatoren oder Korrespondenten der k.k. Zentralkommission.

Ein Denkmalschutzgesetz wurde zur Zeit der Monarchie nie verabschiedet, doch es gab amtliche Normen der k.k. Zentralkommission. Das Fehlen von rechtlichen Folgen für Verstöße gegen die Normen führte gegen Ende des 19. Jahrhunderts zu wachsender Einflusslosigkeit, was erst mit der Reorganisation, Professionalisierung und starken Bindung an den Thronfolger Franz Ferdinand als Protektor gelöst wurde. Französische und preußische Modelle und Erfahrungen, welche Minister Karl Ludwig von Bruck überarbeitet und den österreichischen Verhältnissen angepasst hat, waren maßgeblich für das Konzept der k.k. Zentralkommission, mit dem Unterschied, dass Österreich kein ethnisch homogener Staat war. In der neuen humanistischen Disziplin der Kunstgeschichte schloss sich den im Winkelmann'schen Kanon hervorgehobenen Zeitabschnitten (klassische Antike, Hochrenaissance und Klassizismus) schon in der ersten Hälfte des 19. Jahrhunderts die mittelalterliche damals ›national‹ genannte Archäologie an, welche im Vormärz in Österreich nur privat unterrichtet war. Rudolf Eitelberger, der erste Professor der Kunstgeschichte an der Wiener Universität, hielt die Originalität der Kunstformen für den Maßstab der Wertschätzung der Kunst und ging von der Überzeugung aus, dass die Richtungen und Impulse in der Kunst immer von jenen Orten ausgegangen sind, die Mittelpunkte der großen Zivilisation waren. Aus dieser kunstgeschichtlichen Perspektive her prägte er nachhaltig das Narrativ von der dalmatinischen Peripherie mit Rom und Venedig als einstige Dominanten sowie von Wien als aktuellem Zentrum. Er vertrat jene Kulturstufentheorie, die das folgende Zitat illustrieren kann:

»Wer den Corso Ragusas, die sogenannte Stradone hinaufwandert, [...] der nimmt in sich den Eindruck einer rein italienischen Stadt auf, und ahnt nicht, dass der Kern dieser Schale einer anderen Nation angehört. Da zeigt es sich recht deutlich, welche grosse propagandistische Kraft der bildenden Kunst inne wohnt, und in welch hohem Grade sie geeignet ist,

---

10 | »Wirkungskreis der Conservatoren für Erforschung und Erhaltung der Baudenkmale, vom 24. Juni 1853, Z. 1256-HM«, in: Jahrbuch der k.k. Central-Commission I (1856), S. 22, § 11.

Völkern, die auf einer geringeren Culturstufe stehen und keine eigene Kunstentwicklung haben, den Typus einer anderen Nation in ihren Bauwerken aufzupfropfen.«[11]

Doch als Zentrum der Kunstentwicklung bezeichnete er Dalmatien zur Zeit der kroatisch-ungarischen Könige und im 15. Jahrhundert. Deswegen schätzte er besonders die romanischen Bauten in Trogir, Zadar, Rab und Split sowie die Renaissancebauten in Šibenik und Dubrovnik als im europäischen Rahmen relevante Denkmäler. Zuerst wurden die Reste der klassischen und quasi überregional ausgebildeten Antike anerkannt und gewürdigt, in deren Nachfolge und Tradition sich die k.u.k. Monarchie ideologisch platzierte: der Augustustempel, das Amphitheater und die römischen Stadttore von Pula, der Diokletianspalast in Split wie auch die römischen Funde in Salona. Diesen schlossen sich die christlichen Denkmäler an: die altchristlichen Funde in Salona, die frühbyzantinische Euphrasius-Basilika in Poreč, die dalmatinischen romanischen Kirchen und der gotische Zagreber Dom. Es wurden demnach übernationale Zivilisations- und Staatsformen hervorgehoben, die auch die k.u.k. Monarchie gleichfalls zu vertreten versuchte. Die Habsburger identifizierten sich sowohl mit den römischen Kaisern als auch mit den christlichen Denkmälern. Der Dom von Split (Abb. 1), einstiges Mausoleum Diokletians, übernahm in diesem Sinne eine außerordentliche Rolle, ebenso die Euphrasius-Basilika. Diese Bauten wurden jahrzehntelang restauriert.

Abbildung 1: Der Dom von Split

---

11 | Eitelberger, Rudolf: »Die mittelalterlichen Kunstdenkmale Dalmatiens«, in: Jahrbuch der k.k. Central-Commission V (1861), S. 264.

Die historistische Restaurierungsmethode mit zeitgenössischen ästhetischen Eingriffen war ein Zeichen der Würdigung, Erhaltung und Hervorhebung von historischen und/oder künstlerischen Qualitäten, wobei die Frage nach einer Neunutzung betont wurde. Die Methode war von George Gilbert Scott, Gottfried Semper und Eugène Emmanuel Viollet-le-Duc beeinflusst, entscheidend aber waren die Erfahrungen und die Autorität von Friedrich Schmidt. Die Alterswert-Theorie des ersten Generalkonservators, Alois Riegl, verursachte zahlreiche Auseinandersetzungen mit den Vertretern der historistischen Anschauungen, d.h. des künstlerischen Neuheitswertes. Ein sehr gutes Beispiel ist die berühmte Debatte um das alte, barocke Episkopium an der nördlichen Seite des Domes von Split, an der auch Riegl beteiligt war. Es dauerte einige Jahre, bis der Konservator Bulić für das neue Konzept der Erhaltung des Ensembles gewonnen wurde.[12] Die allmähliche Reorganisation der k.k. Zentralkommission im Zeitraum von 1905 bis 1911 war eine Dvořák'sche Umsetzung und Anpassung der Riegl'schen Vision an die Neuorganisation der österreichischen Denkmalpflege.[13]Auch Max Dvořák befasste sich, wie Riegl, als Ausdruck des neuen Denkmalkultus mit den Übergangszeiten großer Kunstperioden:

»Das bezeichnende für den neuen Denkmalkultus ist, daß er sich nicht mehr ausschließlich auf Werke besonders berühmter Künstler oder Kunstperioden oder Kunstwerke beschränkt, die bestimmten ästhetischen Voraussetzungen entsprechen, sondern alle Denkmale umfaßt, die geeignet sind, in dem Beschauer Impressionen hervorzurufen, die in einer seelischen Anteilnahme an den Denkmalen als Dokumenten der das Werden und Vergehen bestimmenden Entwicklungsgesetze ihren Ursprung haben.«[14]

Die schon von Eitelberger als kunsthistorisch relevant hervorgehobenen dalmatinischen Bauten aus den Übergangszeiten großer Kunstperioden waren Gegenstände von Erörterungen einer Reihe von Schülern Max Dvořáks (Kutschera, Folnesics, Frey und Karaman). Es handelt sich einerseits um für die Entwicklungsgesetze sehr aufschlussreiche Denkmäler, andererseits um die kulturpoli-

---

12 | Dvořák, Max: »Restaurierungsfragen Spalato«, in: Kunstgeschichtliches Jahrbuch, Beiblatt zum Band III (o.J.), S. 130-131. Zur Alterswert-Theorie Riegls als quasi transnationales Kulturerbe-Konzept im Gegensatz zu partikularen, mehrheitlich nationalistisch geprägten Tendenzen: Falser, Michael: »Zum 100. Todesjahr von Alois Riegl. Der ›Alterswert‹ als Beitrag zur Konstruktion staatsnationaler Identität in der Habsburg-Monarchie um 1900 und seine Relevanz heute«, in: Österreichische Zeitschrift für Kunst- und Denkmalpflege LIX,3/4 (2005), S. 298-311.

13 | Riegl, Alois: »Entwurf einer gesetzlichen Organisation der Denkmalpflege in Österreich«, in: k.k. Zentralkommission (1903), S. 114-132.

14 | Dvořák, Max: »Einleitung zum ersten Band der Österreichischen Kunsttopographie« (1907), in: ÖZKD 28 (1974), S. 109.

tische Würdigung von Denkmälern in den im politischen Sinne sehr wichtigen Provinzen. Das hatte ein kulturpolitisches Pendant: Franz Ferdinand wollte eine Dreiteilung der Monarchie (*Trialismus*) durchführen und aus Kroatien, Slawonien, Dalmatien und Bosnien und Herzegowina den dritten Teil der Monarchie bilden. Er setzte sich unter anderem für die Erhaltung von Stadtbildern in Trogir und Rab ein.

In der ersten Prägungsphase einer Art ›kroatischen Denkmalpflege‹ war zusammenfassend also die Asymmetrie zwischen Zentrum und Peripherie durchgehend präsent. Das späte Interesse für die Regionen war mit der Festigung des Zentralstaates verbunden, da die altrömischen und christlichen Denkmäler sich in das politische Profil der Monarchie einfügen ließen. Kunsthistoriker, Denkmalpfleger und Archäologen unterstützten dieses Interesse und trugen somit zur ersten Internationalisierung, also Einordnung des kroatischen Kulturerbes in eine europäische Kunstgeschichte bei.

Nationalisierung von Kulturerbe: Die Zeit der Königreiche

Die Gleichberechtigung von Serben, Kroaten und Slowenen (andere Nationen im Staat waren nicht einmal genannt) unter der serbischen Dynastie Karađorđević war nur nominal. Die Fläche und die Einwohnerzahl des nunmehrigen Königreichs hatten sich mit dem Beitritt von einstigen österreichisch-ungarischen Ländern verdreifacht. Die Unterschiede zwischen dem Osten (lange unter dem Osmanischen Reich) und dem Westen (lange ein Teil von Mitteleuropa) waren unüberbrückbar. Die Staatskrise 1928/1929 kulminierte im Attentat auf den Abgeordneten der bedeutendsten kroatischen Partei (der republikanisch orientierten Kroatischen Bauernpartei) Stjepan Radić während einer Parlamentssitzung. Danach versuchte Alexander I. Karađorđević durch Königsdiktatur, die Schaffung einer südslawischen Nation aufzuzwingen.

Die Unterschiede waren auch in der Denkmalpflege spürbar: in der Zwischenkriegszeit gab es Konservatorenämter nur in den ehemaligen österreichisch-ungarischen Ländern, die dann zu Zentren der Denkmalpflege wurden. Außerdem gab es nur eine Kommission für Kirchen und Klöster mit dem Sitz in Belgrad. Außer den bereits bestehenden Ämtern gab es keine Neugründungen, die übrigen Länder bekamen erst nach dem Zweiten Weltkrieg Konservatorenämter. Die denkmalpflegerischen Akteure waren meistens Persönlichkeiten, die schon zur Zeit der k.u.k. Monarchie professionell ausgebildet waren und denkmalpflegerische Ämter bekleidet hatten: Frane Bulić, Luka Jelić, Mihovil Abramić und Gjuro Szabo. Die wichtigsten Akteure der neueren Generation waren der in Wien promovierte Ljubo Karaman und Anđela Horvat. Sie waren von der Wiener Schule der Kunstgeschichte, der modernen Denkmalpflege und der Heimatschutzbewegung beeinflusst. Man studierte nicht mehr in Wien oder Prag, doch der Einfluss der deutschsprachigen Fachliteratur war sehr stark und wurde allmählich mit neuen Theorien aus Italien (G. Giovannoni, Italienische Charta) und dem Einfluss der

CIAM bereichert, was in der elastischeren Auffassung des Mottos ›Konservieren, und nicht restaurieren‹ zu bemerken war.[15]

Der Riegl'sche Alterswert prägte die Generationen von kroatischen Kunsthistorikern in der Zwischenkriegszeit.[16] J. Purchla (Krakau) hat hervorgehoben, dass im heutigen Polen hinter der Asymmetrie zwischen den Veränderungen und Dezentralisierungen in anderen Bereichen und dem veralteten, zentralistischen Modell im Bereich Kunst und Denkmalpflege der romantische Mythos der Kultur steckt.[17] Sie wird als ein Elfenbeinturm behandelt, als ein *Sacrum*, das vor der schnell wechselnden Realität geschützt ist. Das Konzept des *Sacrum* könnte als eine Aneignung der Riegl'schen Idee des universellen Wertes der Denkmäler verstanden werden.[18] Die Auseinandersetzung mit den von den Wiener Autoritäten entwickelten Thesen oder Theorien gibt dieser Zeit auch eine postkoloniale Qualität. So gelingt es Ljubo Karaman mit klassischen Mitteln der Wiener Schule der Kunstgeschichte (Formal- und Stilanalyse, Kontextualisierung anhand von Urkunden und historischen Fakten) Strzygowskis These von der nordischen Abstammung der dalmatinischen vorromanischen Kapellen zu widerlegen.[19] Es handelte sich aber um keine dramatische Aufwertung des Regionalen, sondern um eine nüchterne, wissenschaftliche Erklärung von ungewöhnlichen, freien Formen dieser Architektur. In demselben Werk hat er schon sein späteres anthologisches Werk angedeutet, in dem er in der kroatischen Kunst das Provinz- und Grenzmilieu sowie das Milieu der Peripherie unterschied und definierte.[20] Besonders wichtig für die spätere Entwicklung wird

---

15 | Karaman, Ljubo: »Betrachtungen auf der Basis des geflügelten Wortes ›Konservieren, und nicht restaurieren‹«, in: Bulletin Zavoda za likovne umjetnosti JAZU u Dubrovniku 13,1-3 (1965), S. 44-90. Er gestattete das Restaurieren, wenn: a) der Zustand des Denkmals diesen Eingriff erforderlich machte, b) es im Ganzen und im Detail keine Zweifel über die Erscheinungsform des Denkmals gab und c) wenn es keine schlechten Folgen verursachen würde, was für eine Internationalisierung bzw. Aneignung spricht (S. 56).

16 | Ivančević, Radovan: »Wiener Schule der Kunstgeschichte und Kroatien«, in: Snješka Knežević (Hg.), Bečka škola povijesti umjetnosti. Zagreb/Barbat 1999, S. 405-429.

17 | Purchla, Jacek: »Heritage and Transformation: The experience of Poland«, in: Moritz Csáky/Monika Sommer-Sieghart (Hg.), Kulturerbe als soziokulturelle Praxis. Innsbruck 2005, S. 166: »One of the causes is precisely the deep-seated romantic myth of culture, where it is treated as an ivory tower, a sacrum detached from the rapidly changing reality.«

18 | Vgl. Falser: Zum 100. Todesjahr von Alois Riegl, S. 309.

19 | Strzygowski, Josef: Forschungen zur Entwicklung der Altkroatischen Kunst. Wien 1926. Karaman, Ljubo: Aus der Wiege der kroatischen Vergangenheit. Zagreb 1930.

20 | Karaman, Ljubo: Über die Einwirkung des einheimischen Milieus auf die Entwicklung der Kunst in den kroatischen Ländern. Zagreb 1963, S. 100. Als provinzielle Kunst definierte er die Kunst im flachen Lande und in kleinen Ortschaften, die im Schatten größerer Kulturzentren leben und sich entwickeln. Als Grenzmilieu definierte er ein Gebiet, welches sich an der Grenze zweier wesentlich verschiedener Kunstkreise befindet und zu einer bestimmten Zeit unter dem Einfluss beider Gebiete steht, und als Milieu der Peripherie jenes

die dritte Kategorie sein, denn anhand derer geschah die spätere Aufwertung von Denkmälern, die Zeugen einer selbständigen künstlerischen Betätigung in der Peripherie sind und die heute ebenfalls mit dem Weltkulturerbe-Label globalisiert wurden. Der Drang der Gesellschaft in Richtung Nationalisierung des Kulturerbes war jedoch viel stärker, als ihn viele Kunsthistoriker und Denkmalpfleger mittragen wollten. Ljubo Karaman beispielsweise wurde für seine Behauptung einer langobardischen, italienischen Herkunft des dreibändigen Flechtornamentes von den Nationalisten scharf kritisiert. Er antwortete auf die Angriffe mit der Aussage, dass es die

»[...] Nationalkunst im eigentlichen Sinne viel weniger gibt, als es geschrieben und behauptet wird. Und das deswegen, weil die Bestrebungen und Umstände unseres heutigen Kulturlebens in die vergangenen Zeiten übertragen werden. Tatsächlich lebt und entwickelt sich auch die Kunst der großen Völker auf einer regionalen Basis, das geschieht aber vor allem bei den kleinen Völkern. So war es auch bei den Kroaten.«[21]

Auch später, als sich die Tendenz zur Nationalisierung verstärkte, behielt er seine dazu in Distanz stehende Position:

»Sie [die fremden, österreichischen und italienischen Kunsthistoriker, F.C.] betonten vornehmlich die aus dem Ausland importierten Kunstwerke, die ausländischen bei uns beschäftigten Meister sowie Einflüsse des Auslandes auf die Entwicklung unserer Kunst, während die heimischen Autoren immer fleissiger in den heimischen Archiven schöpften und mit fortschreitender Fachkenntnis den Einfluss der heimischen Kräfte entdeckten um nachzuweisen, wie die schöpferische Schaffenskraft des heimischen Milieus in der Entfaltung der künstlerischen Tätigkeit in der Vergangenheit Dalmatiens zum Ausdruck gekommen ist. [...] Ich wollte damit [mit der Milieu-Theoriebildung, F.C.] einen Rahmen schaffen der elastisch angewendet, dort wo es tunlich erscheint, zur Hand sein wird, um unser sehr interessantes Erbgut an Denkmälern besser zu verstehen und erklären, mehr zu schätzen und folglich eifriger zu pflegen und zu erhalten. Und noch etwas: wenn ich auch nicht die Absicht verfolgt habe, den Wert unseres Erbgutes an Denkmälern zu rehabilitieren, so glaube ich doch, mit meinen Darlegungen gezeigt zu haben, das wir Ausdrücke wie provinzielle, peripherische, konservative, verspätete, primitive bzw. im Metier unvollkommene Kunst durchaus nicht vermeiden müssen, weil dies, wie wir gesehen haben, in Wirklichkeit durchaus nicht negative Erscheinungen sind.«[22]

Die Kunsthistoriker und Denkmalpfleger beschäftigten sich mit den mittelalterlichen Künstlern slawischer Namen oder mit dem noch nicht inventarisierten und

---

Gebiet, welches von den führenden Kulturgebieten ziemlich entfernt ist, von verschiedenen Seiten Anregungen erhält, dieselben übernimmt und verarbeitet und daraus selbständige künstlerische Betätigung auf eigenem Boden schafft.

21 | Ivančević: Wiener Schule der Kunstgeschichte, S. 423.

22 | Karaman: Über die Einwirkung des einheimischen Milieus, S. 99 und 128.

erforschten Erbe, wie z.B. mit der barocken Kunst im Nordwesten Kroatiens. (Abb.
2) Die nördlichste Region Međimurje war im 19. Jahrhundert nur kurz ein Teil
des Königreichs Kroatien und Slawonien gewesen, bis zum Ende des Ersten Welt-
kriegs gehörte sie zu Ungarn. Nun war es wichtig, die *kroatische* Basis der Kultur
hervorzuheben.[23]

Abbildung 2: Hauptaltar der Pfarrkirche in Belec

Die lokalen, im 19. Jahrhundert gegründeten Vereine hatten vor allem eine archäologische Ausrichtung und setzten in der Zwischenkriegszeit besonders die Grabungen an den vorromanischen, damals ›altkroatisch‹ genannten Stätten fort. Es
handelte sich um die materiellen Reste aus dem Zeitalter der kroatischen frühmittelalterlichen staatlichen Selbständigkeit (Fürstentum 879-925, Königreich
925-1102). Diese Kunst wurde vor allem im Ustaša-Regime als *die* nationale Kunst
entscheidend aufgewertet. Obwohl Karaman als ein Vertreter der modernen Denkmalpflege auftrat, klafften Theorie und Praxis unter anderem in seinem Wirken
auseinander. So wurden z.B. einige stimmungsvolle alte Häuser an der Südfront
des Diokletianspalastes entfernt und 1924 durch neue, vom österreichischen
Architekten A. Keller entworfene Häuser ersetzt.[24]

---

23 | Horvat, Anđela: »Spomenici arhitekture i likovnih umjetnosti u Međimurju«, in: Denk-
mäler der Architektur und der bildenden Künste in Međimurje. Zagreb 1956, S. 3 und 7.

24 | Dessen Entwurf war als die beste Arbeit in einem internationalen Wettbewerb angese-
hen worden und zeigt u.a. auch, dass die Kommunikation mit den österreichischen Gelehrten und Institutionen nicht gänzlich abgebrochen war.

Der Bildhauer Ivan Meštrović stellte anlässlich des tausendjährigen Jubiläums des Spliter Konzils am Peristyl eine riesengroße Skulptur des frühmittelalterlichen kroatischen Bischofes Grgur Ninski auf (Abb. 3), was heftige Debatten und Widerstand von Konservatoren verursachte. Es könnte auch als politischer Opportunismus gedeutet werden, denn es handelt sich um eine wichtige historische Persönlichkeit vor dem Schisma, als die vorwiegend katholischen Kroaten noch orthodox waren. Auch in Istrien, Kvarner und Zadar, die zum Königreich Italien gehörten, suchte man nach Wegen, Kunst und Kultur zu nationalisieren und in den Korpus der dortigen, *italienischen* Kunstentwicklung einzufügen.[25]

Abbildung 3: Karikatur »Split wird schöner?«,
I. Mirković, 1929

Zusammenfassend handelte es sich in der zweiten Prägungsphase ebenfalls um zentralstaatliche Tendenzen. Der Unabhängige Staat Kroatien war eine unangemessene Antwort auf die Machtmissbräuche unter der Dynastie Karađorđević. Der Staat, der auf einem abstrakten südslawischen Mythos, einer Ideologie seine Iden-

---

25 | Vgl. z.B. Dudan, Alessandro: La Dalmazia nell'arte Italiana I, II. Mailand 1921/22. Prelog, Milan: Poreč, Stadt und Denkmäler. Beograd 1957. Brock, Ingrid: »Spalato romana – Die Mission der Königlichen Akademie Italiens nach Split (29. Sept.-3. Okt. 1941-XIX)«, in: Römische historische Mitteilungen 50 (2008), S. 557-649.

tität zu bilden versuchte, zeigte kaum Interesse für die Reste der österreichisch-
ungarischen Denkmalpflege.

Kroatiens Kulturerbe im sozialistischen Jugoslawien
zwischen Realsozialismus und Internationalismus

Nach dem Zweiten Weltkrieg wurde Jugoslawien ein Bundesstaat aus sechs Teilrepubliken (Slowenien, Kroatien, Bosnien und Herzegowina, Montenegro, Serbien und Mazedonien), nachdem Josip Broz Titos kommunistische Volksfront die
Wahlen gewonnen hatte. 1946 erhielt Jugoslawien eine nach dem Vorbild der So-
wjetunion gestaltete Verfassung, doch schon 1948 erfolgte der Bruch mit der Sow-
jetunion und dem Ostblock. 1951 wurde ein Militärhilfeabkommen mit den USA
abgeschlossen, 1953 reiste Tito zu einem Staatsbesuch nach Großbritannien, und
in demselben Jahr wurde ein Balkanpakt mit den NATO-Mitgliedern Griechenland
und Türkei geschlossen.

Auf Initiative Titos, des ägyptischen Staatschefs Nasser, des indischen Pre-
miers Nehru sowie des indonesischen Präsidenten Sukarno wurde die ›Bewegung
der Blockfreien Staaten‹ geschaffen. Es war eine 1961 in Belgrad konstituierte internationale Organisation von Staaten, die keinem Militärblock angehörten und sich
im Ost-West-Konflikt neutral verhielten.

Nach der kurzen Übergangzeit kam damit die Denkmalpflege in Kroatien
wieder unter ein Regime, das es zur Peripherie machte, denn in den ersten Jahrzehnten nach dem Zweiten Weltkrieg waren sowohl der Staat Jugoslawien und
damit auch die Denkmalpflege zentralisiert. Es bestand ein Bundesdenkmalamt
in Belgrad und Konservatorenämter in den einzelnen Teilrepubliken. Serbien,
Bosnien und Herzegowina, Montenegro und Mazedonien bekamen zum ersten
Mal ein Denkmalamt. In manchen Teilrepubliken waren wegen der immensen
Kriegsschäden auch neue Konservatorenämter oder sogar Gemeinde- und Be-
zirksämter gegründet worden. In den sechziger Jahren kam es zu einer Liberalisierung in den Bereichen Politik, Wirtschaft und Kultur. Tito verfolgte einen
eigenen jugoslawischen Kommunismus (*Titoismus*), der sich durch ein um-
fassendes föderatives Konzept der Staatsorganisation auszeichnete. Auch die
so genannte ›Arbeiterselbstverwaltung‹ spielt in diesem Zusammenhang eine
wichtige Rolle: die Mitarbeiter eines jedes Betriebes konnten einen Einfluss auf
die Unternehmensführung ausüben. Letztendlich gestattete Tito die Bildung
einer sozialistischen Marktwirtschaft, d.h. die Errichtung privater Klein- und
Familienbetriebe. Im Kulturbereich vollzog sich nach der Festigung des sozialistischen Staatssystems eine formale Dezentralisierung, Reorganisation und
Übertragung der Aufgaben an die Teilrepubliken. Nach 1967 bestanden in Kroatien das zentrale Denkmalamt der Sozialistischen Teilrepublik, regionale Ämter
in Osijek, Rijeka, Split und Zagreb sowie Gemeindeämter in Dubrovnik, Split,
Zadar, Šibenik und Hvar. Außer Konservatorenämtern waren auch urbanisti-
sche Ämter und die ›sebstverwaltenden Interessengruppen‹ an der Denkmapfle-

ge beteiligt.[26] Das Bestehen von Interessengruppen spricht für die Möglichkeit der Anteilnahme von breiteren Schichten. Doch um am öffentlichen Leben teilnehmen zu können, musste man Mitglied der kommunistischen Partei sein. Vertreter der alten Sozialstukturen (Adlige, nationalbewusste Bürger, Geistliche und Gläubige) sowie politisch Andersdenkende waren aus dem öffentlichen Leben ausgeschlossen, und deren Kulturerbe-Bauten waren aus der neuen Kulturerbe-Formation ausgeblendet.

Im Zusammenhang mit der wirtschaftlichen Entwicklung waren besonders solche Denkmäler gefährdet, sie wurden enteignet bzw. abgerissen. Eine Reihe von Denkmalpflegern verhinderte die Zerstörung von Altstädten, einzelnen Bauten und ländlichen Ensembles. Die Denkmalpfleger Marija Baltić, Ana Deanović, Miljenko Domijan, Cvito Fisković, Tomislav Marasović, Ivo Maroević, Andre Mohorovičić, Iva Perčić, Milan Prelog, Ivo Petricioli, Tomislav Premerl und viele andere bemühten sich um den Transfer und die Aneignung, d.h. lokale Durchsetzung und Anpassung der international anerkannten Grundlinien. Die jugoslawische Sonderstellung zwischen Osten und Westen war auch in der Entwicklung der Denkmalpflege spürbar. Einerseits war die in realsozialistischen Staaten typische politische Befehlskette nicht völlig abgeschafft, andererseits waren Konservatorenämter selbständige fachliche Körperschaften, die die ›abendländische Entwicklung‹ mitgemacht haben. Dabei spielten die kroatischen Denkmäler und Denkmalpfleger eine außerordentlich wichtige Rolle. 1975 gelang es Marasović, ein postgraduiertes Studium der Denkmalpflege für Architekten in Split zu gründen, was mit dem Einfluss von ICCROM zu verbinden ist und die internationale Ausrichtung betont. Der Tourismus, die Mittelmeerspiele in Split und das Erdbeben in Dubrovnik 1979 (Abb. 4) beeinflussten ganz besonders die Entwicklung der Denkmalpflege.

Das erste Gesetz zum Schutz von Kulturdenkmälern und Altertümern wurde 1945 und das Allgemeine Denkmal- und Naturschutzgesetz 1946 verabschiedet. Alle Denkmäler, die sich auf dem Territorium des Staates befanden, waren zum Volkseigentum erklärt.[27] Anlässlich des dreißigjährigen Jubiläums der Denkmalpflege im kommunistischen Jugoslawien berief sich Vlado Mađarić 1976 auf Roger Garaudy und eine marxistische Fassung des Fortschrittglaubens.[28] Er kritisierte unmenschliche Produktions- und Sozialverhältnisse und bekannte sich zu den fortschrittlichen historischen Perioden. Mit der Denkmalpflege war dies unmittelbar verbunden, denn es handelte sich um die ideologische Vernachlässigung eines Teils des Kulturerbes: der feudalen Burgen und Schlösser, Kirchen und der Kunst der Gründerzeit. Dieses Erbe war meistens von den Vertretern der anderen Sprachen geschaffen und der Zweite Weltkrieg wurde in dieser Zeit auch als Volksbe-

---

26 | Mađarić, Vlado: »Trideset godina zaštite spomenika kulture u Jugoslaviji [Dreißig Jahre Denkmalpflege in Jugoslawien]«, in: Zbornik zaštite spomenika kulture XXV (1977), S. 18.

27 | Gesetzliche Änderungen wurden 1960 und 1967 vollzogen.

28 | Mađarić: Dreißig Jahre, S. 15-30.

Abbildung 4: T. Kralj: Sicherung des Uhrturms in Dubrovnik

freiungskampf gegen fremde Herrschaften gedeutet. Mađarić hob hervor, dass es in der Vergangenheit »falsche Wertschätzungen und Unterschätzungen von [jugo-slawischen, F.C.] Denkmälern mit dem Ziel der Rechtfertigung der fremden Herr-schaft gegeben habe«.[29] Der vor dem Zweiten Weltkrieg angefangene Prozess der Nationalisierung setzte sich fort. Das Kulturerbe wurde als eine geerbte Tatsache angesehen und hatte eine identitätsstiftende Bedeutung. Die Nationalitätenfragen waren im sozialistischen Jugoslawien durch eine überregionale und transnationale Ideologie unterdrückt, aber nicht gelöst. Aus diesem Grund wurden Denkmäler, die diese Fragen aktualisierten und thematisierten, bewusst vernachlässigt.

Bei Mađarićs Aufzählung von Denkmalkategorien fallen slawische Denkmä-ler aus der Völkerwanderungszeit, Zeugnisse der Gründung und Entwicklung der frühmittelalterlichen südslawischen Staaten, Zeugnisse der wirtschaftlichen Ent-wicklung, Volkskunst, Denkmäler der Arbeiterbewegung, der sozialen Revolution und des Volksbefreiungskampfes im Zweiten Weltkrieg auf. Also wurde ›Kultur und Erbe‹ erneut in ein überregionales Regime eingeschrieben, das Jugoslawien als eine Kulturzone im Balkanraum neu formierte.

Denkmalpflegerische Theorie und Tradition waren vor dem Zweiten Welt-krieg mit dem deutschsprachigen Raum verbunden. Der Krieg bedeutete einen Einschnitt in dieser Entwicklung. Es war eine ambivalente Zeit der starken Na-

---

29 | Ebd., S. 19 und 16.

tionalisierung jenes Erbes, das Ljubo Karaman zum Milieu der Peripherie erklärt hatte (z.B. Dome in Split, Šibenik und Trogir), aber auch der Aufgeschlossenheit und Internationalisierung, was die denkmalpflegerische Methodologie betraf: unmittelbar nach dem Krieg waren die polnischen, italienischen und französische Erfahrungen einflussreich (Wiederaufbau Warschaus, Eingriffe italienischer Architekten in die kriegsbeschädigten oder -zerstörten Bauten, das ›Gesetz Malraux‹). Die großzügige Internationalisierung begann mit dem Einfluss der internationalen Organisationen wie ICCROM, ICOMOS und der UNESCO. Jugoslawien hatte schon 1979 die ersten Einträge in die Weltkulturerbeliste.[30] Die Nominierung von Dubrovnik knapp vor dem Erdbeben im selben Jahr.

Marasović formulierte einen neuen Begriff: die ›aktive Denkmalpflege‹. ›Revitalisierung‹ war das Hauptanliegen des neuen Zugangs, der Instandhaltung, Konservierung, Restaurierung, Reproduktion/Rekonstruktion (*faksimil*), Einfügung von Neubauten (*interpolacija*) und ausnahmsweise Translozierung als Maßnahmen gestattet.[31] Das Angeführte überschnitt sich aber mit den Wünschen des Staates nach Verwaltung, Nutzung und ›Einfügung von Kulturdenkmälern ins Alltagsleben der Arbeiterklasse und der Jugend‹, d.h. nach Erfüllung von sozialen und kulturellen Bedürfnissen der sozialistischen Gesellschaft.[32] Die neuen, im Hinblick auf die moderne Denkmalpflege als gewagt empfundenen Maßnahmen stießen auf Widerstand von Gebildeten, die sie als zu drastisch und schöpferisch empfanden.

Handelte es sich bei den Revitalisierungsarbeiten von I. Emili an der Burg Gradina in Trsat (Rijeka) 1962 um einen Mangel an Pietät oder um ein bewusstes Verhalten? Sie gehörte einst der kroatischen Adelsfamilie Frankapan, wurde aber vom Grafen Laval Nugent (1777-1862) gekauft und im Stil des romantischen Historismus umgestaltet. Die irdischen Reste des Grafen Nugent und seiner Familie wurden bei den Revitalisierungsarbeiten aus dem Mausoleum entfernt. Der Burg wurde eine neue kulturelle Funktion gegeben, doch in den einstigen Grüften befinden sich heute ein Restaurant und ein Café. Die Errichtung eines Gebäudes (Abb. 5) für das 1893 gegründete Museum der kroatischen archäologischen Denkmäler in Split kam erst in der Zeit der Liberalisierung zwischen 1968 und 1976 zustande. Es war einerseits die endgültige Lösung für ein Museum, das oft seine Räumlichkeiten wechselte und andererseits ein Zeichen der Würdigung der frühmittelalterlichen kroatischen nationalen Kunst zur Zeit Jugoslawiens.[33]

Die im Museum aufbewahrten und ausgestellten Objekte sind ein Resultat von Grabungen an den nationalhistorisch relevanten Stätten, die von den lokalen Vereinen durchgeführt worden sind. Diese Vereine waren zur Zeit der k.u.k. Monar-

---

30 | Zum Kulturerbe zählten u.a. die Altstadt von Split mit dem Diokletianspalast und die Altstadt von Dubrovnik, zum Naturerbe u.a. die Plitvicer Seen.

31 | Marasović: Schutz des architektonischen Erbes, S. 78.

32 | Mađarić: Dreißig Jahre, S. 24.

33 | Siehe www.mhas-split.hr/vom 12.05.2012.

Abbildung 5: Museum der kroatischen archäologischen Denkmäler in Split

chie, oft als ›Völkerkerker‹ bezeichnet, unter anderem vom k.u.k. Ministerium für Kultus und Unterricht finanziert. Die Grabungen setzten sich besonders in den 1920er und 1930er Jahren fort. Die Würdigung des frühmittelalterlichen Erbes war ideologisch weniger gefährlich als die Würdigung des feudalen Erbes der Adelsfamilien (z.B. Zrinski oder Frankopani), das eine starke nationalistische Ladung hatte.

Die Erhaltung von Kumrovec, dem Geburtsort des jugoslawischen Präsidenten, eines gebürtigen Kroaten, Josip Broz Titos, war durch seinen Personenkult politisch motiviert.[34] Die Arbeiten begannen schon 1947 mit dem Geburtshaus Titos und kulminierten in der Zeit knapp vor und unmittelbar nach seinem Tod (1979-1985). Die alten Straßen wurden rekonstruiert, der Bach reguliert, die Wohnhäuser und die Nutzbauten restauriert. Heutzutage ist Kumrovec (Abb. 6), wegen der raumverschlingenden wirtschaftlichen Entwicklung, zur ›Oase der Ursprünglichkeit‹ geworden. Es ist heute ein ethnologisches Freilichtmuseum und stellt einen der wenigen Orten dar, an denen man immer noch die angeblich ursprünglichen, aber doch alten volkstümlichen Bautechniken des *Hrvatsko Zagorje* (kroatisches Hinterland) erleben kann. Zur Zeit Jugoslawiens wurde die volkstümliche Kunst besonders hervorgehoben, weil sie als demokratisch, proletarisch und antibürgerlich angesehen wurde. Das 1949 gegründete kroatische Folkloreensemble *Lado* erforscht und präsentiert heute noch volkstümliche Gesänge, Tänze, Trachten und Bräuche Kroatiens.[35]

Kroatien war also in der dritten Prägungsphase wieder in einen übernationalen Machtkomplex eingeordnet, der die Identitätsbildung des 19. Jahrhunderts unterdrückte und zum Tabu machte. Gleichzeitig setzten eine starke Nationalisierung

---

34 | www.mdc.hr/kumrovec/eng/povijest/index.html vom 29.02.2012.
35 | Siehe www.lado.hr vom 12.05.2012.

Abbildung 6: S. Krpan: »Das alte Dorf« Kumrovec

jener schon zur Zeit der k.u.k. Monarchie anerkannten, aber ›voreingenommen‹ kontextualisierten Denkmäler als auch eine starke Internationalisierung hinsichtlich der denkmalpflegerischen Methodologie ein, welche sich von ihrem deutschsprachigen Anfang distanzierte. Die Globalisierung eines Prachtkomplexes, der schon in der k.u.k. Formierung als Ensemble anerkannt war (Split) und eines, der in der transnationalen Geschichte der südslawischen Völker besonders aufgewertet war (Dubrovnik) sowie die Erfindung des demokratischen, proletarischen und antibürgerlichen volkstümlichen Erbes führen uns zur heutigen Ausgangsposition zurück.

ZUSAMMENFASSUNG

Das Kulturerbe Kroatiens spiegelt gleichzeitig übernationale wie auch regionale Prägungsphasen der Denkmalpflege wider. Dieser Beitrag hat versucht, Entwicklungsstränge der Kulturerbe-Formation in diesem Land mit von ›außen‹ herangetragenen politischen Einflusssphären festzustellen. In der Unterscheidung der sozialen und institutionellen Rahmenbedingungen, der ideologisch-ästhetischen Leitmotive und des materiellen Umgangs mit dem baulichen Bestand ergibt sich so eine neue Sichtweise auf eine herkömmlich aus einem starren nationalen Rahmen heraus erzählte Historiographie der Denkmalpflege. Es lässt sich feststellen, dass alle vier ›Vielvölkerstaaten‹ (k.u.k. Monarchie, Königreich Jugoslawien, das sozialistische Jugoslawien, EU im globalisierten Zeitalter[36]) in der Konstruktion von Identitäten von einem bestimmten territorialen Ganzen ausgegangen sind, das Kulturerbe als eine geerbte Tatsache mit identitätsstiftender Bedeutung ansahen und Arten und Weisen such(t)en, die Denkmäler in das offizielle sozialpolitische oder ideologische Narrativ einzufügen.

---

36 | Siehe: http://ec.europa.eu/culture/portal/activities/heritage/cultural_heritage_de. htm vom 12.05.2012.

Die k.u.k. Monarchie ignorierte die Nationalitätenfrage; die Dynastie Karađorđević wiederum ignorierte die vorangegangene k.u.k. Monarchie; die Kommunistische Partei im sozialistischen Jugoslawien schließlich mied die Geschichte
des Königreichs Jugoslawien. Die in vielfältiger Weise unterdrückten Nationalitätenfragen führten letztlich zu den Kriegen in den 1990er Jahren. In den einzelnen,
politisch und ideologisch jeweils entgegengesetzten Regimen waren die Zeichen
der vorhergegangenen Regime stets unerwünscht. Es handelt(e) sich um die Mechanismen der Vergangenheitsbewältigung durch Verdrängung und Vergessen
oder der Instrumentalisierung der Vergangenheit für die jeweils eigenen Zwecke.

Die heutige Situation, in der die wertvollsten Denkmäler zum Weltkulturerbe
gehören und die konservatorische Arbeit mit dem einheimischen materiellen und
immateriellen Kulturerbe (mit einem Volkstum-Boom) den Regionen überlassen
wird, lässt sich aus der historischen Entwicklung erklären. Es findet eine neue große, das ganze Europa einschließende ›Zentrum-Peripherie-Asymmetrie-Bildung‹
statt: die neuen Zentren der Macht sind Rom (ICCROM), Paris (UNESCO, ICO-
MOS) und Brüssel/Den Haag (EU, Europa Nostra). Der Beginn dieser Entwicklung begann schon in den 1970er Jahren, zur sozialistischen Zeit, in der einerseits
die Internationalisierung und andererseits ideologische Instrumentalisierung des
volkstümlichen Erbes stattfanden. Zu derselben Zeit begann auch der Prozess
der Auflösung der nationalstaatlichen materiellen Denkmalpflege innerhalb der
Teilrepubliken. Das österreichische Modell der zentralstaatlichen Denkmalpflege
und die deutschsprachige Tradition der Denkmalpflege waren für die einstigen
k.u.k. Länder prägend. Die wichtigsten, heute meistens zum Weltkulturerbe erklärten Baudenkmäler wurden schon zur Zeit der k.u.k. Monarchie als kunsthistorisch relevant erkannt und durch fachliche Rezeption internationalisiert (die Dome
von Split, Trogir, Šibenik und Poreč). Die administrative Teilung der kroatischen
Länder in der k.u.k. Monarchie verursachte Unterschiede in der Entwicklung der
Denkmalpflege an der Küste und in den kontinentalen Regionen. Sehr wichtig
war der nach dem Ersten Weltkrieg begonnene Prozess der postkolonialen Nationalisierung des Kulturerbes, der besonders stark im sozialistischen Jugoslawien
fortgesetzt wurde. Diesen unterstützte die von Ljubo Karaman definierte Kategorie
der freien schöpferischen Tätigkeit im Milieu der Peripherie. Es handelte sich vor
allem um die Inwertsetzung von mittelalterlichen und Renaissance-Denkmälern,
deren Schöpfer einheimische Künstler waren. Die praktische Denkmalpflege nach
dem Zweiten Weltkrieg war ein Einschnitt in der Verbundenheit mit dem deutschsprachigen Raum und der Beginn der Internationalisierung der Denkmalpflege.
In dieser Zeit entstand auch eine eigenständige Theoriebildung der Denkmalpflege mit Horvat, Karaman und Marasović.

Aus transkultureller Sicht lassen sich heute in der Überlagerung jener Prägungsphasen über ein und demselben Objekt mehrfach kodierte Erinnerungsorte aufzeigen. Bei den wichtigsten Denkmälern (z.B. der Euphrasius-Basilika oder
der Altstadt von Split) kann man mehrfache Schichten von denkmalpflegerischen
Eingriffen aus unterschiedlichen Zeiten und mit unterschiedlichen Konnotationen

feststellen.[37] Der traurige Zustand, in dem sich heute die Adelsburgen Zrin (Adelsfamilie Zrinski) und Modruš (Adelsfamilie Frankopan) befinden, ist ein krasses
Beispiel des Zusammenfallens von unterschiedlichen überregionalen Regimen.
Diese Familien waren miteinander durch familiäre Bande verbunden und hatten
im 17. Jahrhundert vor, durch die so genannte Magnaten- oder Wesselényi-Ver-
schwörung Könige von Kroatien zu werden. Die Verschwörung wurde aufgedeckt,
viele Beteiligte hingerichtet und ihre Besitztümer enteignet. Im 19. Jahrhundert
wurden sie als wichtige Vorkämpfer für die nationale Selbständigkeit verehrt. Man
würde erwarten, dass ihre Besitztümer in einem Nationalstaat präsent sind, doch
das ist nicht der Fall. In der k.u.k. Zeit befanden sich die Burgen in der ungarischen Reichshälfte ohne Konservatorenamt. Zur Zeit des Königreichs Jugoslawien
wurden sie von Gjuro Szabo aufgenommen und beschrieben. Im sozialistischen
Jugoslawien waren sie zusammen mit den feudalen Schlössern und Villen aus
ideologischen Gründen aus der Kulturerbe-Formation ausgeschlossen. Heute befinden sie sich weitab vom zeitgenössischen Leben, sie haben nur geringe Chan-
cen, dass sich der kroatische Staat ihrer annimmt.

---

37 | Eine Aufzählung ohne Anspruch auf Vollständigkeit: Euphrasius-Basilika: 1863-1866
Fr. v. Schmidt und G. Righetti, 1887-1900 P. Bornia, 1901-1918 A. Gnirs, 1914 D. Frey,
1918-1937 G. Cirilli, F. Forlatti, G. Brusin, B. Malajoli, ab 1947 M. Prelog, A. Mohorovičić, I.
Matejčić; die Altstadt von Split: 1854-1866 V. Andrić, 1873-1896 A. Hauser, 1883-1934
F. Bulić, 1898-1908 E. Förster, 1903-1905 A. Riegl, 1905-1918 M. Dvořák, 1908-1918 K.
Holey, 1920-1941 Lj. Karaman, ab 1945 C. Fisković, T., J. u. D. Marasović, J. Belamarić, G.
Nikšić, R. Bužančić.

Kulturerbe-Formationen in Mexiko. Die Reinkarnation des Indigenen als transkulturelle Konstruktion

GEORG MAYBAUM

Der Beitrag spiegelt ausgewählte Perspektiven der Formation des mexikanischen Kulturerbes im Kontext der Ideen und Konzepte zur Transkulturalität wider. Anhand von zehn kleinen Beispielen wird aufgezeigt, dass die vielen Charakteristika von Kulturerbe – sei es materiell, naturräumlich oder immateriell – zu unterschiedlichen Spielarten der Konstruktion desselben führen. Diese lässt sich unter Bezug auf nur wenige Leitfiguren als ein Prozess des Ablehnens, des Austauschens und des Aneignens der Vorstellungen anderer Kulturräume darstellen. Dass die intellektuelle und materielle Verwobenheit der Leitfiguren mit Europa und den Vereinigten Staaten zur Reinkarnation des Indigenen führt, wird dabei als eine zutiefst transkulturelle Entwicklung erkannt. Dabei wird das Nachweisbare, das Faktische vor dem Hintergrund des Gelesenen und des selbst Erlebten[1] reflektiert.

EINFÜHRUNG

Die Reflexion beginnt damit, die pluralen und heterogenen Identitätskonstruktionen in einem einzigen Bilde (Abb. 1) vom zentralen Platz Mexiko Citys, dem *Zócalo*, zu fassen. Alles, was Mexiko ausmacht, ist hier sichtbar: die Stufenpyramiden der Vorfahren der indigenen Bevölkerung, die Fahnen in den Farben des Quetzalvogels[2], die raumgreifende Platzrandbebauung der Konquistadoren, die domi-

1 | Der Autor bereiste 2007 anlässlich eines studentischen Kooperationsprojektes mit der Universidad Internacional in Cuernavaca und 2008 anlässlich einer vom DAAD geförderten *summer school* die Bundesstaaten México, Morelos, Tlaxcala, Puebla, Veracruz, Tabasco, Campeche, Yucatán, Quintana Roo, Chiapas und Oaxaca.
2 | Zur Symbolik des Quetzalvogels siehe: Seipel, Wilfried (Hg.): Neue Welt im Wandel. Guatemala, das Land des Quetzal. Mannheim 2002.

Abbildung 1: *Zócalo* in Mexiko-Stadt (2008)

nante Glocke als Symbol der christlichen Kirche, eingefärbt im Gold der Maya, die Jahreszahl 1810, an die Erklärung der Unabhängigkeit erinnernd, und die große Gruppe der Zuhörer: Indigene[3] und Spanier, die aufgehört haben, welche zu sein, Mestizen und Kreolen, die weder Spanier noch Indigene sind, sowie Nachfahren amerikanischer, europäischer oder afrikanischer Herkunft. Eine bunt gemischte, diversifizierte Gesellschaft, alle versammelt, um das Ereignis der Loslösung Mexikos von der kolonialen Herrschaft zu erinnern.

GESCHICHTLICHER RÜCKBLICK

Die Geschichte der Kolonisierung Mexikos beginnt mit der Ankunft des Spaniers Hernán Cortés. Eine kleine Truppe von Abenteurern landet am 21. April 1519 an der Küste bei Veracruz. Die Vermutung lag nahe, dass diese wenigen Europäer in der Neuen Welt nur mühsam hätten an Einfluss und Gewicht gewinnen können, dass das Zusammenleben einen langsamen kulturellen Wandel ermöglichte, der in einer kreolischen, ethnisch durchmischten Gesellschaft endet, die sich emanzipiert auch im 21. Jahrhundert behauptet.

Bekanntermaßen ist es anders gekommen: Der anfänglich freundlichen Aufgeschlossenheit des Aztekenherrschers Montezuma stand alsbald das durch Habgier motivierte Bemühen um Unterwerfung der Indigenen durch Cortés gegenüber – eine von vielen Zufällen und Missverständnissen geprägte Entwicklung, die später keinen Geringeren als Friedrich den Großen im fernen Potsdam das Textbuch für

---

3 | Zur Definition des Indigenen und zur Etymologie des Begriffs siehe http://de.wikipedia.org/wiki/Indigene_Völker vom 10.04.2012.

sein musikalisches Trauerspiel *Montezuma* entwerfen ließ.[4] Das Land stand nach den grausamen Gemetzeln der Konquistadoren im 16. Jahrhundert bis 1821 unter spanischer Kontrolle, US-amerikanische Truppen besiegten das zwischenzeitlich eigenständige Mexiko und teilten es 1848, England und Frankreich folgten als Besatzungsmächte, Letzteres setzte 1864 einen österreichischen Kaiser ein.

Überraschend war die Geschwindigkeit, mit der in wenigen Jahren Land und Leute in Besitz zu nehmen waren. Sie fußte auf einer Mischung aus Geschick, Glück, Brutalität und technischer Überlegenheit, aber vor allem auf der tradierten Codierung des Erscheinens bärtiger Männer aus dem Osten, welche den Erfolg der Spanier überhaupt erst ermöglichte: Die bartlose indigene Bevölkerung erwartete eine Wiederkehr ihres Gottes *Quetzalcóatl*, die ein neues, besseres Zeitalter einläuten sollte. Die im Basler Museum der Kulturen aufbewahrte Maske aus dem indigenen Kulturkreis, die einen bärtigen Gott darstellt, der in den Zügen Hernán Cortés nicht unähnlich war,[5] zeigt exemplarisch die ideelle und materielle Passgenauigkeit der indigenen Erwartungen und der europäischen Erscheinung auf. Diese Passgenauigkeit war die historische Voraussetzung militärischer Fortschritte, zügiger Unterwerfung und einer bemerkenswert schlagartigen kulturellen Determination.

SPIELARTEN VON TRANSKULTURALITÄT

Christliche Bauten als Symbole des kulturellen Bruchs

Der scharfe kulturelle Bruch dokumentiert sich beispielhaft in der zügigen Besetzung heiliger Orte durch christliche Bauten. So sind auch die meisten der im 16. Jahrhundert gebauten Klöster an den Hängen des Popocatépetl und Iztaccíhuatl, von denen 14 seit 1994 zum Weltkulturerbe gehören, auf den Resten indigener Stufenpyramiden errichtet. Die Christianisierung Mexikos ist dabei eine dauerhafte Erfolgsgeschichte. Immer noch sind rund 90 % der Bevölkerung katholischen Glaubens, wobei dieser gelebter, lebendiger und verinnerlichter erscheint, als in der stärker säkularisierten Welt im heutigen Europa. Hierzu Carlos Fuentes:

---

4 | Friedrichs Montezuma, Macht und Sinne in der Preußischen Hofoper. Ausstellung des Staatlichen Instituts für Musikforschung, Stiftung Preußischer Kulturbesitz. Berlin 26.01.-26.04.2012.

5 | Bei der hier beschriebenen Maske handelt es sich um das Objekt Ivb 649 aus dem Museum der Kulturen, Basel (CH), Abteilung Amerika, den Gott Quetzalcóatl oder Xiuhtecuhtli darstellend. Die diesbezügliche Recherche folgt dem Hinweis von Kisch, Egon Erwin: Marktplatz der Sensationen. Entdeckungen in Mexiko (Gesammelte Werke, Band 7). Berlin/Weimar 1974 (3. Auflage), S. 678.

»Ein Gott, dem es nicht genügt, daß man sich für ihn opfert, sondern der selbst hingeht und sich das Herz herausreißen lässt – Donnerwetter, Schach dem Huitzilopochotli! Das Christentum, im heißen, blutigen Sinn von Opfer und Liturgie, wird zu einer natürlichen und neuartigen Fortsetzung unserer angestammten Religion.«[6]

Die zugehörige Architektursprache der neuspanischen Kirchen ist bis etwa 1800, bevor der Geist der Unabhängigkeit zu wehen begann und neoklassische Elemente an Bedeutung gewannen,[7] der Barock. (Abb. 2)

Abbildung 2: Santo Domingo in San Cristóbal de las Casas (2008)

Wieder Fuentes:

»In Mexiko, im spanisch- und portugiesisch-sprachigen Amerika, geht der Barock über das sinnliche oder intellektuelle Verständnis Europas hinaus und wird zu einer lebendigen, eindrucksvollen Ausdrucksform und Notwendigkeit. Oder vielmehr dem Ausdruck einer Not. Verwüstetes Land, erobertes Land, Land des Hungers und Land der Träume: Der amerikanische Barock ist eine Kunst des Mangels. Es ist die imaginäre Fülle derer, die nichts besitzen.«[8]

Eine originär indigene Architektursprache ist in diesem Umfeld über Jahrhunderte nicht sichtbar. Die Wiederentdeckung des Indigenen findet erst nach der mexi-

---

6 | Fuentes, Carlos: Die fünf Sonnen Mexikos. Ein Lesebuch für das 21. Jahrhundert. Frankfurt a.M. 2010, S. 40.

7 | Vgl. Drekonja-Kornat, Gerhard: Gabriel García Márquez in Wien und andere Kulturgeschichten aus Lateinamerika. Wien 2010, S. 183 und S. 198, dort Anm. 4 zum churrigueresken Barock.

8 | Fuentes: Die fünf Sonnen Mexikos, S. 533 und S. 534.

kanischen Revolution von 1910 statt. Die Reinkarnation erfolgt auch nicht aus der indigenen Bevölkerung selbst, sondern ist eher Teil der Selbstidentifikation von Künstlern und Intellektuellen, die ethnisch indigener Wurzeln meist entbehren.

Diese beiden Themenfelder, der kulturelle Bruch und die konstruierte Reinkarnation des Indigenen, sollen nachfolgend vertieft werden.

Sakrale Kunst, Wunder und Devotionalien

Die Christianisierung erfolgte im Wesentlichen durch die Ordensbrüder der Franziskaner, Dominikaner und Augustiner. Voraussetzungen waren wehrhafte Kirchen und zahllose missionsbegeisterte Mönche. Interessant ist in diesem Zusammenhang insbesondere die Ausmalung der Klöster und Kathedralen, beispielsweise die Darstellungen aus der Kathedrale von Cuernavaca. (Abb. 3)

Abbildung 3: El Convento de la Asunción, Kathedrale in Cuernavaca (2007)

Fraglos bedurfte es hier des Anlernens indigener Fachkräfte, welche das europäische Bildprogramm auf Wände und Decken zu übertragen hatten. Ohne die Wachsamkeit der Hunde des Herrn, der *domini canes*, schien seinerzeit ein solches Vorhaben nicht denkbar zu sein. Die Indigenen wurden anfangs Verhören vor dem Glaubensgerichtshof ausgesetzt, später allerdings als »Menschen ohne Vernunft«[9] der Inquisition nicht mehr unterstellt. Gleichzeitig wurden Tausende und Abertausende unschätzbarer Bildwerke und Dokumente aus präkolumbischen Epochen vernichtet,[10] »[...] Beweise, dass das unterworfene Aztekenreich

---

9 | Kisch:Gesammelte Werke, S. 449.

10 | Vgl. hierzu die Geschichte von Bischof Diego de Landa, in: Hermann, Helmut: Mexiko. Markgröningen 2006, S. 403.

keineswegs von Kannibalen bewohnt war, sondern von Menschen mit erstaunlicher Kultur«.[11]

Die vorbeschriebene Einbindung Indigener auch auf dem Gebiet der Gestaltung sakraler Kunst ermöglichte diesen, über die Nutzung doppelt codierter Symbolik, ikonografische Konstanz zu wahren, ohne mit dem neuen Glauben in Konflikt zu geraten. Dazu zwei Beispiele aus der Publikation *Koloniale Kunst aus Lateinamerika, Prozesse gegenseitiger Aneignung* des Ethnologischen Museums Berlin[12]: eine Altardecke und ein Kruzifix, im 17. und 18. Jahrhundert wohl im heutigen Peru entstanden. Auf der Altardecke wurde mittig auf rotem Grund ein Kreuz in Goldfäden eingewebt. Die umgebenden Tiere könnten Schafe, als Symbol des Opferlamms, aber auch Lamas darstellen, die eine große Rolle bei den andinen Ritualen einnahmen. Die Papageien, die an das Paradies erinnern, assoziierte man zugleich mit den Frauen der Inka-Herrscher. Die Gestaltung des Tuches in Rot-Blau-Weiß greift die kanonischen Farben Mariens auf, verkörpert aber mit Rot und Blau zugleich ein inkaisches Herrschaftssymbol. Die Bemalung des Kruzifixes ist insofern ungewöhnlich, als dass es sich bei den kleinen geometrisch gestalteten Rechtecken (sog. *Tocapus*) um Symbole handelt, deren Ursprung in der inkaischen Kultur liegt. Sie hatten keinen genuin christlichen Inhalt, sondern waren Ausdruck kultureller Wandlungsprozesse. Im Kreuzmittelpunkt befindet sich eine christliche Rosette oder – je nach Betrachtungsweise – das verbotene inkaische Herrschersymbol der Sonne.[13]

Dass die Christianisierung ebenso erfolgreich wie dauerhaft war, zeigen bei der Reise durch das Land auch die vielen Devotionalienhändler am Straßenrand. (Abb. 4) Neben christlichen Heiligenbildchen und verschiedensten Ausführungen des Heilands am Kreuz, mit europäischer, indigener oder afroamerikanischer Hautfarbe, finden sich im Sortiment aber auch die beliebten volkstümlichen Totengestalten.

Die Gewinnung der Indigenen für den neuen Glauben erfolgte u.a. über die Anerkennung des Wunders der Jungfrau von Guadalupe: Am 9. Dezember 1531 erschien auf dem Mantel des Indios Juan Diego das Bild Mariens. Nach langer Überlegung erklärte Papst Benedikt XIV. im Jahre 1754 die Jungfrau von Guadalupe zur Patronin von Mexiko.[14] Sie wurde damit zur christlichen Hauptpatronin

---

11 | Kisch: Gesammelt Werke, S. 449.

12 | Staatliche Museen zu Berlin/Preußischer Kulturbesitz/Ethnologisches Museum (Hg.): Koloniale Kunst aus Lateinamerika, Prozesse gegenseitiger Aneignung. Katalog zur ständigen Ausstellung im Ethnologischen Museum Berlin in Zusammenarbeit mit dem Lateinamerika-Institut der Freien Universität Berlin. o. D. (nach 2005).

13 | Ebd., S. 30ff.

14 | Zur Geschichte der Anerkennung des Wunders siehe Kisch: Gesammelte Werke, S. 451. Zur aktuellen Rezeption vgl.: Camacho de la Torre, Cristina: »La Virgen de Guadalupe en el contexto mexicano de principios del tercer milenio«, in: Matices, Zeitschrift zu Lateinamerika, Spanien und Portugal 29 (2001), S. 20.

Abbildung 4: Devotionalienhändler am Straßenrand, Morelos (2008)

der neuspanischen Nation. Ihr zu Ehren wurden allerorten Kirchen und Klöster errichtet. Eine zweite Codierung hat sie für die kreolische und indigene Bevölkerung, seitdem Miguel Hidalgo, der erste Führer der Revolution, die *nuestra señora de Guadalupe* zur politischen Patronin der Unabhängigkeit machte, indem er während der Erklärung der Unabhängigkeit eine gestohlene Standarte mit dem Bildnis der Jungfrau bei sich führte.

Die nationale Identifikation vermittels Dokumentation sakraler Bauten

Wenn die dominante Besetzung öffentlicher Orte durch die christlichen Kirchen das Symbol für die Inbesitznahme des Landes war, was lag näher, als diese zu Objekten nationaler Identifikation zu erheben? So entschied sich im Jahre 1904 die Regierung unter Porfirio Díaz, dem sog. *Porfiriat* vor der mexikanischen Revolution, die in staatlichem Besitz befindlichen Sakralbauten inventarisieren zu lassen. Der Auftrag der Dokumentation dieses nationalen Erbes wurde an den Fotografen Guillermo Kahlo[15] vergeben, den Vater der Malerin Frida Kahlo. Guillermo Kahlo stammte aus Pforzheim. Einem Badener war es somit aufgegeben, mit seiner Kamera und Tausenden von Fotos der mexikanischen Nation Selbstwertgefühl und Identität zu verleihen. Der Auftrag entsprach dem kulturpolitischen Programm des *Porfiriats*, welches das europäische Erbe gegenüber der primitiven mexikanischen Volkskultur betonte. Die Voranstellung des Europäischen bedeutete zugleich eine kulturelle Distanzierung vom großen Nachbarn im Norden. Es entstand eine umfangreiche, fotografisch anspruchsvolle Dokumentation

---

15 | Franger, Gaby/Huhle, Rainer: Fridas Vater, Der Fotograf Guillermo Kahlo, Von Pforzheim nach Mexiko (Biografie und Werkverzeichnis). München 2005, S. 69ff.

von Kirchen und Kapellen, die als Manifestation der religiösen Wurzeln des Landes angedacht war. Sie wurde jedoch nie für die Öffentlichkeit publiziert, obschon die offizielle Hommage an den Fotografen bemerkenswert überschwänglich war.[16] Guillermo Kahlos spätere Fokussierung bezieht sich, als zweiter Teil des Auftrages des *Porfiriats*, auf die großen Industrie- und Repräsentationsbauten des modernen Mexiko, wofür seine Aufnahmen des in Stahlbauweise vorgefertigten Parlamentes ein Beispiel geben. Eine Identifikation mit dem indigenen Erbe sucht man in der Arbeit Guillermo Kahlos vergeblich. Nur ein einziges Bild indigener Ethnien, im Stile der seinerzeit üblichen Ablichtung für volkskundliche Zwecke, findet sich in seinem Werk.[17]

Die Reinkarnation des indigenen Erbes durch Kulturschaffende

Die Reinkarnation des indigenen Erbes wurde erst durch seine Tochter Frida propagiert. Die Malerin, zeitlebens auf der Suche nach dem »unverdorbenen, reinen Mexiko«[18], bezieht sich in ihrer Kunst, in ihrer Kleidung wie auch in ihrem Auftreten intensiv und ganz bewusst auf die vorkolonialen Wurzeln ihres Landes. Zur Rolle der Kulturschaffenden wieder ein Zitat von Carlos Fuentes:

»[...] die Bewegung [schlug] ein integrierendes Modell vor, das die Gesamtheit unserer kulturellen Komponenten – das indigene Mexiko, das iberische Mexiko, das mestizische Mexiko – umfasste und dem Land so eine unverwechselbare nationale Identität verleihen sollte. Die Kultur war der erste und wichtigste Protagonist in diesem Akt der Selbstfindung.«[19]

Frida Kahlo war dabei nie verlegen, die eigene Geschichte und ihre Herkunft neu zu konstruieren. Sie strich das ›e‹ in ihrem Vornamen, um mexikanischer – oder besser: weniger deutsch – zu klingen, verlegte selbst ihr Geburtsdatum auf den Beginn der mexikanischen Revolution, trug die traditionellen Kleider aus Juchitán, obwohl sie nie dort war,[20] und unterschrieb das Bildnis ihres Vaters mit den Sätzen:

»Ich malte meinen Vater Wilhelm Kahlo, von ungarisch-deutscher Herkunft, Künstler und Fotograf von Beruf, von großzügigem, intelligentem und edlem Wesen, mutig, da er sechzig

---

16 | Instituto Mexicano Norteamericano de Relaciones Culturales/Galería Nabor Carrillo (Hg.): Homenaje a Guillermo Kahlo (1872-1941), primer fotógrafo oficial del patrimonio cultural de México. Hamburgo 115 Mexico 6. D.F. 1976, (Anmerkung: ›Hamburgo‹ ist der Name einer Straße in Mexiko-Stadt).

17 | Franger/Huhle: Fridas Vater, Tafel 76, S. 187.

18 | Begleittext von C. Schreiner zur CD ›Chavela Vargas‹. Tropical Music, LC 9078. Madrid 1996.

19 | Fuentes: Die fünf Sonnen Mexikos, S. 516.

20 | Du, Das Kulturmagazin. Leben! Sterben! 200 Jahre Mexiko. 2/März (2010), S. 52.

Jahre an Epilepsie litt, aber nie aufhörte, zu arbeiten, und gegen Hitler kämpfte. In Verehrung, Seine Tochter Frida Kahlo.«[21]

Leider ist nahezu nichts an diesen Worten zutreffend: Kahlo hatte keine ungarischen Wurzeln, er war kein Künstler, und er kämpfte nicht gegen Hitler. Der von
der Tochter verbalisierten Verehrung steht heute der Umstand gegenüber, dass
im ›Blauen Haus‹, dem Geburts- und Sterbehaus Fridas, heute *Museo Frida Kahlo*,
kein Bild Guillermos zu sehen ist.[22]

Dieser Prozess der konstruierten kulturellen Identifikation findet sich auch in
der Kunst Diego Riveras wieder, so wird »das später gezeichnete Selbstporträt des
revolutionären und patriotischen Diego Rivera [als] reine Erfindung« erkannt.[23]
Der Maler, mit Frida Kahlo verheiratet, von ihr geschieden und mit ihr wieder-
verheiratet, arbeitet in seinen *murales* die Geschichte Mexikos auf. Verwiesen sei
hier exemplarisch auf die Ausmalung des *Palacio de Cortés* in Cuernavaca sowie
des *Palacio Nacional* und des *Patio de las Fiestas*[24] in Mexiko-Stadt. Seine Auseinandersetzung mit den historischen Gegebenheiten ist eher akademischer Natur und
entbehrt niemals des erhobenen Zeigefingers.

Näher an den Menschen war und ist die Musik von Chavela Vargas (geboren
1919), die – wie ihre Freundin Frida Kahlo (geboren 1907, 1954 gestorben und in
einer präkolumbischen Urne beigesetzt) – ihre Kleidung als ein extrovertiertes
Symbol kultureller Identifikation mit dem indigenen Erbe herausstellte. Der Verweis auf zwei Fotografien, die eine sie in jüngeren Jahren, die andere sie als 75-jäh-
rige Künstlerin darstellend,[25] mögen dies deutlich machen. Neben der Zur-Schau-
Stellung indigener Kleidung ist auch bei Chavela Vargas die zweite Dominante
mexikanischen Selbstverständnisses, das Kreuz als Symbol christlichen Glaubens,
augenscheinlich unverzichtbar.

---

21 | Zit. nach Prignitz, Helga: Frida Kahlo, Die Malerin und ihr Werk. Leipzig 2003, S. 2:
›Bildnis meines Vaters‹, Öl auf Hartfaser, 1951.

22 | Tibol, Raquel: »Es gibt keine Fotos von Guillermo Kahlo in Fridas Museum«, in: Fran-
ger/Huhle: Fridas Vater, S. 9ff.

23 | Souter, Gerry: Diego Rivera, Kunst und Leidenschaft. New York 2007, S. 59.

24 | Den Auftrag diese Wandgemälde zu dokumentieren, erhielt die italienische (!) Fo-
tografin Tina Modotti. Ebd., S. 137. »Zu den [fotografischen] Anliegen der revolutionären
Aktivistin« gehörte in den späten 20er Jahren auch »die Wiederentdeckung der indianisch-
mexikanischen Kultur«, siehe hierzu: Mißelbeck, Reinhold: Prestel – Lexikon der Fotografen. München 2002, S. 170.

25 | Portraits auf den Begleitheften zu den CDs ›Chavela Vargas‹, Latin Originals, © RCA
Victor Mexicana 1961 und ›Chavela Vargas‹, Tropical Music, LC 9078. Madrid 1996.

Die Nationale Identifikation durch Neues Bauen

Bei einem Blick auf die Fassaden und die Innenräume der *Universidad Nacional Autónoma de México* der *UNAM* entgeht dem bauhistorisch Bewanderten nicht, dass hier europäische Vorstellungen vom Neuen Bauen aus den 1920er und 30er Jahren rezipiert worden sind. (Abb. 5)

Abbildung 5: Bibliotheksgebäude der *Universidad Nacional Autónoma de México* (UNAM), Mexiko-Stadt (2008)

Dieser Haltung, verkörpert durch das Bauhaus und personifiziert durch dessen letzten Direktor Hannes Meyer, der selbst zehn Jahre Architekt und Berater des mexikanischen Bildungsministeriums sowie Leiter des Instituts für Städtebau und Planung war,[26] fühlen sich die Mexikaner immer noch verbunden und verpflichtet. Die Benennung eines der größeren Hörsäle zeugt davon. Der Architekt Juan O'Gorman, der auch das Studio für Frida Kahlo und Diego Rivera entworfen hat, versucht 1949 die Vielfalt der kulturellen Wurzeln, die auch die europäischen explizit einschließen sollte, mit einem Großbild zu visualisieren. Es entsteht das Mosaik an der Front der Bibliothek der *UNAM*, deren Gebäude, Sportanlagen und Freiflächen 2007 in die Liste des Weltkulturerbes aufgenommen worden sind. Aus Gesteinen ganz Mexikos zusammengesetzt, stellt das Mosaik die Geschichte der Naturwissenschaften sowie die des Landes mit präkolumbischen Szenen, indigener Symbolik, kolonialer Sakralarchitektur und christlichen Motiven dar. Wir finden somit in den Großbildern der *UNAM* alles, was Mexiko ausmacht, einschließlich des Traums von der *Raza cósmica*, der aus allen Rassen zusammengeschmolzenen Hybrid-Menschen, wie sie am Anfang der mexikanischen Revolution Kulturmi-

---

26 | Winkler, Klaus-Jürgen: Der Architekt Hannes Meyer. Anschauungen und Werk. Berlin 1989, S. 193ff.

nister José Vasconcelos erträumte.[27] Der Betrachter ist beeindruckt von der Vielfalt des Gezeigten, wundert sich vielleicht darüber, warum die an *Murales* erinnernde Gestaltung, die ja den des Lesens Unkundigen unterrichten sollten, gerade die Fassade der Universitätsbibliothek schmückt und empfindet möglicherweise die Konzeption als etwas allzu sehr belehren Wollendes, das ihn an die plakative Gestaltung sozialistischer Propaganda denken lässt.

Interessant ist insofern der Vergleich mit einem Bau aus dem sozialistischen Teil Deutschlands: das Haus des Lehrers in Ostberlin aus den Jahren 1961 bis 1964, von Hermann Henselmann in Anlehnung an den eigentlich in der DDR verpönten Internationalen Stil entworfen, künstlerisch gestaltet von Walter Womacka. Auch hier ein großflächiges Mosaik, hinter dem die Bibliothek angeordnet war, ausgebildet als umlaufender Fries. Dieser hatte für den Architekten »einen provokatorischen Charakter. Er soll beunruhigen, dem vorbeieilenden Schritt ein Halt zurufen«.[28]

Beide Entwürfe – das Mosaik an der *UNAM* und der Fries von Walter Womacka in Ostberlin – schöpfen aus dem Repertoire der mexikanischen *Murales* von Diego Rivera, der wiederum seine erste Bekanntschaft mit öffentlichen Wandgemälden 1908 in Paris machte und seine Kenntnisse danach in Italien vertiefte, wozu er von Alberto Pani, dem mexikanischen Botschafter in Frankreich, ein 1000-Dollar-Stipendium erhielt.[29] Beide Künstler sind auch auf der jeweils anderen Seite des Atlantiks noch heute wohlbekannt: Die ehrenden Nachrufe aus Anlass des Todes von Walter Womacka im September 2010 auf den *El pintor y muralista alemán*[30] sind überaus zahlreich. Sie erinnern an Womackas Mexikoreise in den späten Fünfzigern und an seine persönlichen Kontakte mit David Alfaro Siqueiros, dem Muralisten, der am 24. Mai 1940 ein missglücktes Attentat auf Leo Trotzki verübte.

Die Wahrnehmung des indigenen Erbes

Die Wahrnehmung des indigenen Erbes als eines lebendigen kulturellen Gutes, das einzigartig ist und insbesondere auch immateriell – der Terminologie der UNESCO folgend – ein *outstanding universal value* darstellt sowie die Verschriftlichung dieser Erkenntnis, erscheint im Rückblick auch – oder gar vorrangig? – ein Produkt derjenigen zu sein, die den Blick von außen auf dieses Land gerichtet haben. Dies waren zuvorderst die Archäologen, wie der Deutsch-Österreicher Teo-

---

27 | Vgl. Drekonja-Kornat: Gabriel García Márquez in Wien, S. 43 und S. 135 zu Vasconcelos' Aufenthalt in Wien.

28 | Architektur & Wohnen 3 (2002), S. 146.

29 | Souter: Diego Rivera, S. 45 (Paris) und S. 92 (Italien).

30 | http://espina-roja.blogspot.com/2010/10/el-pintor-y-muralista-aleman-walter. html vom 22.02.2012.

bert Maler[31], welche die baulichen Überbleibsel erst wiederentdeckt haben, im Anschluss die Ethnologen und dann die Literaten.

Egon Erwin Kisch, der aus Prag stammende, in deutscher Sprache publizierende *rasende Reporter*, der sein Exil während des Nationalsozialismus in Mexiko verbracht hat, möge hierfür Beispiel geben: Er war es, der die *Geschichten mit dem Mais* erzählte, das *Kolleg: Kulturgeschichte des Kaktus* verfasste, das *Interview mit den Pyramiden* führte oder *Fragen, nichts als Fragen auf dem Monte Albán*[32] stellte. Ihn hat dabei immer die kulturelle Kontinuität im Alltag interessiert, die Frage nach den Ursprüngen des mexikanischen Denkens und Lebens, die ihm überaus von indigenen, präspanischen Quellen gespeist erschienen.

Von dieser kulturellen Inspiration spürt man heute bei denjenigen, die über die antiken Stätten führen, gleich ob es sich um interessierte Laien oder um im Themengebiet forschende Fachleute handelt – bei aller Begeisterung, die sie für die Bauwerke empfinden – wenig. Es ist eher eine wissenschaftlich orientierte Bewunderung für das seinerzeit Geschaffene, für das in sich Abgeschlossene. Die Frage, was die indigene Kultur uns heute mit auf den Weg geben könnte, wird wenig oder gar nicht fokussiert. Hierzu noch einmal Carlos Fuentes über Benito Juárez, den ersten indigenen Präsidenten Mexikos:

»Zwischen zwölf und zwanzig [...] lernt, dieser Junge vom Lande, besitzloser Erbe einer geisterhaften, toten Kultur, [...] seine Vergangenheit als eine irrationale Düsternis anzusehen. [...] Dieser Mann war traurig, zerrissen, eingesponnen in seinen großen Widerspruch, der von da an der unsere sein sollte, der aller Mexikaner: nämlich mit unserer Vergangenheit nichts anfangen zu können – und noch viel weniger mit unserer Gegenwart.«[33]

Dieser Widerspruch prägt selbst Professoren wie Gerardo Olguín Olguín, ein Freund des Autors, stolzer Absolvent der Architekturfakultät der *UNAM*, Mitglied der Maya-Gesellschaft und begeisterter Bauforscher: Sein Bedürfnis nach Authentizität zwingt ihn zwar unmittelbar nach dem Besuch der Ruinenstätte von Bonampak einen Flug nach Europa zu buchen, um in der National Gallery Londons das ausgebaute Original der soeben gesehenen Kopie indigener Kunst betrachten zu können. Ein Teil seiner modernen Lebenskultur sind diese indigenen Hinterlassenschaften, ob materiell oder immateriell – auch im weitesten Sinne – allerdings nicht.

---

31 | Franz, Birgit/Maybaum, Georg: »Eigene und fremde Grenzen überschreiten. Wie deutsche Reflexion und Reflektion das Bild Mexikos in den Köpfen der Welt prägte«, in: Birgit Franz/Gabi Dolff-Bonekämper (Hg.), Grenzverschiebungen, Kulturraum, Kulturlandschaft. Kulturerbe in Regionen mit wechselnden Herrschaftsansprüchen (Arbeitskreis Theorie und Lehre der Denkmalpflege e.V., Band 18). Holzminden 2009, S. 133-140.

32 | Alle Erzählungen aus Kisch: Gesammelte Werke.

33 | Fuentes: Die fünf Sonnen Mexikos, S. 233.

Der Verlust des indigenen Erbes

Die Problematik möge an dem Beispiel der Maya-Hütte vergegenständlicht werden. (Abb. 6) Diese traditionellen Behausungen, geformt aus regionalen Lehmen und bedeckt mit nachwachsenden Palmwedeln, sind seit mehr als tausend Jahren in ähnlicher Weise konstruiert, werden effizient erstellt und sind an die klimatischen Verhältnisse bestens angepasst.

Abbildung 6: Straßensiedlung in Yucatán, 12.05.2007

Die heute zunehmend beliebtere Alternative ist eine ›moderne‹ Betonhütte: teuer, bauphysikalisch unvorteilhaft, Ressourcen verbrauchend, wenig nachhaltig. Der mittige, mit gelb gestrichenen Betonsteinen eingefasste Grünstreifen, der in vielen kleinen Örtchen die beiden, jeweils zweispurigen Fahrstreifen trennt, mag vielleicht nicht unerwähnt bleiben. Wie vernakuläre Architektur angesichts dieser Vorstellungen und Bedürfnisse der ländlichen Bevölkerung wird bestehen können, bleibt fraglos ungewiss.

Es lohnt ein Blick auf das, was in Mexiko unter dem Merkmal des *outstanding universal value* in die Liste des materiellen, naturräumlichen und immateriellen Welterbes der UNESCO aufgenommen wurde: Unter den ersten dreizehn nominierten Baudenkmalen und Ensembles sind acht indigenen Ursprungs. Gegenüber den Anfängen der nationalen Identifikation unter Porfirio Díaz, die koloniales Kulturgut in den Vordergrund stellten, also ein umgekehrtes Verhältnis. Sich mit dem indigenen Erbe explizit als Mitglied dieser weltweiten Wertegemeinschaft zu erklären, ist ein überaus augenscheinliches Bedürfnis. Die bronzenen Platten, geschmückt mit den Wappen des nationalen Denkmalschutzes und der UNESCO, beschriftet mit dem Hinweis auf das *Patrimonio cultural de la humanidad* findet man überall. Der Umgang mit dem materiellen Welterbe ist aber häufig touristisch-kommerziell geprägt. Die bekannten Plätze wie Palenque werden für den umfänglichen Tourismus zugänglich gemacht und buchstäblich aus dem Urwald herausgeputzt. Die oberen sechseinhalb Stufen des pyramidalen Sockels verdanken seit 2008 ihr strahlendes Weiß dem Einsatz eines Kärcher-Hochdruckreinigers – *engineered in germany*.[34]

Die Identifikation mit dem naturräumlichen Erbe, beispielhaft genannt seien das Biosphärenreservat Sian Ka'an in Yucatán und die Selva Lacandona in Chiapas, fällt ebenso divergent aus: Das Biosphärenreservat ist touristisch zugänglich gemacht und jedwede Einnahmequelle erschlossen. Die Selva Lacandona, Wald und Flur vom Dänen Frans Bloms und der Schweizerin Gertrude Duby-Blom erkundet und seitdem für seine außergewöhnliche Fauna und Flora bekannt, wird seit 1994 von der *EZLN*, der *Ejército Zapatista de Liberación Nacional*, als *Territorio zapatista* deklariert.[35] Der Traum und das Versprechen von Benito Juárez, das Land gerecht an diejenigen, die es bearbeiten, zu verteilen, sind leider bis heute nicht erfüllt.

Das immaterielle Erbe

Das als universell anerkannte immaterielle Erbe Mexikos weist seit 2003 den Tag der Toten, *Día de los Muertos*, aus. Für bundesdeutsche Verhältnisse eine teils makaber anmutende Festivität, eine mehr als ungewohnte Kombination von Trauer und Freude. Für Mexiko seit alters her ein bestimmendes Faktum: die Unlösbarkeit von Tod und Leben.

Sie findet sich in der Literatur – beispielhaft im Juan Rulfos Roman *Pedro Páramo*[36] – wie in der Kunst, ist aber zugleich Gegenstand des alltäglichen Lebens. Dass das Titelbild von Rulfos Roman als Synonym mexikanischer Wirklichkeit in den Hochebenen erscheint, mag angesichts der erst von den Spaniern eingeführten Reittiere zunächst verwundern.[37] Wer die Fotografien Juan Rulfos kennt, allesamt voller Stille und Melancholie, weiß allerdings um die synergetische Symbiose von Bild und Text.[38] Hierzu Carlos Fuentes, der i.Ü. auch das Buch über Rulfos fotografisches Werk mitherausgegeben hat: »[Es] tut sich in der flachsten Ebene, aber auch im höchsten Gebirge ein Spalt auf, durch den die Hitze des Todes und der Sexualität entfliehen.«[39]

Den Tod nicht zu fürchten, ja ihn als Erlösung zu begreifen, bemüßigen sich nicht nur die jungen Männer, die als Drogenkuriere ein kurzes, aber »adrenalinge-

---

34 | Unter Leitung von Prof. Martin Thumm versuchten Studierende der HAWK 2007 hingegen, das Modell-Ensemble, angefertigt für die große Maya-Ausstellung im Roemer- und Pelizaeus-Museum in Hildesheim, in der historischen Prägung (einem matten Rotton) einzufärben, in: Hildesheimer Allgemeine Zeitung vom 13.10.2007.

35 | Vgl. Fuentes: Die fünf Sonnen Mexikos, S. 509: »Das Erwachen, Chiapas, 1994«.

36 | Rulfo, Juan: Pedro Páramo. Neu übersetzt von Dagmar Ploetz. München 2008.

37 | Das Titelbild des Romans (s. Anm. 36) ist gegenüber der Original-Fotografie Rulfos (s. Anm. 38) übrigens seitenverkehrt verwendet.

38 | Fuentes, Carlos/et al.: Juan Rulfo, Mexiko – Wunderbare Wirklichkeit. Bern 2002.

39 | Fuentes: Die fünf Sonnen Mexikos, S. 537 und S. 538.

tränktes Leben auf der Überholspur«[40] führten und durch aufwendigste Mausoleen sich posthum huldigen lassen. Die *Gebete an den heiligen Tod*, so die Überschrift eines Interviews mit dem Autor und Regisseur Guillermo Arriaga in der Wochenzeitung *Die Zeit*,[41] oder das Sonderheft des Kulturmagazins *Du: Leben! Sterben! 200 Jahre Mexiko* zeigen, dass der Tod in Mexiko etwas Allgegenwärtiges, Alltägliches ist. Die dort als Titelbild[42] gewählte Symbolik, drei Pistolengriffe, einer mit dem Bild des christlichen Erlösers auf Goldgrund mit einem indigenen Schlangenrelief, ein zweiter mit dem goldenen, die Schlange greifenden aztekischen Adler auf den mexikanischen Farben Grün-Weiß-Rot und als dritter der schmucklose Griff der *Desert Eagle Pistol* aus den USA, soll nicht unerwähnt bleiben.

Die nationale Identifikation durch Abgrenzung

»México es un otro mundo!«, möchte man ausrufen, und natürlich ist Mexiko eine andere Welt, aber auch eine, die sich der Auseinandersetzung mit dem Rest der Welt nicht entziehen kann. Die prägendste Facette dieser Auseinandersetzung ist die identifikationsstiftende Abgrenzung gegenüber den USA. Die Besetzung und Aneignung weiter Teile Mexikos nach dem amerikanisch-mexikanischen Konflikt von 1846/1848 ist dafür die Basis: *forgiven but not forgotten*, wie auch heute noch die Mexikaner sagen.

Das Selbstbildnis Frida Kahlos, sie auf der Grenze zwischen den USA und Mexiko stehend zeigend,[43] verdeutlicht die – in ihren Augen – übergroße Distanz: auf der einen Seite das an kulturellen Eigenarten so reiche Land, in dem der Kreislauf und der Einklang mit der Natur und den Göttern sich spirituell und baulich so vielfältig dokumentieren. Auf der anderen Seite der industriell orientierte, kapitalistisch agierende, reiche Nachbar, der Natur und Umwelt nur als nutzbar zu machende Ressource wahrnimmt. Daran, welchem Land ihre Liebe gehört, lässt Frida Kahlo, die mexikanische Flagge in der linken Hand, keinen Zweifel. Wie sagte außergewöhnlich pointiert Porfirio Díaz: »Armes Mexiko, so fern von Gott und so nah bei den Vereinigten Staaten.«[44] Die Situation erscheint heute etwas modifiziert, dazu Gerhard Drekonja-Kornat in *Gabriel García Márquez in Wien*: »[...] der Strom legaler und illegaler Armutsmigration von Latinos [tariert] einiges aus und zeugt einen hybriden Kulturraum, der zwar künstlerisch, aber nicht gesellschaft-

---

40 | Rheinpfalz vom 27.07.2011.

41 | Die Zeit vom 26.05.2011, S. 51.

42 | Du: Leben! Sterben! 200 Jahre Mexiko, »Vom Militär beschlagnahmte Waffen mexikanischer Drogenkartelle, Zurschaustellung in Culiacán, 08.12.2009«.

43 | Prignitz: Frida Kahlo, S. 81: ›Selbstbildnis auf der Grenze zwischen Mexiko und den USA‹, Öl auf Metall, 1932.

44 | Zit. nach: Aufbaustudiengang Buchwissenschaft der Ludwig-Maximilians-Universität/Zaimoglu, Feridun: In 80 Büchern um die Welt, eine literarische Reise. München 2011, S. 248.

lich emanzipatorisches Potential andeutet.«[45] Bezüglich der künstlerischen Emanzipation sei auf die Ausführungen Michael Falsers zu den *Murales* im Süden der USA als Identifikation für die *Latinos* verwiesen.[46]

Unbeschadet dessen, dass den USA heute ein Lateinamerika entgegensteht, »das ungewöhnliches Selbstbewusstsein zeigt und deshalb Aufmerksamkeit verlangt«,[47] ist die Migrationsproblematik allgegenwärtig. Hierfür und für die auch heute noch als bitter empfundene Notwendigkeit der kulturellen Abgrenzung gegenüber den USA mag die Musik Lila Downs stehen. Auch sie – in der Tradition Frida Kahlos und Chavela Vargas' ihre Kleidung als ein Symbol kultureller Identifikation mit dem indigenen Erbe herausstellend[48] – thematisiert den Verlust Nordmexikos (*this is my land/this is your land*), die gesellschaftliche Diskriminierung der *Latinos* in den USA und die unmenschliche Grenze, die einer ihrer CDs auch den Namen *Border/La Línea* gab und die sie den beim Versuch des Überquerens Getöteten widmet.[49] Die Rückbesinnung erfolgt durch die sprachliche und bildliche Verwendung präspanischer Glaubensvorstellungen wie dem Baum des Lebens (*tree of live/Arbol de la vida*), wobei sie die teils melancholischen, teils lebensfrohen Texte in spanischer, in englischer Sprache, aber auch in den indigenen Sprachen Nahuatl oder Zapotekisch singt.

Die österreichische Komponente des mexikanischen Kulturerbes

Um der Frage nachzugehen, was die Formation des mexikanischen Kulturerbes mit dem südlichen Mitteleuropa zu tun hat, ein kleiner Exkurs zu den österreichisch-mexikanischen Beziehungen, der *Pasión austrofilica*.[50] Sie beginnen mit der Entsendung des habsburgischen Erzherzogs Maximilian, der 1864 auf Veranlassung des französischen Kaisers Napoleon III. als Kaiser von Mexiko ausgerufen, im Hafen von Veracruz erstmals amerikanischen Boden betritt. Sie enden mit der Erschießung Maximilians im mexikanischen Querétaro im Jahre 1867. In den Fol-

---

45 | Drekonja-Kornat: Gabriel García Márquez in Wien, S. 19.

46 | Falser, Michael S.: »Ein-Grenzung – Aus-Grenzung – Ent-Grenzung, Denkmalkunde in grenzwertigen Kulturlandschaften am Beispiel der U.S.-mexikanischen Grenze«, in: Franz/Dolff-Bonekämper: Grenzverschiebungen, S. 60-66. Dazu auch: Ders.: »Peripherie als Zentrum. Denkmalkunde und Kunstgeschichte in peripheren Kulturlandschaften am Beispiel des U.S.-mexikanischen Grenzraums und der Chicano mural art«, in: kunsttexte.de 02/2009, http://edoc.hu-berlin.de/kunsttexte/2009-2/falser-michael-3/PDF/falser.pdf vom 15.05.2012.

47 | Drekonja-Kornat: Gabriel García Márquez in Wien, S. 16.

48 | Vgl. Matices, Zeitschrift zu Lateinamerika, Spanien und Portugal 59 (2008), S. 58.

49 | Auf der Cover-Rückseite der CD Border/La línea heißt es: Dedicado a todos los migrantes y a los difuntos que han muerto cruzando la línea. Peregrina Music, © Narada World 2002.

50 | Vgl. Drekonja-Kornat: Gabriel García Márquez in Wien, S. 135ff.

gejahren entstanden hierzu zumindest drei Bildfassungen des Franzosen Édouard Manet.[51] Manet greift inhaltlich und kompositorisch auf Francisco de Goyas *El tres de mayo* zurück, der die Erschießung spanischer Aufständischer durch französische Truppen im Jahre 1808 darstellt. Bemerkenswert an den Gemälden Manets ist deren Entwicklung. Nur in der ersten Fassung tragen die Schützen – historisch korrekt – mexikanische Uniformen. In der letzten sind sie eindeutig als Franzosen erkennbar, was dem Bild den nachvollziehbaren Titel *Frankreich erschießt Maximilian*[52] nach dem Ausruf des Schriftstellers Émile Zola einbrachte. Mit dem Gemälde gelang es somit Manet, seinen Widerstand gegen das politische System unter Napoleon III. zu visualisieren.[53]

Noch heute sichtbarer Teil dieser transatlantischen Beziehungen sind die *Calle Vienna* in Mexiko-Stadt, die Straße, in der Leo Trotzki sein Exil verbrachte und ermordet wurde,[54] oder die vom Hause Habsburg errichtete Maximilianskapelle in Querétaro, die Guillermo Kahlo 1901 fotografisch dokumentierte. Wie im Pendant in Wien, der Kapuzinergruft, wird hier des Erzherzoges Ferdinand Maximilian gedacht, sein Kaisertum findet weder in der alten noch in der neuen Welt Erwähnung. Das letzte Beispiel, der Mexikoplatz in Wien, ist für die meisten Passanten fehlerhaft codiert: Sie meinen, er erinnere an eben jene kaiserliche österreichisch-mexikanische Beziehung. Die kleine Gedenkplatte mit spanischer Beschriftung ist jedoch Symbol für die Standhaftigkeit Mexikos, das 1938 als einziges Land des Völkerbundes den Anschluss Österreichs an das Großdeutsche Reich verurteilte.

Dem Wanderer durch das österreichische Nordtirol zeigt sich auch heute eine weithin bäuerlich dominierte Landschaft, die inzwischen durch den Mais, eine aus Mexiko eingeführte Kulturpflanze,[55] geprägt ist. Hier wird er *Türkischer Weizen*[56] genannt. In der Terminologie der Idee folgend, dass alles Unbekannte von weit weg her kommen muss, eben aus der Türkei. Diese fehlerhafte Deutung ist vom ebenfalls mexikanischen Truthahn, der im Angelsächsischen ja *turkey* heißt, allgemein bekannt. Die Maiskolben werden heute allerorten als demonstrative äs-

51 | Hille, Karolin: Kunsthalle Mannheim. München und New York 1994, S. 14.

52 | http://de.wikipedia.org/wiki/Die_Erschießung_Kaiser_Maximilians_von_Mexiko vom 10.04.2012.

53 | Vergleichbares versuchen im Jahre 2011 die chinesischen Gebrüder Gao mit der Kunstinstallation *Execution of Christ*, welche das Bildprogramm und die Komposition Manets direkt aufgreift. Siehe: »Der Reiz des Verbotenen«, in: Neue Zürcher Zeitung vom 09.08.2011, S. 19.

54 | Er wurde dort mit einem Eispickel erschlagen, nachdem er aus dem ›Blauen Haus‹ Frida Kahlos, in dem er die erste Zeit seines Exils verbrachte, hatte ausziehen müssen.

55 | Vgl. Bayer, Ehrentraud: »Mais, eine Gabe der Götter«, in: Inés de Castro (Hg.): Maya, Könige aus dem Regenwald. Begleitbuch zur Sonderausstellung im Ausstellungszentrum Lokschuppen Rosenheim 2007 und im Roemer- und Pelizaeus-Museum Hildesheim 2007-2008. Hildesheim 2007, S. 30ff.

56 | www.tirol.at/xxl/de/1027989/_id/819094/index.html vom 22.02.2012.

thetische Devotion des katholischen Bauern[57] in der Hoffnung auf gute Ernte dem am Wegesrand stehenden Kruzifix beigegeben oder formen als »Volkskunst am Bau«[58] – in differierender Größe und Ausgestaltung – das Kreuz selbst. Dass diese Frucht erst im 18. Jahrhundert aus Mexiko eingeführt wurde, wird den wenigsten Tirolern bewusst sein.

SCHLUSSBEMERKUNGEN[59]

Der vorliegende Beitrag zeigt auf, dass sich das Narrativ der Konstruktion des mexikanischen Kulturerbes unter Bezug auf die Akteure, und ihre flüchtigen Beziehungen in meist grenzüberschreitenden Konstellationen besonders gut entwickeln und entfalten lässt. Der Prozess der Konstruktion stellt sich dabei als ethnisch hybrid, soziopolitisch plural und im Ergebnis als äußerst heterogen dar. Die Charakteristika der nationalterritorialen Bestimmtheit, monumentaler Substanz, räumlicher Dichte und struktureller Homogenität verblassen hingegen. Der Beitrag reiht sich damit in die Diskussion ein, inwieweit Lokales auch immer Globales beinhaltet. Im gegenständlichen Fall ist die Konstruktion des kulturellen Erbes eindeutig als transkultureller Vorgang zu identifizieren.

---

57 | http://kultur.tirol.at/de/artikel/375/hausschmuck-zum-essen---der-mais vom 22. 02.2012.

58 | www.tirol.at/xxl/de/1027989/_id/819094/index.html vom 22.02.2012.

59 | Bedanken möchte ich mich bei Herrn Alexander Brust vom Museum der Kulturen in Basel für seine Recherchen zur Maske einer indigenen Gottheit und bei Birgit Franz für ihre vielen hilfreichen Kommentare und ihre inhaltlichen Ergänzungen.

Das transkulturelle Mentefakt

›Lebendige Handwerkstraditionen‹ – ein transkultureller Mythos am Beispiel Indiens

In Auseinandersetzung mit einem globalen Konsens wird Kulturerbe in Indien heute anhand von Parametern wie Tradition und Authentizität evaluiert. Wie in diesem Text dargelegt wird, verbergen sich hinter diesen charakterisierenden Aspekten materieller und immaterieller Kulturgüter Wertzuschreibungen, die in historischer Perspektive aus einer transkulturellen Genese resultieren. Die Konstrukte zeugen im Hinblick auf Handwerkstraditionen bzw. historische Bauten und ihre Erhaltung in Indien von translokalen politischen und kulturellen Beziehungen, von konzeptionellem Austausch, aber auch Identität konstruierender Abgrenzung. Der Text untersucht die umstrittene Bestimmung der Handwerkstradition indischer Baumeister und Steinmetze durch britische und indische Akteure sowie durch die internationale Gemeinschaft von Denkmalpflegern: seit der zweiten Hälfte des 19. Jahrhunderts führten Künstler, Kunstkritiker und Architekten im Zuge des britischen *Arts and Crafts Movement* und der kolonialen Kunsterziehung in Indien einen Diskurs über den Wert traditioneller und handwerklich-schöpferischer Originalität. Seit jeher entpuppen sich Begriffe wie Tradition, Originalität und Authentizität als bestreitbare Vorstellungen, die in einem dynamischen Spannungsverhältnis stehen. Analysiert wird jenes Spannungsverhältnis, das sich im Laufe der Geschichte aus verschiedenen situativen Sinnverschiebungen ergab, etwa im Zuge der politischen Unabhängigkeit Indiens sowie in jüngster Auseinandersetzung mit internationalen Denkmalpflege-Chartas seitens indischer Architekten und Denkmalpfleger.

DENKMALSCHUTZ IN INDIEN UNTER BRITISCHER HERRSCHAFT

Die Begründung des Denkmalschutzes in Indien im 19. Jahrhundert steht in unmittelbarem Zusammenhang mit der zeitgleichen Denkmalschutzbewegung in Großbritannien. Im Jahre 1849 veröffentlichte der Kunsthistoriker und Sozialphilosoph John Ruskin (1819-1900) seine *Seven Lamps of Architecture* und bestimmte damit die damalige Debatte um Denkmalschutz in England. Ruskin sah in einem Bauwerk ein historisches Zeugnis menschlichen Lebens, Schaffens und auch Leidens. Für ihn stellte der höchste Wert eines Gebäudes sein Alter dar. In seinen Augen bedeutete Restaurierung die größte Zerstörung eines Gebäudes, die Verfälschung des vorgefundenen Zustands und damit des Denkmalwerts. In dem Kapitel *The Lamp of Memory* nennt Ruskin jegliche Restaurierungsabsicht, etwa das Kopieren und Reproduzieren alter Formen eines Monumentes durch Steinmetze, eine »Lüge«.[1] Ruskin plädierte für die Bewahrung jeglicher Altersspuren von historischen Bauten, nur sie vermittelten Geschichte, eine Ansicht, die auch von dem Textildesigner, Künstler und Schriftsteller William Morris (1834-1896) vertreten wurde und welche die Prinzipien bedeutender Institutionen des viktorianischen Englands prägte, allen voran jene der *Society of Antiquaries of London* (SAL) und des *Royal Institute of British Architects* (RIBA). Letzteres gründete 1877 unter Morris' Initiative in London die *Society for the Protection of Ancient Buildings* (SPAB).

Diese Sichtweise auf einen scheinbar Wahrhaftigkeit verkörpernden architektonischen Wert spielte eine wichtige Rolle für den Beginn der kolonialen Denkmalschutzbemühungen in Indien. Das Interesse am Schutz architektonischer Denkmäler seitens britischer Archäologen und Orientalisten richtete sich in der zweiten Hälfte des 19. Jahrhunderts auf Indiens Altertümer. Im Zuge der kolonialen Verwaltung indischen architektonischen Erbes wurde im Jahre 1862 der *Archaeological Survey of India* (ASI) gegründet – zunächst vor allem, um indische Altertümer zu identifizieren und zu dokumentieren. Alexander Cunningham, ein Pionier der Archäologie in Indien, wurde zum ersten Inspektor des ASI ernannt. Sein Nachfolger wurde James Burgess (1832-1916) im Jahre 1885. Schließlich widmete sich der ASI durch die Initiative des Vizekönigs von Indien (1899-1905), Lord Curzon (1859-1925), als gesetzmäßige Instanz dem Schutz von Monumenten. Basierend auf dem britischen *Ancient Monuments Protection Act* (1882) wurde in Indien der *Ancient Monuments Preservation Act* (1904)[2] erlassen.

Zu Beginn des 20. Jahrhunderts wurden die Strategien der staatlichen und zentralisierten Konservierungsphilosophie für indische Gebäude unter dem britischen Archäologen John Marshall (1876-1958), Generaldirektor des ASI von 1902 bis 1928, definiert.

Die in England ursprünglich von Ruskin und Morris propagierte Denkmalpflegeideologie, die zu diesem Zeitpunkt bereits transnationalen Charakter angenommen hatte, wurde schließlich von Marshall im Zuge seiner Beschäftigung mit der kolonialstaatlichen Rolle für die Erhaltung von Indiens Kulturerbe aufgegriffen, aber differenzierter eingeschätzt.[3] Marshall befürwortete lokale, etwa politische

---

1 | Ruskin, John: The Seven Lamps of Architecture. London 1849, S. 179f.

2 | 1958 als *Ancient Monuments and Archaeological Sites and Remains Act* neu formuliert.

3 | Indra Sengupta liefert eine differenzierte Untersuchung der Konstituierung der Denkmalpflege-Richtlinien im kolonialen Indien, siehe Sengupta, Indra: »A Conservation Code for the Colony: John Marshall's *Conservation Manual* and Monument Preservation between

und religiöse, Aspekte bei Entscheidungen der Denkmalpflege miteinzubeziehen. In der *Indian Archaeological Policy* (1915) bekannte sich Marshall zur Erhaltung von Ruinen, indem er konstatierte, dass die Erforschung und Konservierung von Monumenten die beiden wichtigsten Funktionen der Archäologie seien und dass sich die Regierung voll und ganz des Schadens bewusst sei, der Monumenten im Namen von Restaurierungsabsichten zugefügt würde. Restaurierungsmaßnahmen an Gebäuden stand man also kritisch gegenüber.[4] Erklärtes Ziel des ASI war es nicht nachzubilden, was schon zerfallen, sondern vor weiterem Verfall zu retten, was noch übrig geblieben war. Allerdings unterschied Marshall zwischen toten (»purely archaeological«) und lebendigen Monumenten (»living monuments«)[5] und er erkannte, dass Wiederherstellungsmaßnahmen an Gebäuden in Erwägung gezogen werden könnten, handelte es sich um lebende Denkmäler, die noch genutzt wurden (Tempel, Moscheen oder Grabbauten). Letztlich spiegeln diese Leitgedanken des kolonialen Denkmalschutzes bzw. der Pflege von Monumenten das konfliktverheißende Vorhaben wider, den britischen Vormundschaftsgedanken und metropolitane Konzepte mit lokalen Zuständen in den verschiedenen Regionen Indiens in Einklang zu bringen.

Ernest Binfield Havell (1861-1931), Kunsthistoriker und Leiter der Government School of Art in Kalkutta (1896-1905) kommentierte 1913 die Arbeit des ASI und merkte an, dass Lord Curzon indische Bauleute (Tempelarchitekten, Steinmetze) zeitlich begrenzt einstellte, um die Monumente zu restaurieren. Gleichzeitig bedauerte Havell, dass das Interesse der Denkmalpflege an der Kunstfertigkeit dieser Handwerker, die auch Marshall würdigte, nicht weiterverfolgt wurde.[6] Tatsächlich gab der ASI weiterhin Konservierungs- und Restaurierungsrichtlinien vor, die ein vornehmlich westliches Konzept von architektonischer Authentizität propagierten: den historischen Wert eines Gebäudes.

In § 25 seines *Conservation Manual* (1923), das sich auf die älteren Richtlinien sowie auf die Leitgedanken der englischen *Society for the Protection of Ancient Buildings* stützte, definierte Marshall Authentizität im Kontext von Architektur und Denkmalpflege wie folgt:

India and Europe«, in: Michael S. Falser/Monica Juneja (Hg.), ›Archaeologizing‹ Heritage? Transcultural Entanglements between Local Social Practices and Global Virtual Realities. Proceedings of the 1st International Workshop on Cultural Heritage and the Temples of Angkor, 2-4 May 2010, Heidelberg University. Heidelberg 2013 (im Druck).

4 | Marshall, John: Indian Archaeological Policy, 1915. Being a resolution issued by the Governor General in Council on the 22nd October 1915. Calcutta 1916, S. 18. Weiterführende Informationen zu Marshalls Beitrag zur archäologischen Forschung liefert Guha, Sudeshna (Hg.): The Marshall Albums. Photography and Archaeology, Ahmedabad 2010.

5 | Marshall, John: Conservation Manual. A Handbook for the Use of Archaeological Officers and Others Entrusted with the Care of Ancient Monuments. Calcutta 1923, § 26.

6 | Havell, Ernest Binfield: Indian Architecture, its Psychology, Structure, and History from the First Muhammadan Invasion to the Present Day. London 1913, S. 226.

»[...] Although there are many ancient buildings whose state of disrepair suggests at first sight a renewal, it should never be forgotten that their *historical value is gone when their authenticity is destroyed* [Herv.i.O.], and that our first duty is not to renew them but to preserve them. When, therefore, repairs are carried out, no effort should be spared to save as many parts of the original as possible, since it is to the authenticity of the old parts that practically all the interest attaching to the new will owe itself. Broken or half decayed original work is of infinitely more value than the smartest and most perfect new work.«[7]

In Marshalls Augen waren also kaputte oder halb zerfallene Bauwerke von unendlich größerem Wert als die »schmucksten und perfektesten neuen Werke«. Ruinen und ungenutzte historische Gebäude sollten demnach als Dokumente mit historischem Wert erhalten werden und qualifizierten sich als schützenswerte Monumente. So gesehen stand die Denkmalpflege in Indien zu Zeiten britischer Kolonialmacht im Konflikt mit indischen Erhaltungspraktiken. Im Allgemeinen propagierte der ASI seit jeher ein Authentizitätskonzept, das maßgeblich von dem historischen Wert eines Gebäudes geleitet wird. Offensichtlich unterschieden und unterscheiden sich derartige Bewertungen, je nach Herkunft und Standpunkt der Akteure. Gemäß ihrer, von dem britisch dominierten Diskurs beeinflussten Sichtweise, ließen die Philosophien des ASI indische Handwerks- bzw. Erhaltungstraditionen, die sich unter anderem durch das Kopieren und Nachbilden von originalen Gebäudeteilen auszeichnen, weitgehend außer Acht. Die Rolle von indischen Handwerkstraditionen in der tatsächlichen Denkmalpflegepraxis wurde von der kolonialen und indischen Denkmalpflege noch bis zum Ende des 20. Jahrhunderts vernachlässigt. Stimmen indischer Handwerker fanden seit jeher keinen Eingang in die Debatten. Die transkulturelle und diskursive Konstruktion von Tradition, d.h. ihre prozesshafte und umstrittene Bestimmung und Sinnverschiebung durch britische und indische Akteure, bestimmte jedoch bereits im Zuge kolonialer Kunsterziehung den Diskurs über indische Baumeister (*master builders*) und Steinmetze (*masons, stonecutters, sculptors, carvers*) und ihre Handwerkstraditionen.[8]

---

7 | Marshall: Conservation Manual, S. 10.

8 | Mit dem ›indischen (Kunst-)Handwerker‹ (*native craftsman*) befassen sich in jüngerer Zeit zahlreiche Artikel in englischer Sprache und liefern einen Beitrag zur Analyse der Kolonialkunde. Siehe etwa Tarar, Nadeem Omar: »From ›Primitive‹ Artisans to ›Modern‹ Craftsmen: Colonialism, Culture, and Art Education in the Late Nineteenth-Century Punjab«, in: South Asian Studies 27,2 (2011), S. 199-219; Mathur, Saloni: India by Design. Colonial History and Cultural Display. Berkeley 2007, S. 27-51 und S. 52-79; Dutta, Arindam: »›Strangers within the Gate‹. Public Works and Industrial Art Reform«, in: Peter Scriver/Vikramaditya Prakash (Hg.), Colonial Modernities. Building, dwelling and architecture in British India and Ceylon. Abingdon 2007, S. 93-114; Dewan, Deepali: »The Body at Work: Colonial Art Education and the Figure of the ›Native Craftsman‹«, in: James H. Mills/Satadru Sen (Hg.), Confronting the Body. The Politics of Physicality in Colonial and Post-Colonial India, London 2004, S. 118-134; Dutta, Arindam: »The Politics of Display: India 1886 and 1986«,

ZUM BEGRIFF DER TRADITION

Traditionen stehen in enger Verbindung mit der Kontinuität und Prozesshaftigkeit von Kultur, wobei sich hinter dem Begriff der Tradition sowohl die Idee der Weitergabe als auch Annahme kultureller Formen verbirgt. Traditionen verbinden Vergangenheit und Gegenwart miteinander, sie beschreiben Lernvorgänge, in denen (trans-)kulturelle Formen empfangen und verändert weitergegeben werden, um wiederum gelernt, geprüft und korrigiert zu werden.[9]

Der Begriff der Tradition im Kontext des kolonialen, aber auch postkolonialen bzw. kontemporären Indiens wird seit Längerem diskutiert. Wie etwa Bernard S. Cohn in seiner Analyse neuer Autoritätsformen in Indien im Zuge des britischen Imperialismus und Kolonialismus zeigte, implizieren Traditionen nicht nur Änderungen, die sich durch die Tradierung selbst ergeben, sondern können auch bewusst erfunden, wiedererfunden, und nicht zuletzt kontextuell authentifiziert, verhandelt, aufs Neue bewertet und instrumentalisiert werden.[10] In diesem Sinne äußert sich die indische Historikerin Romila Thapar, die sich mit dem Traditionsbegriff im indischen Kontext beschäftigt, wie folgt:

»Traditionen, von denen wir heute annehmen, dass sie einen langen Weg hinter sich haben, können sich, nach einer historischen Analyse, als Erfindung von gestern herausstellen. In anderen Worten kann sich das, was wir als Tradition ansehen, als unser zeitgenössischer Anspruch entpuppen, der von der Art und Weise geformt wird, wie wir die Vergangenheit zu interpretieren wünschen.«[11] [Übersetzung KW]

Bei den Bestrebungen, der Vergangenheit mithilfe von Kulturgütern Bedeutung zu verleihen, handelt es sich daher um einen stark umkämpften Bereich und gerade Kulturerbe bietet Regierungen und Geschichtswissenschaften ebenso wie

---

in: Journal of Arts and Ideas 30-31 (1997), S. 115-145. Die Autor/-innen bedienen sich der Fülle an historischen Quellen aus der zweiten Hälfte des 19. Jahrhunderts. Besonderes Augenmerk liegt bei der Forschung stets auf der Rolle und dem (Fremd-)Bild von Handwerkern im Kontext des kolonialen Diskurses über Kunsterziehung.

9 | Pieper, Josef: »Über den Begriff der Tradition«, in: Arbeitsgemeinschaft für Forschung des Landes Nordrhein-Westfalen, 12. Folge Geisteswissenschaften, Heft 72. Köln 1958, S. 1-37, hier S. 19.

10 | Vgl. etwa Cohn, Bernard S.: »Representing Authority in Victorian India«, in: Eric J. Hobsbawn/Terence O. Ranger (Hg.), The Invention of Tradition. Cambridge 1983, S. 165-210.

11 | Thapar, Romila: »Tradition«, in: Fred Dallmayr/G.N. Devy (Hg.), Between Tradition and Modernity. India's Search for Identity. A Twentieth Century Anthology. New Delhi 1998, S. 265-277, hier S. 267. »Traditions which we today believe have long pedigrees may, on an historical analysis, be found to be an invention of yesterday. In other words, what we regard as tradition may well turn out to be our contemporary requirements fashioned by the way we wish to interpret the past.«

Gruppen mit bestimmten gemeinsamen Erfahrungen oder Individuen das Poten-
zial, ihre jeweils eigenen Erinnerungen zu gestalten. So stellt sich stets die Frage,
warum, wie und durch wen Geschichte erfahrbar wird, Vergangenheit interpretiert
und als Tradition weitergegeben und Kulturerbe definiert wird, und Werte geordnet oder neugeordnet werden. In dieser Hinsicht waren beispielsweise Indien-
bilder europäischer, insbesondere britischer Orientalisten, Archäologen, Künstler
und Kunstkritiker, zahlreiche archäologische Funde, große antiquarische Sammlungen oder auch künstlerische Streifzüge im Auftrag der Kolonialregierung, letztlich Mittel zur Konstruktion eines Indiens, das sich besser regieren ließ.

Eine transkulturell ausgerichtete Erforschung des Konzepts von Tradition im
Kontext von indischem Bauhandwerk und Kulturerbe setzt zunächst eine Geschichtsschreibung voraus, deren Methodologie die traditionellen Grenzen der
historiographischen Forschung sprengt. Nicht zuletzt, um auf diese Weise domi-
nierende Metaerzählungen und Mythen in Frage zu stellen.

DER ›TRADITIONELLE INDISCHE KUNSTHANDWERKER‹ ALS GEGENENTWURF ZUR INDUSTRIALISIERUNG DES SPÄTEN 19. UND FRÜHEN 20. JAHRHUNDERTS

Das *Arts and Crafts Movement* des 19. Jahrhunderts war eine englische Kunstbe-
wegung. Auf der Suche nach einem Stil, der einen handwerklich-schöpferischen
Wert bezeugen sollte, strebten ihre Vertreter die Wiedervereinigung von Kunst und
Handwerk an. Die Bewegung war eine Reaktion auf den Historismus der viktorianischen Ära und auf die als seelenlos empfundenen maschinell hergestellten Produkte der aufblühenden Massenindustrie. Daraus ergab sich im Sinne John Rus-
kins, der für eine Wirtschaftsethik eintrat, in deren Mittelpunkt der Mensch stehen
und bei der handwerkliche Arbeit als schöpferischer Wert betrachtet werden sollte,
eine Rückbesinnung auf die Qualitäten des Handwerks. Ausgehend vom *Arts and
Crafts Movement* kam die Faszination von der Originalität indischer Handwerkstraditionen spätestens im kolonialen Diskurs über Kunsterziehung und Schutz von
Kulturgütern in Indien im späten 19. Jahrhundert zum Tragen.

Eine zeitgenössische, westliche Perspektive von Europäern auf außereuropäische Kulturen basierte auf einem ambivalentem Schema, nämlich »zivilisiert«
versus »primitiv«, und »Industriemaschinen« versus »Menschenhand«[12] bzw. die
der Fabrikation durch den Menschen inhärente Individualität. Beschreibungen,
visuelle Darstellungen und Zur-Schau-Stellungen indischer Kunsthandwerker bei
der Arbeit vermittelten den Moment eines originären Produktionsvorgangs.[13] Bilder derartiger Prozesse wurden in britischen Büchern und Journalen vervielfältigt,

---

12 | Ashbee, C.R.: »Foreword«, in: Ananda K. Coomaraswamy (Hg.), The Indian Craftsman.
London 1909, S. xii.
13 | Dewan: The Body at Work, S. 119.

aber auch in Ausstellungen gezeigt, so z.B. die Werke des Kunstlehrers, Illustrators und Kurators John Lockwood Kipling (1837-1911), der 1870 von der britischen Regierung in Indien beauftragt wurde, durch die Nordwest-Provinzen zu reisen, um verschiedene Handwerke in Bildern zu dokumentieren. Es entstand eine Serie von Skizzen, die indische Handwerker abbilden (Abb. 1).[14]

Abbildung 1: Himachal Pradesh: Holzschnitzer, gezeichnet von John Lockwood Kipling am 24. Oktober 1870 (Bleistift und Tusche auf Papier). Der Handwerker arbeitet mit Fäustel und Meisel, neben ihm liegen Entwürfe (rechts) und ein Dechsel (links)

Auch auf der bis dahin größten Kolonialausstellung, der *Colonial and Indian Exhibition* (1886) in South Kensington, London und in der aus ihr resultierenden Zeitschrift *Journal of Indian Art*, wurde besonders der Körper des männlichen indischen Arbeiters herausgestellt, der im Begriff der Herstellung war. Auf der *Colonial and Indian Exhibition* wurden die Objekte sowie auch vierunddreißig indische *natives* und ihre Berufe nicht wie zuvor nach Objektkategorien, sondern nach geographischen Regionen sortiert ausgestellt, unter ihnen auch Steinmetze (vier Rajputen aus Bharatpur und Kadirbuxsh aus Bikaner).[15] Auf diese Weise sollte

14 | Viele dieser Skizzen aus dem Jahre 1870 wurden später auf der Weltausstellung in London ausgestellt. Über hundert Exemplare erwarb im Nachhinein das Indische Museum in London, dessen Sammlung jedoch später aufgelöst wurde.

15 | Siehe Unbekannter Autor: »The Indian Palace«, in: Journal of Indian Art 1,1-16 (1886), S. 92.

es einfacher sein, die führenden Handarbeiten und Traditionen jeder Provinz zu begutachten und die unterschiedlichen Stile zu erkennen.[16] In dieser Kategorisierung spiegelte sich zudem ein Wandel in der politischen Organisation der Kolonie wider, von einem zentralisierten Machtapparat zu einem dezentralisierten System verbündeter, aber teilweise autonomer Einheiten und ihrer individuellen Regierungen.[17]

Ab der zweiten Hälfte des 19. Jahrhunderts äußerten britische Kunstkritiker, z.B. William Morris, George Birdwood (1832-1917), der die Indische Sammlung des South Kensington Museum in London kuratierte, oder John Lockwood Kipling, der ab 1875 Direktor der Mayo School of Art in Lahore wurde, ihre Besorgnis über den Niedergang indischer (Handwerks-)Künste. Beispielhaft propagierten diese einflussreichen Vertreter kolonialer Kunsterziehung eine Bewahrung bzw. Wiederbelebung sogenannter traditioneller Künste, die sie in einer vorkolonialen Kulturlandschaft verorteten, und romantisierten das Leben und die Arbeit sogenannter einheimischer Kunsthandwerker (*native craftsmen*) in Indien. Kritiker und Künstler empfanden es als äußerst wichtig, die soziale Struktur indischer Handwerker zu retten, die ihr Können stets an die nächste Generation weitergaben. Die Kritiker warfen den herrschenden Raj die Zerstörung handwerklicher Fähigkeiten vor, vor allem aufgrund der Förderung von Massenproduktion und tayloristischer Arbeitsteilung.[18]

Diese Besorgnis resultierte in zahlreichen Debatten über Kunsterziehung, in denen die Rolle des einheimischen (Kunst-)Handwerkers stets hervorgehoben wurde. Der indische Handwerker wurde als die Hoffnung für eine Wiederbelebung indischer Künste betrachtet.[19] Gleichzeitig sah man aber die traditionellen Techniken und Methoden sowie Stil und Design in Gefahr, da dekorative Elemente und Herstellungstechniken aus dem Westen von indischer Seite aufgenommen wurden.[20]

Die Ausbildung von Kunsthandwerkern in kolonialen Kunstschulen verlief nach Lehrplänen mit unterschiedlichen Ansprüchen.[21] Die unter britischer Herrschaft gegründeten Kunstschulen, auf deren Agenda das Überleben der indischen

---

16 | Vgl. Report of the Royal Commission for the Colonial and Indian Exhibition. London 1886 (London 1887), S. 103.

17 | Dutta: The Politics of Display, S. 119.

18 | Mitter, Partha: »The Formative Period (Circa 1856-1900): Sir J.J. School of Art and the Raj«, in: Pratapaditya Pal (Hg.), Architectural Styles in British India: 1837-1910. Marg Publications Vol. 46, Nr. 1. Bombay 1994, S. 1-14, hier S. 5.

19 | Dewan: The Body at Work, S. 118f.

20 | Vgl. Havell, E.B.: »E.B. Havell on the Official Suppression of Indian Craftsmanship at the Present Day«, in: Coomaraswamy: The Indian Craftsman. London 1909, S. 109-111 (erstmals veröffentlicht in: The Nineteenth Century. A Monthly Review. London 1907).

21 | Vgl. etwa Mitter, Partha: Art and Nationalism in Colonial India 1850-1922. Cambridge 1994.

Bau- und Handwerkskünste stand, werteten die lebendigen Traditionen handwerklicher Techniken und die Originalität von Handwerkskunst auf und stellten indische Lehrmeister als Lehrer ein. Sie waren imstande den Schülern authentisches
Wissen zu vermitteln und symbolisierten den herbeigesehnten Link zwischen al-
tem Wissen und gegenwärtiger Produktion, das alles jedoch unter britischer An-
leitung. Ernest Binfield Havell vertrat hingegen zusammen mit Abanindranath Ta-
gore (1871-1951) in der Government School of Art in Kalkutta eine Kunsterziehung,
die sich am vorkolonialen indischen Kulturkontext orientierte. Aus ihr resultierte
die Bengal School of Art, eine nationale Bewegung, die sich gegen die akademische
Kunsterziehung in Indien richtete. Havell unterschied deutlich zwischen dem
»echten« indischen Baumeister (Abb. 2) und dem unfähigen »Public Works *mistri*«
oder »Papierarchitekten«, der auf einer kolonialen Kunstschule erzogen worden
war und archäologische Regeln befolgte, zwischen »lebendiger Handwerkskunst«
(*living craftsmanship*) und »archäologischem Dilettantismus«[22]. Er wehrte sich zudem gegen einen Traditionsbegriff, demnach ein indischer Handwerker (Abb. 3)

Abbildung 2: Ein südindischer Tempelarchitekt (sthapati) zeichnet einen Entwurf für die
Steinmetze, die unter seiner Leitung arbeiten (Quelle: Fotograf A.K. Coomaraswamy, in:
Havell, Ernest Binfield: Indian Architecture, its Psychology, Structure, and History from the
First Muhammadan Invasion to the Present Day. London 1913)

---

22 | Havell: Indian Architecture, S. 227f. Vgl. auch Begg, John: »Architecture in India«, in:
Journal of the Royal Institute of British Architects (1920), S. 333-349, hier S. 343.

Abbildung 3: Steinmetze beim Gestalten eines Steinpfostens mit Fäustel und Meisel in dörflicher Umgebung, im Hintergrund zwei Kühe (Quelle: Fotograf Coomaraswamy 1913, siehe Abb. 2)

blind einer stereotypen Tradition folgt, die er nicht den sich ändernden Ansprüchen seiner Zeit anpassen kann.

Laut Ananda K. Coomaraswamy (1877-1947), der im Jahre 1909 sein Werk *The Indian Craftsman* veröffentlichte, wurde der indische Baumeister in vorkolonialer und vorindustrieller Zeit als Mitglied einer Dorfgemeinschaft, Mitglied einer Handwerkszunft in einer Stadt, oder als Lehnsbediensteter des Königs oder eines Tempeloberhaupts assoziiert (Abb. 4). Nach Coomaraswamys Definition konnte der Ausdruck »hereditary craftsman«, ein Handwerker, der seinen Beruf kastenbedingt erbt und ausübt, lediglich durch das Kastensystem gerechtfertigt werden.[23] Keinesfalls handelte es sich dagegen um eine Kunstfertigkeit, die sich aus der Vererbung individueller, väterlicher Qualifikationen ergab, sondern um angeeignete Fähigkeiten. In diesem Sinne wird Handwerkstradition hier als eine Abfolge von Lernprozessen verstanden, als das Aneignen künstlerischer Fähigkeiten, die weiterentwickelt werden können. Somit trotzte der Autor auch kolonialen Rassentheorien, die nicht zuletzt besagten, dass mit den Begriffen des ›Vererbens‹ auch die biologische Weitergabe künstlerischer Fähigkeiten durch Blutsverwandtschaft impliziert wurde. Kipling kam es bei der Aufnahme seiner Schüler beispielsweise vor allem darauf an, dass sie aus traditionellen Handwerksfamilien stammten, wobei er keinen Unterschied zwischen »natürlichem Talent und vererbtem Beruf«[24]

---

23 | A.K. Coomaraswamy: The Indian Craftsman, S. 1.

24 | Kipling, John Lockwood: »Report on the Mayo School of Art for 1886-1887«, nachgedruckt in: Samina Choonara et al. (Hg.), The ›Official‹ Chronicle of the Mayo School of Art: The Formative Years under John Lockwood Kipling. Lahore 2002, S. 73.

Abbildung 4: Illustration aus dem Akbarnama (ca. 1590-1595): Der Mogulherrscher Akbar, in weiß gekleidet (obere Bildhälfte), besucht den Bau der Stadt Fatehpur (später bekannt als Fatehpur Sikri) im Jahre 1571. Auf dem Bild ist eine belebte Baustelle mit Steinmetzen sowie männlichen und weiblichen Bauleuten abgebildet. Die Miniatur wurde von den Künstlern des Hofes namens Tulsi (Komposition), Bandi (Farben und Details) und Madhav Khord (Portraits) mit Deckfarbe und Gold auf Papier angefertigt (32,7 x 19,5 cm)

machte.[25] Coomaraswamy betont die Wichtigkeit der Ausbildungsbedingungen in der Werkstätte[26] und sieht zu guter Letzt in der Ergebenheit des Schülers zum Lehrer und Respekt gegenüber dem Lehrer ein perfektes Mittel für die Weitergabe einer lebendigen Tradition.[27]

Saloni Mathur (2007) beschreibt die Rezeption des indischen Handwerkers im späten 19. Jahrhundert zusammenfassend als kraftvolles Symbol des authentischen Dorflebens und seiner indischen Dorfgemeinschaften, aber auch als Zeichen ökonomischer Unterentwicklung sowie als Erscheinung kapitalistischer Ausbeutungsmechanismen in der Kolonie. Sein idealisiertes Bild wurde verschiedenartig aufrechterhalten, z.B. als ein altertümlicher Speicher von vererbbaren Fähigkeiten, als Ursache von Indiens Rückständigkeit aber auch als Schlüssel zu einer einheimischen Volks- und Sozialwirtschaft.[28]

Der indische Handwerker wurde nicht zuletzt auch von Mahatma Gandhi zu Kolonialzeiten zu einer Art Metapher Indiens stilisiert, und zwar im Zuge seiner Akzentuierung der ökonomisch selbständigen indischen Dorfgemeinschaft.[29] Die im kolonialen Kontext von britischen und indischen Kritikern und Architekten propagierte Vorstellung von einer traditionellen, einheimischen Volks- und Handwerkskunst wurde von indischer Seite auch in den Jahrzehnten nach der Unabhängigkeit Indiens (1947) vertreten und als ein Mittel eingesetzt, um die indische Identität zu stärken.[30] Somit trug der Diskurs zu einer stetigen Neubestimmung von Authentizität und Tradition bei, die direkte Auswirkungen auf politische Entwicklungen in Indien hatte. Der zeitgenössische indische Künstler K.G. Subramanyan, der sich intensiv mit Kunst, Handwerk und Tradition beschäftigt, lehnt allerdings die Idee eines unveränderbaren Kulturerbes, etwa einer statischen Kunsttradition, per se ab. Mit seiner Vorstellung, nach der eine lebendige Tradition von Generation zu Generation Änderungen und Umwertung erfordert, bildet er ein Gegengewicht zu der Tradierung kolonial geprägter Stereotype.[31]

Der ASI, der auch seit der Unabhängigkeit Indiens als staatliche Denkmalbehörde agiert, orientierte sich weiterhin an Marshalls *Conservation Manual*, ohne die Rolle von Handwerkstraditionen für die Theorie und Praxis der Denkmalpflege in

---

25 | Vgl. Tarar: From ›Primitive‹ Artisans to ›Modern‹ Craftsmen, S. 213.

26 | Coomaraswamy: The Indian Craftsman, S. 83f.

27 | Ebd. S. 87.

28 | Mathur: India by Design, S. 50. Vgl. etwa Kipling: Report on the Mayo School of Art for 1886-1887, S. 73. Pandian, Thomas B.: Indian Village Folk: Their Works and Ways. London 1897, S. 63f. Ashbee: Foreword, S. i.

29 | Mathur: India by Design, S. 48f.

30 | Vgl. Jain, Jyotindra: »India's Republic Day Parade. Restoring Identities, Constructing the Nation«, in: Jyotindra Jain (Hg.), India's Popular Culture. Iconic Spaces and Fluid Images. Mumbai 2007, S. 60-75, hier S. 68.

31 | Vgl. Subramanyan, K.G.: The Living Tradition: Perspectives on Modern Indian Art. Calcutta 1987.

Indien zu überdenken. Erst gegen Ende des 20. Jahrhunderts kam es diesbezüglich mit der Begründung der nicht-staatlichen indischen Denkmalpflege, dem *Indian National Trust for Art and Cultural Heritage* (INTACH) (1984) und einer global diskutierten Wertschätzung von Handwerksmethoden im Rahmen des *Nara-Dokuments zur Authentizität* zu einem Wandel.

WERTSCHÄTZUNG ›LEBENDIGER HANDWERKSTRADITIONEN‹ UNTER DEM ASPEKT VON TRANSKULTURALITÄT

Das *Nara-Dokument zur Authentizität* (1994)

Bevor das *Nara-Dokument zur Authentizität* im Jahre 1994 auf der Nara-Konferenz zur Authentizität in Japan verabschiedet wurde, um, wie die Präambel in ihrer späteren deutschen Übersetzung auswies, »die konventionelle Denkweise im Bereich der Erhaltung auf den Prüfstand« zu stellen und »Wege und Mittel zur Erweiterung unseres Horizonts im Bereich der Erhaltung« zu erörtern, »um für eine größere Achtung der Vielfalt der Kulturen und des Erbes in der Erhaltungspraxis zu sorgen«[32], wurden auf dem Vorbereitungstreffen im gleichen Jahr im norwegischen Bergen unterschiedliche Ideen zu Authentizität gesammelt. In dem Tagungsband des Workshops wird eine Bandbreite an Aspekten und Auslegungen des Begriffes des Authentischen im Hinblick auf Weltkulturerbe vorgeschlagen. Entscheidend sowohl für die Instandhaltung und Erhaltung als auch für die Erneuerung von Gebäuden, die zu einer traditionellen Kontinuität gehören, ist laut Jukka Jokilehto ihre »esoterische Dimension, ihre nicht-physikalische Wesenheit und ihr Geist«[33] [Übersetzung KW]. Im Gegensatz zu einer Auffassung von materieller Authentizität, der zufolge Denkmalpfleger materielle Spuren der Vergangenheit konservieren, argumentiert Jokilehto, dass Gebäude erhalten, instand gesetzt, auch wiederhergestellt oder renoviert werden dürfen, so lange damit eine Tradition aufrechterhalten wird. »Authentizität kann – wenn überhaupt möglich – nicht so sehr in der Originalität des Materials oder der Form ermittelt werden, sondern eher

---

32 | UNESCO, ICCROM, ICOMOS: Das Nara-Dokument zur Authentizität. Nara-Konferenz zur Authentizität bezogen auf die Welterbe-Konvention, Nara, 1. bis 6. November 1994, http://www.skr.ch/fileadmin/skr/pdfs/Grundlagentexte/Chartas_und_Konventionen/Nara_Dokument_zurAuthentizitaet_1994_d.pdf vom 03.09.2012.

33 | Jokilehto, Jukka: »Questions about ›Authenticity‹«, in: Knut Einar Larsen/Niels Marstein (Hg.): Nara Conference on Authenticity. Trondheim 1995, S. 9-33, hier S. 11. »Essential in the repair and maintenance, as well as in the eventual renewal, of structures that are part of traditional continuity is their ›esoteric dimension‹, their non-physical essence and spirit.«

in Prozesshaftigkeit«[34]. In Jokilehtos Augen sollte Kulturerbe nicht nur dadurch bestimmt werden, dass man Objekte und ihren historischen Wert in Betracht zieht. Vielmehr sollten Kenntnis und Qualifikation bestimmter Herstellungsprozesse, auch das Verstehen von Formen und Farben, bestimmende Kriterien für kulturelles Erbe sein.[35] Wie am Beispiel Indiens deutlich wird, wurden auf globaler Ebene besprochene immaterielle Aspekte von Kulturerbe auch auf lokaler Ebene verhandelt. INTACH hat sich dem Erhalt jener Gebäude verschrieben, die nicht unter dem Schutz des ASI stehen. Im Jahre 2004 verabschiedete INTACH die *Charta zur Erhaltung ungeschützten architektonischen Kulturerbes und ungeschützter Kulturerbe-Stätten in Indien*.[36] Im Sinne der zehn Jahre zuvor in Bergen formulierten Wertschätzung von Handwerksmethoden (»fidelity of processes and skills and their transmission from generation to generation«[37]) erkennt die indische Charta die Einzigartigkeit des »lebendigen Erbes« (*living heritage*) indischer Bauleute und Steinmetze an, die mit den Methoden ihrer Vorfahren bauen und Gebäude pflegen.[38]

›Tempelarchitekten‹ und Steinmetze im 21. Jahrhundert

In Indien befinden sich heute zahlreiche Tempel, alte und neue, im Besitz von Stiftungen, die für die Pflege und Erhaltung der Anlagen zuständig sind. In den meisten dieser Fälle kann der ASI keinen Anspruch auf deren Schutz erheben. Gegenwärtig werden Steinmetze vor allem bei der Erhaltung ungeschützter Kulturerbe-Stätten, z.B. für Ausbesserungsarbeiten, angestellt. Im Grunde werden Handwerkstechniken vor allem in den Werkstätten weitergegeben, die Bauteile für Tempelneubauten herstellen.[39] Was indische Bauleute, sogenannte ›Tempelarchitekten‹ (*mistri*) und Steinmetze (*shilpin*) betrifft, orientierten und orientieren sie sich beim Bauen seit Jahrhunderten an gewissen Anleitungen, die in den *shilpa shastra* und *vastu shastra* tradiert werden: bei diesen Texten handelt es sich um teilweise jahrhundertealte Sammlungen gewisser technischer, ritueller und ikonographischer Beschreibungen, die von Tempelarchitekten bis heute stets neu

---

34 | Ebd.: »[...] authenticity could be identified – if it is at all possible – not so much in the originality of material or form, but rather in the process.«

35 | Ebd., S. 12.

36 | *Charter for the Conservation of Unprotected Architectural Heritage and Sites in India*, adopted at the INTACH National Conference, November 4, 2004. New Delhi 2004.

37 | Lowenthal, David: »Criteria of Authenticity«, in: K.E. Larsen/N. Marstein: Conference on Authenticity, S. 35-64, hier S. 62.

38 | INTACH-Charter, S. 4.

39 | Vgl. Havell: Indian Architecture, S. 227 und S. 240. Havell beschreibt genau diese Tätigkeitsfelder von Baumeistern, die nach seiner Ansicht helfen, die Traditionen der indischen Architektur lebendig zu halten.

interpretiert werden, nicht aber um unveränderbare Bauvorschriften.[40] Das Wort *jirnoddhara* beschreibt jegliche Form des baulichen Eingriffs (z.B. Instandhaltungsmaßnahmen, Reparatur oder das Ersetzen von Bauteilen), durch den gleichzeitig ein religiöser Verdienst geleistet wird. Selbst das Nachbilden und Kopieren von Gebäudeteilen durch indische Handwerker, auch bei der Erhaltung historischer Gebäude, wird von indischen Architekten in der Denkmalpflege wie etwa A.G. Krishna Menon, der in den 1960er Jahren in Kharagpur und Chicago studierte, nicht per se verworfen, sondern als originelle und schöpferische, kontinuitätsfördernde Aktivität betrachtet.[41]

›Universelle‹ und ›einheimische‹ Traditionen

Zu Beginn des 21. Jahrhunderts sind indische Baumeister und Steinmetze auch in der indischen Denkmalpflege Projektionsfläche für eine ungebrochene Tradition authentischer Produktionsprozesse geworden. In den Augen indischer Pioniere im Bereich der postkolonialen indischen Denkmalpflege wie etwa A. G. Krishna Menon, der sich kritisch mit den Grundsätzen des ASI, aber auch der *Charta von Venedig* (1964) auseinandersetzt, sollte das Wissen um traditionelle Handwerksmethoden demnach die Authentizität des zu erhaltenden Kulturerbes mitbestimmen: Er propagiert den Unterschied zwischen einer vorkolonialen und einer kolonial geprägten Tradition. Die erste ergibt sich aus einer »einheimischen Vorstellung« (*indigenous view*) von Erhaltung durch lokale Bauleute, die letzte aus einer »universellen Vorstellung« (*universal view*), die als Erbe der kolonialen Verwaltung betrachtet wird.[42] Letztere wird heute durch den modernen Beruf des Denkmalpflegers in Indien vertreten, dessen Erhaltungsprinzipien mit sogenannten internationalen Richtlinien konform sind. Menon macht auf lokaler bzw. nationaler Ebene strategischen Gebrauch von Tradition, indem seine Rhetorik Vorstellungen von vorkolonialer Einheit und nationaler Identität hervorruft. Gleichzeitig heben sich einheimische Traditionen bei diesem Konstrukt von globalen Traditionen ab und markieren die Grenzen scheinbar konkurrierender Gruppen. In dem Jahr, in dem das *Nara-Dokument zur Authentizität* verabschiedet wurde, beschrieb Menon die Rolle des Steinmetzmeisters im heutigen Indien in seinem Artikel *Rethinking the Venice Charter: The Indian Experience* (1994) wie folgt: Wie eh und je folge der

---

40 | Vgl. etwa Maxwell, Thomas S.: »Śilpa versus Śāstra«, S. 5-16 oder Pollock, Sheldon: »The idea of Śāstra in traditional India«, S. 17-26, beide in: Anna Libera Dallapiccola (Hg.), Shastric Traditions in Indian Arts (Band 1). Stuttgart 1989.

41 | Vgl. Menon, A.G. Krishna: »Inventive Mimesis in New Delhi: The Temples of Chhattarpur«, in: Wim Denslagen/Niels Gutschow (Hg.), Architectural Imitations. Reproductions and Pastiches in East and West. Maastricht 2005, S. 98-123.

42 | Menon: Inventive Mimesis in New Delhi, S. 120, und Menon, A.G. Krishna: »Rethinking the Venice Charter: The Indian Experience«, in: South Asian Studies 10 (1994), S. 37-44, hier S. 39f.

Steinmetzmeister alten Bautraditionen beim Bauen, Erhalten, Ausbessern und Erneuern. Im Kontext der Denkmalpflege ergäbe sich allerdings folgende Situation: Steinmetze und Bauleute arbeiteten im Grunde fremdbestimmt. Sie dürften Erhaltungsmaßnahmen an einem historischen Gebäude nicht mehr selbst – und somit nach traditioneller Manier – festlegen. Der Wert ihres handwerklichen Wissens und Könnens werde, wie schon im kolonialen Diskurs, vor allem auf ihre technischen Fähigkeiten reduziert. Die Entscheidungshoheit über Ziele und Erhaltungsmaßnahmen lägen jedoch längst nicht mehr in der Hand der Meister. An ihre Stelle seien Denkmalpfleger und Architekten getreten, die sich nicht selten an internationalen Denkmalpflege-Richtlinien (etwa der *Charta von Venedig*, 1964) orientierten.[43]

Nicht zuletzt spiegeln sich in diesem Spannungsverhältnis der Traditionen die grenzüberschreitenden Konturen des Konstrukts wider. Seit 2004 erkennt die INTACH-Charta an, dass jede Erhaltungsstrategie für staatlich ungeschützte Gebäude akzeptieren muss, dass lokale Kulturen nicht statisch sind und die Beteiligung von Gemeinden und lokalen Bauleuten heute aktiv unterstützen sollte. Somit überdenkt INTACH Authentizitätszuschreibungen im Hinblick auf Gebäude neu, was sich auch explizit auf die Rolle indischer Traditionen auswirkt. Lokale Baumeister sollten ermutigt werden, ihren Traditionen zu folgen, auch wenn keine Anhaltspunkte in Form von Dokumentationen oder physischen Überresten vorangehender Strukturen vorhanden sind.

Im Kontext dieses Zweigs der indischen Denkmalpflege, der auf Kontinuitäten mit der Vergangenheit zurückgreift, um ihre – im lokalen Kontext neue – Erhaltungsphilosophie zu legitimieren, kann man von einer ›erfundenen Tradition‹ sprechen. In Anbetracht der Erhaltungsstrategien für ungeschütztes architektonisches Kulturerbe kann es gemäß der INTACH-Charta angebracht sein, die Expertenrolle des heutigen Konservators herunterzustufen, indem man den Wünschen und Bestrebungen lokaler Gemeinden und der Arbeit lokaler Baumeister einen wichtigen Stellenwert einräumt. Kurzum, es sollte bei Fragen zur Erhaltung von Gebäuden stets genug Raum für Dialog zwischen den verschiedenen Interessengruppen geben.

›HYBRIDE‹ DENKMALPFLEGE IN INDIEN: RESTAURIERUNG DES HUMAYUN-MAUSOLEUMS IN DELHI

Exemplarisch für diese Vorgehensweise, d.h. den veränderten Blick auf etablierte oder heute gar global wirksame Denkmalpflege-Traditionen (z.B. *Conservation Manual* 1923 oder *Charta von Venedig* 1964) und eine Rückbesinnung auf lokale Bautraditionen, steht die Restaurierung des Humayun-Mausoleums in Delhi. Die Grabstätte des zweiten Mogulherrschers Humayun wurde ca. 1569 fertiggestellt.

---

43 | Menon: Rethinking the Venice Charter, S. 42.

Als einer der frühesten Bauten bezeugt das Grabmal die Einführung timuridischer Baucharakteristiken in Indien und stellt das Zentrum eines koranischen Paradiesgartens dar. Die Fassade des Grabmals ist hauptsächlich mit rotem Sandstein und weißem Marmor aus Rajasthan gestaltet (Tantpur und Makrana).

Die Anlage wurde im Jahre 1993 zum UNESCO Weltkulturerbe erklärt und seitdem aufwendigen denkmalpflegerischen Maßnahmen unterzogen. Als erste, privat finanzierte Restaurierung einer Weltkulturerbestätte in Indien förderte und implementierte der *Aga Khan Trust for Culture* (AKTC) zwischen 1997 und 2003 die Restaurierung der Gartenanlage des Mausoleums in Zusammenarbeit mit dem ASI sowie mit finanzieller Unterstützung der *Oberoi Hotels Group* und unter der Schirmherrschaft des *National Cultural Fund* (NCF). Der Masterplan zu Erhaltungsmaßnahmen am Monument wurde schließlich 2008 vom AKTC in Zusammenarbeit mit dem ASI formuliert. Das Grabmal Humayuns wurde fortan von der *Urban Renewal Initiative*, einer staatlichen und privaten Initiative des ASI, dem *Central Public Works Department*, der *Municipal Corporation of Delhi* und dem AKTC Delhi restauriert.

Bei der Erhaltungsphilosophie bezog man sich zum einen auf das *Conservation Manual* (1923) des ASI.[44] Allerdings wird die Bekenntnis zum *Conservation Manual* im *Conservation Proposal* für Humayuns Mausoleum modifiziert, da in den achtzig Jahren, seitdem das Handbuch formuliert wurde, gewisse Wandel, etwa die Unabhängigkeit (Konservierung im Hinblick auf den indischen, kulturellen Kontext), wissenschaftliche Fortschritte (Erhaltungstechniken) etc., bedeuten, dass Abschnitte in dem Handbuch zwar im Geiste des Handbuchs, aber im Hinblick auf moderne Entwicklungen gelesen werden müssen.[45]

In diesem Sinne bekannten sich der ASI und der *Aga Khan Trust for Culture* zu internationalen Chartas insbesondere die *Charta von Venedig* (1964)[46] und die *Charta von Burra* (1979, überarbeitet 1999).[47] Wie die *Charta von Burra* besagt, werden traditionelle Techniken und Materialien bei der Erhaltung wichtiger Bauteile bevorzugt. Unter manchen Umständen können auch moderne Techniken und Materialien, die der Erhaltung substanziellen Vorteil bringen, angemessen

---

44 | Marshall: Conservation Manual.

45 | Archaeological Survey of India/Aga Khan Trust for Culture: Humayun's Tomb World Heritage Site. A Conservation Proposal. New Delhi 2008, S. 30.

46 | ICOMOS: International Charter for the Conservation and Restoration of Monuments and Sites (The Venice Charter). Approved by the Second International Congress of Architects and Technicians of Historic Monuments in Venice from May 25 to 31, 1964, adopted by ICOMOS in 1965, www.icomos.org/venice_charter.html vom 19.05.2010.

47 | Australia ICOMOS International Council of Monuments and Sites: The Burra Charter. The Australia ICOMOS Charter for Places of Cultural Significance (1999), Burwood: Australia ICOMOS 2000, http://australia.icomos.org/wp-content/uploads/BURRA_CHARTER. pdf vom 10.04.2010.

sein.[48] Gleichzeitig sollte bei der Restaurierung besonders der ›indische Kontext‹ Beachtung finden, »in dem Handwerker stolz sind, die Fähigkeiten ihrer Vorväter fortzusetzen«[49] [Übersetzung KW]. Handwerkliche Ausbildungsprogramme waren ein wichtiger Teil des Restaurierungsprojekts. Bevor eine Werkstätte vor Ort eingerichtet wurde, wurden Proben für petrologische Studien von etwa fünfzig Sandstein-Steinbrüchen im Umkreis von 150 Kilometern um Dholpur in Rajasthan und Uttar Pradesh genommen. Atar Singh aus dem Dholpur-Bezirk war der hauptverantwortliche Steinmetzmeister der Werkstätte. Er akquirierte die Steinmetze, größtenteils aus der Dholpur-Region. In vielen Fällen war ihr Beruf nicht vom Vater weitergegeben worden. Für zahlreiche Männer wurde die Werkstätte zur Ausbildungsstätte. Unter Atar Singhs Aufsicht arbeiteten schließlich ca. 200 Handwerker. Sie stellten z.B. Kopien von Pilastern und Gitterfenstern (*jali*) aus Sandstein her, die am Mausoleum ausgetauscht werden sollten. (Abb. 5)

Abbildung 5: Humayuns Mausoleum, Delhi: Steinmetze beim Anfertigen von neuen Gitterfenstern (jali) nach originalen Vorbildern (Weiler 2010)

In Handarbeit konnte die jeweilige originale Form derartig nachempfunden und die Oberfläche auf eine solche Art behandelt werden, dass sie den originalen Bauelementen gleichkam und aufgrund der manuell bearbeiteten Oberflächenstruktur im Laufe der Zeit wieder Patina annehmen würde.

Die Restaurierungsphilosophie beabsichtigte in erster Linie die Erhaltung der originalen Bauform und -gestalt, während die Konservierung authentischen Materials nicht primär im Vordergrund stand. Dieser Anspruch wurde damit begründet, dass die Restaurierungsmaßnahmen nur aufgrund der Arbeit der mit tra-

---

48 | Ebd., Paragraph 4.2.

49 | ASI/AKTC: Humayun's Tomb World Heritage Site, S. 29: »[...] be rooted in the Indian context where craftsmen take great pride in replicating the skills of their fore-fathers [...]«.

ditionellen Methoden und Werkzeugen arbeitenden Steinmetze möglich waren. Handwerkstraditionen wurde ein Authentizitätswert zugesprochen, der von dem eines Gebäudes nicht zu trennen ist.

Wie an diesem Restaurierungsbeispiel deutlich wird, fordert der Anspruch der Erhaltung von kulturellem Erbe in Indien heute sowohl lokale Denkmalbehörden (staatliche und NGOs), Architekten, Baumeister und Handwerker, oft auch religiöse Stiftungen, als auch die internationale Gemeinschaft von Denkmalpflegern heraus, in Dialog miteinander zu treten.

TRADITION (NEU-)VERHANDELN

Transkulturalität kann sich aus dem Austausch, der Übernahme und Neuinterpretation gewisser Ideen und Konzepte, etwa hinsichtlich des Authentizitätswerts eines Monumentes, und der aus diesen Vorstellungen resultierenden Erhaltungspraktiken ergeben. ›Lebendige Handwerkstraditionen‹ wurden in der seit Ende des 19. Jahrhunderts bis heute ungebrochen geführten Diskussion um lebendiges Kulturgut in Indien zum Inbegriff des Authentischen stilisiert.

Wichtige Vertreter kolonialer Kunsterziehung propagierten eine vorindustrielle Kulturlandschaft und romantisierten Leben und Arbeit indischer Handwerker, brachten Definitionen von traditionellem Handwerk und überformten Letzteres zugleich. Das Romantisieren des indischen Handwerkers, der als das Gegenüber des Handwerkers des europäischen Mittelalters betrachtet wurde, resultierte in einem Fokus auf dem *native craftsman*, dem Handwerker an vorindustriellen Orten, der einen Ausgangspunkt für die Wiederbelebung traditioneller Künste darstellte. Gegen Ende des 19. Jahrhunderts sah man in der Figur des Handwerkers einen lebendigen Wissensspeicher für traditionelle künstlerische Fertigkeiten.

Museen für Kunsthandwerk, z.B. das *National Handicrafts and Handlooms Museum* in Neu-Delhi, und Repliken ›typisch indischer‹, also ›vorindustrieller‹ Dörfer in Themenparks wie etwa Shilparamam in Hyderabad oder Kala Gaon in Uttar Pradesh preisen heute traditionelle Kunstfertigkeiten, Handwerksprozesse und indische Handwerker selbst. Sie bieten der wachsenden indischen Mittelschicht und anderen Touristen »eine authentische, ländliche Erfahrung«[50] [Übersetzung KW]. Im Grunde ist dieser Trend sowohl lokal als auch global. Zum einen hebt er die Suche nach identitätsstiftenden, originär indischen Traditionen hervor, zum anderen gibt es weltweit lokale Reaktionen auf als homogenisierend empfundene, kulturelle Entwicklungen und industriell gefertigte und global verfügbare Massenprodukte. Die Tatsache, dass ›lebendige Traditionen‹ seit kolonialer Zeit museal ausgestellt werden, um die Idee eines authentischen Kulturerbes zu vermitteln, lässt Rückschlüsse darüber zu, wie Darstellungen des Lokalen und Traditionellen

---

50 | Ahmed, Farzand: »In Rustic Retrospect«, in: India Today vom 03.12.2007, S. 11: »A replica of a typical Awadhi village promotes folk art and offers an authentic rural experience«.

produziert und transferiert werden. Von dieser Entwicklung ist auch die ›indische‹ bzw. ›internationale‹ Denkmalpflege nicht ausgenommen. So zollen heute neben dem indischen Kulturbetrieb nicht nur die nicht-staatliche Denkmalpflege, wie am Beispiel von INTACH oder der Restaurierung des Humayun-Mausoleums verdeutlicht, der Handwerkstradition indischer Baumeister Anerkennung, sondern auch zunehmend der ASI und religiöse Interessengruppen. (Abb. 6)

Abbildung 6: ›How Stones were Carved‹ (2009): Steinmetze bearbeiten einen Marmorpfosten für den Swaminarayan-Akshardham-Tempel in Neu-Delhi. Eine Broschüre widmet sich der Entstehung des Tempels und preist das Handwerk der Bauleute und Steinmetze

Was das Handwerk indischer Baumeister betrifft, wurde ein koloniales Konzept also im Laufe der Jahrzehnte auch auf nationaler Ebene konserviert. Was die Idee einer der Handwerkstradition inhärenten Authentizität angeht, betonen wichtige Vertreter der gegenwärtigen indischen Denkmalpflege heute originär vorkoloniale Bau- und Handwerkstraditionen, die von Steinmetzen in der Tradition ihrer Vorfahren praktiziert werden und die es zu fördern oder gar wieder einzuführen gilt. Wie am Beispiel des Mythos' lebendiger Handwerkstraditionen in Indien deutlich wird, handelt es sich bei Konzepten wie Tradition, Originalität und Authentizität um transkulturelle Mentefakte, deren Sinngehalt und Wertschätzung im Zuge von Transferprozessen begrifflich neu belegt werden.

›Heimatschutz‹ und ›Kulturkreislehre‹ von Afrika bis in die Südsee: Kulturerbe und Kulturtransfer

Winfried Speitkamp

Heimatschutz in die deutschen Kolonien! Das forderte ein Aufsatz, der 1913 im *Kunstwart* erschien. Man solle die indigenen Kulturen schützen, sie vor den verderblichen zivilisatorischen Einflüssen des Westens bewahren.[1] Diese Forderung erscheint überraschend. Koloniale Bewegungen und Kolonialmächte des 19. Jahrhunderts gaben gerade die zivilisatorische Mission, die Beseitigung vormoderner Kulturformen und – vermeintlich – barbarischer Sitten als zentrales Ziel kolonialer Durchdringung aus. Immer wieder ist in den Schriften der Kolonialbewegung davon die Rede, man müsse Verhaltensweisen wie Fetischismus, Kannibalismus und Sklaverei in Übersee bekämpfen. Die Diskrepanz wirft die Frage auf, welche Vorstellungen von dem in Übersee vorgefundenen Erbe die Europäer des Kolonialzeitalters hatten. Warum und wann kam die Forderung nach Schutz des Kulturerbes indigener Völker – ob in Afrika oder in der Südsee – auf? Und was verstand man unter dem Kulturerbe der indigenen Völker, wie wurde es konstruiert? Am deutschen Fall sollen diese Fragen erörtert werden.

Der folgende Beitrag stellt zunächst die gerade zitierte Schrift *Heimatschutz in die deutschen Kolonien!* vor. Was sollte hier geschützt werden, welche Ziele standen dahinter, in welchen Zeitkontext sind die Überlegungen einzuordnen? Dann wird der Rahmen erweitert und gefragt, wann und wie die Vorstellung eines Kulturerbes überseeischer Völker in der Zeit des Kolonialismus entstand. Im dritten Schritt geht es um Leo Frobenius, der wie kein anderer deutscher Wissenschaftler Vorstellungen eines nichteuropäischen, besonders eines afrikanischen Kulturerbes geprägt hat; er hat in diesem Zusammenhang von »Kulturkreisen« und »Kulturseele« gesprochen und schließlich kulturmorphologische Ansätze vertreten. Abschließend wird am Beispiel der *Négritude* und des senegalesischen Dichters und Politikers Léopold Sédar Senghor der Blick auf Aspekte des Kulturtransfers und auf Nachwirkungen im Denken ehemals Kolonisierter gerichtet. Hier tritt der hy-

---

1 | Krämer-Bannow, Elisabeth: »Heimatschutz in die deutschen Kolonien!«, in: Kunstwart und Kulturwart XXVI/19 (1913), S. 13-22.

bride Charakter aller Konstruktionen von Kulturerbe hervor. Denn in der Kommunikation zwischen ›Europa‹ und ›Afrika‹, zwischen europäischem Denken und afrikanischer Reaktion, entstanden Vorstellungen eines afrikanischen Kulturerbes, die selbst wieder Ausdruck von Verflechtung und Verbindung waren. Das ›afrikanische Kulturerbe‹ bezeichnet insofern keinen statischen und hermetischen, gar essentiell ›afrikanischen‹ Bestand an materiellen und immateriellen Werten, sondern basiert auf einem transkulturellen Austauschprozess; es ist fluid und offen, ständigen Umschreibungen und Neubelegungen unterworfen.

HEIMATSCHUTZ IN DIE DEUTSCHEN KOLONIEN

Seit 1884 erwarb das Deutsche Reich eine Reihe von Kolonien in Übersee.[2] Dazu gehörten Deutsch-Ostafrika, Deutsch-Südwestafrika, Togo, Kamerun, das chinesische Kiautschou, das melanesische Deutsch-Neuguinea, die mikronesischen Inselgruppen der Marshall-, Karolinen-, Marianen- und Palau-Inseln sowie die als Samoa zusammengefasste polynesische Inselgruppe – also eine höchst heterogene und weit verstreute Territorialvielfalt. Auch von den Bevölkerungszahlen her waren die Gebiete höchst unterschiedlich, die pazifischen hatten insgesamt rund 640.000 Einwohner, die afrikanischen vermutlich über 12 Millionen. Die Kolonien wurden zunächst durch Kolonialgesellschaften verwaltet, das scheiterte aber in der Regel nach wenigen Jahren, führte zu Aufständen und zur Übernahme der Kolonien in die Reichsverwaltung. Auch danach gelang eine Stabilisierung noch nicht, große Aufstände 1904 in Südwestafrika und 1905 in Ostafrika hatten höchst brutale Kriege und eine Neustrukturierung der Kolonialverwaltung zur Folge.[3] Danach begann sich in Ansätzen der deutsche Kolonialstaat zu etablieren, doch schon der Erste Weltkrieg beendete das Kolonialexperiment für das Deutsche Reich. Eine feste Kolonialelite hatte sich in der kurzen Zeit noch nicht herausgebildet, sehr unterschiedliche Personen und Charaktere trafen sich in den Kolonien.[4] Viele waren nur auf Zeit in Übersee, sahen exotische Länder, mit denen sie kaum vertraut werden konnten und in die sie Ängste und Hoffnungen hineinprojizierten. Vor al-

2 | Gründer, Horst: Geschichte der deutschen Kolonien. Paderborn 2005 (1. Auflage 1985). Speitkamp, Winfried: Deutsche Kolonialgeschichte. Stuttgart 2006 (1. Auflage 2005). Gründer, Horst (Hg.): »...da und dort ein junges Deutschland gründen«. Rassismus, Kolonien und kolonialer Gedanke vom 16. bis zum 20. Jahrhundert. München 1999.
3 | Zimmerer, Jürgen/Zeller, Joachim (Hg.): Völkermord in Deutsch-Südwestafrika. Der Kolonialkrieg (1904-1908) in Namibia und seine Folgen. Berlin 2003. Becker, Felicitas/Beez, Jigal (Hg.): Der Maji-Maji-Krieg in Deutsch-Ostafrika 1905-1907. Berlin 2005.
4 | Vgl. Speitkamp, Winfried: »The Imagined Elites. German Elites and the Colonial Empires«, in: Claire Laux et al. (Hg.), Au sommet de l'Empire. Les élites européennes dans les colonies (XVIe-XXe siècle) – At the Top of the Empire. European Elites in the Colonies (16th-20th Century). Brüssel 2009, S. 303-316.

lem verbanden sie, was sie sahen, mit ihren Erfahrungen aus Deutschland. Dabei entstanden neue Werte und Sichtweisen: Der Blick auf die Kultur in den Kolonien wurde gewissermaßen transkulturell gefiltert.

Autorin der Schrift *Heimatschutz in die deutschen Kolonien!* war Elisabeth Krämer-Bannow (1874-1945). Sie kam als Ehefrau und Mitarbeiterin des deutschen Marinearztes, Anthropologen und Expeditionsleiters Augustin Krämer in die Südsee und nahm mit ihm von 1906 bis 1910 an mehreren Expeditionen in der Südsee teil. Krämer-Bannow selbst fotografierte dabei und fertigte Aquarelle der bereisten Südsee-Region. Im Jahr 1916 veröffentlichte sie ein weiteres Werk über die ›kunstsinnigen Kannibalen der Südsee‹.[5] Ihr besonderes Interesse galt den indigenen Völkern und deren kulturellen Leistungen. Krämer-Bannow berichtete am Anfang ihrer Heimatschutz-Schrift über einen »Angsttraum«, der sie seit der Rückkehr aus den Tropen immer wieder plage:

»Dann sehe ich dort die herrlichen, sorgsam gebauten Häuser im Zerfallen zwischen neue Bretterbaracken und die einst in fast griechischer Schönheit wandelnden stolzen Menschen mit europäischen Lappen bekleidet.«[6]

Ohne Frage war hier im Hintergrund auch der ältere Topos des ›Edlen Wilden‹ zu lesen. Aber es ging um mehr, um Aspekte, die in den Afrika-Diskursen der Zeit neu auftauchten. Man merkt sie schon an einem Hinweis in Krämer-Bannows Schrift:

»Wir Deutschen müssen uns auch bemühen, tropengewohnte, lebenskräftige Völker, und damit Arbeiter in unsern Kolonien zu erhalten. Daß dies am sichersten geschieht, wenn man die Leute möglichst unter ihren eigenen Lebensbedingungen läßt, sofern sie nicht zerstörend sind, ist längst erwiesen.«[7]

Krämer-Bannow lobte deshalb einen Teil der Missionare, die sich in entsprechender Weise engagierten, kritisierte allerdings auch solche, die »allzu wenig Achtung vor der vorgefundenen Kultur gezeigt«[8] hätten. Über Leistungen und Differenziertheit der Kultur auf den pazifischen Inseln berichtete sie:

»Es gibt da größere Unterschiede in Hausbau, Geräten, Kleidung und Lebensweise, als man bei uns meistens ahnt, und selten fand ich, daß das Vorgefundene nicht in ganz besonderem Maße der Art des Volkes und des Landes angepasst war. Die Völker haben den

---

5 | Krämer-Bannow, Elisabeth: Bei kunstsinnigen Kannibalen der Südsee. Wanderungen auf Neu-Mecklenburg 1908-1909. Berlin 1916.

6 | Krämer-Bannow: Heimatschutz, S. 13.

7 | Ebd., S. 13f.

8 | Ebd., S. 14.

Haus- und Bootbau von Urväterzeit übernommen, ausgebildet und an manchen Plätzen sehr vervollkommnet.«[9]

Wer einmal diese Bauten gesehen habe, »wird die Einwohner nicht mehr ohne Einschränkung kulturlose Wilde nennen, er wird im Gegenteile vor mancher Leistung der Bewunderung voll sein«.[10]

Krämer-Bannow kritisierte dagegen das Bestreben, die indigene Bevölkerung – angeblich aus sittlichen Motiven – an Bekleidung zu gewöhnen, und dazu auch noch billige schlechte Stoffe einzuführen. »Ist es nun wohlgetan, diesen glücklichen Naturkindern nicht nur ihr Wohlbefinden, ja ihre Gesundheit, sondern auch ihre Unbefangenheit zu nehmen, weil uns, die wir aus ganz anderen Bedingungen kommen, die dem Süden angemessene Freiheit von Kleidern zunächst befremdet?« Irrglaube in Europa sei, »daß größtmögliche Verhüllung Zeichen der Gesittung, der Kultur und des Fortschritts sei«.[11]

»Die Leute eilen in Kleidern, mit Kopftüchern und Hüten in die Kirchen, die einst hochentwickelte Weberei hat aufgehört, die wundervollen alten Häuser werden selten, man sieht überall wahre Monstren nachgeahmter Europäerhäuser. Hier zeigt es sich auch sonst, daß man nicht ungestraft das geistige Eigentum eines Volkes verändert. Man hat den Leuten zum großen Teil ihre eigenen, altvererbten Sitten herabgesetzt, was sie nicht von den Weißen lernten, war schlecht, heidnisch oder wild. Manche wertvollen Überlieferungen, manche ehrwürdigen Bräuche sind da mit den wirklichen Missbräuchen untergegangen, ohne daß es die Neuerer auch nur für nötig hielten, sich recht mit ihnen vertraut zu machen oder gar sie der Nachwelt zu überliefern.«[12]

Die Deutschen sollten die Lebensweise der indigenen Bevölkerung aber nicht nur schützen, sondern sich auch als Vorbild nehmen:

»Es wäre sogar für die Weißen gut, sich einiges von der Lebensweise der Eingeborenen anzueignen, in Haus- und Gartenbau, Speisen usw. [...] Künstler und Ethnographen, die imstande sind, sich in die Umwelt einzuleben, sollten Gelegenheit haben, praktisch beim Ausbau unserer Kolonien, bei Anlage weißer Siedlungen mitzuwirken. Sie würden sicher bald Rat schaffen und zeigen, wie man wohlfeil, zweckmäßig und schön zugleich aus dem Bodenständigen heraus bauen kann, und wie sich das Leben reicher und würdiger einrichten läßt, als jetzt meist der Fall ist.«[13]

---

9 | Ebd., S. 14f.
10 | Ebd., S. 15.
11 | Ebd., S. 16.
12 | Ebd., S. 17.
13 | Ebd., S. 21f.

Solche Formulierungen spiegelten Gedanken der deutschen Heimatschutzbewegung, sie wären fast wörtlich auch bezogen auf Kleinstädte in Deutschland möglich gewesen. So ging es in dem Aufsatz immer wieder um den verderblichen
Einfluss des Westens, der Moderne, um den Kontrast zwischen indigen und im-
portiert. Ganz konsequent, ganz unbeeinflusst von kolonialen Attitüden war allerdings auch Krämer-Bannow nicht:

»Will man seine farbigen Diener bekleiden, und das wird in den meisten Fällen wünschenswert sein, so gebe man sich auch die Mühe dies in geschmackvoller, ihrer Natur angepass-
ten Weise zu tun [...].«[14]

Krämer-Bannows Schrift stellte keine ethnologische Bestandsaufnahme pazifi-
scher Kultur dar. Was sie beschrieb, war vielfältig gefiltert. Beobachtete Elemente
wurden isoliert, mit dem mitgebrachten Vorwissen gedeutet und mit eigenen Idealen verknüpft. Daraus entstand etwas Neues, eine überseeische Kultur als Muster
und auch Experimentierfeld kollektiver Läuterung der Kultur der Kolonialherren.
Der Aufsatz, der scheinbar eine Außenseiterposition im kolonialen Denken repräsentierte, stand tatsächlich im Schnittpunkt mehrerer charakteristischer europäischer Denklinien der Zeit um 1900:

Erstens war das die Vorstellung vom ›Edlen Wilden‹, die in das 18. Jahrhundert
zurückreicht. Sie lebte auch in der Kolonialzeit noch fort, und zwar weiterhin vor
allem bezogen auf die Südsee, nicht auf Afrika.

Zweitens kam das Interesse der Missionen an einer Bewahrung heimischer
Kulturen hinzu. Die Missionare waren seit der ersten Hälfte des 19. Jahrhunderts,
noch vor den Kolonialeroberern, in Übersee tätig. Träger der Mission waren nicht-
akademisch ausgebildete, im evangelischen Bereich oft am Pietismus orientierte
Deutsche aus handwerklichem oder bäuerlichem Milieu, die nach kurzer Vor-
bereitungszeit auf Missionsstationen in die Fremde geschickt wurden. Ihr Ideal
war nicht die Industriegesellschaft, sondern der bäuerliche oder handwerkliche
Betrieb, die Kleinfamilie mit diszipliniert arbeitendem Vater, mit der Mutter als
fürsorglicher Hausfrau und mit Kindern, die eine Missionsschule besuchten und
früh an tägliches Lernen und regelmäßige Arbeit gewöhnt werden sollten. Das
widersprach zum Beispiel in Afrika hergebrachten Familienformen, Erziehungs-
methoden und Arbeitsweisen grundlegend. Dabei wollten die Missionare die indigene Bevölkerung keineswegs verwestlichen, sondern in ihren je tradierten Lebensformen – wie die Missionare sie jedenfalls wahrnahmen – erhalten, nur eben
bereinigt um vermeintliche sittliche Verfehlungen und Grausamkeiten (Mehrehe,
Beschneidung von Mädchen) und ergänzt um vermeintliche christliche Errungenschaften (Arbeitsdisziplin, Familie, Hausvater, Mütterlichkeit). Man ging gerade
nach Übersee, um dort diejenigen Entwicklungen zu verhindern, die man in Europa ablehnte: Industrialisierung, Proletarisierung, Materialismus und Liberalis-

---

14 | Ebd., S. 22.

mus. An erster Stelle also galt es, die indigene Bevölkerung vor dem Weg ins Proletariat zu schützen, aus den Männern vielmehr traditionsbewusste Handwerker und Bauern zu machen, mit klaren Geschlechter- und Generationsrollen nach dem Bild der bürgerlichen Kleinfamilie.[15]

Drittens schrieb Krämer-Bannow im Kontext der Kolonialreformen. Nach den großen Aufständen gegen die deutsche Kolonialherrschaft in Südwest- und Ostafrika 1904-1908 ging es darum, Kolonialpolitik rationaler und wissenschaftlicher zu gestalten, als erhaltende und nicht verbrauchende Kolonialpolitik, wie es auch hieß. Dazu musste man die indigenen Kulturen in einem gewissen Maße schützen, um Zufriedenheit, Arbeitswilligkeit und Arbeitsfähigkeit der Bevölkerung zu bewahren. Ob diese Politik, für die seit 1906/07 der neue Kolonialstaatssekretär Bernhard Dernburg stand, auf längere Sicht hätte erfolgreich sein können, lässt sich kaum abschätzen, da die deutsche Kolonialherrschaft bereits 1914 im Ersten Weltkrieg zu Ende ging.[16]

Viertens spielte der Einfluss der Lebensreformbewegungen eine Rolle. Aufgekommen am Fin de Siècle, orientierten sie sich an einem Idealbild vermeintlich unberührter Natur, daraus sollten neue Lebensformen erwachsen. Das reichte von Freikörperkultur bis zu alternativer Medizin, vom Leben in Landgenossenschaften bis zu religiösen Sekten. Der *Kunstwart*, in dem der Aufruf Krämer-Bannows 1913 erschien, wurde von dem Schriftsteller Ferdinand Avenarius herausgegeben. Er diente als Organ und Forum der vielfältigen Kunst- und Kulturreformbestrebungen um die Jahrhundertwende, vom Dürerbund bis zum Werkbund, die eine Reinigung und ethische Läuterung der modernen industriellen Zivilisation wünschten, die Zivilisation und Gesellschaft einerseits, Kultur und Gemeinschaft andererseits kontrastierten und erstere als westlich-dekadent, französisch oder amerikanisch attackierten, letztere aber als spezifisch deutsch reklamierten.[17] Die Bewegung war nicht einheitlich, sondern verband viele Strömungen und Richtungen, Abstufungen und heterogene Ziele, auch viele organisatorische Ausprägungen. Der Heimat-

---

15 | Zu Mission und Missionaren in Übersee: Gründer, Horst: Christliche Mission und deutscher Imperialismus. Eine politische Geschichte ihrer Beziehungen während der deutschen Kolonialzeit (1884-1914) unter besonderer Berücksichtigung Afrikas und Chinas. Paderborn 1982. Ders.: Welteroberung und Christentum. Ein Handbuch zur Geschichte der Neuzeit. Gütersloh 1992. Altena, Thorsten: ›Ein Häuflein Christen mitten in der Heidenwelt des dunklen Erdteils‹. Zum Selbst- und Fremdverständnis protestantischer Missionare im kolonialen Afrika 1884-1918. Münster 2003. Oermann, Nils Ole: Mission, Church and State Relations in South West Africa under German Rule (1884-1915). Stuttgart 1999.

16 | Programmatisch: Dernburg, Bernhard: Zielpunkte des deutschen Kolonialwesens. Berlin 1907. Vgl. Schiefel, Werner: Bernhard Dernburg 1865-1937. Kolonialpolitiker und Bankier im wilhelminischen Deutschland. Zürich 1974.

17 | Kerbs, Diethart/Reulecke, Jürgen (Hg.): Handbuch der deutschen Reformbewegungen, 1880-1933. Wuppertal 1998. Kratzsch, Gerhard: Kunstwart und Dürerbund. Ein Beitrag zur Geschichte der Gebildeten im Zeitalter des Imperialismus. Göttingen 1969.

schutz, die Pflege der vermeintlich überkommenen Sitten, Traditionen, Bauweisen und Handwerkstechniken, war eine Spielart davon. Autoren wie der Architekt und Vorsitzende des Deutschen Bundes Heimatschutz Paul Schultze-Naumburg, der nach dem Ersten Weltkrieg mehr und mehr in das völkische Lager überwechselte und seine Theorien rassistisch auflud, standen für diese Verbindung sehr unterschiedlicher Elemente und Denkansätze. Immer wieder ging es auch der Heimatbewegung in Deutschland darum, bestimmte Elemente der Vergangenheit als Tradition zu bewahren, damit auch Kultur und kollektive Identität zu prägen, um so entweder – in einer reaktionären Variante – zurück zu einem vorindustriellen Zustand zu gelangen, oder – in einer reformkonservativen Spielart – die Moderne anders zu gestalten.[18] Das gilt auch für Krämer-Bannow, die die indigenen Kulturen durchaus beeinflussen und läutern wollte.

Fünftens entstand an der Jahrhundertwende aus vielfältigen Wurzeln die Völkerkunde.[19] Krämer-Bannows Schrift war Ausdruck auch dieses neuen wissenschaftlich-völkerkundlichen Interesses an fremden, exotischen Völkern und Kulturen, ein Interesse, das oft, auch bei ihr, zu einer regelrechten Sammelwut führte und deutsche Museen für Jahrzehnte mit Material versorgte. Auch die Völkerkunde schuf so Bilder fremder Kulturen, die dann wieder auf die in Übersee zurückwirkten, dort später adaptiert und in das Selbstbild integriert wurden.

Sechstens kamen an der Jahrhundertwende neue Kulturkreislehren und Kulturmorphologien auf. Sie standen im Kontext der tiefen Verunsicherung von Weltbildern durch die Säkularisierung und den Darwinismus im letzten Drittel des 19. Jahrhunderts. Die Völker der Welt wurden gedanklich neu geordnet. Das konnte in rassistischen Varianten geschehen, folgte aber auch oft anderen Ordnungssystemen, die im frühen 20. Jahrhundert größte Popularität hatten und auch indigenen Bevölkerungen in Übersee quasi eine naturhistorische Stufe in der Evolution zuschrieben. Die Völker in Übersee galten in einer solchen Perspektive nicht einfach als biologisch minderwertig, sondern standen für eine frühe Form der Entwicklung, waren Völker im Kindheitsstadium, roh, aber formbar und erziehbar, sie zeigten also den Europäern deren eigene Vorgeschichte.

Die Ambivalenz der Schrift Krämer-Bannows liegt nicht zuletzt darin begründet, dass sie zwischen verschiedenen Deutungen der Zeit und widersprüchlichen Konsequenzen zu schwanken schien. Ihre Schlussfolgerung blieb daher span-

---

18 | Knaut, Andreas: Zurück zur Natur! Die Wurzeln der Ökologiebewegung. Bonn 1993. Ditt, Karl: »Die deutsche Heimatbewegung 1871-1945«, in: Jochen Heinrich/Bundeszentrale für politische Bildung/Deutscher Heimatbund (Hg.), Heimat. Analysen, Themen, Perspektiven (Schriftenreihe der Bundeszentrale für politische Bildung, Band 294/I). Bonn 1990, S. 135-154. Klueting, Edeltraud (Hg.): Antimodernismus und Reform. Zur Geschichte der deutschen Heimatbewegung. Darmstadt 1991. Applegate, Celia: A Nation of Provincials. The German Idea of Heimat. Berkeley 1990.

19 | Petermann, Werner: Die Geschichte der Ethnologie. Wuppertal 2004. Rössler, Martin: Die deutschsprachige Ethnologie bis ca. 1960. Ein historischer Abriss. Köln 2007.

nungsreich, wenn sie die Anerkennung indigener Kulturen mit der Prämisse einer grundsätzlichen Überlegenheit der Europäer und einem westlichen Erziehungs- und Schutzauftrag gegenüber der Bevölkerung der Kolonien verband. Basis frei- lich blieb, dass Krämer-Bannow den überseeischen Völkern ein kollektives Kultur- erbe von eigenem Wert zusprach.

KULTURERBE IN ÜBERSEE

Was die deutschen Kolonien und die Haltung der Kolonialpioniere angeht, so kann allerdings von Kulturerbevorstellungen und Heimatschutz ansonsten nicht die Rede sein. Das Bild wird vielmehr geprägt von meist unreflektierter Herrenmen- schenattitüde und rassistischen Auswüchsen. Ein Kolonialist wie Hermann Wiss- mann (1853-1905), Afrikareisender, autodidaktischer Forscher, Militär, Bekämpfer von Kolonialaufständen und Reichskommissar von Deutsch-Ostafrika, wäre kaum auf die Idee gekommen, Afrika mit einem eigenen Kulturerbe in Verbindung zu sehen.[20] Die Kolonialisten stilisierten sich als Bekämpfer des Sklavenhandels und Boten des zivilisatorischen Fortschritts in einem Raum von Wildnis und Barba- rei. Am bekanntesten und berüchtigtsten wurde Carl Peters (1856-1918).[21] Er hatte 1884 Land in Ostafrika (im heutigen Tansania) durch zweifelhafte Verträge für die Deutsch-Ostafrikanische Gesellschaft in Besitz genommen und ließ diese Gebiete dann nachträglich unter den Schutz des Deutschen Reiches stellen.[22] Die Gesell- schaft verwaltete Ostafrika anfangs selbst, das scheiterte aber, und 1890 übernahm das Reich die Verwaltung; Peters wurde Reichskommissar. Allerdings wurde er 1895 seines Amtes enthoben, denn er hatte seine afrikanische Konkubine und deren Freund hinrichten lassen. Peters hatte keine Vorstellung von einem afri- kanischen ›Kultur‹-Erbe; Kolonialismus hatte den Europäern zu dienen, die erst die Kultur brachten und es Afrikanern erlaubten, afrikanisches ›Natur‹-Erbe zu nutzen.

Diese Einstellung war weit verbreitet. Vor allem hielt man in Europa Afrikaner für Barbaren und Kannibalen, die absurden und grausamen Ritualen nachgingen und Fetische anbeteten. Nicht nur in der Kolonialliteratur, sondern auch in weit-

---

20 | Zur kolonialen Haltung Wissmanns: Wissmann, Hermann: Unter deutscher Flagge quer durch Afrika von West nach Ost. Von 1880 bis 1883 ausgeführt von Paul Pogge und Hermann Wissmann. Berlin 1888. Ders.: Afrika. Schilderungen und Rathschläge zur Vorbe- reitung für den Aufenthalt und den Dienst in den Deutschen Schutzgebieten. Berlin 1895.
21 | Siehe Perras, Arne: Carl Peters and German Imperialism, 1856-1918. A Political Bi- ography. Oxford 2006.
22 | Peters, Carl: »Die Usagara-Expedition« [1885], in: Walter Frank (Hg.), Carl Peters. Gesammelte Schriften (Band 1). München 1943, S. 285-318. Ders.: »Die Gründung von Deutsch-Ostafrika. Kolonialpolitische Erinnerungen und Betrachtungen« [1906]. in: Ebd., S. 117-283.

verbreiteten Familienzeitschriften wurden solche Bilder vermittelt und verfestigt. Das *Neue Kreuzer-Magazin. Blätter für Unterhaltung und Belehrung* informierte seine Leser im September 1884, dass weite Teile Afrikas, nämlich die von Europa noch nicht beeinflussten, »ein Reich des Schreckens« seien, bestimmt von »schlimmste[m] Barbarismus« und »unumschränkteste[m] Despotismus«.[23] Auch in vielen Romanen und anderer Kolonialliteratur wurde dieses Bild bestärkt. Afrika und die Kolonien waren bestenfalls Folie für europäische Beschäftigungen, aber hatten kein nennenswertes Kulturerbe, abgesehen von den natürlichen Ressourcen, dem Boden und den Tieren, die man für Felle, Fleisch, das Vergnügen, nämlich Safari und Jagd, und als Reit- und Transporttiere benötigte. Deshalb wurde Naturschutz in den Kolonien zwar betrieben, aber eben kein Kulturschutz und kein Heimatschutz im Sinne einer Traditionspflege.

Allerdings gab es durchaus eine andere Linie der Beschäftigung mit Afrika. Sie geht auf das 19. Jahrhundert und die Reisenden der vorkolonialen Zeit zurück. Diese Reiseautoren schrieben ihre Texte noch vor Darwin und vor dem modernen, biologisch argumentierenden Rassismus. Sie gestanden Afrika durchaus noch eine eigene Kultur zu. Da war weniger von Stämmen und Häuptlingen die Rede, wie vermehrt seit den 1860er Jahren, da wurde also nicht künstlich exotiert und primitivisiert, vielmehr sprach man von Königreichen, Adel, Staaten, Völkern in Afrika, versuchte also mit europäischer Begrifflichkeit das Fremde zu verstehen und zu vermitteln. Das waren Übersetzungsprozesse im doppelten Sinn: Fremde Begriffe wurden in eigene Sprache übertragen, dabei rekontextualisiert und in ihrem Bedeutungszusammenhang verständlich gemacht. Bei diesem Vermittlungsprozess ging manches verloren, aber er erlaubte doch Aneignung und Anerkennung des Fremden.

Die Bemühungen um Übersetzung und Transfer verschwanden am Vorabend der kolonialen Expansion; ihre Vertreter gerieten für mehrere Generationen in Vergessenheit. Das gilt zum Beispiel für Heinrich Barth (1821-1865). Zwischen 1845 und 1855 bereiste er für insgesamt sechs Jahre vor allem Westafrika. Darüber schrieb er umfangreiche, allerdings schwer lesbare Werke.[24] Barth hatte in alter Geschichte promoviert, seine Habilitation aber in Geografie abgelegt, in diesem Fach wollte er sich durch seine Afrika-Erfahrung weiter akademisch qualifizieren. Im *Deutschen Staatswörterbuch* veröffentlichte er 1862 einen Artikel zum Stichwort *Neger, Negerstaaten*.[25] Dort machte er klar, dass der zeitgenössisch übliche Begriff ›Neger‹ wissenschaftlich nicht präzise sei, dass im Gegenteil in Afrika eine breite Palette an kulturellen und politischen Formen vorgefunden werden könne. Er er-

23 | N.N.: »Ein Reich des Schreckens«, in: Neues Kreuzer-Magazin. Blätter für Unterhaltung und Belehrung 28,6 (1884), S. 286f.

24 | Barth, Heinrich: Reisen und Entdeckungen in Nord- und Central-Afrika in den Jahren 1849 bis 1855, 5 Bände. Gotha 1857/58.

25 | Barth, Heinrich: »Neger, Negerstaaten«, in: Johann Casper Bluntschli/Karl Brater (Hg.), Deutsches Staats-Wörterbuch, Band 7. Stuttgart 1862, S. 219-247.

örterte die verschiedenen politischen Systeme und würdigte auch große alte Reiche wie das mittelalterliche Mali und die kulturellen Errungenschaften der Vergangenheit. Er lobte allerdings besonders den Einfluss des Islam, der verschiedene archaische Bräuche abgestellt habe, wie Menschenopfer, Alkoholkonsum und ungeregelte Mehrehe. Dagegen kritisierte Barth den europäischen Einfluss, das heißt nicht zuletzt die Herrschaft der Portugiesen. Dafür präsentierte er afrikanische Errungenschaften in Gewerbe und Kultur und beschrieb Afrika nicht, wie manche europäischen Philosophen und Historiker der Zeit, als geschichtslosen und statischen, sondern als dynamischen, kulturell entwickelten Kontinent.

Barths Schriften wurden in der Kolonialzeit, zumal wegen seiner positiven Würdigung des Islam, kaum rezipiert. Es dominierten rassistische Bilder. Aber die Missionen, die zum Teil schon vor der Kolonialzeit nach Afrika gekommen waren, betrieben eine intensive Kulturarbeit. Sie sammelten Material, zeichneten Sprachen und Grammatiken auf, verfassten Wörterbücher und übersetzten nicht nur die Bibel in afrikanische Sprachen, sondern auch afrikanische Volkserzählungen in europäische Sprachen. Primär ging es darum, Zugang zu den zu missionierenden Völkern zu gewinnen, doch dabei erstellten Missionare vielfach Sammlungen des Wissens über lokale und regionale Kultur, über Sprache, Lebensweise, Riten und Traditionen. Das Gleiche gilt selbst für viele Kolonialisten, die von ganz anderen Erwägungen geleitet wurden. Ein herausragendes Beispiel ist Heinrich Schnee (1871-1949). Der letzte Gouverneur von Deutsch-Ostafrika wurde nach dem Verlust der deutschen Kolonien im Ersten Weltkrieg zum führenden Propagandisten der kolonialrevisionistischen Bewegung, unter anderem mit seinem 1924 veröffentlichten Buch über die sogenannte Kolonialschuldlüge. Hier wies er die Vorwürfe der alliierten Kriegssieger zurück, die Deutschen hätten durch Misswirtschaft und Misshandlung der indigenen Bevölkerung das Recht auf Kolonien verwirkt.[26] Im Jahr 1920 veröffentlichte Schnee ein dreibändiges *Deutsches Koloniallexikon*. Das umfangreiche Kompendium über die deutschen Kolonien enthielt auch vielfältige Informationen über die ehemaligen deutschen Überseegebiete, über indigene Bauformen, Alltagsgegenstände, Musikinstrumente, Traditionen und Sitten, es war also eine Dokumentation des Kulturerbes derjenigen, die man allenthalben zunächst für kulturlos erklärt hatte, um überhaupt Kolonialisierung rechtfertigen zu können.[27] (Abb. 1)

Solche Sammlungen durch Reisende, Missionare, Beamte und Kolonialisten bildeten auch den Ausgangspunkt der entstehenden Afrikawissenschaft. Diese entstand aber auch im Kontext des zeittypischen kulturmorphologischen Denkens. Das soll nun am Beispiel von Leo Frobenius gezeigt werden, der wie kein anderer als Mittler, als Übersetzer im übertragenen Sinn, als Katalysator von Transferprozessen gewirkt hat, und das mit Folgen bis heute in Bereichen, in denen es nicht mehr bewusst ist – weit über die Afrikawissenschaft hinaus.

---

26 | Schnee, Heinrich: Die koloniale Schuldlüge. München 1927 (1. Auflage 1924).
27 | Schnee, Heinrich: Deutsches Koloniallexikon, 3 Bände. Leipzig 1920.

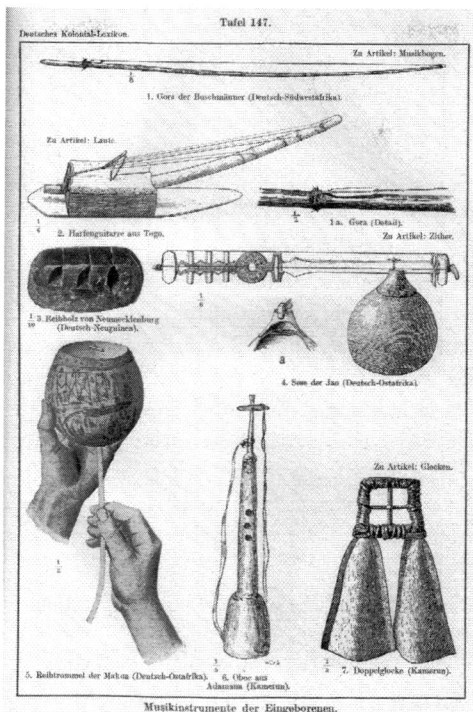

Abbildung 1: »Musikinstrumente der Eingeborenen«, Eintrag im Deutschen Koloniallexikon von Heinrich Schnee aus dem Jahre 1920

»KULTURKREISE«, »KULTURSEELE«, KULTURMORPHOLOGIE

Der Afrikaforscher und Ethnologe Leo Frobenius (1873-1938) war wie viele frühe Afrikawissenschaftler ein Autodidakt.[28] Er erlangte nie das Abitur und absolvierte auch kein einschlägiges Studium. Eher familiäre Einflüsse – der Großvater war Direktor des Zoologischen Gartens von Berlin – weckten seine Neugier auf Afrika. Als Siebzehnjähriger verfasste Leo Frobenius eine erste, ungedruckt gebliebene Schrift über Hermann Wissmann und dessen Afrikareisen.[29] Frobenius' Interesse an Afrika ging aber tiefer und in andere Richtung als der Kolonialismus: Nicht Annexion, sondern Verstehen und Präsentation des Fremden war sein Ziel, das er mit

---

28 | Vgl. Heinrichs, Hans-Jürgen: Die fremde Welt, das bin ich. Leo Frobenius: Ethnologe, Forschungsreisender, Abenteurer. Wuppertal 1998. Sylvain, Renée: »Leo Frobenius. From Kulturkreis to Kulturmorphologie«, in: Anthropos 91 (1996), S. 483-494.

29 | Vgl. Nguepe, Maurice: Leo Frobenius als Kunst- und Literaturvermittler. Dissertation. Frankfurt a.M. 2006, S. 25.

großem Selbstbewusstsein verfolgte. Bereits mit 21 Jahren veröffentlichte er sein erstes Buch, und zwar über die *Geheimbünde Afrikas*[30], über 50 weitere Bücher sollten folgen, darunter schon 1898 eine Arbeit über den Ursprung der afrikanischen Kulturen. 1898 gründete er eine Forschungsstelle, die, mehrfach umbenannt, 1925 der Frankfurter Universität angegliedert wurde und heute noch existiert, mittlerweile selbst nach ihrem Gründer benannt. 1932 wurde Frobenius aufgrund seiner Arbeiten zum Honorarprofessor der Universität Frankfurt a.M. ernannt, 1934 wurde er Direktor des Frankfurter Völkerkundemuseums. Frobenius, der nie an der Universität Vorlesungen hielt, sammelte gleichwohl einen großen Kreis an Unterstützern und vor allem Mitarbeiterinnen und Mitarbeiter an seinem Institut, in der Wissenschaft und auf Reisen um sich.[31] Auch in der Presse fand er ungewöhnlich große Resonanz, über seine Reisen und Vorträge wurde überregional berichtet.[32] Er wusste sich zu präsentieren, ließ bei der Rückkehr nach Frankfurt schon einmal Wagen und Anzug künstlich einstäuben, um einen authentischen Eindruck von der großen Reise zu vermitteln, oder ritt im Tropenanzug in den Zirkus ein. Frobenius' Wirkung ging also weit über den akademischen Bereich hinaus, ja entfaltete ihre eigentliche Durchschlagskraft außerhalb der Universitäten, wo die moderne Ethnologie und Afrikawissenschaften erst im Entstehen waren.

Frobenius Vorgehensweise und Methode waren freilich auch schwer präzise zu erfassen. Jedenfalls erstreckte sich seine Arbeit auf ein weites Interessenfeld. Auf der einen Seite betrieb er Detailforschung und Materialsammlung. Zwischen 1904 und 1935 unternahm er zwölf Forschungsreisen in unterschiedliche afrikanische Regionen. Er sammelte und dokumentierte afrikanische Erzählungen und Märchen, fotografierte Felsbilder, namentlich in der Sahara und im südlichen Afrika, oder ließ sie abzeichnen, und sammelte Gegenstände wie Masken und Waffen. Vor allem die Dinge waren es, welche die Basis seiner Arbeit und Deutung boten. Sie nutzte er zur Kategorisierung und Charakterisierung von Völkern und Kulturen. Darüber hinaus bezog er kulturelle Praktiken ein, um Gruppen zu beschreiben und Gemeinsamkeiten und Verwandtschaften zwischen Gruppen und über Regionen hinweg zu belegen. In der Summe waren seine zahlreichen Werke auch eine Dokumentation überseeischen, vor allem afrikanischen Kulturerbes – wenn auch auf problematischen Kriterien und Bearbeitungsmethoden beruhend.

Auf der anderen Seite ging es Frobenius fast von Anfang an um eine weit ausgreifende Zusammenschau und Deutung der Kulturen Afrikas und der Welt. Dazu

---

30 | Frobenius, Leo: Die Geheimbünde Afrikas. Ethnologische Studie. Hamburg 1894.

31 | Dazu zahlreiche Hinweise in: Kohl, Karl-Heinz/Platte, Editha (Hg.): Gestalter und Gestalten. 100 Jahre Ethnologie in Frankfurt a.M.. Frankfurt a.M. 2006. Siehe ferner: Leo Frobenius: Ein Lebenswerk aus der Zeit der Kulturwende. Dargestellt von seinen Freunden und Schülern [Leo Frobenius zum 60. Geburtstag]. Leipzig 1933.

32 | Riverein, Marcus: »›Der Loki im Walhall der Wissenschaft‹. Die Darstellung von Leo Frobenius in der Presseberichterstattung«, in: Karl-Heinz Kohl/Editha Platte (Hg.), Gestalter und Gestalten. 100 Jahre Ethnologie in Frankfurt a.M.. Frankfurt a.M. 2006. S. 61-91.

diente ihm zunächst das Konzept der Kulturkreise. Bereits 1897 in der Darstellung *Der westafrikanische Kulturkreis* und ein Jahr später in dem Werk über den *Ursprung der afrikanischen Kulturen* entwarf er die Vorstellung eines Kulturkreises als eines »selbständigen Organismus«, als »eignes Lebewesen«, das »Geburt, ein Kindes-, ein Mannes- und ein Greisenalter erlebt«.[33] Diese Vorstellung war stark von den naturwissenschaftlichen Ideen und Denkweisen der Zeit bestimmt. Nach Frobenius' eigenen, späteren Worten war die Kulturkreislehre sogar eine »mechanistische Weltanschauung. Das Leben sei aber nicht mechanistisch, sondern organisch gestaltet, dieses organische Leben sei seiner Natur entsprechend lediglich der lebendigen Intuition zugänglich«.[34] Das war es, worum es ihm dann immer mehr ging: das Verständnis des Organischen, die Einfühlung, die Intuition.

Und zu suchen galt es aus dieser Perspektive die Seele eines Volkes und einer Kultur, die »Kulturseele«; »Paideuma« war daher das Stichwort, das 1921 auch zum Titel eines Werkes mit dem Untertitel: *Umrisse einer Kultur- und Seelenlehre* wurde. Der Forscher hatte sich demnach seinem Gegenstand nicht analysierend, sezierend zu nähern, sondern sehend, beschreibend, empathisch, einfühlend, auch ergriffen und überwältigt. Tiefenschau, Einfühlung und Ergriffenheit wurden Schlüsselwörter in Frobenius' Theorie und Ansatz. Mittlerweile war, am Ausgang des Ersten Weltkrieges, Oswald Spenglers kulturmorphologisches Werk über den *Untergang des Abendlandes* erschienen.[35] Frobenius sah sich allerdings nicht als Nachfolger Spenglers, wie es später gedeutet wurde, sondern ganz umgekehrt diesen als seinen Nachfolger. Er betonte dessen »Mitarbeiterschaft«, die »Bestätigung« seiner, Frobenius' Anschauungen und »manchen Ratschlag«. Spengler sei »auf dem Wege weitergegangen« den Frobenius 1916 eingeschlagen habe. Im Übrigen habe auch Spengler Kulturen als »Lebewesen« und »Organismen« verstanden, doch sei Spenglers Werk ein »Torso« geblieben.[36]

Die Kulturmorphologie, der sich Spengler und Frobenius verschrieben hatten, spiegelte die Grundstimmung der Zeit, dies umso mehr, als sich beide von naturwissenschaftlichen Methoden abkehrten und Intuition und Einfühlung als Methode wie auch als Ziel der Deutung nutzen wollten. Völker waren demnach nicht durch Biologie, Sprache, Kultur oder Politik als Einheit definiert, sondern durch ihre Kollektivseele.[37] Für die akademischen Kritiker war das der Kern, oder auch die Wegmarke, an der Frobenius von der wissenschaftlichen Methode und der wissenschaftlichen Deutung abwich. Frobenius führte den Ansatz allerdings wirkungsvoll in seinen unzähligen Büchern aus: Die Kulturseele war in allen Le-

---

33 | Frobenius, Leo: Paideuma. Umrisse einer Kultur- und Seelenlehre. Düsseldorf 1953 (1. Auflage 1920), S. 9.

34 | Ebd., S. 12.

35 | Spengler, Oswald: Der Untergang des Abendlandes. Umrisse einer Morphologie der Weltgeschichte. München 1986 (1. Auflage 1918/1923).

36 | Frobenius: Paideuma, S. 15f.

37 | Vgl. Nguepe: Leo Frobenius, S. 64.

bensäußerungen erkennbar, in den Dingen, der Architektur und den Traditionen. So sammelte und kartierte er Erscheinungen, um die Reichweite eines Kulturkreises und seiner Kulturseele festzustellen, etwa Phänomene wie Pfahlbetten und Erdbetten. Er speiste die Befunde in die Hamiten- und Äthiopen-Theorie ein. Die Hamiten, die nord- und südafrikanischen Kulturen, waren demnach kulturlos, mechanisch und materialistisch eingestellt; sie waren der Magie und dem Schamanentum zugeneigt. Die zentralafrikanischen Kulturen dagegen zählte Frobenius zu den Äthiopen; sie standen für Mystik und das Transzendente.[38] (Abb. 2)

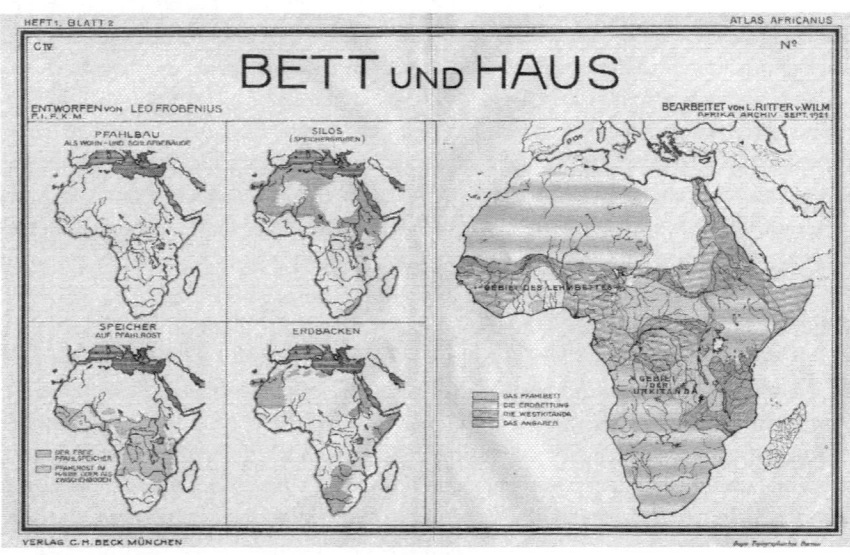

Abbildung 2: Verbreitung von »äthiopischen« und »hamitischen« Kulturelementen nach der Kultur- und Seelenlehre von Leo Frobenius

Dabei kam Frobenius unter anderem zu dem Ergebnis, dass die zentralafrikanischen Kulturen, im Unterschied zu den nord- und südafrikanischen, den Deutschen eng verwandt seien, zum Beispiel in ihrer Achtung vor Gemeinschaft, Natur und Familie. Die Nordafrikaner dagegen seien eher den Franzosen, Engländern und Amerikanern verwandt. Kulturkreise waren also nicht geografisch oder ethnisch bestimmt, sondern allein durch die freie, quasi transkontinentale Kulturseele. Für viele Zeitgenossen war diese Sicht irritierend, in Teilen spiegelte sie die Polarisierung von Deutschen und Franzosen, von Kultur und Zivilisation in der nationalen Propaganda.

Für den Blick auf Afrika war etwas anderes entscheidend: Kultur war nicht an den Westen gebunden, sondern konnte auch in Afrika beheimatet sein.[39] Denn

---

38 | Vgl. ebd., S. 105. Heinrichs: Die fremde Welt, S. 160.

39 | Vgl. ebd., S. 118.

Afrika war für Frobenius kein geschichts- und kulturloser Kontinent, sondern ein Kontinent im Kindheitsstadium. Das war auf den ersten Blick nicht originell, war doch die gesamte Kolonialliteratur durchdrungen von der Vorstellung Afrikas als Kinderland, bevölkert von unreifen Menschen, die sich auch wie Kinder verhielten: unberechenbar und anhänglich, spontan und gefühlsbestimmt, erziehungsbedürftig und treu. Nur wertete Frobenius das nicht als Zeichen von Minderwertigkeit, sondern als Ausdruck von besonderer Dignität: die Kindheit nicht des Erziehungs- und Disziplinierungsbedürftigen, nicht die des zu Bändigenden, sondern die Kindheit des in seiner Reinheit zu Bewahrenden, des Empfindungsstarken, des Ergriffenen und des zum Aufbruch Bereiten – während die erwachsenen Völker in Mechanik erstarrt seien. Afrikaner waren insofern die edlen Wilden; das, was Tacitus den Germanen zubilligte, fand Frobenius in Afrika. Und deshalb durfte afrikanische Kultur nicht zerstört werden, sondern war vor der Zivilisation der Europäer zu schützen, vor Wandel zu bewahren. Ob das mit kulturmorphologischen Vorstellungen zusammenpasste, sei dahingestellt. Wichtiger war, dass Frobenius hier ein spezifisch afrikanisches Kulturerbe konstruierte, und das in einer Radikalität und Konsequenz, die in seiner Zeit noch einzigartig waren:

»Nicht als ob die ersten europäischen Seefahrer des späteren Mittelalters nicht schon höchst bemerkenswerte Beobachtungen ähnlicher Art gemacht hätten. Als sie in den Bai von Guinea kamen und bei Weida das Land betraten, waren die Kapitäne sehr erstaunt. Sorgfältig angelegte Straßen, auf vielen Meilen ohne Unterbrechung eingefaßt von angepflanzten Bäumen; Tagereisen weit nichts als mit prächtigen Feldern bedecktes Land, Menschen in prunkenden Gewändern aus selbstgewebten Stoffen! Weiter im Süden dann, im Königreiche Kongo, eine Überfülle von Menschen, die in ›Seide und Samt‹ gekleidet waren, eine bis ins kleinste durchgeführte Ordnung großer, wohlgegliederter Staaten, machtvolle Herrscher, üppige Industrien, – *Kultur bis in die Knochen!* [kursiv WS] Als ebendies erwies sich der Zustand in den Ländern auf der Ostseite, zum Beispiel an der Mozambiqueküste [...] Aus den Berichten der Seefahrer vom 15. bis zum 17. Jahrhundert geht ohne jeden Zweifel hervor, daß das vom Saharawüstengürtel gen Süden sich erstreckende Negerafrika damals noch in der vollen Schönheit harmonisch wohlgebildeter Kulturen blühte. Eine ›Blüte‹, die europäische Konquistadoren, soweit sie vorzudringen vermochten, zerstörten. Denn das neue Land Amerika brauchte Sklaven; Afrika bot Sklaven. Sklaven zu Hunderten, Tausenden, schiffsladungsweise! Der Menschenhandel war jedoch niemals ein leicht zu verantwortendes Geschäft. Er erforderte eine Rechtfertigung. So wurde der Neger zu einem Halbtier ›gemacht‹, zu einer Ware. [...] Die Vorstellung vom ›barbarischen Neger‹ ist aber eine Schöpfung Europas, die dann rückwirkend Europa noch bis in den Anfang dieses Jahrhunderts beherrscht hat.«[40]

---

40 | Frobenius, Leo: Kulturgeschichte Afrikas. Prolegomena zu einer historischen Gestaltlehre, Neudruck. Wuppertal 1998 (1. Auflage 1933), S. 13-14.

Frobenius beschrieb hier auch einen Transfer von Sichtweisen und den konstruktiven Charakter der beobachteten Realität. Europäer hatten ein Bild von Afrika, das sie in den Kontinent hineinprojizierten – sie konnten am Ende nichts anderes finden als genau das, was sie zu wissen glaubten.

Ebenso bemerkenswert war, dass Frobenius den europäischen Einfluss und auch den Kolonialismus ambivalent beurteilte. Er brauchte den Kolonialismus selbst, um nach Afrika vorzudringen, und er glaubte auch an einen segensreichen Vorsprung und Einfluss des Westens. Aber er beklagte zugleich das Zerstörungswerk des Westens in den Kolonien. Über das Kasai-Gebiet im Inneren Afrikas, wo er noch 1906 prachtvolle Alleen und gesittete, würdevolle Menschen getroffen habe, schrieb er:

»Ich kenne kein Volk des Nordens, das diesen Primitiven in solcher Ebenmäßigkeit der Bildung vergleichbar wäre. Ach! auch diese letzten ›Inseln der Seligen‹ wurden mittlerweile von den Sturzwellen europäischer Zivilisation überflutet. Und die friedliche Schönheit wurde fortgespült.«[41]

Das waren Formulierungen und Denkweisen, die an den eingangs vorgestellten Aufsatz von Elisabeth Krämer-Bannow erinnern. Der europäische Einfluss hatte die unberührten, reinen, würdevollen und gesitteten Kulturen der überseeischen indigenen Völker zerstört – ob in der Südsee oder in Afrika.

KULTURTRANSFER

Die Geschichte von Frobenius hat aber noch ein Nachwirken. Frobenius wurde in der Zwischenkriegszeit wenig im angelsächsischen Bereich gelesen, sehr viel aber im frankophonen. Seine Kulturgeschichte Afrikas von 1933 erschien 1936 auf Französisch, andere Werke folgten. Französische Wissenschaftler und vor allem junge Afrikaner und aus Afrika stammende Bewohner der Karibik, die sich in Paris aufhielten, rezipierten ihn, darunter Léopold Sédar Senghor (1906-2001), der afrikanische Dichter und Politiker, Präsident des Senegal von 1960 bis 1980, und Aimé Césaire (1913-2008), ebenfalls Dichter und Politiker. Beide waren Gründerväter der Bewegung der *Négritude*, des frankophonen Pendants zum eher anglophonen Panafrikanismus. Die Négritude-Autoren lasen hier erstmals einen Europäer, der Afrikanern Kultur zubilligte, und sie fühlten sich mit dem Verweis auf die afrikanische Seele verstanden. Senghor beschwor in seinen Gedichten, Liedern und Büchern immer wieder die afrikanische Seele, er hob die afrikanische Landschaft, Natur, Tradition, Heimat, das bäuerliche Leben, die afrikanische Frau, afrikani-

---

41 | Ebd., S. 15.

sches Gemeinschaftsgefühl und Familiensinn hervor und kontrastierte sie scharf mit westlichen Idealen.[42]

1968 schließlich veröffentlichte Senghor einen Vortrag über *Négritude et germanisme*; die im selben Jahr erschienene deutsche Übersetzung trug den unverfänglicheren Titel *Afrika und die Deutschen*. Hier betonte er ausdrücklich, wie tief ihn Frobenius beeinflusst habe, wie sehr gerade Frobenius das Wesen Afrikas verstanden habe, eben in den kollektiven Werten, wie sie oben aufgeführt wurden, auch in den Kulturkreisideen und kulturmorphologischen Vorstellungen. Frobenius galt Senghor in dieser Perspektive als der erste Europäer, der Afrika und seine Seele und damit auch sein Kulturerbe wirklich verstanden habe, der Afrika die Würde zurückgegeben habe.[43] Derartige Vorstellungen finden sich bis heute in der Selbstsicht afrikanischer Intellektueller. Auch im Panafrikanismus lassen sich wichtige Spuren davon nachweisen, nämlich zum Beispiel in der Vorstellung einer »African personality«, wie sie der ghanaische Politiker Kwame Nkrumah (1909-1972) vertrat.[44]

So wirkt die Bewegung der Jahre um 1900 – Heimatschutz, Entdeckung der Tradition, Entdeckung von Kulturkreisen und Kulturstufen, auch von Kulturen als eigenständigen Persönlichkeiten – zurück: Was die deutschen Afrika- und Überseereisenden, hier Elisabeth Krämer-Bannow und Leo Frobenius, in Übersee gesehen hatten, bewerteten sie mit den Kriterien der europäischen Zivilisationskritik der Zeit und trugen diese Wertungen dann – wie im Fall Frobenius' – nach Afrika. Von dort kamen und kommen die adaptierten und dabei abgewandelten Bilder als afrikanische Selbstsicht wieder nach Europa zurück. Der beständige wechselseitige kulturelle Transfer hat dazu beigetragen, dass man nicht entscheiden kann, was daran ›afrikanisch‹ oder ›europäisch‹ ist. In den Vorstellungen eines afrikanischen oder auch eines europäischen Kulturerbes spiegeln sich vielmehr globale kulturelle Austauschprozesse. Auch das afrikanische Kulturerbe ist also – wie das von Elisabeth Krämer-Bannow für die Südsee wahrgenommene – keineswegs statisches Relikt der Vergangenheit, sondern Ergebnis andauernder transkultureller Verflechtungen und neuer Imaginationen.

---

42 | Vgl. Heinrichs, Hans-Jürgen: »Sprich deine eigene Sprache, Afrika!« Von der Négritude zur afrikanischen Literatur der Gegenwart. Berlin 1992. Vaillant, Janet: Black, French, and African. A Life of Léopold Sédar Senghor. Cambridge (Mass.) 1990. Riesz, János: Léopold Sédar Senghor und der afrikanische Aufbruch im 20. Jahrhundert. Wuppertal 2006.

43 | Senghor, Léopold Sédar: Afrika und die Deutschen [franz. 1968]. Tübingen 1968, S. 11f.

44 | Nkrumah, Kwame: Africa Must Unite. New York 1970.

Das Konzept der Denkmaltopographie: ein deutsches Exportmodell

CLAUS-PETER ECHTER

Denkmaltopographien bilden Denkmäler und Ensembles eines Gebietsausschnittes flächendeckend und systematisch nach ihren örtlich-räumlichen und teilweise auch kulturlandschaftlichen Bezügen in Text, Bild und Karte ab. Als Instrument zur Vermittlung von Denkmälern ist die Denkmaltopographie zwischen Denkmalliste und dem wissenschaftlich vertieften Inventar angesiedelt. Mit Hilfe einer deutschen Publikationsreihe *Denkmaltopographie* wird seit 1980 der Denkmalbestand in den deutschen Bundesländern systematisch veröffentlicht. Der hier vorliegende Beitrag beschreibt, nach einer Abhandlung der Entstehungsgeschichte der Publikationsreihe und der Vorstellung des Erfassungsinstruments der Denkmaltopographie im Generellen, drei Fallbeispiele des Transfers dieses deutschen Erfassungsinstrumentes für fremdkulturelle Szenarien: für Siebenbürgen in Rumänien, das Großherzogtum Luxemburg und für die Stadt Penang in Malaysia. Eine kritische Bewertung der Möglichkeiten, Probleme und Spannungsfelder in diesem Prozess des transkulturellen Methodentransfers steht hier im Mittelpunkt.

1. DIE PUBLIKATIONSREIHE
DENKMALTOPOGRAPHIE BUNDESREPUBLIK DEUTSCHLAND

Die Publikationsreihe *Denkmaltopographie*[1] erfasst und beschreibt Denkmäler nach ihren örtlich-räumlichen und teilweise auch kulturlandschaftlichen Bezügen.

---

1 | Zum Thema Denkmaltopographie vgl. insbes.: Echter, Claus-Peter: Die Denkmaltopographie als Erfassungsinstrument und kulturgeschichtliches Unternehmen. Berlin 2006. Dazu auch: Habich, Johannes: »Chancen und Grenzen der Fundamentalinventarisation und der Denkmaltopographie«, in: Deutsche Kunst und Denkmalpflege 40 (1982), S. 41-57; Möller, Hans-Herbert: »Kunsttopographie – Denkmaltopographie. Die Entwicklung einer Idee«, in: Die Denkmalpflege 59 (2001), S. 5-9; Paschke, Ralph: »Grossunternehmen Denkmaltopographie Bundesrepublik Deutschland. Eine Zwischenbilanz«, in: Territori-

Denkmaltopographien bilden die Denkmäler und Ensembles eines Gebietsausschnittes flächendeckend und systematisch in Text, Bild und Karte ab. (Abb. 1-2)

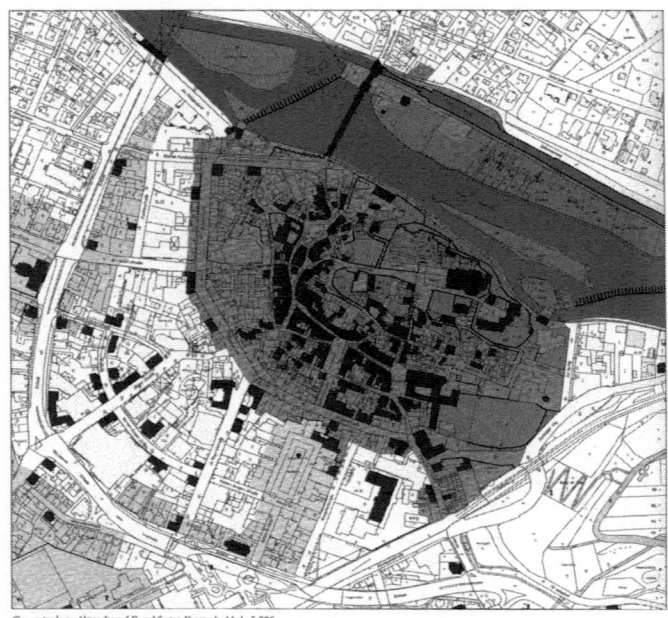

Gesamtanlage Altstadt und Frankfurter Vorstadt, M. 1: 5.000

Abbildungen 1 und 2: Denkmaltopographie der Stadt Limburg (Gesamtkarte und Ausschnitt einer typischen Objektbeschreibung)

Mit Hilfe dieser nach Stadt- und Landkreisen geordneten Inventarreihe sollen alle Denkmäler bundesweit in einer möglichst einheitlichen Form beschrieben und dokumentiert werden. Als Instrument zur Vermittlung von Denkmälern ist die Denkmaltopographie zwischen der Denkmalliste und dem wissenschaftlich vertieften Großinventar angesiedelt. Als denkmaltopographische Sonderleistungen der Inventarisation sind der baden-württembergische Ortskernatlas, die Baualterspläne zur Stadtsanierung in Bayern und das *Dehio-Handbuch der Deutschen*

en der Kunst – Denkmaltopographien in Europa. Kunst + Architektur in der Schweiz 59:1 (2008), S. 70-76. Als erste Publikation dieser Publikationsreihe *Denkmaltopographie* erschien der Band Landkreis Lüneburg: Weiß, Gerd: Denkmaltopographie Bundesrepublik Deutschland. Baudenkmale in Niedersachsen, Landkreis Lüneburg. Braunschweig 1981. Als letzte Publikation wurde der Band Landkreis Aichach-Friedberg veröffentlicht: Paula, Georg/Bollacher, Christian: Denkmaltopographie Bundesrepublik Deutschland. Denkmäler in Bayern, Bd. VII. 87, Landkreis Aichach-Friedberg. München 2012.

Kunstdenkmäler zu nennen.[2] Die Denkmaltopographie als zeitgemäße Form der Denkmalbeschreibung und Denkmaldokumentation hat in der bundesdeutschen staatlichen und kommunalen Denkmalpflege einen hohen Stellenwert. Mit Hilfe dieser Publikationsreihe wird seit 1980 der Denkmalbestand in den deutschen Bundesländern systematisch publiziert. Zugleich liefert die Reihe kulturhistorische Grundlagen und Informationen für das gegenwärtige Planen und Bauen in den Städten und Landkreisen und fördert das Geschichts- und Denkmalbewusstsein in der Öffentlichkeit. Von Bedeutung ist die Denkmaltopographie als Inventar und Planungshilfe.

1.1 Die schwierige Entstehungsgeschichte des Projekts *Denkmaltopographie Bundesrepublik Deutschland*[3]

Die Denkmalpflege hat seit ihren Anfängen im 19. Jahrhundert die wissenschaftliche Erfassung der Denkmäler als notwendige Grundlage denkmalpflegerischer Praxis erkannt. Karl Friedrich Schinkel, der bedeutendste deutsche Architekt und Denkmalpfleger seiner Zeit, entwickelte die Inventarisation als wichtige Voraussetzung für den obrigkeitlichen staatlichen Schutz und Erhalt von Denkmälern.

Während die frühen Denkmalerfassungen des 19. Jahrhunderts noch sehr unterschiedlich sind, wird erstmals 1870 mit dem Band *Hessen-Kassel* ein (Groß-) Inventar im heutigen Sinn herausgegeben.[4] Das Großinventar bildete bis Anfang der 1980er Jahre die einzige allen Bundesländern gemeinsame Form der Denkmalerfassung in der Bundesrepublik Deutschland. Den aktuellen Bedürfnissen des Denkmalschutzes kann das traditionelle, unbestritten grundlegende Großinventar mit seiner langen Bearbeitungszeit und seiner Orientierung am Einzelobjekt nicht entsprechen. Die Denkmalliste dagegen – seit dem Hessischen Denkmalschutzgesetz von 1902 Bestandteil neuer Denkmalschutzgesetze – verzeichnet zwar alle Denkmäler und ordnet sie zeitlich, typologisch und stilistisch ein, verzichtet aber oft auf Beschreibungen, die Darstellung von Zusammenhängen und jegliche Abbildungen. Diese Umstände haben in den 1970er Jahren zur Initiierung des Projekts *Denkmaltopographie Bundesrepublik Deutschland* geführt, einer dritten Grundform der Denkmalerfassung.

---

2 | Als erster Band der Reihe erschien 1905 der Band Mitteldeutschland: Dehio, Georg: Handbuch der deutschen Kunstdenkmäler. Band 1 Mitteldeutschland, Berlin 1905. Als letzte Publikation wurde der Band Brandenburg veröffentlicht: Vinken, Gerhard u.a.: Dehio-Handbuch der Deutschen Kunstdenkmäler, Brandenburg, 2. Auflage, Berlin/München 2012.

3 | Zur Entstehungsgeschichte vgl. insbes. Echter: Die Denkmaltopographie, S. 53-57, und die Beiträge von Habich und Möller (Fußnote 1).

4 | Dehn-Rotfelser, Heinrich/Lotz, Wilhelm: Inventarium der Baudenkmäler im Königreiche Preussen. Provinz Hessen Nassau. Die Baudenkmäler im Regierungsbezirk Cassel, Kassel 1870.

Das Unternehmen der Denkmaltopographie hat eine lange Vorgeschichte. Schon seit der Jahrhundertwende waren die Wechselwirkung zwischen dem Denkmal und seiner Umgebung sowie der Schutz von objektübergreifenden, geschichtlichen Überlieferungen bzw. von flächenhaften denkmalwerten Strukturen Thema in der denkmalpflegerischen Theorie und Praxis. Camillo Sitte hatte bereits 1889 in seiner bedeutenden Publikation *Der Städte-Bau nach seinen künstlerischen Grundsätzen*[5] den Begriff des »Ensembles« eingeführt. Schon damals war deutlich, dass für die Bedeutung der Denkmäler nicht nur ihr geschichtlicher oder künstlerischer Wert, sondern darüber hinaus ihre untereinander bestehenden Wechselbeziehungen ausschlaggebend sind. Die Erkenntnis aber, dass es daher einer »neuen Methode der Denkmalbeschreibung und Denkmaldokumentation«[6] bedarf, setzte sich erst in den 1960er Jahren im Zuge der Kritik an der *Unwirtlichkeit der Städte*[7] und der Abbruchpraxis der Städte, der Phase der Flächensanierungen sowie der Forderungen der *Charta von Venedig* in den 1960er Jahren durch. In diesem Jahrzehnt kam es zu einer Gegenbewegung[8] gegen die Missachtung der Wohnviertel des Historismus, die »gemordete Stadt«[9], die weit verbreitete Abbruchmentalität, gegen die sich überall Bürgerinitiativen bildeten,[10] sowie zu einem Aufschwung der »öffentlichen Denkmalpflege«[11], zur Verabschiedung der Denkmalschutzgesetze in den westlichen Bundesländern und auch in der DDR zwischen 1971 und 1980 und zur europäischen Denkmalschutzkampagne im Jahr 1975. In dieser Zeit wurden auch neue Methoden der Erfassung und Vermittlung von Denkmälern wie die Denkmaltopographie entwickelt. Akteure waren wissenschaftlich ausgebildete Denkmalpfleger, Kunsthistoriker und Architekten/Planer in der amtlichen Denkmalpflege,[12] keine Politiker. Unterstützung fand das Vorhaben allerdings in der kulturellen Ministerialbürokratie. Die Kultusministerkonferenz unterstützte

---

5 | Sitte, Camillo: Der Städte-Bau nach seinen künstlerischen Grundsätzen. Ein Beitrag zur Lösung moderner Fragen der Architektur und monumentalen Plastik unter besonderer Beziehung auf Wien. Wien 1889.

6 | Wulf, Walter: »Denkmaltopographie Bundesrepublik Deutschland«, in: Hans-Herbert Möller (Hg.), Inventarisation in Deutschland (Berichte zu Forschung und Praxis der Denkmalpflege in Deutschland, Bd.1). Hannover 1990, S. 28.

7 | Mitscherlich, Alexander: Die Unwirtlichkeit unserer Städte. Anstiftung zum Unfrieden. Frankfurt a.M. 1965.

8 | Schmidt, Leo: Einführung in die Denkmalpflege. Darmstadt 2008, S. 8.

9 | Siedler, Wolf Jobst/Niggemeyer, Elisabeth/Angress-Köhler, Gina: Die gemordete Stadt. Abgesang auf Putte und Straße, Platz und Baum. Berlin 1964. Nach Siedler sind die alten Städte Europas in den 1960er Jahren im Begriff, »nicht nur ihre Originale, sondern auch ihre Originalität zu verlieren«.

10 | Falser, Michael S.: Zwischen Identität und Authentizität. Zur politischen Geschichte der Denkmalpflege in Deutschland. Dresden 2008, S. 99ff.

11 | Schmidt: Einführung in die Denkmalpflege, S. 9.

12 | Ebd.

das Vorhaben für eine deutsche Denkmaltopographie und beschloss am 8.12.1978 die Empfehlung zu einer Dokumentation »Baudenkmäler in der Bundesrepublik Deutschland«.[13] Diesem Beschluss zufolge soll die Verantwortung für Inhalt und Herstellung – unbeschadet der Koordinierung durch die ›Vereinigung der Landesdenkmalpfleger‹ – bei den einzelnen Ländern bzw. Denkmalämtern liegen.[14] Im Jahr 1980 hat die Vereinigung der Landesdenkmalpfleger *Richtlinien zur Erstellung einer Denkmaltopographie Bundesrepublik Deutschland* erarbeitet und 1981 in ihrer wissenschaftlichen Zeitschrift veröffentlicht.[15] Bezeichnend für die Richtlinien ist der Anspruch auf bundesweite Verbreitung, einheitliche Erscheinungsform und die Zielsetzung, den derzeitigen Bestand der Denkmäler nach Art, Verteilung und strukturellen Beziehungen darzustellen.

1.2 Bearbeitungsstand

Mit dem Corpuswerk der Denkmaltopographie lag im Jahr 2011 bundesweit für 22 Prozent der Stadt- und Landkreise eine Erfassung des vielfältigen und reichen Denkmalbestandes in Buchform vor. Bis September 2011 sind in 13 von 16 Ländern 180 Bände der Reihe erschienen.[16] Seit 1997 konnten jährlich im Durchschnitt sieben Denkmaltopographien veröffentlicht werden. Als Erfassungsinstrument wird die Denkmaltopographie heute als Erfolgsmodell bezeichnet.

1.3 Inhalt und Darstellung der Denkmaltopographien

Die Bände der Denkmaltopographie bestehen generell aus vier Teilen: Aufsätzen zur historisch-topographischen Einführung, Dokumentationen zur Erfassung von Baudenkmälern und Ensembles, Karten und Plänen und dem Anhang.[17]

Neue Anforderungen an die Denkmaltopographien werden seit den 1990er Jahren im Hinblick auf die Einbindung des Denkmalbestandes in die historische Kulturlandschaft gestellt. Im Einleitungsteil, der in den 1980er Jahren erheblich an Bedeutung gewonnen hat, wird die historische Kulturlandschaft der jeweiligen Region in jüngeren Topographiebänden beispielhaft beschrieben. Den Hauptteil der Denkmaltopographien bildet die analytische Charakterisierung des Denkmal-

---

13 | Beschluss der Kultusministerkonferenz vom 8.12.1978, veröffentlicht in der Kultus-ministersammlung. Beschlusssammlung 2160.

14 | Ebd.

15 | »Richtlinien der Vereinigung der Landesdenkmalpfleger in der Bundesrepublik Deutschland zur Erstellung einer Denkmaltopographie Bundesrepublik Deutschland«, in: Deutsche Kunst und Denkmalpflege 39 (1981), S. 69

16 | Konzipiert sind rund 800 Bände.

17 | Zur idealen Denkmaltopographie siehe: Tietze, Mario: »Vom Experiment zur Schwer-punktaufgabe. Die Denkmaltopographie Bundesrepublik Deutschland als Zukunftsobjekt«, in: Die Denkmalpflege 69 (2011), S. 49-57 und Echter: Die Denkmaltopographie, S. 20-22.

bestandes, die in Text und Abbildung erfolgt und sehr unterschiedlich ausgeprägt ist. In einigen Bundesländern werden archäologische Denkmäler miteinbezogen. Im Kartenwerk finden sich topographische Karten im Maßstab 1:100 000 oder 1:50 000 bzw. Karten mit Eintragungen der Denkmäler und Ensembles im Maßstab 1:5000 oder 1:2500 sowie gegebenenfalls Sonderkarten oder -pläne zur Archäologie und Geschichte. Insbesondere für Planer lassen sich aus den Karten wichtige Hinweise zur ›Denkmallandschaft‹, sowie zum ›Flächen- und Einzeldenkmal‹ gewinnen. Die neueren Bände enthalten wertvolle Registeranhänge mit Personenregister, topographischem Index, Literaturverzeichnis, Glossar und Abbildungsnachweisen. Im Sinne einer präventiven Denkmalpflege müssen Qualitäten von historischen Bauten, Gesamtanlagen und Städten definiert und Erhaltungsziele formuliert werden. In den Denkmaltopographien dokumentieren und vermitteln die historischen Wissenschaften unverzichtbare und für alle Planungen verbindliche Werte. Die Denkmaltopographie wird als Instrument zur Vermittlung historisch-städtebaulicher Bedeutung genutzt. Die Bände werden inzwischen auch im Internet präsentiert. Dies erleichtert das Problem der Fortschreibung wesentlich. Neue Topographien werden digital erarbeitet und in ein Geo-Informationssystem (GIS) eingebunden, das auch den Abruf der Daten im Internet ermöglicht. Die Digitalisierung der Altbestände der Denkmaltopographien ist in Ländern wie z.B. Hessen weit fortgeschritten. GIS bzw. digitalisierte Karten auf elektronischer Datenbasis – auch in Bezug auf Kulturgüter und Denkmäler – sind in Kommunen in Deutschland wie beispielsweise auch in Frankreich Standard.

2. DAS ERFASSUNGSINSTRUMENT DER DENKMALTOPOGRAPHIE ALS METHODISCHES TRANSFERPRODUKT IN INTERNATIONALEN SZENARIEN

2.1 Die *Denkmaltopographie Siebenbürgen – Topografia monumentelor din Transilvania*

Orientiert an der Denkmaltopographie Bundesrepublik Deutschland hat sich die von Christoph Machat[18], dem ehemaligen Mitarbeiter des Rheinischen Amts für Denkmalpflege, betreute und herausgegebene *Denkmaltopographie Siebenbürgen/ Topografia monumentelor din Transilvania*. Siebenbürgen ist heute die nördlich des Karpatenbogens gelegene Zentralprovinz Rumäniens. Ab Mitte des 12. Jahrhunderts wurden von ungarischen Herrschern, die das Gebiet bis zum 12. Jahrhundert erobert hatten, gezielt Deutschstämmige, so genannte Siebenbürger Sachsen, dort angesiedelt. Sie sollten das Land weiter erschließen und gegen feindliche Angriffe

---

18 | Für seine herausragenden Verdienste um die Pflege des nationalen und internationalen Kulturerbes erhielt Dr. Dr. h.c. Christoph Machat 2001 die Ehrendoktorwürde der Babeş-Bolyai-Universität in Cluj/Klausenburg.

aus dem Osten abschirmen. Die Kulturlandschaft Siebenbürgen ist geprägt »durch das jahrhundertelange Zusammenleben der deutschen, rumänischen und ungarischen Bevölkerung mit ihrer jeweiligen Kultur und deren wechselseitigen Beziehungen«.[19]

Entstehungsgeschichte

Der *Siebenbürgisch-Sächsische Kulturrat*[20], vertreten durch Christoph Machat, seinen Vorsitzenden, hat zu Beginn der 1990er Jahre mit den rumänischen Behörden (Kulturministerium, Nationalkommission für Denkmalpflege) ein Abkommen getroffen, mit rumänischen Fachleuten das denkmalwerte Kulturgut »in den ehemals deutschen Siedlungsgebieten«[21] als Grundlage für zukünftige Sicherungsmaßnahmen zu erfassen. Ausgangspunkt war die 1990 einsetzende massive Auswanderung der Siebenbürger Sachsen, die eine Entleerung der Dörfer und Städte »und damit den zunehmenden Verfall der über Jahrhunderte gewachsenen Siedlungen und ihrer Strukturen zur Folge«[22] hatte. Eine flächendeckende Bestandsaufnahme des Denkmalbestandes in diesen Gebieten war deshalb nach gemeinsamer Auffassung von rumänischen und deutschen Denkmalpflegern notwendig. Trotz einer über hundertjährigen Tradition auf dem Gebiet der Inventarisation in Rumänien war eine derartige Erfassung »immer schon ein Desiderat, und weder wissenschaftliche Großinventare, noch Kurzinventare [...] sind je erarbeitet worden«.[23]

---

19 | Machat, Christoph (Hg.): Denkmaltopographie Siebenbürgen Kreis Kronstadt/Judeţul Braşov 3.3. Innsbruck/Sibiu 1995, S. 12.

20 | Ein Auszug aus seinen selbst definierten Aufgaben liest sich wie folgt: »Aufgabe des Siebenbürgisch-Sächsischen Kulturrats e.V. ist gemäß seiner Satzung die wissenschaftliche Forschung, Dokumentation und Lehre zur Geschichte und Kultur Siebenbürgens mit Schwerpunkt Siebenbürger Sachsen. Zu diesem Zweck unterhält er das Siebenbürgen-Institut mit Siebenbürgischer Bibliothek und Archiv und stellt dessen Verwaltungsrat. Der Kulturrat führt kulturelle und wissenschaftliche Aufgaben im Sinne des § 96 des Bundesvertriebenengesetzes (BVFG) durch: ›Bund und Länder haben entsprechend ihrer durch das Grundgesetz gegebenen Zuständigkeit das Kulturgut der Vertreibungsgebiete in dem Bewusstsein der Vertriebenen und Flüchtlinge, des gesamten deutschen Volkes und des Auslandes zu erhalten, Archive, Museen und Bibliotheken zu sichern, zu ergänzen und auszuwerten sowie Einrichtungen des Kunstschaffens und der Ausbildung sicherzustellen und zu fördern. Sie haben Wissenschaft und Forschung bei der Erfüllung der Aufgaben, die sich aus der Vertreibung und der Eingliederung der Vertriebenen und Flüchtlinge ergeben, sowie die Weiterentwicklung der Kulturleistungen der Vertriebenen und Flüchtlinge zu fördern‹«, aus der Homepage des Siebenbürgisch-Sächsischen Kulturrats, unter: http://siebenbuergen-institut.de/sein-traeger/der-siebenbuergisch-saechsische-kulturrat/vom 15.5.2012.

21 | Machat: Denkmaltopographie Siebenbürgen, S. 7.

22 | Ebd.

23 | Ebd., S. 10.

Das neu eingerichtete Denkmalamt war vollauf mit der Neuorganisation der Denkmalpflege beschäftigt. Zu bedenken ist hierbei allerdings, dass das Erfassungsinstrument Denkmaltopographie im – wenn auch kulturhistorischen – Interesse
einer ethnischen Bevölkerungsgruppe eingesetzt wurde.

»Für die wissenschaftliche Begleitung des Projekts wurde von deutscher Seite das Rheini-
sche Amt für Denkmalpflege Brauweiler und das Deutsche Nationalkomitee von ICOMOS
gewonnen, als Partner in Rumänien das 1990 wieder eingerichtete Denkmalamt, die Kunst-
akademie und die Architekturhochschule *Ion Mincu Bukarest,* das Institut für Archäologie
und Kunstgeschichte der Akademie der Wissenschaften in Cluj/Klausenburg und des For-
schungsinstitutes für Sozialwissenschaften der Akademie in Sibiu/Hermannstadt, für Bau-
aufmaße des weiteren freie Architekten. Die gemeinsame Verantwortung und die Modali-
täten zur Durchführung des Projekts konnten schließlich in einem 1992 unterzeichneten
Protokoll der Zusammenarbeit zwischen dem Deutschen Nationalkomitee von ICOMOS und
der Rumänischen Nationalkommission für Denkmalpflege verankert werden.«[24]

Darüber hinaus fand es Aufnahme in das Arbeitsprogramm des *Internationalen
Wissenschaftlichen Komitees für ländliche Architektur* von ICOMOS. Die Dokumentation wird von der deutschen Bundesregierung finanziert. Da von rumänischer
Seite die Bedeutung und Aussagekraft der Denkmaltopographien erkannt wurden,
gibt es inzwischen bei den nächsten Bänden, *Stadt Kronstadt/Brașov* und *Stadt Bis-
tritz/Bistrița,* eine Kofinanzierung. In Deutschland wird die CD-ROM erstellt. Der
Druck erfolgt in Rumänien mit dortigen Finanzmitteln, beispielsweise der Stadt-
verwaltungen.

Von Anfang an hat der Herausgeber Christoph Machat dem rumänischen Kulturministerium bzw. dem Denkmalamt versichert, dass er sich in die Erstellung
der dortigen Denkmallisten nicht einmischen wird, d.h. die erfassten denkmalwerten Objekte werden veröffentlicht und es bleibt der Entscheidung der rumänischen
Behörden vorbehalten, die Eintragungen vorzunehmen oder nicht.

Deutsch-kulturhegemoniale Absichten und Interessen haben die Initiatoren
in der Entstehungsphase dieses Instruments nach ihren Aussagen nicht verfolgt.
Gleichwohl ist festzuhalten, dass aufgrund ethnischer und gesellschaftlicher Veränderungen Siebenbürgens in den letzten Jahrzehnten über die Interessen einzel-
ner Bevölkerungsgruppen hinausgedacht werden muss.

Bearbeitungsstand

Von 1995 bis 2011 erschienen fünf Bände: *Kreis Kronstadt/Județul Brașov 3.3* (1995)
als Pilotband, *Stadt Hermannstadt-Altstadt/Municipiul Sibiu-Centrul Istoric 5.1.1*
(1999); *Stadt Schäßburg/Municipiul Sighișoara 4.1.* (2002); *Kreis Kronstadt/Județul
Brașov 3.4* (2003); *Stadt Mediasch-Altstadt/Municipiul Mediaș-Centrul Istoric 5.7.1*
(2011). Dieser Band ist sowohl als Buch und als CD-ROM erschienen. 2012 wird

---

24 | Ebd., S. 7f.

der Band *Stadt Kronstadt/Municipiul Braşov 3.1* veröffentlicht, ebenfalls als Buch und als CD-ROM. Der Band *Stadt Bistritz/Municipiul Bistriţa* ist in Vorbereitung und wird voraussichtlich 2013 fertig sein. Die Buchreihe ist auf 25 Bände veranschlagt.

Die Veröffentlichung der Ergebnisse als Denkmaltopographie erfolgt zweisprachig in Deutsch und Rumänisch. Auf dem Titelblatt des dritten Bandes heißt es deshalb: *Denkmaltopographie Siebenbürgen Stadt Schäßburg* und *Topografia monumentelor din Transilvania Municipiul Sighişoara*. (Abb. 3)

Abbildung 3: *Denkmaltopographie Siebenbürgen Stadt Schäßburg/Topografia monumentelor din Transilvania Municipiul Sighişoara*, Titelblatt

Inhalt und Darstellung

Die Denkmaltopographie Siebenbürgen ist nach dem Vorbild *Denkmäler im Rheinland* als Bestandteil der *Denkmaltopographie Bundesrepublik Deutschland* konzipiert. Wie dieses Corpuswerk stellt sie den derzeitigen Stand der Denkmäler nach Art und Verteilung in seinen historischen und topographischen Zusammenhängen dar. »Sie ist ein Ergebnis der flächendeckenden Erfassung des denkmalwerten Kulturgutes in den ehemals deutschen Siedlungsgebieten Siebenbürgerns.« Die Erfassung wurde nach den methodischen Vorgaben der deutschen Denkmalpflege durchgeführt. »Die Ergebnisse fließen in das zentrale rumänische Denkmalarchiv ein, jedoch ohne rechtliche Konsequenzen. [...] Der während der Erfassung vermerkte Erhaltungszustand der Bauten soll jedoch als Grundlage für zukünftige langfristige Erhaltungsmaßnahmen der rumänischen Denkmalpflege dienen.«[25]

Die Denkmaltopographie Siebenbürgen ist nach der derzeitigen Gebietsstruktur Rumäniens nach Städten und Landkreisen geordnet. Jedem Band ist eine Einführung in die historisch-geographische, geschichtliche und baugeschichtliche Entwicklung Siebenbürgens vorangestellt.

»Der Katalog der Denkmäler ist nach Orten bzw. Ortslagen in alphabetischer Reihenfolge gegliedert. [...] Ein Kartenwerk im einheitliche Maßstab 1:5000 vermittelt einen Überblick über Art, Lage und Verteilung des Denkmälerbestandes, der grundrißgetreu [sic!] und parzellenscharf eingetragen ist. [...] Jedes behandelte Denkmal ist in Wort und Bild dargestellt.«[26]

Die gesamte Ortsentwicklung wird zum Zeitpunkt der Erfassung dokumentiert. Es werden denkmalwerte Bauten oder Ensembles erfasst. Historisch ist es richtig, dass es segregierte Viertel gab und man diese aufzeigt: Schwabenviertel, Rumänisches Viertel, Romaviertel. (Abb. 4) So heißt es beispielsweise bei der Beschreibung der Siedlungsstruktur: »der von Sachsen besiedelte Ortsteil, [...] der von Rumänen bewohnte Teil, [...] die Zigeuner bewohnen kleine bescheidene Häuser«.[27] In seltenen Fällen – es werden nur denkmalwerte Bauten und Ensembles erfasst – wird auch das dritte Wohngebiet, jenes der »Zigeuner« ausgewiesen. (Abb. 5) Die Bezeichnung des Romaviertels als ›Zigeunergebiet‹ ist sicher problematisch. Dies ist aber immer »im Einklang mit den rumänischen Kollegen geschehen, die ja die Dokumentation durchgeführt haben und in ihren Texten die Bezeichnung *cartierul țigânesc* verwendet haben«.[28] Mit diesem Begriff werden Wohnviertel der Roma bezeichnet. In der Bevölkerung – dies gilt auch für die rumänischen so genannten Entscheidungsträger – werden die Roma, rumänisch *romii*, politisch diskriminiert. In vielen Bereichen sind sie weiterhin Opfer und akuten Problemen ausgesetzt. Ein deutscher Herrschaftsanspruch ist mit der Darstellung der verschiedenen Viertel nicht intendiert.

---

25 | Ebd., S. 10f.

26 | Ebd., S. 12f.

27 | Ebd., S. 233.

28 | Freundliche Mitteilung von Christoph Machat.

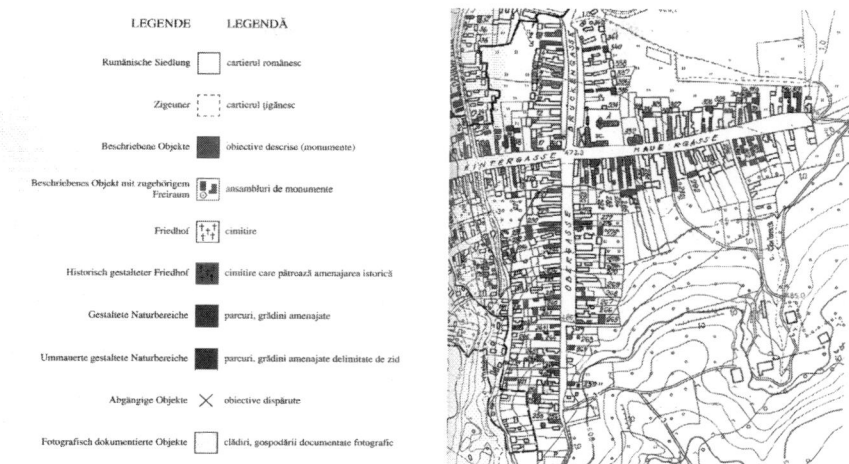

Abbildung 4-5: *Denkmaltopographie Siebenbürgen Kreis Kronstadt/Topografia monumentelor din Transilvania Judeţul Braşov,* Ausschnitte mit einer Legende und einem Plan des Orts Stein

Wirkung und Akzeptanz

Schon der erste erschienene Band *Kreis Kronstadt/Judeţul Braşov* hatte eine große Resonanz, weil die Rumänen die Methode der Denkmaltopographie nicht kannten und entdeckt haben, wie wichtig die Unterlagen der Inventarisation für die Planung sein können. Auch die folgenden Denkmaltopographien hatten eine große Breitenwirkung und erreichten ein breites Publikum. 1999 wurde beispielsweise der zweite Band der Denkmaltopographie-Reihe *Stadt Hermannstadt-Altstadt/ Municipiul Sibiu-Centrul Istoric* und dessen rumänische Autoren Alexandru Avram und Ioan Bucur sowie der Herausgeber und gebürtige Schäßburger Christoph Machat mit dem George-Oprescu-Preis der Rumänischen Akademie ausgezeichnet. Die Weltkulturerbestätten Rumäniens sind mit den im Projekt Denkmaltopographie erarbeiteten Unterlagen nominiert worden. Die Topographien werden immer wieder bei Planungen – im Städtebau, bei der Gebietsentwicklung oder beispielsweise bei der Straßenplanung – zu Rate gezogen. Spannungen wegen der Denkmaltopographie hat es nicht gegeben, da die rumänischen Kollegen die Erfassungsmethode und die Denkmaltopographie von Anfang an wollten und auch heute damit umgehen, einschließlich aller Unteren Denkmalbehörden.

2.2 Topographie der Baukultur des Großherzogtums Luxemburg – Kanton Echternach[29]

Christina Mayer, Inventarisatorin des Luxemburgischen Denkmalamts, hat mit ihrer Dissertation über den Kanton Echternach den ersten Band einer *Topographie der Baukultur des Großherzogtums Luxemburg* vorgelegt. Achim Hubel schreibt hierzu: »Es kann nur mit allem Nachdruck begrüßt werden, dass die erfolgreiche Reihe der Denkmaltopographie Deutschlands nun auch von dem Nachbarland Luxemburg aufgegriffen und realisiert wird.«[30] Das Promotionsvorhaben der Topographie-Autorin an der Universität Bamberg in Deutschland wurde vom Kultusministerium mit einem Forschungsstipendium für sechs Monate unterstützt. Probleme, weil sie mit der Erarbeitung der Topographie im Nachbarland promoviert hat, hatte die Bearbeiterin nie. Deutschland insgesamt steht man in Luxemburg manchmal kritisch gegenüber,[31] aber die Universitäten, vor allem die bayerischen, werden sehr geschätzt und dort veröffentlichte Arbeiten in ihrem wissenschaftlichen Wert anerkannt. Der Methodentransfer lief hier über den akademischen Personentransfer.

Entstehungsgeschichte

1985 beschloss der Europarat in Granada Denkmäler, Ensembles und Denkmalzonen zu erfassen. Auch das Großherzogtum Luxemburg verpflichtete sich als Vertragspartei zur Erfassung des baulichen Kulturguts und zur Führung von Bestandsverzeichnissen. Der Topographie der Baukultur kommt in diesem Zusammenhang eine besondere Bedeutung zu. In der Amtszeit der Landeskonservatorin Christiane Steinmetzer, wurde »ab 2005 erstmalig mit einem wissenschaftlichen, systematischen Inventar aller Objekte begonnen«.[32] Sie stand dem Projekt der Denkmaltopographie in Deutschland sehr positiv gegenüber. Für den ersten Topographieband wurde die baulich und kulturhistorisch reichste ländliche Region des Großherzogtums, der Kanton Echternach ausgewählt.[33] Die Topographie-Autorin – mit diesem Projekt zugleich Doktorandin – erkundigte sich bei deutschen, aber auch bei niederländischen, belgischen, französischen und schweizerischen Kollegen nach ihrer Erfahrung im Erstellen und Umsetzen von Denkmaltopographien und erstellte so eine *best practice*, angelehnt an das Modell der deutschen Denkmaltopographien. Dass die Topographie in deutscher Sprache erschienen ist, liegt

---

29 | Mayer, Christina: Topographie der Baukultur des Großherzogtums Luxemburg, Band 1. Kanton Echternach. Luxemburg 2010.

30 | Hubel, Achim: »Vorwort«, in: Mayer: Topographie der Baukultur des Großherzogtums Luxemburg.

31 | Das Verhältnis der Luxemburger zu ihren deutschen Nachbarn ist nicht ganz ohne Ressentiments. Die Ursachen hierfür liegen in den von den nationalsozialistischen Besatzern verübten Gräueltaten während des Zweiten Weltkrieges.

32 | Mayer: Topographie der Baukultur des Großherzogtums Luxemburg, S. 77.

33 | Vgl. ebd., S. 9.

daran, dass Deutsch eine der drei Amtssprachen in Luxemburg ist, die meisten Luxemburger – dies gilt besonders auch für die Bewohner des Kantons Echternach – lieber Deutsch als Französisch lesen, und die Autorin Halbdeutsche ist.

»Durch die Inventarisierung dieses ersten Kantons wurden Methodik und Standards geschaffen, nach denen auch die verbleibenden elf Kantone des Großherzogtums bearbeitet werden sollen. Auch unter dem aktuellen Direktor des *Service des Sites et Monuments Nationaux*, Patric Sanavia, soll das Inventar weiter ausgebaut werden. Denn nur, wenn die Inventarisation flächendeckend erarbeitet wird, erfüllt sie ihre Aufgabe als Erfassungs- und damit auch Bewahrungsinstrument nationalen Kulturguts.«[34]

Im Sommer 2012 wird die Topographin mit den Arbeiten am zweiten Band beginnen. Es handelt sich dabei um den Kanton Vianden, den kleinsten Kanton Luxemburgs. Geplant ist, diese Topographie bis zum Sommer 2014 fertigzustellen.

Inhalt und Darstellung

Aufgabe dieser Topographie ist es, einen einheitlichen, landesweit gültigen Maßstab für erhaltenswerte Kulturgüter und Ensembles zu entwickeln und diese in einem Katalog darzustellen. Die einzelnen Objekte werden im Zusammenhang mit ihrer Umgebung betrachtet, »in ihrem historischen und räumlichen Kontext [...] – daher der Begriff Topographie. Die Topographie beschreibt urbane und regionale Entwicklungen anhand der erhaltenswerten Baukultur.«[35] Der Begriff ›Denkmal‹ ist in Luxemburg nicht gebräuchlich, deshalb wird hier der Begriff »erhaltenswertes Kulturgut« benutzt und die Reihe *Topographie der Baukultur* genannt. In der Topographie werden jene Objekte aufgeführt, die den Status eines eingetragenen Denkmals verdient hätten. Eine Aufnahme in den Katalogteil des Buches bedeutet aber nicht automatisch eine Ausweisung als »monument classé«. Im Unterschied zu den meisten deutschen Topographien werden zu Beginn des Buches 16 Kriterien wie Authentizität, architektonische und kunstgeschichtliche Relevanz, Seltenheitswert, aber auch Bedeutung für die Sozial- oder Militärgeschichte, orts- und landschaftstypische Objekte vorgestellt, die den Denkmalwert näher beschreiben. Diese Kriterien tauchen später im Buch bei jedem Objekt auf, so dass erkenntlich wird, weshalb dieses als erhaltenswert eingestuft werden kann. Analog dem deutschen Muster präsentiert sich jeder Topographieband in drei Abschnitten: Einführung, Katalog und Anhang. Die Einführung des Bandes gibt eine Übersicht über geschichtliche, geographische, geologische Zusammenhänge und regionalspezifische Themenbereiche. Die Darstellung der Kulturgüter (Einzelobjekte, Ensembles, Gesamtanlagen), die im Rahmen ihres topographischen Umfeldes definiert werden, erfolgt – wie bei den deutschen Topographien – in Texten, Abbildungen, Zeichnungen, Plänen und Karten, die einander ergänzen. Der Katalogteil gliedert

---

34 | Ebd., S. 77.
35 | Ebd., S. 8.

sich alphabetisch nach Städten und Gemeinden. Gezeigt wird im Eingangskapitel jeder Gemeinde immer die aktuelle Katasterkarte, das Luftbild und das Urkataster. (Abb. 6-7)

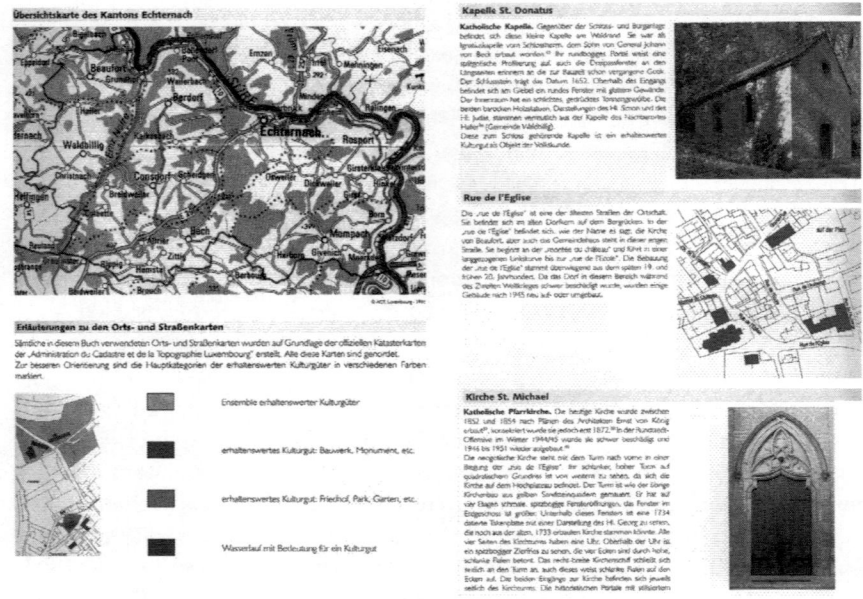

Abbildung 6-7: Topographie der Baukultur des Großherzogtums Luxemburg, Kanton Echternach, Auszüge mit Legende und der Beschreibung der Ortschaft Beaufort

Das Erscheinungsbild der luxemburgischen Topographie gleicht dem deutschen Vorbild, ist aber nicht deckungsgleich, wobei die deutschen Denkmaltopographien auch eine Spannungsbreite aufweisen: Am Ende jeden Textes werden die Kriterien aufgeführt, die das Objekt zum ›erhaltenswerten Kulturgut‹ machen. Dies dient der Verständlichkeit, aber auch der Sensibilisierung des Lesers für dieses Erbe. Es sind maximal drei Objekte pro Seite zu sehen – keine Bilder im Briefmarkenformat. Es gibt Kapitelendnoten und einen großen Literaturanhang. Bei den Karten fehlt der Maßstab. Hierbei ist zu berücksichtigen, dass Katasterkarten in Luxemburg frei online einsehbar sind. Die Karten dienen lediglich dazu, die Objekte in ihren Kontext zu setzen.[36] Alle Abbildungen mit Ausnahme der historischen sind farbig. Auch dieses dient der Leserfreundlichkeit. Die Kostenunterschiede zu den Schwarz-Weiß-Abbildungen sind heute gering.[37]

---

36 | Freundlicher Hinweis von Christina Mayer.

37 | Siehe Fußnote 33.

Wirkung und Akzeptanz

Die Topographie der Kulturgüter bildet als wissenschaftlich-administratives Instrument eine fachliche Grundlage für das luxemburgische Denkmalamt. Wie bei der deutschen Denkmaltopographie dient sie darüber hinaus als Nachschlagewerk für die Gemeinden, staatlichen Planungsbehörden und Architekten/Planer. »Sie fördert die Bildung des historischen Bewusstseins der Stadt- und Gemeindebewohner und sensibilisiert die Eigentümer hinsichtlich eines sachgerechten Umgangs mit dem Kulturgut.«[38] Die Topographie hat keine politischen oder kulturellen Spannungen hervorgerufen. Allerdings gab es zu Beginn der topographischen Arbeit auch skeptische Stimmen im Kultusministerium und in Teilen des Denkmalamts, weil man keine präzise Vorstellung von dem Instrument der Denkmaltopographie hatte. Das fertige Werk, ›das graue Buch‹, das 2010 erschien, erfuhr aber eine begeisterte Resonanz. Die erste Auflage von 1500 Exemplaren war nach zehn Monaten vergriffen. Die zweite Auflage vom März 2011 umfasst weitere 1750 Exemplare, von denen Anfang 2012 schon wieder 500 verkauft waren. In der kleinen Stadt Echternach hat die Publikation 400 Käufer gefunden. Das Buch stand vier Monate in der nationalen Bestsellerliste. Interessierte Bürger und Eigentümer von erhaltenswerten Kulturgütern nutzen die Topographie und informieren sich über historische und bauliche Zusammenhänge. Entscheidungsträger, wie beispielsweise viele Bürgermeister, fragen im Kultusministerium oder im Denkmalamt nach, wann die Kulturgüter ihrer Gemeinde im Rahmen einer Topographie veröffentlicht werden. Gegenwärtig wird in Luxemburg an der Neuordnung der Bebauungspläne in Koordination mit der Landesplanung gearbeitet. Die Gemeinden, die in der Topographie des Kantons Echternach behandelt werden, sind hier im Vorteil. Planungsbüros schätzen den Topographieband mit seinen lokalgeschichtlichen Informationen, kulturhistorischen Erkenntnissen und seinen Beiträgen zur Ortsanalyse, Ensembles und zur Denkmalstruktur als nützliches Instrument städtebaulicher Denkmalpflege sehr.

Eine positive Wirkung entfaltet die Topographie ebenfalls im Hinblick auf den Kulturtourismus. Viele Bürger aus den Nachbarstaaten, vor allem aus Belgien und den Niederlanden, fragen dieses Buch wegen seinen vielfältigen Informationen zur Stadt- bzw. Gemeinde-, Architektur-, Kultur-, Sozial- und Denkmalgeschichte sowie der ausführlichen Bebilderung und Kartierung nach. Dies ist auch ein Grund für die Auswahl des Kantons Vianden als zweiter Band der Topographie. Dieser Kanton mit der Stadt und der Burg Vianden stellt eines der attraktivsten Tourismusziele in Luxemburg dar.

---

38 | Mayer: Topographie der Baukultur des Großherzogtums Luxemburg, S. 8.

2.3   Das Inventarverzeichnis Georgetown —
Heritage Buildings of Penang Island Georgetown

Entstehungsgeschichte, Inhalt und Darstellung

Georgetown, die Hauptstadt der vor der Nordwestküste Malaysias gelegenen Insel Penang, zählt zu den bedeutendsten historischen Städten in Südostasien. Im Jahre 1786 siedelten sich Händler der britischen Ostindischen Kompanie an. Benannt ist die Stadt nach dem britischen Monarchen Georg III. Die Einheimischen nennen ihre Stadt aber Penang. Georgetown zählt zu den wichtigsten Häfen Malaysias. Der Ort gewann als Anlegeplatz für Handelsschiffe an Bedeutung, die zwischen dem Kaiserreich China und Indien verkehrten. Mit seinen historischen Wohn- und Geschäftsgebäuden repräsentiert Georgetown die britische Kolonialzeit seit dem Ende des 18. Jahrhunderts, die bis 1957 dauerte.

Während der *International Conference for Urban Conservation and Planning* in Penang im Jahre 1986 präsentierte Siegfried Enders, ein erfahrener Denkmalpfleger aus dem Hessischen Landesamt für Denkmalpflege, einen ersten Vorschlag »to set up a heritage administration system in Penang«.[39] 1988 wurde als erster Meilenstein eine Pilotstudie, das *Pilot Inventory for Jalan Sultan Ahmad Shah and Muntri Street* von Mitarbeitern des Planungsreferats der Stadt Georgetown (*Municipal Council of Penang Island – MPPP*) unter der Leitung von Siegfried Enders – er hatte zusammen mit Christoph Mohr 1982 den ersten Band der *Baudenkmale in Hessen, Wetteraukreis 1* vorgelegt – erarbeitet, den die *Deutsche Gesellschaft für Technische Zusammenarbeit* (GTZ) – jetzt Teil der *Deutschen Gesellschaft für Internationale Zusammenarbeit* (GIZ) – beauftragt hatte. Es handelt sich also um ein Projekt im Rahmen der Entwicklungshilfe.

Wie in dieser hessischen Denkmaltopographie wird jedes einzelne Denkmal in einem Foto mit beigefügtem Kartenausschnitt und charakterisierendem Text wiedergegeben. (Abb. 8-9) Enders konzipierte auch 1989 die Pilotstudie *George Town Urban Conservation Programme* in der Art der damaligen bundesdeutschen vorbereitenden Untersuchungen für Altstadtsanierung in Deutschland. Der deutsche Stadtplaner Alexander König setzte 1990 die Inventarisationsarbeit mit finanzieller Unterstützung des deutschen *Integrated Experts Programme* als *Heritage Conservation Consultant* für das Planungsreferat der Stadt Georgetown fort. Mit Hilfe von Architekturhistorikern, Historikern, Architekten und Planern des Baudepartements wurde das Georgetown Inventar mit dem Titel *Georgetown. Heritage Buildings of Penang Island Georgetown. An Inventory of the Heritage Buildings & Ensembles of George Town, Penang, Volume 1: The Historic Centre* 1994 in englischer, nicht in deutscher Sprache fertiggestellt mit über 650 Listeneintragungen (mehr als 1400 Gebäude), jede erforscht, fotografiert und beschrieben. Das Inventarverzeichnis ist

---

39 | König, Alexander: »Preface«, in: Building Department & the Planning Department, Municipal Council of Penang Island (MPPP): Georgetown. Heritage Buildings of Penang Island George Town 1994, n.veröff.

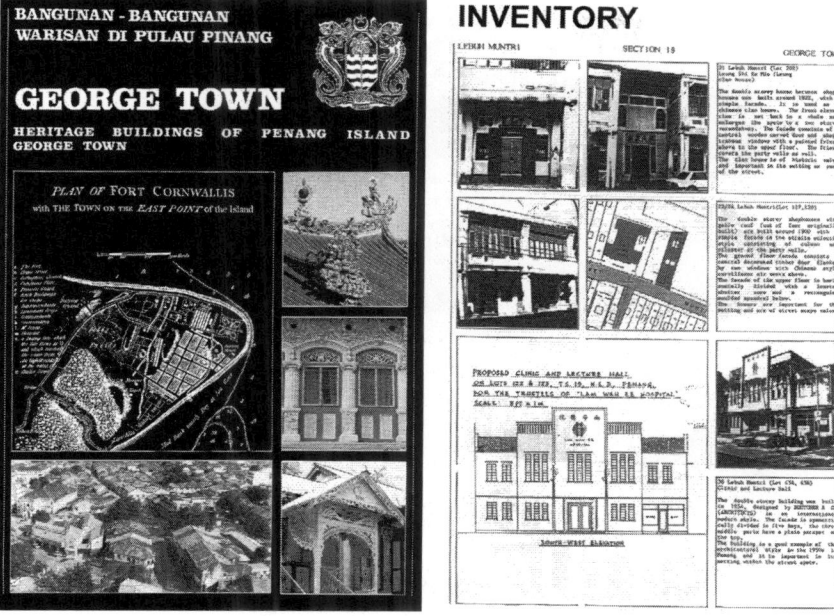

Abbildung 8-9: Inventarverzeichnis Georgetown, Titelblatt und Inventarverzeichnis

das Ergebnis einer fünfjährigen Arbeit vieler Denkmalpfleger und Wissenschaftler aus Malaysia, Singapur, Japan, Deutschland und Australien sowie von Universitätsstudenten aus Penang und Deutschland. Eine große Zahl von lokalen und ausländischen Regierungsbeamten, beispielsweise der *Municipal Secretary* von Penang Island, der deutsche Botschafter in Malaysia, die Vorsitzende des *State Tourism Committee*, und Institutionen wie die GTZ, die Abteilung Denkmalpflege der Regierung von Südaustralien und der Denkmalpflege-Architekt der australischen Stadt Adelaide haben das Inventar unterstützt.

Wirkung und Akzeptanz
Alexander Königs Wünsche im Vorwort des Inventarverzeichnisses wurden nicht erfüllt:

»It is hoped that the analysis of the Georgetown's built heritage will provide the public with a deeper understanding of how the city developed. Through public education and appreciation, the strength of the city's identity and its historical assets will be better realized. [...] It is hoped that this book will not only become popular in Penang, but also serves as a prototype for similar books in Malaysia and other parts of Southeast Asia.«[40]

---

40 | Ebd.

Das Inventar ist zwar erschienen als Publikation des Bau- und Planungsreferats der Stadt Georgetown, es wurde aber nie richtig veröffentlicht, weil dieses von den Investoren und deren Lobby-Gruppe aus Renditegesichtspunkten verhindert wurde. Nur wenige Exemplare sind vorhanden. Die Frage, wer und welche Institutionen dieses Instrument mit welchen Interessen anwenden, bedarf einer eingehenderen Untersuchung. Nach Aussagen von Prozessbeteiligten rief das Buch starke Spannungen hervor und schuf Probleme. Wirtschaftliche Interessen von Investoren standen wohl der Verbreitung des Inventarverzeichnisses entgegen. Die mangelnde Publizität des Inventars ist umso erstaunlicher, als es sich bei der Altstadt Penang um ein kulturell vermarktbares Konstrukt handelt. Weitere Bände von anderen Bezirken wurden nicht erstellt. Für die Nominierung von Georgetown zum Weltkulturerbe wurde das aktivierte Inventar wieder wichtig und erhielt als Regularium eine hohe Bedeutung. Georgetown, die alte britische Kolonialstadt auf der Insel Penang und Melaka, beides historische Städte an der Meeresstraße von Malakka (*Historic cities of the Straits of Malacca*), gehören seit 2008 zum UNESCO-Weltkulturerbe.

3. TRANSFER VON METHODISCHEN GRUNDZÜGEN DES WERKZEUGS ›DENKMALTOPOGRAPHIE‹

Wichtige Elemente des Instruments der Denkmaltopographie, wie die übergreifende topographische Darstellung der zeitlichen und räumlichen Zusammenhänge bzw. eine Darstellung der Einzeldenkmäler in Text, Bild und Karte, finden sich auch in weiteren europäischen und außereuropäischen Inventarwerken.

Monumenten in Nederland

Die elfbändige Reihe *Monumenten in Nederland* (1995-2006) erfasst nach Provinzen geordnet alle kulturhistorisch bedeutenden Bauten und Ortsbilder. Bei diesem Inventarwerk handelt es sich um eine Zwischenform zwischen Groß- und Kurzinventar. Aus holländischer Sicht »sind die Kunstdenkmälerbände aufgrund der erarbeiteten funktionalen Zusammenhänge etwa zwischen Kirche und Pfarrhaus bzw. Friedhof mehr als eine Denkmaltopographie und erhielten den umfassenderen Namen Kulturgeographie«.[41] Aufgrund der Nähe der beiden Staaten ist davon auszugehen, dass Elemente der Denkmaltopographie im niederländischen Inventarwerk ihren Niederschlag fanden.

---

41 | Vgl. Stenvert, Roland: »Kunstdenkmäler in den Niederlanden: Eine Kulturgeographie« in: Kunst und Architektur in der Schweiz 1 (2008), S. 82-87, hier S. 82ff.

The Heritage of Australia.
The Illustrated Register of the National Estate

Ähnlichkeiten zur Denkmaltopographie weist die illustrierte australische Denkmalliste auf. Sie enthält neben einer architekturgeschichtlichen Einführung auch Einleitungen zu den Orten sowie Karten. In dem Register werden die Denkmäler in Wort und Bild kommentiert. Im Gegensatz zur Denkmaltopographie werden hier Naturdenkmäler miteinbezogen: *The Heritage of Australia. The Illustrated Register of the National Estate, Melbourne* 1981. Zusätzlich erschienen vier Einzelbände: *Victoria* (1983), *Tasmania* (1983), *South Australia and Northern Territory* (1985) *und Western Australia* (1989). Bisher ist nicht bekannt, ob die Inventarisatoren in Australien über die Methode Denkmaltopographie informiert waren. Auffallend ist die gemeinsame zeitliche Entstehungszeit der beiden nationalen Inventarisationsinstrumente.

4. Fazit

Die Frage, ob die Methode der Denkmaltopographie ein deutsches Exportmodell ist und ein kultureller Transfer dieses Konzepts stattgefunden hat, ist, wie die drei Fallbeispiele zeigen, positiv zu beantworten. In den konkreten Fällen wurden die Verbindungen, besonders auch die Akteure und Spannungsfelder sowie die Resonanz des deutschen Erfassungsinstruments aufgezeigt.

Der Methodentransfer in Siebenbürgen ist auf Initiative eines Vereins zustande gekommen, der ein Interesse hat, dass die Kulturlandschaft Siebenbürgen, die ehemals maßgeblich von einer deutschstämmigen Bevölkerung geprägt war, als solche erfasst und gewürdigt wird. Die Initiatoren sind dieser altdeutschen Identitätskonstruktion aufgrund ihrer eigenen Herkunft eingeschrieben. Im Endprodukt tauchen die ehemals politischen Konnotationen der Inklusion und Exklusion (›Zigeuner‹ etc.) und kulturellen Distinktion ebenfalls wieder auf und werden mitkartiert, obwohl sich die heutige politische und kulturelle Lage verändert hat. Die Methode wurde also erst in zweiter Linie von den rumänischen Behörden als Methode aufgenommen und fortgeführt.

In Luxemburg kam die Initiierung der Methode durch universitär-wissenschaftlichem Know-how-Transfer zustande. Das Ziel lag hier zum Teil ebenfalls etwas anders als in Deutschland und war mehr in Richtung Kulturerbe-Kartierung ausgelegt, was ihren Erfolg als Bestseller auf dem nationalen Buchmarkt bestätigt. In erster Linie dient die Methode aber auch hier als wissenschaftlich-administratives Instrument. Die positive Wirkung, die die Topographie im Hinblick auf den Kulturtourismus entfaltet, wird als positiver Nebeneffekt gewertet. Die anfängliche administrative Skepsis wich später einer anerkennenden Annahme.

In Penang entstand das Projekt im bilateralen Abkommen gezielter Entwicklungshilfe aus Deutschland. Akteure waren hier vor allem internationale Denkmal-

pfleger und Wissenschaftler, unterstützt hauptsächlich von Mitarbeitern lokaler
Behörden. Das Inventarverzeichnis als systematische Studie historischer Gebäude
diente als Start einer Datenbasis, auf deren Grundlage die Administration eine
langfristige Denkmalpolitik zu Beginn des 21. Jahrhunderts entwickeln konnte. Im
Gegensatz zu Siebenbürgen und Luxemburg war der Erfolg der fertiggestellten
Denkmaltopographie allerdings gering, weil die damaligen Schutzmechanismen
einer institutionellen Denkmalpflege fehlten und Grundentwickler und Sponso-
ren die Richtlinien und Kulturerbe-Kartierungen ablehnten, sogar boykottierten.
Erst als das historische Viertel von Penang zusammen mit Malakka UNESCO-
Weltkulturerbe wurde, trat die Wertigkeit dieser ›importierten Kartierungsmetho-
de‹ wieder zutage.

Zusammenfassend muss man eine direkte Exportfähigkeit dieser typisch deutschen Kartierungsmethode von Kulturerbe stark differenziert betrachten, da ihr
Transfer von den tragenden Akteuren, der Rezeption der Bevölkerung, der langfristigen Implementierung in eine der deutschen Lage vergleichbaren Institution
Denkmalpflege und den allgemeinen politischen und ökonomischen Bedingungen vor Ort abhängt. Wie aufgezeigt wurde, traten die einmal initiierten und von
Deutschen mitgetragenen Projekte in weiterer Folge eine oftmals schwer abschätzbare Eigendynamik an. Mit der grundsätzlichen Karriere des Kulturerbe-Konzepts
und einer oftmals kulturtouristisch genutzten Ausweisung von Schutzzonen hat
die ›deutsche Methode Denkmaltopographie‹ aber bisher einen großen Einfluss
auf andere nationale Denkmalerfassungen ausgeübt.

Das Recht über/auf Kulturerbe: von nationalen zu globalen und transkulturellen Perspektiven

ERNST-RAINER HÖNES

Recht ist ein Wesenselement der Gemeinschaft. Wenn es also um das Recht über oder auf Kulturerbe geht, geht es sogleich um die Frage nach dem Begriff des Erbes. Das transkulturelle Erbe ist dabei ein Erbe, an dem alle teilhaben können, gleich aus welcher Herkunftskultur sie kommen, wobei dieses Recht auf Kulturerbe vielfach aus den Menschenrechten begründet wird. Es geht somit um Rechtsnormen, die in verschiedenen Kulturen Anwendung finden, soweit es die jeweilige Normenhierarchie zulässt. Zugleich geht es um das, was von den Nutznießern des transkulturellen Erbes als ›rechtens‹ angesehen wird. Zumindest im Rechtsstaat geht es dabei um das formalisierte gesetzte Recht, das von einem mit Rechtsetzungsgewalt ausgestatteten Normsetzer ausgeht und auf seinem Willen beruht, so dass das gesetzte Recht nicht transkulturell sein kann. Von den Entstehungsvoraussetzungen her kann es somit aus transkultureller Perspektive kein Recht über/auf ein transkulturelles Erbe geben.

KULTURERBE ALS RECHTSBEGRIFF

Das Recht über/auf Kulturerbe soll hier aus den Vorstellungen des Rechtsstaats entwickelt werden, wobei der Rechtsstaat stets durch das Recht handelt und sich durch das Recht legitimiert. Nimmt man Kulturerbe als Rechtsbegriff, ergibt sich im Rechtsstaat somit die Notwendigkeit der Definition. Dabei muss man vorab zur Kenntnis nehmen, dass sich der Rechtsbegriff Kulturerbe im Völkerrecht wie auch im Europarecht bereichsspezifisch mit unterschiedlichen Akzentuierungen in den einzelnen Verträgen entwickelt hat.[1] Dies ergibt sich aus dem unterschiedlichen Verständnis in verschiedenen Kulturkreisen.

---

1 | Übersicht bei Hönes, Ernst-Rainer: Internationaler Denkmal-, Kulturgüter- und Welterbeschutz (Schriftenreihe des Deutschen Nationalkomitees für Denkmalschutz, Band 74), Baden-Baden 2009.

Nach dem Vertrag über die Arbeitsweise der Europäischen Union (Art. 167 Abs. 1 AEUV) in der durch den Vertrag von Lissabon geänderten Fassung wird der EU die Befugnis eingeräumt, einen ›Beitrag zur Entfaltung der Kulturen der Mitgliedstaaten‹ zu leisten. Ihr wird auch der Auftrag erteilt, die nationale und regionale Vielfalt der Kultur zu wahren, zugleich aber auch das gemeinsame kulturelle Erbe hervorzuheben. Deshalb fördert die Union durch ihre Tätigkeit nach Art. 167 Abs. 2 AEUV »Erhaltung und Schutz des kulturellen Erbes von europäischer Bedeutung«.

Die bereichsspezifische Betrachtungsweise ist uns auch auf nationaler Ebene nicht fremd. So hat der Bund nach dem Grundgesetz seit der Föderalismusreform vom 28. August 2006 die ausschließliche Gesetzgebung über den Schutz deutschen Kulturgutes gegen Abwanderung ins Ausland (Art. 73 Abs. 1 Nr. 5a GG). Es geht in Ausführung dieser Aufgabe um eine besondere Form des Schutzes von beweglichem Kulturgut, einschließlich Archivgut. Er hat aber auch die ausschließliche Gesetzgebung über die Verteidigung einschließlich des Schutzes der Zivilbevölkerung (Art. 74 Abs. 1 Nr. 1 GG). Nach dem in dieser Verantwortung erlassenen Zivilschutzgesetz (ZSG) gehören »Maßnahmen zum Schutz von Kulturgut« zu den Aufgaben des Zivilschutzes (§§ 1 Abs. 2 Nr. 7, 19 ZSG). Somit ist bei der Auslegung dieses Begriffes die noch zu erörternde *Haager Konvention zum Schutz von*

Abbildung 1: Kennzeichen zur Feststellung des Kulturguts nach Art. 16 der Haager Konvention

Kulturgut bei bewaffneten Konflikten von 1954[2] von Bedeutung, die alles bewegliche und unbewegliche Kulturgut erfasst, das für das kulturelle Erbe aller Völker von großer Bedeutung ist. (Abb. 1)

Geschützt sind in diesem Zusammenhang aber auch Orte, in denen das Kulturgut untergebracht ist. Es geht somit um ein Sonderrecht für das Kulturerbe in Abgrenzung zum allgemeinen Recht, welches auf körperliche Gegenstände und damit auf Sachen angewendet wird. Dieser Linie folgt auch die 1972 in Paris verabschiedete UNESCO-Welterbekonvention.[3]

Auch wenn die Bewahrung anderer kultureller Ausdrucksformen seit der noch zu erörternden UNESCO-Konvention vom 17. Oktober 2003 zum Schutz des immateriellen Kulturerbes[4] ein neues Thema des Völkerrechts ist, hat uns der Irakkrieg von 2003 schlagartig darauf hingewiesen, dass die überkommenen einschlägigen Normen in unserer Zeit nicht an Bedeutung verloren haben.

Somit muss es bei der Frage nach dem Recht über oder auch auf Kulturerbe um einen Rechtsbegriff des Kulturerbes gehen, der in verschiedenen Kulturen Anwendung findet, möglichst die Gesamtheit der bestehenden Kulturerbeordnungen erschließt und damit aus der gemeinsamen Betrachtung der ineinander greifenden Regelungen des Völkerrechts, des Europarechts und des jeweiligen nationalen Rechts abgeleitet wird. Von zentraler Bedeutung ist dabei die jeweils vorgegebene Normenhierarchie. Schließlich kommt es im Einzelfall oft entscheidend darauf an, welche Rechtsordnung nach dem Recht des jeweiligen Staates zur Anwendung kommen soll, in dem sich das Kulturerbe befindet.[5] Hieraus ergeben sich naturgemäß Divergenzen zur transnationalen Ordnung. Es geht dabei sogleich um die Frage nach dem in seinen Entstehungsvoraussetzungen formalisierten gesetzten Recht, das notwendigerweise von einem mit Rechtsetzungsgewalt ausgestatteten Normsetzer ausgeht. Dieses Recht über/auf Kulturerbe kann wohl dann als gesetztes Recht nicht transkulturell sein, denn in einem zur Staatlichkeit gediehenen Gemeinwesen ist Normsetzer prinzipiell der Staat. Diese vereinfachende Aussage mag aus transkultureller Sicht in dem Maße relativiert werden, in dem sich der

---

2 | Konvention vom 14. Mai 1954 zum Schutz von Kulturgut bei bewaffneten Konflikten (BGBl. 1967 II S. 1233, 1300); vgl. Hönes, Ernst-Rainer: »Kommentar zur Haager Konvention zum Schutz von Kulturgut bei bewaffneten Konflikten vom 14. Mai 1954«, in: Rudolf Stich/Wolfgang E. Burhenne (Hg.), Denkmalrecht der Länder und des Bundes, Band 2. Berlin 2009, S. HÜK/INT, 610/32.1-32.92.

3 | Übereinkommen zum Schutz des Kultur- und Naturerbes der Welt vom 23. November 1972 (BGBl. 1977 II S. 215); vgl. Genius-Devime, Barbara: Bedeutung und Grenzen des Erbes der Menschheit im völkerrechtlichen Kulturgüterschutz. Baden-Baden 1996.

4 | Das UNESCO-Übereinkommen zum Schutz des immateriellen Kulturerbes vom 17.10.2003 ist von Deutschland bisher noch nicht ratifiziert worden; vgl. Antrag auf Ratifizierung, Deutscher Bundestag, Drucksache 17/6314 vom 29.06.2011 und Beschlussempfehlung des Ausschusses für Kultur und Medien, Drucksache 17/8121 vom 13.12.2011.

5 | Grundlegend dazu Odendahl, Kerstin: Kulturgüterschutz. Tübingen 2005.

Staat nach innen und außen öffnet, das heißt in über- und internationale Staaten-
verbindungen und -verbände eintritt und Regierungsaufgaben an Private weiter-
gibt oder ihnen überlässt, doch führen selbst die durch die Globalisierung aus-
gelösten Prozesse zumindest im demokratischen Rechtsstaat nicht dazu, dass der
Wille des Volkes nicht mehr im Gesetz zum Ausdruck kommt.[6]

Aus nationaler Perspektive ist dank der Vorgaben der Europäischen Gemeinschaft z.B. bei der Umweltprüfung oder Umweltverträglichkeitsprüfung das kulturelle Erbe Teil unserer Umwelt, wobei das deutsche Bundesrecht den Begriff weitgehend auf Kulturgüter reduziert hat.[7] Dies sind nach der Anlage 2 zum Gesetz
über die Umweltverträglichkeitsprüfung in amtlichen Listen oder Karten verzeich-
nete Denkmäler, Denkmalensembles, Bodendenkmäler oder Gebiete, die von der
Denkmalschutzbehörde als archäologisch bedeutsame Landschaften eingestuft
worden sind.

Der Europäische Gerichtshof hat am 3. März 2011 in einem Verfahren gegen
Irland zum dortigen Gesetz über nationale Denkmäler vom 26. Februar 1930 entschieden, dass beim Antrag auf Abbruch eines Denkmals die Umweltverträglichkeitsprüfung materiell zu beachten ist, da die Bezugnahme auf ›kulturelles Erbe‹
in Art. 3 der Richtlinie 85/337/EWG[8] gegenstandslos wäre, wenn Abbrucharbeiten
vom Anwendungsbereich dieser Richtlinie ausgenommen wären.[9] Es geht somit
um das Erbe, mit dem wir uns schon seit der Gründung unseres Arbeitskreises
Theorie und Lehre der Denkmalpflege beschäftigen.

Nun ist das kulturelle Erbe natürlich mehr als die in Listen eingetragenen
Denkmäler. Es ist bisweilen nicht nur unser Erbe, sondern auch das Erbe der Welt
und damit das Erbe aller Völker. Damit haben auch die Menschen am Welterbe
Anteil, die nicht so Bedeutendes zu vererben haben.

Das, was von uns bleibt, ist unser Erbe. Die Kultur ist nicht nur Ornament,
sondern das Fundament, auf dem unsere Gesellschaft steht und auf das sie baut.
Dies wurde von der Enquete-Kommission *Kultur in Deutschland* des Deutschen
Bundestages 2007 festgestellt.[10]

---

6 | Vgl. Ossenbühl, Fritz, in: Josef Isensee/Paul Kirchhof (Hg.), Handbuch des Staats-
rechts, Band 5, (1. Aufl. 1987). Heidelberg 2007[3], § 100 Rn. 4.

7 | Hönes, Ernst-Rainer: Denkmalschutz und kulturelles Erbe in der Umweltverträglich-
keitsprüfung, in: Bayerische Verwaltungsblätter 55 (2009), S. 741-747.

8 | Richtlinie 85/337/EWG des Rates vom 27. Juni 1985, Amtsblatt EG Nr. 175, S. 40.

9 | EuGH, Urt. vom 03.03.2011 – C-50/09 – Rn. 98, Neue Zeitschrift für Verwaltungsrecht
30 (2011), S. 929, (= Natur und Recht 33 (2011), S. 275 (281)).

10 | Connemann, Gitta: Schlussbericht der Enquete-Kommission *Kultur in Deutschland*,
Deutscher Bundestag, Drucksache 16/7000 vom 11.12 2007, S. 4.

NATIONALE PERSPEKTIVE

Ein wirksames Recht auf Kulturerbe fängt zu Hause an. Deshalb lautete der Mahn-ruf der *Aktion Gemeinsinn* zum Europäischen Denkmalschutzjahre 1975: *Haus für Haus stirbt dein Zuhause.*[11]

Zur nationalen Perspektive des Rechts auf Kulturerbe wurden seit dieser Zeit Antworten gefunden, deren Schwerpunkte im Bereich der Denkmalpflege auf der Ebene des Bundes in dem im Baugesetzbuch verankerten städtebaulichen Denk-malschutz und auf der Ebene der Länder in den Landesdenkmalschutzgesetzen liegen. Sie sind Ausdruck der Verantwortung von Bund, Ländern und Gemeinden, mit Rechtsnormen das Recht auf Kulturerbe im immer wiederkehrenden politi-schen Streit zu garantieren. Dazu gibt es gute und andere Beispiele.

Zum Bau einer Elbbrücke in Dresden (Waldschlösschenbrücke) entschied das Bundesverfassungsgericht mit Beschluss vom 29. Mai 2007, dass die Welterbe-konvention von 1972, in der die Idee eines internationalen Kulturgüterschutzes zum Ausdruck kommt, nach Konzeption und Wortlaut keinen absoluten Schutz gegen jede Veränderung der eingetragenen Stätten des Kultur- und Naturerbes bie-tet.[12] In Anbetracht des völkerrechtlichen Rahmens der Welterbekonvention ist es verfassungsrechtlich möglich, dass sich der in einer förmlichen Abstimmung fest-gestellte Bürgerwille zum geplanten Bau einer Brücke als authentische Ausdrucks-

Abbildung 2: Bau der Waldschlösschenbrücke in Dresden im Span-nungsfeld internationaler (UNESCO) Vorgaben und gemeindever-antwortlicher Verkehrspolitik

11 | Hönes, Ernst-Rainer: »Denken – Schützen – Denkmalschutz«, in: Verwaltungsarchiv 80 (1989), S. 480-500.

12 | BVerfG, Beschl. vom 29.05.2007 – 2 BvR 695/07 – Neue Zeitschrift für Verwaltungs-recht 26 (2007), S. 1176.

form unmittelbarer Demokratie in einem Konflikt über die planerische Fortentwicklung einer Kulturlandschaft durchsetzt. Dies ist letztlich der Preis des Systems einer Mehrebenenverwaltung.[13] (Abb. 2)

Auch am oberen Mittelrhein wollten viele im UNESCO-Welterbegebiet eine Brücke. Da es dagegen Widerspruch gab, klagte man mit Blick auf den Welterbestatus des oberen Mittelrheintals: die Welt will erben und wir sollen enterbt werden. Im Unterschied zu Dresden hat man dort zumindest derzeit dank einer Entscheidung der Landesregierung von Rheinland-Pfalz die Planung zum Bau dieser Rheinbrücke zurückgestellt.

Aus Hessen gibt es mit Bezug zu Welterbeambitionen zwei interessante Beispiele zur Frage der Verantwortung für das Kulturerbe: Die Landeshauptstadt Wiesbaden hat im Jahr 2005 beschlossen, sich um die Eintragung der Stadt als Kulturdenkmal des Historismus und der Bäderkultur zu bemühen. Da die Stadt im Alleingang wohl keine Chance hat, will man sich auf transnationaler Ebene zusammen mit anderen Kurstädten wie dem französischen Vichy, dem italienischen Montecatini und Karlsbad in Tschechien um eine Bewerbung bemühen. Hierbei könnten aus der Sicht der städtebaulichen Denkmalpflege Erhaltungssatzungen nach dem Baugesetzbuch (§ 172 BauGB)[14] eine wichtige Rolle für den von der UNESCO geforderten tatsächlichen und rechtlichen Schutz der Zeugnisse der Bäderkultur und des Historismus spielen. Allerdings ist hier, wie so oft, ein Spannungsverhältnis zwischen den bundesrechtlichen Möglichkeiten nach dem Bauplanungsrecht und der gemeindeverantworteten Infrastrukturpolitik zu beklagen, denn die Landeshauptstadt Wiesbaden hat durch Beschluss der Stadtverordnetenversammlung vom 25. September 2003 alle Satzungen zur Erhaltung baulicher Anlagen mit Wirkung zum 1. Januar 2004 aufgehoben.

Erfolgreicher war die Eintragung des Obergermanisch-Raetischen Limes der Länder Hessen, Rheinland-Pfalz, Baden-Württemberg und Bayern in die UNESCO-Welterbeliste. (Abb. 3) Auch hier ist der tatsächliche und rechtliche Schutz der Welterbestätte unverzichtbar, der insbesondere durch die Unterschutzstellung als Kulturdenkmal einschließlich Gesamtanlage, sowie als Bodendenkmal oder als Grabungsschutzgebiet erreicht werden kann. Ein von der Deutschen Limes-Kommission herausgegebener *Managementplan 2010-2015* soll Deutschlands größtes Bodendenkmal von 550 Kilometern Länge als Teil des transnationalen seriellen Welterbes *Grenzen des Römischen Limes* absichern. Ein Schönheitsfehler ist, dass die seit 1974 nach dem hessischen Denkmalschutzgesetz bestehende Ausweisung von Grabungsschutzgebieten nach § 22 HessDSchG durch die oberste Denkmalschutzbehörde in Hessen bisher noch nie erfolgt ist.

---

13 | Vgl. Pfeifle, Florian: UNESCO-Weltkulturerbe. Vom globalen Völkerrecht zur lokalen Infrastrukturplanung. Köln 2010, S. 87.

14 | Vgl. Hönes, Ernst-Rainer: »Kommentar zum Baugesetzbuch«, in: Stich/Burhenne: Denkmalrecht, Kennzahl RV/BU 412. 113.1 (113.129f.).

Abbildung 3: Die Saalburg in Hessen als Teil des transnationalen
seriellen UNESCO-Welterbes ›Grenzen des Römischen Limes‹

Somit gibt es auf nationaler Ebene noch Defizite beim Recht über/auf Kulturerbe,
die durch die nach der Atomkatastrophe 2011 in Japan in Deutschland eingelei-
tete ›Energiewende‹ noch verschlimmert wurden. So will in Baden-Württemberg
die grün-rote Landesregierung im Rahmen der Energiewende mit dem Gesetz-
entwurf zur Änderung des Landesplanungsgesetzes die rechtlichen Vorgaben zur
Windkraftplanung flexibilisieren,[15] damit mehr Windräder gebaut werden können,
wobei es keine Ausschlussgebiete mehr geben soll, in denen der Bau von Windkraftanlagen untersagt ist. Während sich einige über jede neue Windkraftanlage
freuen, sehen andere darin die schlimmste Verwüstung der Kulturlandschaft seit
dem Dreißigjährigen Krieg. Viele machen sich noch keine Vorstellung von der
Dimension der durch die ›Energiewende‹ 2011 geförderten Anlagen. Das Ulmer
Münster mit einer Höhe von 161 Metern wird künftig um bis zu 40 Meter von den
neuen Windkrafträdern übertroffen. Somit geht es auch um die rechtliche Umsetzung des jeweiligen Wertempfindens, das z.B. beim Klimaschutz in benachbarten
Staaten anders beurteilt wird als bei uns.

---

15 | Landtag Baden-Württemberg, Drucksache 15/1368 vom 06.03.2012.

Globale Perspektiven

Zunächst muss man sich in Erinnerung rufen, dass die Bedrohung herausragender Denkmäler durch technische Großprojekte Ausgangspunkt globaler Bemühungen zum Schutz des Weltkulturerbes war. Paradebeispiel ist die Rettung der von Ramses II. angelegten Felsentempel in Abu Simbel von 1965 bis 1968 vor den Fluten des neuen Assuan-Staudamms. (Abb. 4)

Abbildung 4: Felsentempel in Abu Simbel, Ägypten, als Symbol
einer internationalen Rettungsaktion

Diese spektakuläre Rettungsaktion hat die internationalen Bemühungen zur Schaffung eines Rechts auf Kulturerbe beflügelt, auch wenn zunächst die globale Hilfe nicht immer überall willkommen war. Dies führt zu dem völkerrechtlich bekanntesten Beispiel, dem schon mehrfach erwähnten 1972 in Paris verabschiedeten UNESCO-Übereinkommen zum Schutz des Kultur- und Naturerbes der Welt, das 2012 sein vierzigjähriges Jubiläum feiert. Die damals zugleich in Paris verabschiedete Empfehlung betreffend den Schutz des Kultur- und Naturerbes auf nationaler Ebene blieb dagegen bis heute trotz des Zusammenhangs mit der Welterbekonvention zumindest in Deutschland weitgehend unbekannt.[16] Ein Grund war nach 1972, dass man in Deutschland irrtümlich davon ausging, dass wir diese Anforderungen schon erfüllen. Seit dem Bau der Waldschlösschenbrücke in Dresden wissen wir, dass dem nicht so ist. Windkrafträder von Ostfriesland bis Bayern werden nun auch die schönsten Landschaften Deutschlands verändern. Die derzeit schon zwischen 170 und 200 Meter hohen Windkraftanlagen machen als subventionierte und planungsrechtlich privilegierte Zeichen der neuen Zeit Politik sichtbar.

---

16 | Hönes, Ernst-Rainer: »Zum Schutz des Kultur- und Naturerbes auf nationaler Ebene«, in: Natur und Recht 30 (2008), S. 319-325.

Aus verwaltungswissenschaftlicher Sicht ist nur selten eindeutig erkennbar, dass Rechtsnormen allein den Umfang der gebotenen oder zugelassenen Staatstätigkeit beeinflusst hätten. Fast immer scheinen es politische Vorgänge zu sein, die eine Ausdehnung der wahrgenommenen Staatsaufgaben verursacht haben. Dabei sollten ›Aufgaben‹ und ›Verantwortung‹, richtig gesehen, als synonym verstanden werden. Bei diesem Aufgabenbegriff wird in Deutschland an die Wahrnehmungszuständigkeit von Bund, Ländern und Gemeinden und ihrer öffentlich-rechtlichen Untereinheiten angeknüpft in Abgrenzung zu den Aktivitäten Privater. Den Landbesitzer, der vielleicht zwischen 1000 und 2000 Euro Pacht im Monat je nach Zahl und Größe der Windkraftanlagen an seinem Grundstück verdienen will, kann man schon verstehen. Das Kalkül der Gemeinden als Körperschaften des öffentlichen Rechts ist dagegen oft schon weniger nachvollziehbar. Schließlich dürfen sie mit ihrer Aufgabe für den städtebaulichen Denkmalschutz im Spannungsfeld bundesrechtlicher Vorgaben und gemeindeverantwortlicher Infrastrukturpolitik das Gemeinwohl bei ihrer Aufgabenerfüllung nicht aus dem Auge verlieren. Denkmalschutz ist aber nach der Rechtsprechung ein Gemeinwohlanliegen von hohem Rang.[17] Dies wird bei den teils übereilt beschlossenen Gesetzen zur Absicherung der ›Energiewende‹ nicht gewürdigt.

Wenn es nun nicht nur um unser Erbe geht, sondern das Erbe der Welt, dann müssen wir eingestehen, dass diese völkerrechtlichen Vorgaben trotz begrüßenswerter Entwicklungen im Bereich der Menschenrechte oder im Völkerstrafrecht nicht überall durchsetzbar sind.

Auch wenn die UNESCO die Kulturlandschaft und die Archäologischen Stätten des Bamiyan-Tals in Afghanistan 2003 in die Welterbeliste eingetragen hat, konnte dies die im Jahr 2001 gegen internationale Proteste erfolgte Zerstörung der Buddha-Statuen auf Grund eines Dekrets des Taliban-Regimes nicht verhindern. Dabei gibt es seit 1899 nach dem *Haager Recht*[18] über die *Haager Landkriegsordnung von 1907* bis zum Übereinkommen zum Schutz von Kulturgut bei bewaffneten Konflikten von 1954 und dem Zweiten Protokoll vom 26. März 1999 zur *Haager Konvention von 1954* völkerrechtliche Bemühungen zum Schutz des Kulturerbes, die in dem Kulturgutschutzzeichen ihren Ausdruck finden. Es waren 1899 die »zivilisierten Staaten« (»nations civilisées«)[19], die sich unter Führung des russischen Zaren zu diesem Schritt entschlossen. Diese Bemühungen wurden von der damaligen Friedensbewegung unter Berta von Suttner unterstützt. Zehn Jahre zuvor

---

17 | Bundesverfassungsgericht, Beschluss vom 2. März 1999 – 1 BvL 7/91 –, BVerfGE 100, S. 226.

18 | Vgl. Hönes, Ernst-Rainer: »Kommentar zum Abkommen betreffend die Gesetze und Gebräuche des Landkrieges«, in: Stich/Burhenne: Denkmalrecht, Kennzahl ÜK/INT 610 53.1.

19 | Übersetzt auch mit »gesitteten Staaten« in der Präambel des Haager Landkriegsabkommen, abgedruckt im Anhang bei: Meurer, Christian: Die Haager Friedenskonferenz, Band 2. München 1907, S. 656.

sprachen sich schon die Delegierten der zivilisierten Staaten des internationalen Kongresses für den Schutz der Kunstwerke und der Monumente im Juni 1889 in Paris für den Schutz der Kunstwerke und Monumente in Kriegszeiten für eine internationale Konvention aus unter Bezug auf die Organisation des Roten Kreuzes.[20] Auch die *Haager Konvention von 1954*, die erste universelle, ausschließlich kulturgutbezogene und völkerrechtlich in Kraft getretene Konvention, erinnert schon in ihrer Präambel daran, dass jede Schädigung von Kulturgut, gleichgültig welchem Volk es gehört, eine Schädigung des kulturellen Erbes der ganzen Menschheit bedeutet, weil jedes Volk seinen Beitrag zur Kultur der Welt leistet.

RECHTSTRÄGER DES RECHTS ÜBER/AUF KULTURERBE

Die Welt (daher Welterbe), die internationale Gemeinschaft, der Staat (Bund, Länder und Gemeinden), das Volk und das Individuum werden als Rechtsträger des Rechts über/auf Kulturerbe genannt. Allerdings sind diese verschiedenen Ansätze und Zuweisungen bisher im Einzelnen noch nicht bis zum Ende durchdacht.

Hierbei muss man bedenken, dass Völkerrecht damals wie heute immer noch in erster Linie Zwischenstaatsrecht ist. Es sind nach wie vor die Staaten, die völkerrechtliche Rechte und Pflichten untereinander und mit Wirkung für und gegen Dritte begründen und auch wieder aufheben können. Diese Rechte und Pflichten bedürfen dann in aller Regel wieder der Umsetzung ins nationale Recht, wobei föderale Staaten wie Deutschland damit oftmals Probleme haben. Deshalb versuchen nun Länder wie Niedersachsen, Rheinland-Pfalz oder Schleswig-Holstein ihre Verpflichtung im Denkmalschutzgesetz zum Ausdruck zu bringen. So ist bei der Pflicht zur Erhaltung und Pflege der Kulturdenkmäler im rheinland-pfälzischen Denkmalschutzgesetz seit 2008 in § 2 Abs. 3 Satz 1 DSchG festgelegt, dass das Land, der Bund, die Gemeinden und Gemeindeverbände und alle Körperschaften, Anstalten und Stiftungen des öffentlichen Rechts bei ihren Maßnahmen und Planungen, insbesondere bei der Bauleitplanung, die Belange des Denkmalschutzes und der Denkmalpflege sowie die Verpflichtung zur Bewahrung des Kulturerbes gemäß dem UNESCO-Übereinkommen zum Schutz des Kultur- und Naturerbes der Welt vom 16. November 1972 zu berücksichtigen haben. Ebenso hat Niedersachsen nun seit 2011 in § 2 Abs. 3 NDSchG festgelegt, dass in öffentlichen Planungen und bei öffentlichen Baumaßnahmen die Belange des Denkmalschutzes und der Denkmalpflege sowie die Anforderungen des UNESCO-Übereinkommens zum Schutz des Kultur- und Naturerbes der Welt vom 16. November 1972 rechtzeitig und so zu berücksichtigen sind, dass die Kulturdenkmale und das Kulturerbe im Sinne des Übereinkommens erhalten werden und ihre Umgebung angemes-

---

20 | Ministère du Commerce, de l'Industrie et des Colonies (Hg.): Congrès international pour la protection des œuvres d'art et des monuments, tenu à Paris du 24 au 29 juin 1889. Paris 1889, S. 25.

sen gestaltet wird, soweit nicht andere öffentliche Belange überwiegen. Schleswig-Holstein hat in seinem Gesetz zur Neufassung des Denkmalschutzgesetzes vom 12. Januar 2012 in § 1 Abs. 4 DSchG die Welterbestätten im Sinne des Gesetzes einschließlich Pufferzonen definiert.

Entsprechendes gilt ansatzweise auch für den Bund, der im Bundesnaturschutzgesetz bei der Verwirklichung der Ziele des Naturschutzes und der Landschaftspflege die internationalen Bemühungen insbesondere durch den Schutz des Kultur- und Naturerbes im Sinne des Übereinkommens vom 16. November 1972 unterstützt (§ 2 Abs. 5 Satz 2 BNatSchG). Das für den Erhalt des kulturellen Erbes so wichtige Baugesetzbuch hat sich zwar zur ›Baukultur‹ bekannt (§ 1 Abs. 6 Nr. 5 BauGB), nicht aber bisher zu den einschlägigen europäischen und internationalen Übereinkommen zum Schutz des Kulturerbes.

Da die Völker aber nicht schlechthin auf ihre Souveränität verzichten, erfüllen sie diese völkerrechtlichen Verpflichtungen naturgemäß unterschiedlich. Dabei gibt es auch Widerstände gegen die Globalisierung des Rechts. Folglich ist die Hoheit des Staates über das Kulturerbe gemäß den allgemeinen Regeln über die territoriale Souveränität im Grundsatz unbestritten. Jeder Staat hat somit das Recht das Kulturerbe durch Gesetz zu schützen. Er darf den Eigentümer eines Kulturerbes zur Erhaltung und zur Pflege dieses Erbes verpflichten. Selbst die Ausübung eines gesetzlich geregelten Vorkaufsrechts oder gar die Enteignung gegen Entschädigung wird man ihm auf seinem Staatsgebiet zugestehen müssen, auch im Falle ausländischer Eigentümer. Folglich wird er außerdem Vorschriften über den Verkauf oder Erwerb von Kulturgütern und damit über deren Import oder Export erlassen dürfen. Die rechtliche Ausgestaltung des Kulturerbeschutzes ist somit auch ein Recht des jeweiligen Volkes auf kulturelle Selbstbestimmung. Der Doppelnatur kultureller Güter als Wirtschaftsgüter und als Gegenstand des Kulturgüterschutzes einschließlich des Abwanderungsschutzes wird meist national anders Rechnung getragen als auf globaler Ebene. Der Kunst- und Antiquitätenhandel ist aber längst transnational.[21] Außerdem wird man damit einräumen müssen, dass damit das Problem der kulturellen Minderheiten in einem Staat noch nicht überall überzeugend gelöst ist. Deshalb betont die Charta der Grundrechte der Europäischen Union vom 21. Dezember 2007 in Artikel 21, dass eine Diskriminierung verboten ist und dass nach Artikel 22 die Union die Vielfalt der Kulturen, Religionen und Sprachen achtet. Bei so großen Ländern wie der Russischen Föderation, die bis Wladiwostok reicht, spielt der transkulturelle Aspekt eine geringere Rolle als der von Moskau ausgehende hegemoniale Anspruch.

---

21 | Vgl. Raschèr, Andrea F.G.: Kulturgütertransfer und Globalisierung (Studien zum Kunstrecht, Band 12). Baden-Baden 2000.

VERSCHIEDENARTIGE AUSGESTALTUNG DES KULTURERBESCHUTZES

Dank der Beteiligung des Deutschen Nationalkomitees für Denkmalschutz an einem deutsch-russischen *EU-Twinning-Projekt* zur Denkmalerhaltung 2006 und 2007 konnte der Verfasser Erfahrungen bei der Erarbeitung des Denkmalschutzgesetzes der Russischen Föderation machen. Der Rechtsvergleich war leistbar, da sowohl Russland als auch Deutschland seit dem *Haager Recht von 1899* an der Entwicklung des Kulturgüterschutzrechts mitgewirkt haben und das russische Recht Teil der kontinentaleuropäischen Rechtsfamilie ist. Wie bei uns wird in dem Föderalen Gesetz vom 31. Dezember 2006 zum Denkmalschutz in der Russischen Föderation von einem weiten Kulturerbebegriff ausgegangen, der sich auf körperliche Gegenstände bezieht. Anders als bei uns werden diese Denkmäler, Ensembles, Werke der Landschaftsarchitektur usw. jedoch in drei Kategorien eingeteilt, wobei die Gegenstände mit besonderer Bedeutung für die russische Föderation besser geschützt sind als die Gegenstände mit regionaler (kommunaler) Bedeutung.[22]

Während man in Deutschland von rund 1 Mio. Denkmälern ausgeht, spricht man in der russischen Föderation von rund 70 000 Denkmälern, wovon rund 24 000 Denkmäler nationale Kulturdenkmäler sind. Hinzu kam vor wenigen Jahren noch, dass diese Denkmäler überwiegend privatisiert werden sollten. Trotz der globalen und internationalen Perspektiven bleibt es im Prinzip bei der nationalen Aufgabe der Föderation und der ihr nachgeordneten Einrichtungen.

Transkulturelle Perspektiven gibt es, wenn überhaupt, nur ganz am Rande, zumal die nichtstaatlichen Organisationen nur eine untergeordnete Rolle spielen, da sie in Russland meist nicht auf ›Augenhöhe‹ mit dem Staat verhandeln können. Außerdem ist auch der für das Kulturerbe so wichtige Tourismus vielfach transnational. (Abb. 5)

Ganz anders sieht es z.B. in Japan aus, wo es seit 1996 mit dem Landesamt für Denkmalpflege Hessen einen Austausch mit Schwerpunkt ›Holzarchitektur in Japan‹ gibt. Obwohl sich Japan vor über 100 Jahren stark am deutschen Recht orientiert hatte, so dass es auch heute noch juristische Vergleichsmöglichkeiten gibt, gab es 2002 dort nur etwa über 17 500 Bauwerke und 61 Schutzbereiche, die im Vergleich zu 1 Mio. in Deutschland anders beurteilt werden müssen, zumal sich auch dort der Schutz in mehrere Kategorien aufteilt, wobei 253 als Nationalschätze eingestuft wurden. Entscheidender ist noch, dass der im japanischen Denkmalschutzgesetz benutzte Begriff ›Kulturgut‹ auch Immaterielles miteinschließt. Hierzu zählen vor allem Techniken freier und angewandter Künste sowie Techniken, die zum langfristigen Erhalt von Kulturgütern unverzichtbar sind.[23] In der Praxis dürfte die Holzarchitektur in Japan mit ihren Reparaturtechniken bis hin

---

22 | Hönes, Ernst-Rainer: »Zur Entwicklung des russischen und deutschen Denkmal- und Kulturgüterschutzrechts von 1899 bis 2006«, in: Osteuropa Recht 53 (2007), S. 386-401.
23 | Vgl. Landesamt für Denkmalpflege Hessen (Hg.): Historische Holzarchitektur in Japan (Arbeitshefte des Landesamtes für Denkmalpflege Hessen, Band 2). Stuttgart 2003.

Abbildung 5: Japanische Reisegruppe im archäologischen Park von
Angkor, Kambodscha, als Beispiel für transnationalen Tourismus

zum Abbau und Wiederaufbau manchen Objekten in China näher stehen als bei
uns.

Wenn und solange die in den einzelnen Ländern zugrunde liegenden Lebens-
sachverhalte verschiedenen Rechtsordnungen oder Rechtszweigen unterworfen
bleiben, kann man im Ergebnis kaum von transkulturellen Perspektiven im Denk-
mal- und Kulturgüterschutzrecht sprechen, wohl aber von ausgebauten völkerrechtlichen Regelungen, die sich z.b. selbst in Richtlinien wie den mehrfach geänderten Richtlinien zur Welterbekonvention[24] auswirken. Verstößt ein Land wie
Deutschland gegen diese Vorgaben, dann wird das von ihm angemeldete Gut wie
das Dresdner Elbtal wieder aus der Welterbeliste gestrichen. Andere Sanktionen
gibt es formal nicht, wenn man einmal davon absieht, dass vielleicht auch deshalb
der Antrag von Heidelberg auf Eintragung in die Welterbeliste vom Welterbekomitee zurückgestellt wurde. Dies sind ›Kollateralschäden‹, die hier nicht behandelt
werden können.

Somit ist der Schutz des kulturellen Erbes, so wie wir ihn kennen, eurozentristisch geblieben. Aus kulturstaatlicher Verantwortung kann sich dies im Rahmen des Europarats oder der EU auch positiv auswirken. Wenn Zypern im zweiten
Halbjahr 2012 die EU-Ratspräsidentschaft übernimmt, wird das Problem z.B. beim
Umgang mit dem religiösen Kulturerbe vielleicht deutlicher werden. Während seit
der türkischen Besatzung Nordzyperns 1974 viele Kirchen und Klöster aufgegeben und umgewidmet wurden, beklagen türkische Quellen, dass die Moscheen im
Südteil der Insel oft in schlechter Verfassung sein sollen. Die letzte noch verbliebe-

24 | Vgl. Deutsche UNESCO-Kommission et al. (Hg.): Welterbe-Manual. Köln, Bonn 2009,
S. 193f.

ne Demarkationslinie in Europa mit der Teilung von Nikosia ist jedenfalls nicht zu einem Symbol für das Recht auf Kulturerbe geworden. (Abb. 6, 7)

Abbildung 6: Christliche Vergangenheit und muslimische Gegenwart: Die Nikolauskathedrale in Famagusta, Zypern, als Beispiel der Umnutzung in eine Moschee mit Minarett

Abbildung 7: Demarkationslinie in dem seit 1974 geteilten Zypern als Hindernis für kulturelle Perspektiven

DAS WELTERBE ALS BOTSCHAFTER TRANSNATIONALER ODER TRANSKULTURELLER PERSPEKTIVEN?

Trotz des bisher überwiegend negativen Befundes bezüglich der globalen und transnationalen Möglichkeiten nutzen die Vertragsstaaten der Welterbekonvention zunehmend den transkulturellen Aspekt der Kulturgüter, der bei den grenzüberschreitenden Gütern gemäß den Richtlinien für die Durchführung des Übereinkommens zum Schutz des Kultur- und Naturerbes der Welt vom Januar 2008[25] unter Nr. 134 bis 136 bei den Erfordernissen für die Anmeldung dieser Güter Berücksichtigung findet. Das anzumeldende Gut kann sich danach in dem Hoheitsgebiet aller betroffenen Vertragsstaaten befinden, die an das Gut angrenzen (grenzüberschreitendes Gut). Den betroffenen Staaten wird dabei vom zwischenstaatlichen Komitee für den Schutz des Kultur- und Naturerbes der Welt dringend empfohlen, einen gemeinsamen Verwaltungsausschuss oder ein ähnliches Gremium einzurichten, um die Verwaltung des gesamten grenzüberschreitenden Gutes zu überwachen. Entstehungsvoraussetzung für dieses Recht über/auf Kulturerbe sind die UNESCO und ihr Welterbekomitee, die völkerrechtlich dazu legitimiert sind. Folglich hat auch dieses von internationalen Normgebern formulierte transnationale oder globale Recht keine transkulturelle Perspektive.

In Deutschland zählen bisher zum grenzüberschreitenden Kulturerbe der Welt bereits der 2004 eingetragene Muskauer Park, der obergermanisch-raetische Limes mit dem Hadrianswall in Großbritannien und dem Antoniuswall in Schottland sowie die 2011 eingetragenen prähistorischen Pfahlbauten um die Alpen. Bei anderen Anträgen wie bei den Hansestätten Wismar und Stralsund hatte die Kultusministerkonferenz schon mit Beschluss vom 23. Oktober 1998 um Prüfung gebeten, ob ein Gemeinschaftsantrag mit Polen, Schweden und den Anrainerstaaten sinnvoll ist. Beim Antrag zur Anmeldung der Montan- und Kulturlandschaft Erzgebirge wurde Sachsen um Prüfung gebeten, ob eine Einbeziehung des Joachimstals und ein Gemeinschaftsantrag mit Tschechien sinnvoll erscheint. Weitere Bewerbungen werden vorbereitet. Es geht somit oft primär um transnationale Projekte aus nominierungspolitischen Erwägungen und weniger um die Entwicklung transkultureller Perspektiven.

WEITERE EUROPÄISCHE UND INTERNATIONALE INITIATIVEN

Neben der Welterbekonvention von 1972 bilden die auf internationaler Ebene verabschiedeten Empfehlungen und Chartas[26] eine zusätzliche fachliche Grundlage

---

25 | Ebd.

26 | Vgl. Hönes, Ernst-Rainer: »Internationale Empfehlungen zum Denkmalschutz«, in: Thomas Drachenberg/Axel Klausmeier/Ralph Paschke et al. (Hg.), Denkmalpflege und Gesellschaft. Detlef Karg zum 65. Geburtstag. Rostock, 2010, S. 23-32.

wie die in Nairobi am 26. November 1976 beschlossene *Empfehlung über den Schutz der historischen und traditionellen Ensembles und ihre Rolle in dem heutigen Leben,* die wiederum auf vorangegangene Empfehlungen wie die bereits erwähnte UNESCO-Empfehlung zum Schutz des Kultur- und Naturerbes von 1972 Bezug nimmt. Dabei sollte bei der nationalen, regionalen und lokalen Politik im III. Abschnitt der Empfehlung von Nairobi bei der Umsetzung die Kooperation von Einzelpersonen und privaten Verbänden angestrebt werden. Die Mitgliedstaaten sollten nach dem Abschnitt VI über internationale Zusammenarbeit zum Schutz der historischen Stätten und ihrer Umgebung kooperieren und, wenn es wünschenswert erscheint, Hilfe von internationalen Organisationen, zwischenstaatlichen und Nichtregierungsorganisationen suchen, insbesondere die des *UNESCO-ICOM-ICOMOS-Dokumentationszentrums.* Somit werden auch andere Akteure in den Blick genommen.

In Artikel 1 der am 27. Oktober 2005 in Faro beschlossenen *Rahmenkonvention des Europarates über den Wert des Kulturerbes für die Gesellschaft* haben die Vertragsparteien anerkannt, dass Rechte in Bezug auf das Kulturerbe mit den Menschenrechten begründet werden. Folglich geht es um die Rolle des Kulturerbes für den Aufbau einer friedlichen und demokratischen Gesellschaft. Dazu gehört auch die transkulturelle Zusammenarbeit. Dabei will dieses Übereinkommen als Rahmenkonvention an das rund 50 Jahre zuvor am 19. Dezember 1954 in Paris beschlossene Europäische Kulturabkommen anknüpfen, nach dessen Artikel 1 jede Vertragspartei geeignete Maßnahmen zum Schutz und zur Mehrung ihres Beitrages zum gemeinsamen kulturellen Erbe Europas trifft. Der Kulturerbebegriff ist somit eurozentristisch geprägt. Letztlich werden damit Gedanken zum Kulturgüterschutz aufgegriffen, die zunächst im Kriegsvölkerrecht bereits vor über 100 Jahren von den »zivilisierten Staaten«[27] entwickelt wurden.

Im Lichte der hier erwähnten Konventionen und Empfehlungen wurde mit dem am 17. Oktober 2003 von der UNESCO in Paris beschlossenen *Übereinkommen zur Bewahrung des immateriellen Erbes* neben dem materiellen Erbe auch das immaterielle Erbe trotz seiner teilweisen ›Unfassbarkeit‹ Bestandteil des völkerrechtlichen Kulturerbeschutzes. Somit wird nun auch die ›gelebte Kultur‹ gewürdigt. Dazu gehören z.B. mündliche Traditionen, darstellende Künste, Praktiken, Rituale, Feste, Handwerkstechniken, Umgang mit der Natur und dem Universum. Im Sinne dieser Konvention findet nur dasjenige immaterielle Kulturerbe Berücksichtigung, das mit den bestehenden internationalen Rechtsinstrumenten im Bereich der Menschenrechte sowie mit der Forderung nach gegenseitiger Achtung zwischen den Gemeinschaften, Gruppen und Individuen und einer nachhaltigen Entwicklung in Einklang steht. Da es in manchen Regionen leider auch noch Praktiken wie grausame Verstümmelungen gibt, ist die Beschränkung des immateriellen Kulturerbes auf die Vereinbarkeit mit den Menschenrechten sachgerecht. Voraus gingen dieser Konvention Spezialprogramme und -projekte wie das 1992 ins Leben gerufene Pro-

---

27 | Siehe Fußnote 19.

gramm ›immaterielles Erbe‹. In seinem Rahmen entstand 1993 auf Initiative (Süd-)
Koreas das Projekt ›Lebende menschliche Schätze‹. Die Staaten wurden dabei auf-
gerufen, Personen auszuzeichnen, die über herausragende Kenntnisse und Fertigkeiten in Bezug auf das immaterielle Kulturerbe verfügen.

Nachdem bereits 139 Staaten dieses Übereinkommen von 2003 ratifiziert haben, ergibt sich ein buntes Bild der Vorschläge der Vertragsstaaten zur Eintragung.
Während zunächst von Musik und Tanz geprägte immaterielle Güter wie das kö-
nigliche Ballett von Kambodscha (klassischer Tanz der Khmer), die vietnamesi-
sche Hofmusik *Nha Nhac* (überregionale, zeremonielle Musik), die Kunqu-Oper in
China oder in Indien die Tradition des vedischen (altindischen) rituellen Gesangs
zu erwähnen sind, geht es nun auch seit 2010 um das gastronomische Mahl der
Franzosen und um die spanische Mittelmeerküche, ohne dass ein transkultureller
Aspekt deutlich wird. Dies gilt auch für die Aktion des Zentralverbandes des Deutschen Bäckerhandwerks zur deutschen Brotkultur.

Bezüglich der Bewahrung des immateriellen Kulturerbes wird man mit Blick
auf die globalen und transnationalen Bemühungen wohl mehr an die Echterna-
cher Springprozession in Luxemburg erinnert, die 2010 ebenfalls als immaterielles Erbe eingetragen wurde. Wie manche Nationalhymnen scheinen auch die Vorschläge mancher Länder nicht das Kulturerbe ›der Menschheit‹, sondern mehr die
wiederzubelebende lokale Bedeutung hervorheben zu wollen. Dies wirkt bezüglich
der transnationalen, globalen und auch transkulturellen Ziele manchmal wie eine
Rolle rückwärts.

Das am 20. Oktober 2005 in Paris beschlossene *Übereinkommen über den
Schutz und die Förderung der Vielfalt kultureller Ausdrucksformen*[28] hat gemäß Artikel
1 das Ziel, die Interkulturalität zu fördern, um die kulturelle Interaktion im Geist
des Brückenbaus zwischen den Völkern weiterzuentwickeln. In diesem als Magna
Charta der internationalen Kulturpolitik gelobten Übereinkommen bezieht sich
›Interkulturalität‹ nach Art. 4 Nr. 8 des Übereinkommens auf die Existenz verschiedener Kulturen und die gleichberechtigte Interaktion zwischen ihnen sowie
die Möglichkeit, durch den Dialog und die gegenseitige Achtung gemeinsame kulturelle Ausdrucksformen zu schaffen. Auch wenn das Übereinkommen wichtige
Instrumente beinhaltet, um die Zusammenarbeit in den internationalen Kulturbeziehungen zu verbessern, wird die ›Transkulturalität‹ wohl nicht erwähnt. Sie
tritt völkerrechtlich in den Hintergrund. Schließlich ist ein Kernstück des Übereinkommens das Recht eines jeden Staates, regulierende und finanzielle Maßnahmen zu ergreifen, um die Vielfalt der kulturellen Ausdrucksformen auf seinem
Staatsgebiet zu schützen. Völkerrechtlich neu ist dabei, dass in Artikel 20 das Verhältnis des Übereinkommens zu anderen völkerrechtlichen Verträgen bestimmt
wird.[29] Ohne dieses Übereinkommen von 2005 anderen Verträgen unterzuord-
nen, regelt Art. 20 Abs. 1b des Übereinkommens, dass die Vertragsparteien bei der

---

28 | Bundesgesetzblatt 2007 II, S. 235.

29 | Hönes: Internationaler Denkmal-, Kulturgüter- und Welterbeschutz, S. 177.

Auslegung und Anwendung anderer Verträge, deren Vertragspartner sie sind, oder bei Eingehen anderer internationaler Verpflichtungen die einschlägigen Bestimmungen dieses Übereinkommens berücksichtigen. Dies könnte ein Grundstein einer kulturpolitischen Gesetzgebung im Zeitalter der Globalisierung werden, der über transkulturelle Perspektiven wenig aussagt. Gerade weil dieses Übereinkommen von 2005 ein Signal gegen die globale Verbauchs-, Konsum- und Vergnügungsindustrie sein soll, hätte es auch berücksichtigen müssen, dass bei heute oft unübersichtlichen gesellschaftlichen Strukturen der Einzelne auch grenz-, kultur- und situationsübergreifend nach Orientierungshilfen sucht, die nicht aus der völkerrechtlichen Deutungshoheit des Artikels 20 abgeleitet werden können.

ERGEBNIS

Wenn nun die Entwicklung von regionalen, nationalen, europäischen, internationalen zu globalen Perspektiven geht, beginnt dies, wie eingangs betont, schon bei dem Kulturerbe vor Ort, das zugleich von lokaler und globaler Wichtigkeit sein kann. Kulturerbe wird dabei ursprünglich nicht definiert, so dass man in Deutschland den Begriff z.B. bei der Umweltprüfung sachfremd und europarechtswidrig[30] auf Kulturgüter als Unterfall der Sachgüter[31] und damit praktisch auf Denkmäler beschränken will, während z.B. der im japanischen Denkmalschutzgesetz benutzte Begriff ›Kulturgut‹ auch Immaterielles miteinschließt. Dabei respektiert auch unser Denkmalverständnis neben der materiellen Trägerschaft die geistige Botschaft des Denkmals.

Die ›Transkulturalität‹ versucht dagegen einen anderen Weg außerhalb dieser Normhierarchien und steht damit nicht am Ende der Entwicklung vom Regionalen zum Globalen. Das transkulturelle Erbe ist somit ein Erbe, an dem alle teilhaben können, gleich aus welcher Herkunftskultur sie kommen, wobei dieses Recht auf Kulturerbe vielfach aus den Menschenrechten begründet wird. Es geht daher um Rechtsnormen, die in verschiedenen Kulturen Anwendung finden, soweit es die jeweilige Normenhierarchie zulässt. Zugleich geht es um das, was von den Nutznießern des transkulturellen Erbes als ›rechtens‹ angesehen wird. Mangels Anbindung an Völkerrechtssubjekte blieb es bisher im rechtspolitischen Abseits, denn in einem zur Staatlichkeit gediehenen Gemeinwesen ist Normsetzer prinzipiell der Staat oder ein von ihm zur Rechtsetzung legitimiertes Gebilde. Da der Rechtsstaat dabei stets durch das Recht (meist Gesetz oder Vertrag) handelt und sich durch dieses Recht legitimiert, ist daneben für ein sonstiges Recht über/auf Kulturerbe aus transnationaler Perspektive kein Raum.

---

30 | Hönes: Denkmalschutz und kulturelles Erbe.

31 | So Appold, Wolfgang, in: Wolfgang Appold/Werner Hoppe/Martin Beckmann (Hg.), Gesetz über die Umweltverträglichkeitsprüfung (UVPG). 2012, § 2 Rn. 40.

Der globale Aspekt des Kulturerbes wurde dagegen zunächst in dem von der UNESCO im November 1972 in Paris beschlossenen Übereinkommen zum Schutz des Kultur- und Naturerbes der Welt für das materielle Erbe abgedeckt, geht aber heute darüber hinaus und bezieht weitere Ressourcen mit ein. Er umfasst somit alle Aspekte, die aus der Interaktion zwischen Menschen und Orten im Laufe der Zeit hervorgehen. In der Entwicklungskette vom regionalen zum nationalen, europäischen und globalen Erbe kommt dem transkulturellen Erbe wohl eine Sonderstellung zu, die rechtlich zumindest derzeit noch nicht fassbar ist, denn bei einem allseits anerkannten abgestuften Rechtsquellensystem haben innerhalb der Normenhierarchie die ranghöheren Normen Vorrang vor den rangniedrigen Normen.

Das, was von uns bleibt, ist unser kulturelles Erbe. Dem Juristen sei diese Vereinfachung erlaubt, denn die Rechtswissenschaft ist eine praktische Wissenschaft.

After Nara: The Process of Transculturation in Global Heritage Doctrines

Jukka Jokilehto

›Transculturation‹ as a term is used here to conceptualize the process-related phenomena of merging and converging cultures in conflict-ridden situations of contact, transfer, and exchange. Within the rapidly globalizing world, the processes of transculturation have not only accelerated over time, but have also reached a new global dimension. Here various cultural entities are involved with their evolving constructs of identity, and institutional agencies with their standardizing policies, as well as other individual actors. Focusing on cultural heritage with particular attention paid to case studies in Asia, this paper intends to discuss the processes of transculturation within the development of global heritage doctrines. The *Nara Conference on Authenticity* in Japan in 1994 has served as a trigger and a turning point in this process. While UNESCO can be seen as a major driving force, two different but entangled transcultural processes will be addressed. On the one hand, these involve the process of globalization, referred to as the implementation of the international heritage doctrine proposing to identify ›regional cultural expressions‹ that represent cultural diversity. On the other hand, there is a new interest on the part of various states themselves to ›provincialize‹ the doctrine, and to interpret internationally ›validated‹ principles within their regional traditions also associated with important heritage industries.

INTRODUCTION

Globalization can be seen in the increasingly global relationships of culture, people, and economic activity. This trend, which continues to grow in the twenty-first century, tends to ›contaminate‹ genuine local traditions and become a new form of cultural approach with global references and paradigms. With our focus in mind, globalization can be seen working at two levels that are often in conflict with each other: a) the level based on the increasing dominance of global trade and the standardization of products, including the commercialization of products of cultural industry under the narrow rubric of ›culture‹; and b) the efforts by the international conservation community, headed by UNESCO and associated international organizations, aiming to sensitize people to their traditionally perceived genuine heritage. While the first level in reality is seen to be destructive for traditional cultures, the second aims at providing the conditions for continuity in learning or re-learning traditional cultures and associated patterns of human knowledge, beliefs, and behavior according to the specificity of each particular community.

›Transculturation‹ can be understood as combining and integrating elements of more than one culture over long periods. Borrowing elements and themes from others is a way for cultures to evolve over time. This process can be positive, generating new forms of culture, as well as negative, resulting in the destruction and oblivion of existing cultures. This is not something new per se, but globalization has brought new dynamics and scales into this process. As has been observed by Charles Taylor, our contemporary society is going through substantial transformations that tend to lead to a loss of the capacity to generate shared values. The problems are referred to as: a) increasing ›individualism‹ and the lack of capacity to communicate and build up shared value judgments; b) the consequent disenchantment of modern society with traditional beliefs, while aiming at rationality and efficiency; and c) the ›restriction‹ of our choices by the institutions and structures of an industrial-technological society, which give weight to instrumental reasons and the resultant destruction of traditional behaviors.[1]

During the second half of the twentieth century, heritage policies and strategies have been brought into the international realm. The initiatives by UNESCO have aimed at the recognition of ›our common heritage‹ on the one hand, and understanding the specificity of each place on the other.[2] This is reflected in and sustained by UNESCO Conventions like the *World Heritage Convention*. The discussions around the World Heritage List have offered new challenges to exchange experiences and learn from regional achievements for a global application. For example, the Japanese and Korean legislations have anticipated the international recognition of the oral and intangible cultural heritage, which include the 1998 *Proclamation of Masterpieces of Oral and Intangible Heritage*, the 2001 *Universal Declaration on Cultural Diversity*, and especially the 2003 *Convention of Intangible Cultural Heritage*; these were followed by the 2005 *Convention on the Protection and Promotion of the Diversity of Cultural Expressions*. The United Nations has also undertaken initiatives like the Brudtland Commission, which can sustain heritage, though indirectly.[3]

---

1 | Taylor, Charles: The Ethics of Authenticity. Cambridge(Mass), London 1991.

2 | See for example UNESCO Conventions of 1972, 2003, and the version of 2005 under http://whc.unesco.org/en/conventiontext, accessed April 12th 2012.

3 | Report of the *World Commission on Environment and Development*, »Our Common Future«, World Commission on Environment and Development, 1987. Published as Annex to General Assembly document A/42/427, Development and International Co-operation:

Globalizing Heritage Policies

World Heritage Convention

Through its international legal instruments and recommendations, UNESCO has contributed to making the world's heritage community increasingly aware of different cultures, and encouraging exchanges of methods and learning experiences. The *World Heritage Convention* (1972) has certainly played an important part in this process and the *Operational Guidelines for the Implementation of the World Heritage Convention* have continued to evolve: the concept of heritage itself has been redefined, and consequently so too have the requirements for inscription to the World Heritage List. While the first cultural nominations to the World Heritage List were predominantly individual monuments like churches, mosques, temples, or rulers' residences, there were relatively few larger ensembles. In the 1980s the United Kingdom nominated the Lake District with all its archaeological and natural features. However, the Advisory Bodies were not able to agree on the justification for inscription and as a result of a series of expert meetings, the *World Heritage Committee* decided in 1992 to formulate a new type of heritage: the cultural landscape. This definition was introduced to the *Operational Guidelines* in 1994 as:

»combined works of nature and of man [...] illustrative of the evolution of human society and settlement over time, under the influence of the physical constraints and/or opportunities presented by their natural environment and of successive social, economic and cultural forces, both external and internal.«[4]

Consequently, on the occasion of the 20th anniversary of the Convention in 1992, a new approach began to emerge that broadened the requirement of the ›best of the best‹ to allow the acceptance of the most representative examples of different types of heritage. This also cleared the way for vernacular rural landscapes – works created by the people rather than merely their rulers. (Fig. 1)

Environment August 2, 1987. See: www.un-documents.net/wced-ocf.htm, accessed April 12th 2012.

4 | Operational Guidelines for the Implementation of the World Heritage Convention, 1994 edition, par.36, available on Internet: http://whc.unesco.org/en/guidelines, accessed April 12th 2012. It can be noted, nevertheless, that at least by 2011, the Lake District had not yet been re-nominated. Compare UNESCO: Cultural Landscapes: The Challenges of Conservation, Workshop in Ferrara, Italy, 11th-12th November 2002. Paris 2003.

Figure 1: Cultural landscape in Western Ireland. Cultural landscapes are combined works of nature and of man, illustrative of the human society and settlement over time

Recognition of Oral and Intangible Cultural Heritage

In Japan the *Law for the Protection of Cultural Properties* (*Bunkazai hogo hô*) already recognized ›intangible cultural properties‹ as a category limited to heritage that was in danger of disappearance. This law was amended in 1954, specifying the designation and selection procedures and including ›folk materials‹ as a new category. In 1975 ›conservation techniques‹ were added as another category, e.g. gathering of lacquer. At the same time, groups of traditional buildings (*Dentōteki kenzōbutsu-gun*) were also recognized together with their environment. These could include, for example, different types of towns, merchant quarters, farming or fishing villages.

In 1998, UNESCO created an international distinction called the *Proclamation of Masterpieces of the Oral and Intangible Heritage of Humanity*. The aim was to honor the most remarkable examples of the oral and intangible heritage of humanity. These included the following: a) forms of popular and traditional expression, such as languages, oral literature, music, dance, games, mythology, rituals, customs, and craftwork know-how; and b) cultural spaces – that is, places where popular and traditional cultural activities take place in a concentrated manner. The objective was to raise awareness and recognize the importance of such heritage and the need to safeguard and revitalize it. In 2001 the first nominations included *Kunqu Opera* (China), *Kuttiyattam Sanskrit Theatre* (India), *Nôgaku Theatre* (Japan), *the Cultural Space of Jemaa el-Fna Square* in Marrakesh, Morocco), *Sicilian Puppet Theatre* (Italy), and the *Cultural Space and Oral Culture of the Semeiskie* (Russian Federation).

In 1999, Koïchiro Matsuura (Japan) was elected Director General of UNESCO. Under his governance the idea of intangible and oral cultural heritage, already anticipated in the *Nara Document* and the 1998 Proclamation, was taken even further. In March 1998 such issues were discussed in the context of the *World Heritage Global Strategy*, resulting in the recommendation to unify the justification of cultural and natural properties in a single list. In fact, cultural and natural properties had been kept strictly separate until the *Nara Conference* of 1994. Another question concerned the definition of the ›outstanding universal value‹: it was proposed that this should refer to bio-geographical diversity in the case of nature, and to human creativity and diversity in relation to culture.[5] Since that meeting, there has been an increasing rapprochement between the people and organizations dealing with the evaluation and management of cultural and natural properties, again contributing to transculturation.

Recognition of Cultural and Heritage Diversities

In 2001, UNESCO circulated a survey among states and NGOs aiming to define intangible cultural heritage. One of the outcomes was the *UNESCO Universal Declaration on Cultural Diversity* (November 2001). This declaration was conceived directly in the spirit of the *Nara Document* (to be discussed in chapter 2), stating the following (art.1):

»Culture takes diverse forms across time and space. This diversity is embodied in the uniqueness and plurality of the identities of the groups and societies making up humankind. As a source of exchange, innovation and creativity, cultural diversity is as necessary for humankind as biodiversity is for nature. In this sense, it is the common heritage of humanity and should be recognized and affirmed for the benefit of present and future generations.«[6]

The 2001 Declaration confirms that cultural diversity is an essential factor in culturally sustainable development, and it also implies a commitment to human rights and fundamental freedoms, especially of minority groups and indigenous peoples. In 2003 the General Conference of UNESCO adopted the *Convention for the Safeguarding of Intangible Cultural Heritage*[7], recognizing ›oral traditions, performing arts, social practices, rituals, festive events, knowledge and practices concerning nature and the universe or the knowledge and skills to produce traditional crafts‹.

---

5 | Droste, Bernd von/Rössler, Mechthild/Titchen, Sarah (eds.): »Linking Nature and Culture«, in: Report of the Global Strategy Natural and Cultural Heritage Expert Meeting, 25th-29th March 1998, Amsterdam, The Netherlands, UNESCO, Ministry of Foreign Affairs. Amsterdam 1998, p. 221.

6 | UNESCO Universal Declaration on Cultural Diversity (2001), see: http://portal.unesco. org/en/ev.php-URL_ID=13179&URL_DO=DO_TOPIC&URL_SECTION=201.html, accessed April 12th 2012.

7 | UNESCO Convention for the Safeguarding of the Intangible Cultural Heritage (2003), see: http://portal.unesco.org/en/ev.php-URL_ID=17716&URL_DO=DO_TOPIC&URL_SEC TION=201.html, accessed April 12th 2012.

The Convention established a List of Intangible Heritage, which can be seen as an international recognition of the legal framework already in existence in Japan and Korea.

In 2005, UNESCO adopted the Convention on the Protection and Promotion of the Diversity of Cultural Expressions. Some of the principal objectives were to create the conditions for cultures to flourish and to freely interact in a mutually beneficial manner, to encourage dialogue among cultures, and in this way to promote transculturation in the spirit of building bridges among peoples. On this basis the Convention proposes a series of principles, including the principle of equal dignity of and respect for all cultures:

»The protection and promotion of the diversity of cultural expressions presuppose the recognition of equal dignity of and respect for all cultures, including the cultures of persons belonging to minorities and indigenous peoples.«[8]

With the gradual expansion of the concept of heritage, an increasing variety of properties is being considered in international events. In 2001 Japan organized a *UNESCO Thematic Expert Meeting on Asia-Pacific Sacred Mountains*, giving specific recommendations regarding the identification, significance, and values of sacred mountains.[9] In the context of Southeast Asia it is relevant to mention the concept of *Utaki*. These are sacred spaces characteristic of the Okinawa islands of Japan, associated with the cult of ancestors, divinities of nature, or founders of villages. (Fig. 2) The seminar adopted the *Okinawa Declaration on Intangible and Tangible Cultural Heritage*[10]. The rather Eurocentric definition of the modern movement in architecture and urban planning is also another challenge.[11]

The above examples demonstrate the international community's intention to encourage individuals and groups of people to pay special attention to guaranteeing continuity of their inherited oral and intangible expressions. The challenge that may arise here is the possible contradiction between the encouragement of

---

8 | UNESCO Convention on the Protection and Promotion of the Diversity of Cultural Expressions (2005), see: http://portal.unesco.org/en/ev.php-URL_ID=31038&URL_DO=DO_TOPIC&URL_SECTION=201.html, accessed April 12th 2012.

9 | UNESCO: Thematic Expert Meeting on Asia-Pacific Sacred Mountains, 5th-10th September 2001, Wakayama City, Japan, Final Report, World Heritage Centre UNESCO, Agency for Cultural Affairs of Japan, Wakayama Prefectural Government. Tokyo 2001.

10 | Yamamoto, Masako/Fujimoto, Mari (eds.): Utaki in Okinawa and Sacred Spaces in Asia; Community Development and Cultural Heritage, Okinawa International Forum 2004, The Japan Foundation, Okinawa Prefectural Government place. Online see: www.jpf.go.jp/e/culture/new/0412/12_03.html, accessed April 12th 2012.

11 | UNESCO: Identification and Documentation of Modern Heritage. World Heritage Papers 5. Paris 2003, see: http://whc.unesco.org/documents/publi_wh_papers_05_en.pdf, accessed April 12th 2012.

Figure 2: *Utaki*, ritual on Taketomi island, Japan. These are sacred spaces characteristic of the Okinawa islands of Japan, associated with the cult of ancestors, divinities of nature, or founders of villages. The picture illustrates an *Utaki* in the courtyard of a family house

local traditions representing the diversity of cultural expressions and the simultaneous aim at defining universally valid principles of heritage conservation.

THE TURNING POINT: *THE NARA CONFERENCE* — DISCUSSIONS ON VALUES, DIVERSITY, AUTHENTICITY

Japan was elected to the *World Heritage Committee* in 1993. In the same year, during the ICOMOS General Assembly in Colombo (Sri Lanka), the Japanese delegate Nobuo Ito seized the opportunity to gather a small group of key persons together to discuss the possibility of an expert meeting to examine the applicability of the notion of authenticity in Japan, and more generally in non-European cultures.[12] They agreed to organize a preliminary meeting in Bergen (Norway) in January–February 1994, in order to prepare for the expert conference that would take place in Nara from 1st to 6th November of the same year. The *Nara Conference on Authenticity* was attended by 45 invited experts from 25 countries in Asia, Africa, America, and Europe, as well as representatives of UNESCO, ICOMOS, and ICCROM.[13] This

12 | The persons included: Nobuo Ito (Japan), Christina Cameron (Japan), Knut-Einar Larsen and Nils Marstein (both Norway), Herb Stovel (ICOMOS), Jukka Jokilehto (ICCROM) and Bernd von Droste (UNESCO).

13 | The experts attending the *Nara Conference* were from the following countries: Australia, Belgium, Brazil, Bulgaria, Canada, China, Egypt, France, Germany, India, Indonesia, Italy, Japan, Kenya, Korea, Netherlands, New Zealand, Norway, Peru, Russia, Spain, Sri Lanka,

conference became a turning point in the recognition of heritage values in relation to cultural diversity. Indeed, many of the UNESCO initiatives mentioned above referred to the *Nara Conference*, as well as others for example by ICOMOS:

»The conferences of Bergen and Nara focused on five major topics: a) pluralism, diversity, respect and public access, b) process, contemporary dynamics and living heritage, c) post-colonialism, Eurocentrism, and reconstruction in the post-modern world.«[14]

As a result, today we have a broader and more balanced understanding of the world scenery in terms of cultural heritage. The conclusions of the *Nara Conference* were expressed in the *Nara Document on Authenticity*. This was called ›document‹ on purpose rather than another ›charter‹ or ›declaration‹ in order to characterize it as a document born of reflection and not as an imposition. The *Nara Document* focused particularly on two aspects. One of these concerned ›cultural diversity and heritage diversity‹, the other ›values and authenticity‹. Indeed, the principal message of the *Nara Document* was really the issue of cultural diversity. This was considered »an irreplaceable source of spiritual and intellectual richness for all humankind« (par.5). At the same time, it was also noted (in par.3) that:

»The Nara Document on Authenticity is conceived in the spirit of the Charter of Venice, 1964, and builds on it and extends it in response to the expanding scope of cultural heritage concerns and interests in our contemporary world.«

As a result, the *Nara Document* could be seen as an effort to reach consensus on the essence of heritage in its diversity, the relativity of cultural values, and the approaches to apply in safeguarding practices. It became a new paradigm that has generated further developments in international policies, which are echoed in national and regional contexts. Instead of breaking with the past, it aimed to build on previous achievements like those in the preamble of the *Venice Charter*[15]:

Thailand, United Kingdom, USA. The proceedings of the two conferences were published in: Larsen, Knut Einar/Marstein, Nils (eds.): Conference on Authenticity in Relation to the World Heritage Convention, Preparatory Workshop, Bergen, Norway, 31st January-2nd February 1994, Riksantikvaren (Norway). Trondheim 1994. And: Larsen, Knut Einar (ed.): Nara Conference on Authenticity in Relation to the World Heritage Convention, Nara, Japan, 1st-6th November 1994, UNESCO World Heritage Centre, ICCROM, ICOMOS, Japan Agency for Cultural Affairs. Trondheim 1995.

14 | Falser, Michael: »From Venice 1964 to Nara 1994 – changing concepts of authenticity?«, in: Michael Falser/Wilfried Lipp/Andrzej Tomaszewski (eds.), Restoration and Preservation; Interactions between Theory and Practice. In Memoriam Alois Riegl (1858-1905). Florence 2010, pp. 115-132.

15 | Compare: Venice Charter for the Conservation and Restoration of Monuments and Sites (1964), preamble, which was written by Prof. Paul Philippot, at the time Deputy

Regarding the question of values and authenticity, the Nara Document stressed that our ability to understand heritage values depends, in part, on the degree to which information sources about these values may be understood as credible or truthful. Therefore, it is essential to identify the sources of information and to verify their credibility.

The etymology and meaning of ›authenticity‹ can be referred to the following three specific aspects associated with the heritage in question: a) the historical aspect; b) the cultural and social aspect; and c) the creative-artistic aspect. The definition of authenticity is relative to the recognition of the heritage and its qualities.[16] It was sustained that monuments should be preserved as monuments for humankind; considering that society varied from culture to culture, the interpretations and restorations could also vary. At the same time, it was not always easy to fully appreciate a culture that was different from one's own.[17] While certain members of the conference strongly sustained the concepts of monuments and sites, others proposed to expand heritage to the people's environment and vernacular. Françoise Choay noted that the concept of ›reconstitution‹ is linguistically inauthentic, while the authenticity of ›reconstruction‹ is in relation to its temporal context, as in the case of Warsaw. For Choay, authenticity was marginal and defensive in relation to the conservation of heritage. She distinguished between the French terms ›monument‹ and ›monument historique‹, claiming that the first was authentic because it referred to a memorial, while the second was a modern construct and did not have a universal significance.[18]

Considering that the term ›authenticity‹ is Indo-European in origin, it was not necessarily an easy one to understand in other languages. Nobuo Ito, however, noted that while the term did not exist as such in Japanese (as intended in the *World Heritage Convention*), it was possible to translate it. There were two possible words in Japanese, translating loosely to mean ›genuineness‹, and ›reliability‹. These two words could be used in parallel, depending on the case.[19] Nobuko Inaba mentioned that the question of dismantling historic timber buildings as part of a restoration could easily be explained and defended. The ritual reconstruction of the Ise Shrine

Director of ICCROM, see online: www.international.icomos.org/venicecharter2004/index. html, accessed April 12th 2012. And: Jokilehto, Jukka: ICCROM and the Conservation of Cultural Heritage, a History of the Organization's first 50 Years, 1959-2009 (ICCROM Conservation Studies Series 11). Rome 2011, p. 36.

16 | Jokilehto, Jukka: »Authenticity: A General Framework for the Concept«, in: Larsen: Nara Conference, pp. 17-34.

17 | Di Stefano, Roberto: »L'authenticité des valeurs«, in: Larsen: Nara Conference, pp. 137-148.

18 | Choay, Françoise: »Sept propositions sur le concept d'authenticité et son usage dans les pratiques du patrimoine historique«, Larsen: Nara Conference, pp. 101-120.

19 | Ito, Nobuo: »Authenticity, inherent in Cultural Heritage in Asia and Japan«, in: Larsen: Nara Conference, pp. 35-45.

was unique in the country and thus the issue of authenticity was certainly relevant in the Japanese cultural context.[20] Guo Zhan (China) noted that the *Venice Charter* had been known for some time, but it was considered more applicable in the case of stone architecture, rather than traditional timber architecture. He noted that qualified personnel were limited in China, and more emphasis should be placed on the education of the general public. In addition, particular attention should be given to issues related to a rational relationship between ›use‹ and ›authenticity‹, and historic cities needed international guidelines for their management urgently.[21]

When UNESCO's General Conference adopted the *Convention on Intangible Heritage*, the Director General Matsuura decided to organize an international conference to discuss the possibilities of an integrated approach between the 1972 and 2003 Conventions. The conference took place in Nara in October 2004, and adopted the *Yamato Declaration on Integrated Approaches for Safeguarding Tangible and Intangible Cultural Heritage*. In a nutshell, the Declaration stated that the various issues that had been discussed regarding the application of the concept of authenticity in the World Heritage context were not necessarily applicable in the case of intangible heritage. This was because this heritage was, in many cases, not associated with specific monuments or places, and also because it was often spontaneously created on the spot. In the end, however, the Declaration refers to the need for integration, recognizing that while there were differences, there was also a certain amount of interdependence.[22] (Fig. 3)

The *Nara Conference* has generated a new way of approaching cultural heritage: no longer beginning with some fixed ›universal criteria‹, but rather using the appreciation and understanding of the practices and associated values specific to each place and region as a starting point. Indeed, the previously coined principles will need a new interpretation in light of this cultural specificity. Consequently, in addition to cultural diversity and associated relativity of values, the *Nara Conference* has also stressed the need to see the theory of restoration as a methodology and

---

20 | Inaba, Nobuko: »What is the test of authenticity for intangible properties?«, in: Larsen: Nara Conference, pp. 329-332; See also: Inaba, Nobuko: »Authenticity and heritage concepts: tangible and intangible – discussions in Japan«, in: Nicholas Stanley-Price/Joseph King (eds.), Conserving the Authentic: Essays in Honour of Jukka Jokilehto (ICCROM Conservation Studies Series 10). Rome 2009, pp. 153-162. And: Larsen, Knut Einar/Marstein, Nils: Conservation of Historic Timber Structures: an Ecological Approach. Oxford 2000.

21 | Zhan, Guo: »The particularity of authenticity in the conservation of cultural property in China«, Larsen: Nara Conference, pp. 323-325.

22 | Par.11 in the Yamato Declaration; compare: UNESCO: Proceedings, International Conference on the Safeguarding of Tangible and Intangible Cultural Heritage: Towards an Integrated Approach, Nara, Japan, 20th-23rd October 2004, Agency for Cultural Affairs (Japan), UNESCO. Paris 2006, online see: http://unesdoc.unesco.org/images/0014/001470/147097m.pdf, accessed April 12th 2012.

Figure 3: Urban conservation area, Nara Japan. The concept of urban conservation was introduced in the Japanese legal framework in the 1970s. Since then the number of conservation areas has increased. However, the property rights continue to challenge conservation efforts

critical process, based on the recognition of the specificity of each heritage resource. We can therefore also speak of ›restoration diversity‹.

THE PROCESS OF ›PROVINCIALIZING‹ GLOBAL HERITAGE POLICIES

Australia and the Burra Charter

While the international community, under the umbrella of UNESCO, worked towards enlarging the definitions of cultural heritage and its conservation into a globally valid version, there were also initiatives at the local or national levels to find their own appropriate interpretations. The Australian *ICOMOS Charter for the Conservation of Places of Cultural Significance* (the *Burra Charter*), based on the principles of the *Venice Charter*, is an example of this with the first edition adopted by Australia ICOMOS in 1979 at Burra. Instead of speaking of ›monuments and sites‹, it adopted the concept of ›place‹; that is, a ›site, area, building or other work, group of buildings or other works together with pertinent contents and surroundings‹. This change of terminology aimed at the recognition of aboriginal heritage, which was mainly identified through the meanings associated with places. The Australians refer to ›song-lines‹, a device used to recall meanings of specific places by singing while walking in the territory; these song-lines were handed down from generation to generation. Cultural significance was taken to mean in this case: aesthetic, historic, scientific or social value for past, present or future generations. While the *Venice Charter* has been retained in its original form, the *Burra Charter* has been revised three times. The latest version of the *Burra Charter* from 1999 was more concerned with this intangible heritage. The *Burra Charter* has become popular, especially outside Europe, as it stresses issues that are often relevant to ›non-monumental‹ places. The *New Zealand Charter for the Conservation of Places of Cultural Heritage Value* (adopted in 1992) was specifically aimed at the recognition of the indigenous heritage of Maori and Moriori people. Here the values were entrusted to chosen guardians. The conservation of indigenous cultural heritage depended on decisions made by the community and could only proceed in this context.

From Suzhou to Xi'an: Conservation Policies in China

The first Chinese nominations to the World Heritage List in 1987 consisted of ancient monuments, including the mausoleum of the first emperor and the Peking man site. While the state party has continued to place a certain emphasis on monumental heritage, increasing attention has been paid to traditional rural and urban properties, as well as to landscape areas. In order to sensitize authorities and professionals to the recognition of built heritage, in 1998 China hosted an international conference in Suzhou, which adopted the *Suzhou Declaration on International Co-operation for the Safeguarding and Development of Historic Cities.* International symposia (often associated with the World Heritage) have continued to be organized in China including the *Symposium on the Concepts and Practices of Conservation and Restoration of Historic Buildings in East Asia*, held in Beijing in May 2007. Several Chinese universities offer post-graduate studies in the field of conservation, and it is also worth mentioning that the activities of WHITRAP, the *World Heritage Institute of Training and Research for the Asia and the Pacific Region*, collaborate closely with international organizations like UNESCO, ICCROM, ICOMOS, and IUCN, as well as Chinese universities in Beijing and Tongji. The programs include research and training in the management of the built environment – one of the priority areas. While there are a certain number of well-trained experts, China is a huge country and consequently its needs match the scale of the country's rich heritage resources.

Following the end of the Cultural Revolution and the opening of the country to new types of development, China became the fastest developing country in the world. This includes a rise in foreign tourism attracted by its rich heritage, and in Chinese tourists (fast becoming the largest tourist group) visiting other countries. The Chinese debate on the *Venice Charter* principles has continued, and in 2005 at a conference organized in Qufu (China) the draft *Qufu Declaration* stated the position of a group of architects and technicians who worked on traditional architecture and gardens and their reconstruction – a procedure which stayed a severely criticized method in a globalized heritage doctrine:

»The wooden-structured historic buildings were built with bricks, tiles, stones, wood, and other materials. They testify the labour and intelligence of generations of skilful craftsmen who, with their careful design, ingenious craftsmanship and meticulous decoration., have rendered the buildings cultural heritages of scientific, artistic and historical values. Therefore, damaged ancient buildings can retain their scientific, artistic and historical values if carefully repaired and scientifically restored by following the original designs, using the original materials, adopting the original procedure, and applying the original techniques. They should not be called ›fake antiques‹ if they have been restored scientifically to their historic conditions.«[23]

At the same time, large metropolitan areas like Beijing and Shanghai continue to develop at a rate of growth that has a strong impact on the surrounding areas. Indeed, not surprisingly, when hosting the General Assembly of ICOMOS in Xi'an in 2005, China selected the setting of heritage areas as the theme for the conference. By insisting on the issue of setting as the theme of the assembly, the aim of the Chinese authorities was to obtain an international document that could help them in guiding the planning processes. As a support to this scope, the professionals working in the central authorities of the country are compiling systematic surveys of the history of the country and are identifying and recognizing minority cultures to be protected, and in some cases to be nominated to the UNESCO List. Taking into account that China is perhaps the fastest developing country in the world, the outcome of the Xi'an Conference in the national context remains to be seen. (Figs. 4, 5)

There are, however, important examples of conservative management, for example, in Shanghai where older residential and industrial areas have been rehabilitated and conserved as part of the urban planning and management policies. At the same time, small rural settlements feel the impact of the ever-increasing metropolises. Consequently, while still retaining their built fabric, they are gradually changing character and becoming either subject to commercial tourism or areas of suburban character. In Beijing there has been a loss of many traditional dwellings or ›hutongs‹ along the narrow alleys. Intellectuals opposed this development and as a result some areas have been preserved, including the area around the former Imperial Palace.

While the Chinese Cultural Revolution (1966-1976) devastated Chinese cultural heritage and resulted in the destruction of many significant sites, since the 1980s there has been a new emphasis on the identification and understanding of local traditions. Chinese professionals and authorities have begun to question what heritage conservation should mean in the specifically Chinese context. One such question is related to the interpretation of conservation principles and the limits of the reconstruction of ancient temples and palaces. Whereas the central authority

---

23 | Declaration of Qufu: Consensus on the China-specific Conservation Theory and Practices of Historic Buildings (draft, unpublished conference paper).

Figure 4: Temple in central China. »Damaged ancient buildings can retain their scientific, artistic and historical values if carefully repaired and scientifically restored by following the original designs, using the original materials, adopting the original procedure, and applying the original techniques. They should not be called ›fake antiques‹ if they have been restored scientifically to their historic conditions« (Declaration of Qufu, China, 2005)

Figure 5: Shanghai metropolitan area. Rural settlements are under impact of increasing metropolises. They tend to gradually changing character and becoming either subject to commercial tourism or areas of suburban character

often insists on a strict interpretation of the *Venice Charter* and the limitation of rebuilding, local technicians tend to accept more extensive reconstruction in line with Chinese traditional craftsmanship.

From Nara to Machinami: Conservation Policies in Japan

Similar to China, Japan has also tended to nominate recognized ancient monuments like ancient temples and related structures to the World Heritage List. However, there are also examples of historic villages, such as Shirakawa-go and Gokayama (1995), and industrial sites and cultural routes that have also been nominated. Some of these recent nominations have not been without difficulties. For example, in the case of the Iwami Ginzan Silver Mine and its Cultural Landscape, ICOMOS recommended deferral of the consideration subject to investigation of the development and application of mining technology and the overall impact of the mining enterprises in the region. One of the problems with new types of nominations is the lack of research in the cultural context. This is particularly visible in countries where the legislation is mainly focused on the protection of already recognized types of heritage, not only in Asia but also in other world regions.

In Japan there is a long-established tradition in the conservation and restoration of historic buildings, and there is also expertise related to the analysis and conservation of historic areas. Many Japanese architects have been trained abroad (for example at ICCROM) and continue to have professional relationships with foreign universities and international organizations. Japan has also hosted international training programs like the Wood Training Courses in Nara, in collaboration with ICCROM, and there are also studies of traditional Japanese urban environments.[24] In this regard, it is interesting to mention the *Charter for the Conservation of Historic Towns and Settlements of Japan*, the so-called *Machinami Charter* adopted in 2000. The concept of ›machinami‹ can be useful also for other countries, and should be taken as lesson:

»Machinami, usually translated as ›Historic Town‹, is a Japanese word that includes a nuance of the historic core, in both its tangible and intangible factors, its physical and spiritual aspects, that would be created by a ›bond of spirits‹. It also contains the tone of making a line, hand-in-hand, that applies both to buildings and to people. Shuuraku, the Japanese word for ›settlement‹, is often translated as village. In this Charter it also contains an idea of a community's surrounding natural and cultural environment.«[25]

While the policy framework is in place at the intellectual level, the implementation of such policies in practice often remains problematic. There are 93 ›important preservation districts‹ (cultural landscapes) classified for legal protection in Japan, but many other areas would also merit protection. The challenge is the strong legal position of the owner in relation to the relatively weak legislation. Consequently,

---

24 | Hidenobu, Jinnai: Tokyo: A Spatial Anthropology. Berkeley/Los Angeles/London 1995.
25 | The Charter for the Conservation of Historic Towns and Settlements of Japan (Machinami Charter) was adopted by Japan National Committee of ICOMOS in 2000.

in Tokyo, for example, where historic areas still do exist, their management and conservation is subject to consensus with the owners. This is not always easy to obtain. This problem is also raised in the case of the protection of religious buildings like the historic Christian churches in the Nagasaki region. Here the historic villages have continued to develop without any consideration for retaining historical testimonies. While the legislation has continued to evolve, and there are intellectual sustaining initiatives like *machinami*, the concept of urban conservation still needs to be properly integrated into the Japanese practice of urban planning and management of historic urban landscape areas.

INTACH and Conservation Policies in India

India has a long experience of theory and practice in the conservation of historic monuments; there are guidelines for this that date to centuries ago. Architecture has been codified in various handbooks dealing with the recovery and maintenance of buildings like the second-century BCE ›Kautilya Arthasastra‹, the fifth-century ›Manjusri Vastuvidyasastra‹, the seventh-century ›Manasara‹, and the ninth-century ›Mayamata‹. These guidelines gave precise instruction for the maintenance, eventual repair, and reconstruction of ancient temples. The aim was to respect the historic integrity of such buildings, and to ensure that any new parts should be made in harmony with what had existed previously.[26] For various political and economic reasons many ancient sites have unfortunately been left to decay and ruin. In more recent times, particularly during the British Commonwealth period, the conservation practice developed in line with British principles. This is still reflected in the approaches of the present administration and in the available legal framework. The protection of ancient monuments is in the hands of the *Archaeological Survey of India* (ASI). Consequently, most of the inscribed World Heritage properties are ancient monuments like the Taj Mahal, with a few exceptions, including the Former Victoria Railway Station of Bombay.

Various universities like those in New Delhi and Ahmadabad have integrated conservation into their curriculum. In addition, many young professionals have been involved in the preparation of management plans for historic areas, as was the case at Amritsar (around the Golden Temple of the Sikhs), the Group of Monuments at Hampi, and the River Island of Majuli in Assam. In the case of Amritsar, the site was nominated to the World Heritage List but withdrawn at the request of the London-based Sikh community. In the case of Hampi, a World Heritage property, a team led by Nalini Thakur made an important effort to understand the originally

---

26 | Jokilehto, Jukka: »Il quadro internazionale: Asia, Australia, Medio Oriente, Paesi Arabi e Africa subsahariana«, in: Giovanni Carbonara (ed.), Restauro architettonico, primo aggiornamento (Vol. IX, UTET). Milan 2007, pp. 147-210.

nominated series of monuments as part of a larger cultural landscape. The River Island of Majuli has become the first vernacular cultural landscape nominated to the World Heritage List. However, ICOMOS has failed to recognize its significance. One obstacle may well be in the lack of capacity for international organizations to fully appreciate the heritage qualities of such ›non-typical‹ properties.

At the local level, there have been initiatives to establish planning norms and legal protection for significant areas. However, the complex bureaucracy seems to be a problem. The *Indian National Trust for Art and Cultural Heritage* (INTACH) has been fighting for the preservation of historic buildings and sites in different parts of the country. In 2004 it adopted the *Charter for the Conservation of Unprotected Architectural Heritage and Sites in India*. This charter was based on the experience of international doctrine and it aimed at drawing attention to the majority of India's architectural heritage and sites that continue to be unprotected. This is seen as ›living heritage‹, which has symbiotic relationships with the natural environments from which it originally evolved. In article 2, the charter defines:

»The tangible heritage includes historic buildings of all periods, their setting in the historic precincts of cities and their relationship to the natural environment. It also includes culturally significant modern buildings and towns. The intangible heritage includes the extant culture of traditional building skills and knowledge, rites and rituals, social life and lifestyles of the inhabitants, which together with the tangible heritage constitutes the ›living‹ heritage. Both tangible and intangible heritage, and especially the link between them, should be conserved.«[27]

With reference to the *Nara Document*, the Charter notes that where the traditional knowledge systems and the cultural landscape exist, these should be respected. However, where there is a lack of precise references, the Charter recommends the use of traditional craftsmanship, respecting the overall spatial and volumetric composition of the historic setting. The integrity of the heritage should be defined and interpreted not only in terms of the physical fabric of the building, but also with respect to the collective knowledge systems and cultural landscape it represents. Regarding the patina of age, its protection is considered an option but often it could be considered a sacrificial layer. The Charter also makes reference to many of the principles that have been taken as guidelines – for example, in the U.K. – such as minimal intervention, minimal loss of fabric, reversibility, legibility etc. It is considered that these should not be taken as dictates, but decisions must be made on a case-by-case basis. (Fig. 6)

The *INTACH Charter* proposes to revive traditional crafts as part of the maintenance and repair of ›unprotected‹ traditional buildings that are part of the

---

27 | INTACH Charter for the Conservation of Unprotected Architectural Heritage and Sites in India, see: www.intach.org/about-charter.asp?links=about3, accessed April 12th 2012.

Figure 6: Ahmadabad, India, traditional non-protected architecture. In India, protection is generally limited to ancient monuments. The *INTACH Charter* of 2004 promotes the protection of the non-protected built heritage, such as the historic urban fabric in Ahmadabad

present-day urban environment. It proposes to integrate the former British colonial policies that focused almost exclusively on ancient monuments. And it has aimed at the repair and rehabilitation of potential tourist itineraries like Ahmadabad. However, even here there is a lack of care for selected areas. Much depends on the good will of the individual owners and the heritage awareness and capacity of the local authorities to generate interest in the conservation and rehabilitation of the existing historic building stock. Its impact, however, still remains relatively small in practice compared to prevailing globalization.

CONCLUDING REMARKS: GLOBAL HERITAGE POLICIES BETWEEN GLOBALIZATION AND ›PROVINCIALIZATION‹

This paper has discussed the processes of transculturation in relation to heritage doctrines with particular attention paid to some Asian countries. While transculturation is not a new phenomenon, it has accelerated in the second half of the twentieth century as part of the growing general trend toward globalization. Without a doubt, in this period the efforts of safeguarding heritage resources have reached a global dimension. This can be seen in the international doctrine expressed in the UNESCO conventions and recommendations. Elaborated by international groups of experts, this doctrine has been adopted by the governments of member states. Initially, following the Second World War, the elaboration of such doctrine (e.g. the *Venice Charter*) was dominated by European expertise, but the weight in the international decision-making process has increasingly shifted to other regions.[28]

The *Nara Document* can be seen as an important turning point in this shift. At the same time, as part of an increasing ›provincialization‹, non-European countries have also started developing their own guidelines aiming at the interpretation of doctrine in relation to heritage resources in their own territories, like the *Burra Charter* in Australia, and analogous proposals in China, Japan, New Zealand, and India. Except for the *Burra Charter*, which was first introduced in 1979, such provincial doctrine is relatively recent and its impact remains to be seen. In any case, as a result of these processes new aspects of heritage have already been identified, including oral and intangible heritage as well as the notion of cultural landscape. This reveals an increasing trend to recognize ›the ordinary‹ as part of heritage and as a counterpoint to the interests of the cultural tourism and cultural industries promoted by economists.

The general globalization trend can be seen as the backbone of this process, which is based on improved communication, increasing international trade, and global political alliances. The issues related to culture and cultural heritage are a relatively minor, though not insignificant, element in the general processes of globalization. Certainly, the role of UNESCO and other international organizations is critical in guiding the processes of the development and implementation of the international heritage doctrine. This is based on the assumption that there can be general principles that are applicable to diverse situations. At the same time, each case is also ›unique‹ in its cultural, social, and economic specificity, which makes the application of any general principle challenging. Different aspects of cultural heritage – on the one hand, the physical and material consistency and on the other, the oral and intangible aspects – further complicate the situation. Consequently, terms like ›conservation‹ and ›management‹, can have different connotations depending on what is considered ›heritage‹ in each case. Considering that each place has its own specificity, the only way to define the general theory of conservation is as methodology, a methodology that does not necessarily offer answers, but questions the decision-making process. Another issue that often makes a great deal of difference is whether the question is about living heritage or about ancient relics, including archaeological sites. Finally, the attitudes of stakeholders and decision-makers may differ greatly from case to case – even in the same country. Indeed, contrary to what is often believed, the diversity of approaches in safeguarding heritage is not necessarily in the contrasts between different cultural regions, but rather between the different stakeholders: the heritage community, professionals, authorities, as well as the general public. Therefore, one of the fundamental issues related to heritage and conservation is interaction and communication.

---

28 | It should be noted that in 2012, the members of the World Heritage Committee included: four Arab, five Asian, six European, two Latin American, and four African States.

Continuation of cultural tradition normally undergoes a process of trans-culturation, subject to the influences received from other cultures with which one is in contact. The most stable are religious communities, and even today certain living religious traditions continue. Nevertheless, due to the general globalization trend, the pace of change has tended to increase, resulting in disenchantment and discontinuity. The scope of the international conservation doctrine is often to revive such fragile traditions in order to guarantee their continuation. This is not easy because of the need to mediate between the different interests involved, which can range from cultural and scientific to commercial and sentimental. The process can easily be challenged by international mass tourism and the economic appeal of cultural industries. Another challenge is the need to establish a balanced dialogue between the interested parties. Indeed, a positive result can only be expected when the local community is receptive to capacity building based on their genuine interest and the regeneration of values. Consequently, transculturation can result in new forms of culture that can recognize the significance of even the more recent contributions to our common heritage.

Anhang

Zur Schriftenreihe des Arbeitskreises Theorie und Lehre der Denkmalpflege e.V. und ihren transnationalen wie transkulturellen Bezügen

Birgit Franz

Wer schreibt, der bleibt! Seit fast vier Jahrzehnten in nunmehr einundzwanzig Bänden (Abb. 1) dokumentiert der *Arbeitskreis Theorie und Lehre der Denkmalpflege e.V.* die Ergebnisse seiner Jahrestagungen zu Themen aus der aktuellen Diskussion um Denkmalschutz und Denkmalpflege. Als institutionalisierter Verband der Hochschullehrer/-innen und anderer Fachleute, die auf dem Gebiet der Denkmalpflege an Universitäten und (Fach-)Hochschulen lehren und forschen, kommen, dem interdisziplinären Charakter der Aufgaben folgend, unterschiedliche berufliche Fachrichtungen zu Wort: Kunstgeschichte, Bauforschung, (Landschafts-)Architektur, Stadtplanung, Ingenieurwissenschaften sowie Fachbehörden im Inland und auch im Ausland.

Die Spannweite der Schriftenreihe reicht von klassisch denkmalpflegerischen Inhalten, wie Positionsbestimmungen, Ausbildung, Öffentlichkeit, über spezielle Kategorien und zeitspezifische Themen, wie technische Baudenkmäler, Gedenkstätten, Wiederaufbau, schrumpfende Städte und Dörfer, Kulturlandschaften, bis hin zu transnationalen und transkulturellen Themenstellungen. Zu nennen ist hier die Auseinandersetzung mit sozialen Räumen im Kontext des Denkmalinventars oder auch mit Kulturräumen in Regionen mit wechselnden Herrschaftsansprüchen.

Der Blick auf die bibliographische Listung zeigt immer wieder, dass manche Themen mit genügend zeitlichem Abstand erneut diskutiert werden können, sollten und müssen, um die Positionsbestimmungen im Kontext des aktuellen Denkmaldiskurses zu überdenken. So ist auch der nächste, derzeit in Vorbereitung befindliche Band der Schriftenreihe den politisch umstrittenen Denkmalen gewidmet und schließt damit wieder an den Diskurs aus dem Jahre 1994 zum Thema ›Denkmal und Gedenkstätten‹ an.

---

1 | Vgl. Hubel, Achim/Wirth, Hermann (Hg.): Denkmale und Gedenkstätten (= Schriftenreihe des Arbeitskreises Theorie und Lehre der Denkmalpflege e.V., ohne Bandangabe). Wei-

Die Reflexion aus veränderten Blickwinkeln führt zu neuen Einsichten. So war das Thema ›Wiederaufbau‹ zwischen 1986 und 2010 mehrfach Dreh- und Angel-punkt der Jahrestagungen. Ging es 1986 in Danzig um die Rekonstruktion ganzer Altstädte, war die Fragestellung drei Jahre später, 1989 in Hildesheim, kleinräum-licher auf jene von Einzeldenkmalen und Platzrandbebauungen fokussiert. Sieben Jahre weiter, 1996 in Köln, lag das Augenmerk nicht länger auf den Rekonstruk-tionsaspekten, sondern auf der Bedeutung der Baukunst des zeitgemäßen Teils des Wiederaufbaus, der Architektur der 1950er Jahre und deren Gefährdung durch Anpassungen an die Vorstellungswelten des ausgehenden 20. Jahrhunderts. Die städtebauliche Dimension des Wiederaufbaus und die zugehörige Vermittlung der Denkmalwerte waren Gegenstand der Jahrestagung 2010 in Utrecht. Die dazu aus-gewählten Fallbeispiele zeigten die Vielschichtigkeit der Probleme und Lösungs-ansätze im Inland wie im benachbarten Ausland auf. Der Kanon der Beispiele konnte erweitert werden, da der Arbeitskreis die Referentinnen und Referenten der Städtebausektion des Kunsthistorikertages im März 2011 für die Idee gewann, ihre Beiträge, die bei den unmittelbaren Nachkriegsplanungen einsetzten und bis zur Frage des Umgangs mit spätmodernen Planungskonzepten der 1980er Jahre reichten, in den Tagungsband aufzunehmen.

Da die Jahrestagungen grundsätzlich in Kooperation mit einer Hochschule oder Universität bzw. einer Fachbehörde durchgeführt werden, kommt es gelegentlich zu Unterstützungen bei der Drucklegung, beispielsweise durch die Herausgeber der wissenschaftlichen Zeitschrift *Thesis* der Bauhaus-Universität Weimar in den Jahren 1995 und 1997. Druckkostenzuschüsse gaben u.a. die Otto-Friedrich-Uni-versität Bamberg für den Band *Ausbildung und Lehre in der Denkmalpflege – Ein Handbuch*.[2] Die Mehrkosten für den um die Städtebausektion des Kunsthistori-kertages erweiterten Schriftenband zur Jahrestagung in Utrecht 2010 zum Thema *Stadtplanung nach 1945. Zerstörung und Wiederaufbau. Denkmalpflegerische Probleme aus heutiger Sicht*[3] wurden von der Wüstenrot-Stiftung und der Bauhaus-Universi-tät Weimar getragen.

Der Schriftenband zur Jahrestagung 2007 in Leipzig zum Thema *Sozialer Raum und Denkmalinventar. Vorgehensweisen zwischen Erhalt, Verlust, Wandel und*

---

mar 1995 (= Wissenschaftliche Zeitschrift der Hochschule für Architektur und Bauwesen Weimar-Universität 41, 4-5 (1995).

2 | Vgl. Hubel, Achim (Hg.): Ausbildung in der Denkmalpflege. Ein Handbuch (= Schriften-reihe des Arbeitskreises Theorie und Lehre der Denkmalpflege e.V., Band 11). Petersberg 2001.

3 | Vgl. Franz, Birgit/Meier, Hans-Rudolf (Hg.): Stadtplanung nach 1945. Zerstörung und Wiederaufbau. Denkmalpflegerische Probleme aus heutiger Sicht (= Schriftenreihe des Arbeitskreises Theorie und Lehre der Denkmalpflege e.V., Band 20). Holzminden 2011; Re-zension vgl.: Tietz, Jürgen: »Gemischtes Erbe. Die architektonische Nachkriegsmoderne als Forschungsfeld«, in: Neue Zürcher Zeitung vom 24.11.2011, S. 54.

Fortschreibung[4] setzte sich insbesondere im dritten Block mit dem postnationalen Denkmalbegriff auseinander. Die Beschäftigung mit dem Fremden und dem Eigenen, gesehen durch das Auge des Anderen, stand hier im Mittelpunkt und setzte Akzente im Diskurs. Hier referierte Michael Falser zum Thema »Places that count: Zum Konzept des Traditional Cultural Property in der US-Denkmalpflege«.[5]

Der in Leipzig begonnene transnationale und transkulturelle Diskurs wurde auf der Jahrestagung 2008 in Straßburg, einem aus der Geschichte betrachtet zu den Tagungsinhalten passenden Ort, mit dem Thema *Grenzverschiebungen, Kulturraum, Kulturlandschaft. Kulturerbe in Regionen mit wechselnden Herrschaftsansprüchen*[6] fortgesetzt. In der ersten Sektion ›Grenzverschiebungen‹ erschienen Beiträge zu baulichen Zeugnissen vergangener territorialer und kultureller Zugehörigkeiten. In der zweiten wurde der Betrachtungswinkel auf ›Grenzlandschaften‹ mit ihren (strategisch obsolet gewordenen) Grenzanlagen gelenkt. Hier beleuchtete Michael Falser in seinem Beitrag »Ein-Grenzung – Aus-Grenzung – Ent-Grenzung«[7] die Denkmalkunde in grenzwertigen Kulturlandschaften am Beispiel des U.S.-mexikanischen Grenzraumes. Reflexionen zu ›Grenzüberschreitungen‹ auf baupolitischer Ebene folgten in der dritten Sektion; Ingrid Scheurmann konkretisierte ihr Fallbeispiel anhand einer missglückten Grenzüberschreitung: der Flucht Walter Benjamins vor den Nationalsozialisten, die mit seinem Tod in Portbou endete.[8] Die Sektion ›Übergriffe?‹ konzentrierte sich auf die Aneignung von Erbe, welches nicht das eigene ist oder auch von anderen beansprucht werden kann, aber auch auf Reflexionen und Reflektionen, so wie auch im Beitrag »Eigene

---

4 | Franz, Birgit/Dolff-Bonekämper, Gabi (Hg.): Sozialer Raum und Denkmalinventar. Vorgehensweisen zwischen Erhalt, Verlust, Wandel und Fortschreibung (= Schriftenreihe des Arbeitskreises Theorie und Lehre der Denkmalpflege e.V., Band 17). Dresden 2008.

5 | Vgl. Falser, Michael: »Places that count: Zum Konzept des Traditional Cultural Property in der US-Denkmalpflege«, in: Franz/Dolff-Bonekämper: Sozialer Raum, S. 97-101.

6 | Vgl. Franz, Birgit/Dolff-Bonekämper, Gabi (Hg.): Grenzverschiebungen, Kulturraum, Kulturlandschaft. Kulturerbe in Regionen mit wechselnden Herrschaftsansprüchen (= Schriftenreihe des Arbeitskreises Theorie und Lehre der Denkmalpflege e.V., Band 18). Holzminden 2009; Rezension vgl.: Thiem, Wolfgang in: Denkmalpflege in Baden-Württemberg Heft 3 (2010), S. 203; Kurzbesprechung in: Nike-Bulletin. Denkmale unter Druck – Patrimoine culturel sous pression 25, 6 (2010), S. 70.

7 | Vgl. Falser, Michael: »Ein-Grenzung – Aus-Grenzung – Ent-Grenzung. Denkmalkunde in grenzwertigen Kulturlandschaften am Beispiel des U.S.-mexikanischen Grenzraumes«, in: Franz/Dolff-Bonekämper: Grenzverschiebungen, S. 60-66.

8 | Vgl. Scheurmann, Ingrid: »Kunst als Sichtbarmachung des Unsichtbaren. Der Gedenkort für Walter Benjamin und das europäische Exil in Portbou/Katalonien«, in: Franz/Dolff-Bonekämper: Grenzverschiebungen, S. 100-108.

und fremde Grenzen überschreiten. Wie deutschen Reflexion und Reflektion das Bild Mexikos in den Köpfen der Welt prägte«.[9]

Schließlich waren auch anlässlich der Jahrestagung 2009 in Bamberg zum Thema *Historische Kulturlandschaft und Denkmalpflege*[10], die sich im Wesentlichen mit Themenstellungen zu Definition, Abgrenzung, Bewertung, Element und Umgang auseinandersetzte, einzelne Berührungspunkte zu transnationalen und transkulturellen Fragestellungen zu verzeichnen. U.a. referierte hier Dominique Fliegler zur Fragestellung »Eine Verlustlandschaft als historische Kulturlandschaft?«[11] am Beispiel des Waldhufendorfes Nakléřov (Nollendorf) im böhmisch-tschechischen Erzgebirge. Sie setzte sich mit Deutungskonkurrenzen auseinander, welche durch unterschiedliche historische Erfahrungen, Abhängigkeiten von nationalen und ethnischen Zugehörigkeiten sowie konfligierenden Erinnerungs-perspektiven determiniert sind.

Die gemeinsame Jahrestagung 2011 *Transkulturell. Kulturerbe – Denkmalpflege* mit dem Exzellenzcluster *Asia and Europe in a Global Context* der Universität Heidelberg, der jetzigen Wirkungsstätte des Arbeitskreismitgliedes Michael Falser, schloss an die oben beschriebenen, mehrjährigen Auseinandersetzungen des Arbeitskreises mit transnationalen und transkulturellen Fragestellungen zu Kulturerbe und Denkmalpflege an.

Es ist erfreulich, feststellen zu können, dass der kollegiale Erfahrungs- und Gedankenaustausch der derzeit rund 100 Fachkolleginnen und -kollegen aus der Bundesrepublik Deutschland und den benachbarten Ländern nicht nur dem aktuellen Diskurs folgt, sondern diesen auch mitbestimmt.

Zu den Publikationen können Inhalte sowie Rezensionen auf der Homepage des Arbeitskreises[12] eingesehen und bestellt werden.

---

9 | Vgl. Franz, Birgit/Maybaum, Georg: »Eigene und fremde Grenzen überschreiten. Wie deutsche Reflexion und Reflektion das Bild Mexikos in den Köpfen der Welt prägte«, in: Franz/Dolff-Bonekämper: Grenzverschiebungen, S. 133-137.

10 | Vgl. Franz, Birgit/Hubel, Achim (Hg.): Historische Kulturlandschaft und Denkmalpflege (=Schriftenreihe des Arbeitskreises Theorie und Lehre der Denkmalpflege e.V., Band 19). Holzminden 2010; Rezension vgl. Wunsch, Barbara: »Historische Kulturlandschaft und Denkmalpflege. (Jahrestagung 2009 des Arbeitskreises Theorie und Lehre der Denkmalpflege e.V.)«, in: kunsttexte.de 1 (2010), http://edoc.hu-berlin.de/kunsttexte/2010-1/wunsch-barbara-21/PDF/wunsch.pdf vom 12.03.2012; Kurzbesprechung in: Nike-Bulletin, 1-2 (2012), S. 56.

11 | Vgl. Fliegler, Dominique: »Eine Verlustlandschaft als historische Kulturlandschaft? Das Waldhufendorf Nakléřov (Nollendorf) im böhmischen Erzgebirge«, in: Franz/Hubel: Historische Kulturlandschaft, S. 110-117.

12 | Vgl. www.ak-tld.de vom 12.03.2012.

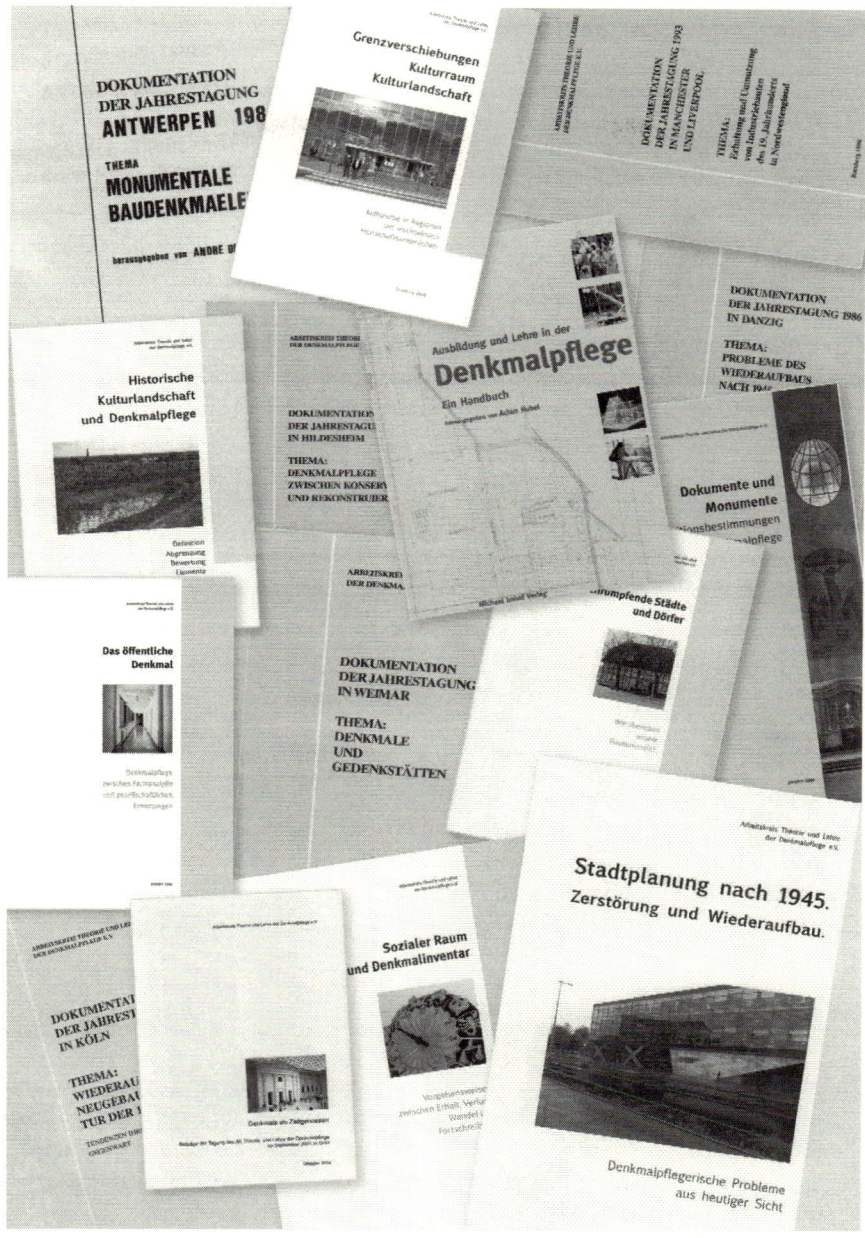

Abbildung 1: Moodboard zur Schriftenreihe des Arbeitskreises Theorie und Lehre der Denkmalpflege e.V. (Andrea Geisweid, Studentin im Masterstudiengang Gestaltung an der HAWK in Hildesheim)

Bibliographische Listung

Birgit Franz/Hans-Rudolf Meier (Hg.): Stadtplanung nach 1945. Zerstörung und Wiederaufbau. Denkmalpflegerische Probleme aus heutiger Sicht. Jahrestagung 2010 in Utrecht, Band 20. Holzminden 2011. ISBN: 978-3-940751-37-9, EUR 23,50

Birgit Franz/Achim Hubel (Hg.): Historische Kulturlandschaft und Denkmalpflege. Definition – Abgrenzung – Bewertung – Elemente – Umgang. Jahrestagung 2009 in Bamberg, Band 19. Holzminden 2010. ISBN: 978-3-940751-27-0, EUR 24,80

Birgit Franz/Gabi Dolff-Bonekämper (Hg.): Grenzverschiebungen, Kulturraum, Kulturlandschaft. Kulturerbe in Regionen mit wechselnden Herrschaftsansprüchen. Jahrestagung 2008 in Straßburg, Band 18. Holzminden 2009. ISBN 978-3-940751-17-1, EUR 19,80

Birgit Franz/Gabi Dolff-Bonekämper (Hg.): Sozialer Raum und Denkmalinventar. Vorgehensweisen zwischen Erhalt, Verlust, Wandel und Fortschreibung. Jahrestagung 2007 in Leipzig, Band 17. Dresden 2008. ISBN 978-3-940319-42-5, EUR 15,00

Birgit Franz (Hg.): Schrumpfende Städte und Dörfer – Wie überleben unsere Baudenkmale? Jahrestagung 2006 in Holzminden, Band 16. Dresden 2007. ISBN 978-3-940319-12-8; 2. unveränderte Auflage Dresden 2010, EUR 18,00

Thomas Will (Hg.): Das öffentliche Denkmal. Denkmalpflege zwischen Fachdisziplin und gesellschaftlichen Erwartungen, Jahrestagung 2002 in Dessau, Band 15. Dresden 2004. ISBN 3-937602-22-4, EUR 18,00

Valentin Hammerschmidt (Hg.): Denkmale als Zeitgenossen. Ihre Rolle in der Baukultur der Gegenwart. Jahrestagung 2001 in Graz. Dresden 2004. (vergriffen)

Thomas Will (Hg.): Außenraum als Kulturdenkmal. Umfeld historischer Bauten – Stadtgrün – Parklandschaften. Jahrestagung 1999 in York. Dresden 2000. (vergriffen)

Achim Hubel (Hg.): Ausbildung in der Denkmalpflege. Ein Handbuch. Jahrestagung 1998 in Bamberg, Band 11. Petersberg 2001. ISBN 3-935590-23-7, EUR 16,80 (im Buchhandel oder beim Verlag)

Valentin Hammerschmidt/Erika Schmidt/Thomas Will (Hg.): Dokumente und Monumente. Positionsbestimmungen in der Denkmalpflege. Jahrestagung 1997 in Dresden. Dresden 1999. ISBN 3-930382-41-5, EUR 12,00

Achim Hubel/Hermann Wirth (Hg.): Wiederaufgebaute und neugebaute Architektur der 1950er Jahre – Tendenzen ihrer ›Anpassung‹ an unsere Gegenwart. Jahrestagung 1996 in Köln (=Thesis, Wissenschaftliche Zeitschrift der Bauhaus-Universität Weimar, 43, Heft 5). Weimar 1997. ISSN 1433-5735, EUR 12,00

Achim Hubel/Hermann Wirth (Hg.): Denkmale und Gedenkstätten. Jahrestagung 1994 in Weimar (=Wissenschaftliche Zeitschrift der Hochschule für Architektur und Bauwesen Weimar-Universität, 41, Doppelheft 4-5). Weimar 1995. ISSN 0863-0712, EUR 18,00

Achim Hubel/Robert Jolley (Hg.): Erhaltung und Umnutzung von Industriebauten des 19. Jahrhunderts in Nordwestengland. Jahrestagung 1993 in Manchester und Liverpool. Bamberg 1998. ISBN 3-9802427-3-0, EUR 10,00

Denkmalpflege zwischen Konservieren und Rekonstruieren. Jahrestagung 1989 in Hildesheim. Hg. von Achim Hubel, Bamberg 1993, ISBN 3-9802427-2-2, EUR 10,00

Achim Hubel (Hg.): Bauforschung und Denkmalpflege. Jahrestagung 1987 in Bamberg. Bamberg 1989. ISBN 3-9802427-0-6, EUR 10,00

Ingrid Brock (Hg.): Probleme des Wiederaufbaus nach 1945. Jahrestagung 1986 in Danzig. Bamberg 1991. ISBN 3-9802427-1-4, EUR 12,00

André de Naeyer (Hg.): Von der Burg zum Bahnhof – Monumentale Baudenkmäler an der Meir, der Hauptachse Antwerpens. Jahrestagung 1984 in Antwerpen. Antwerpen 1990. (vergriffen)

Jürgen Eberhardt (Hg.): Dokumentation der Jahrestagungen in Aachen 1978 und Darmstadt 1979. München 1984. (vergriffen)

Enno Burmeister (Hg.): Dokumentation der Jahrestagungen in Münster 1976 und Köln 1977. München 1980. (vergriffen)

Autorenverzeichnis

Dr. Franko Ćorić, Universitätsassistent, geboren 1976, Studium der Kunstgeschichte und Germanistik an der Philosophischen Fakultät der Universität Zagreb 1994-2001, Magisterstudiengang Kunstgeschichte, Studienrichtung Denkmalpflege an derselben Fakultät 2002-2004, Übergang zum Doktorstudiengang 2005, Promotion am 6. Dezember 2010 mit dem Thema ›Organisation, amtliche Normen und Tätigkeit der k.k. Zentralkommission in Istrien und Dalmatien 1850-1918‹ (Betreuer: Prof. Dr. Zlatko Jurić). Seit 2004 Assistent an der Abteilung für Kunstgeschichte der Philosophischen Fakultät in Zagreb, leitet Seminare aus dem Gebiet der Geschichte der Denkmalpflege und Wahlfächer aus dem Themenkreis der Dissertation. Wissenschaftliche Interessen: Geschichte und Theorie der Denkmalpflege, Verbindungen zum deutschsprachigen Raum, zeitgenössische Denkmalpflege.

Publikationen (Auswahl):
Mit Jurić, Z.: »Kulturno promicanje Dalmacije; Prijedlozi konzervatora Maxa Dvořáka i Josefa W. Kubitscheka 1909. godine« [Kulturelle Förderung Dalmatiens; Vorschläge der Generalkonservatoren Max Dvořák und Josef W. Kubitschek aus dem Jahre 1909], in: Prostor 17 (2009) 2(38), S. 226-243.
Mit Jurić, Z.: »Obnova Buvininih vratnica 1908. godine« [Restaurierung des Buvinatores im Jahre 1908], in: Portal: Godišnjak hrvatskog restauratorskog zavoda 1 (2010), S. 91-104.
Mit Špikić, M.: »Izvješće Aloisa Riegla o Dioklecijanovoj palači iz 1903« [Bericht Alois Riegls über den Diokletianspalast aus dem Jahre 1903], in: Prilozi povijesti umjetnosti u Dalmaciji 42 (2011), S. 387-416.
»Restauriranje stupića na matroneju katedrale u Zadru 1885-1901« [Restaurierung der Empore des Domes von Zadar 1885-1901], in: Radovi instituta za povijest umjetnosti 35 (2011), S. 221-226.

Prof. Dr.-Ing. Johannes Cramer studierte Architektur mit dem Schwerpunkt Denkmalpflege. Er wurde 1981 in Darmstadt promoviert und 1987 in Hannover habilitiert mit Themen aus der deutschen Hausforschung. Nach fünf Jahren Tätigkeit für das Deutsche Archäologische Institut, Abteilung Istanbul, war er von 1989 bis 1997 Professor für Bau- und Siedlungsgeschichte an der Universität Bamberg. Seit

1997 lehrt er Bau- und Stadtbaugeschichte an der TU Berlin. Er ist seit 1977 zugleich als freier Architekt und Bauforscher in der Restaurierung sowie ganz allgemein im Bereich der Architektur im Bestand tätig. Die Projekte umfassen neben Privatbauten auch Aufgaben aus dem Weltkulturerbe – beispielsweise den Speyerer Dom, die Museumsinsel in Berlin oder die Maxentius-Basilika auf dem Forum Romanum. Zu diesen Objekten gehört auch das Wüstenschloss Mschatta, das derzeit auf der jordanischen Tentativ-Liste für das UNESCO-Welterbe steht.

Publikationen (Auswahl):

Handbuch der Bauaufnahme. Stuttgart 1984.

Bauforschung und Denkmalpflege. Umgang mit historischer Substanz. Stuttgart 1987.

Mit Stefan Breitling: Architektur im Bestand: Planung, Entwurf, Ausführung. Basel/Boston/Berlin 2007.

Mit Tobias Rütenik, Philipp Speiser, Gabri van Tussenbroek und Peter Boeger: Die Baugeschichte der Berliner Mauer. Petersberg 2011.

Renato D'Alençon Castrillón studierte Architektur an der Pontificia Universidad Católica de Chile und an der Cornell University (USA). Im Moment ist er wissenschaftlicher Mitarbeiter an der TU Berlin mit einem Forschungsschwerpunkt zu Energie- und Gebäudetechnologie. Zwischen 2002 und 2004 war er Fulbright Fellow für seine Masterarbeit, ab 2008 Stipendiat des Deutschen Akademischen Austauschdienstes DAAD für seine Dissertation an der TU Berlin. Seit 1998 arbeitet Renato D'Alençon Castrillón auch als Architekt in der Firma ›D'Alençon – Plaza – Rosso Architects‹.

Publikationen (Auswahl):

Mit Prado, F./Kramm, F.: »Arquitectura Alemana en el Sur de Chile. Importación y desarrollo de patrones tipológicos, espaciales y constructivos«, in: Revista de la Construcción 2 (2011), S. 104-121.

Portadores de Patrones Espaciales y Tipos Constructivos. Arquitectura y migración alemana en Chile, 1852-1875. www.portadores.uc.cl (2010).

Mit Del Río García, L.B: »Reclaiming Heritage Project: the Case of Chanco«, in: de, design exchange (Summer 2011), S. 88-93.

Mit Nobel, L./Fischer, J.: »Migration of Sustainable Construction. Foreign influence and expertise in Chile 1989-2004«, in: Proceedings of the Third International Congress on Construction History, 20-24 May 2009. Cottbus 2009, S. 423-430.

Mit Booth, R./Kramm, F.: »Reconstrucción en Tarapacá: Terremotos, Emergencia y Patrimonio Construido«, in: Revista de la Construcción 5 (2006), S. 90-95.

Mit Booth, R./Kramm, F.: »Bautraditionen im Erdbebengebiet«, in: TU-Berlin International 58 (2006), S. 38-40.

Dr.-Ing. Claus-Peter Echter absolvierte das Studium der Soziologie in Frankfurt a.m., anschließend Aufbaustudien des Städtebaus und der Denkmalpflege an der TU München und seine Promotion im Fach Architektur an der TU Berlin. Von 1981 bis 2007 war er wissenschaftlicher Mitarbeiter am Deutschen Institut für Urbanistik mit den Aufgabenschwerpunkten Denkmalpflege und Stadtbaugeschichte. Seit 2008 ist er selbständig als wissenschaftlicher Heritage Consultant tätig für denkmalpflegerische und baugeschichtliche Forschung und Begutachtung. Er ist Vorstandsmitglied im ICOMOS-Komitee ›Shared Built Heritage‹ und Expert Member im Komitee ›Historic Towns and Villages (CIVVIH)‹. ICOMOS Deutschland hat er als Delegierter bei den 16. und 17. Generalversammlungen 2008 in Quebec/Kanada und 2011 in Paris vertreten. Darüber hinaus ist er seit November 2009 zweiter Vorsitzender von ›Europa Nostra Deutschland‹.

Publikationen (Auswahl):

Grundlagen und Arbeitshilfen städtischer Denkmalpflege in Deutschland (Difu-Beiträge zur Stadtforschung, Band 28). Berlin 1999.

»The Preservation of Historical Monuments in Germany and the Study on Cultural Assets in Europe«, in: Federal Office for Building and Regional Planning (BBR): Criteria for the Spatial Differentiation of the EU Territory: Cultural Assets (Forschungen 100.2). Bonn 2001, S. 1-11.

»Präventive Denkmalpflege. Denkmaltopographie und Denkmalpflegeplan als Bildungsinstrumente«, in: Thomas Will (Hg.), Das öffentliche Denkmal (Schriften des Arbeitskreises Theorie und Lehre der Denkmalpflege e.V., Band 13). Dresden 2004, S. 51-58.

Die Denkmaltopographie als Erfassungsinstrument und kulturgeschichtliches Unternehmen (Difu-Beiträge zur Stadtforschung, Band 43). Berlin 2006. Zugleich als Dissertation an der TU Berlin.

»Der Geist des Ortes und das Weltkulturerbe«, in: Der Städtetag 2 (2009), S. 31-34.

Dr.-Ing. Mag. Michael Falser studierte Architektur an der TU Wien und in Paris sowie Kunstgeschichte an der Universität Wien. Zwischen 2002 und 2005 war er DFG-Stipendiat im Graduiertenkolleg ›Bauforschung – Kunstwissenschaft – Denkmalpflege‹ an der TU Berlin und promovierte 2006 bei Prof. Adrian von Buttlar zum Thema ›Zwischen Identität und Authentizität. Zur politischen Geschichte der Denkmalpflege in Deutschland‹ (Thelem, Dresden 2008). Nach der Tätigkeit als Denkmalpflege-Architekt in San Francisco und Gutachter der Österreichischen UNESCO-Welterbe-Kommission in Wien, arbeitete er als wissenschaftlicher Mitarbeiter am Institut für Bauforschung und Denkmalpflege der ETH Zürich und am Institut für Kunstgeschichte der LMU München. Zurzeit ist er Research Fellow am Chair of Global Art History (Prof. Monica Juneja) am Exzellenzcluster ›Asia and Europe in a Global Context‹ der Universität Heidelberg mit seinem Habilitationsvorhaben zur transkulturellen Erbe-Konstruktion des kambodschanischen Tempels von Angkor Wat (geplanter Abschluss 2013). Er ist Mitglied bei ICOMOS.

Er hat die Tagung ›Kulturerbe – Denkmalpflege: transkulturell‹ konzipiert, organisiert und den vorliegenden Tagungsband erarbeitet.

Publikationen (Auswahl):
»Krishna and the Plaster Cast. Translating the Cambodian Temple of Angkor Wat in the French Colonial Period«, in: Transcultural Studies 2 (2011), S. 6-50; unter: http://archiv.ub.uni-heidelberg.de/ojs/index.php/transcultural/article/view/9083/3101 vom 15.04.2012.

»Die Buddhas von Bamiyan, performativer Ikonoklasmus und das ›Image‹ von Kulturerbe«, in: Zeitschrift für Kulturwissenschaft 1 (2010), S. 82-93.

»Gipsabgüsse von Angkor Wat für das Völkerkundemuseum in Berlin – eine sammlungsgeschichtliche Anekdote«, in: Indo-Asiatische Zeitschrift. Mitteilungen der Gesellschaft für indo-asiatische Kunst Berlin (im Druck, erscheint 2012).

»Angkor Wat liegt in Europa! – ein transkulturelles Statement zu Werdegang und Siegel des ›Europäischen Kulturerbes‹«, in: Winfried Speitkamp (Hg.), Europäisches Kulturerbe. Bilder, Traditionen, Konfigurationen (im Druck, erscheint 2012).

Zusammen mit Monica Juneja (Hg.): ›Archaeologizing‹ heritage? Transcultural Entanglements between Local Social Practices and Global Virtual Realities. Proceedings of the 1st International Workshop on Cultural Heritage and the Temples of Angkor, 2-4 May 2010, Heidelberg University. Heidelberg, (erscheint 2013).

Prof. Dr.-Ing. Birgit Franz, Architekturstudium in Berlin und Karlsruhe, 1988 Diplom an der Universität Karlsruhe (TH), anschließend Mitarbeiterin im Karlsruher ›Brettel Architekten Cooperativ‹, 1988-1991 im Architekturbüro Mannhardt, 1991-2002 an der Universität Karlsruhe (TH), hier im Sonderforschungsbereich ›Erhalten historisch bedeutsamer Bauwerke‹ (SFB 315), zuletzt als Hochschuldozentin und Leiterin des postgradualen Aufbaustudiengangs Altbauinstandsetzung, parallel Lehraufträge in Magdeburg und Kassel. 2002 Ruf an die Hochschule für angewandte Wissenschaft und Kunst (HAWK) in Holzminden, Fachgebiet Bauwerkserhaltung und Denkmalpflege. Gutachterliche Tätigkeiten, Vorbereitung von Tagungen, internationalen Summer Schools, zahlreiche Vorträge und wissenschaftliche Publikationen, Mitgliedschaften u.a. im ICOMOS, in der WTA, in der Architektenkammer Baden-Württemberg, im Arbeitskreis Theorie und Lehre der Denkmalpflege e.V., beratend in der Initiative ›Kirchen öffnen und erhalten‹ der Evangelischen Akademikerschaft in Deutschland (EAiD) und in der Fachgruppe Denkmalpflege des Niedersächsischen Heimatbundes.

Publikationen (Auswahl):
Mit Georg Maybaum: »Whose Heritage is it anyway? Zur kulturellen Zugehörigkeit von Baudenkmalen in Grenzverschiebungsräumen«, in: Museumsblätter.

Mitteilungen des Museumsverbandes Brandenburg. Über die Grenze: Zwischen Sachsen und Brandenburg 17 (2010), S. 44-48.

Mit Gabi Dolff-Bonekämper (Hg.): Grenzverschiebungen, Kulturraum, Kulturlandschaft. Kulturerbe in Regionen mit wechselnden Herrschaftsansprüchen (Schriftenreihe des Arbeitskreises Theorie und Lehre der Denkmalpflege e.V., Band 18). Holzminden 2009.

Mit Georg Maybaum: »Eigene und fremde Grenzen überschreiten. Wie deutsche Reflexion und Reflexion das Bild Mexikos in den Köpfen der Welt prägte«, in: Franz/Bonekämper: Grenzverschiebungen, S. 133-137.

Mit Gabi Dolff-Bonekämper (Hg.): Sozialer Raum und Denkmalinventar. Vorgehensweisen zwischen Erhalt, Verlust, Wandel und Fortschreibung (Schriftenreihe des Arbeitskreises Theorie und Lehre der Denkmalpflege e.V., Band 17). Dresden 2008.

Prof. Dr. Ernst-Rainer Hönes, Studium der Rechtswissenschaft und Geschichte in Heidelberg und München. Erstes und zweites juristisches Staatsexamen. Weiterführende Studien am Europa-Institut in Saarbrücken und an der Deutschen Hochschule für Verwaltungswissenschaften Speyer. Promotion zum Dr. jur. an der Universität Mainz mit dem Thema ›Die Unterschutzstellung der Kulturdenkmäler‹. Anschließend weiterführendes Studium an der Universität Mainz in Geschichte mit Rechtsgeschichte, Vor- und Frühgeschichte und Kunstgeschichte. 1974 bis 2000 Referatsleiter Denkmal- und Kulturgüterschutz im Kultusministerium Rheinland-Pfalz, Honorarprofessor an der Fachhochschule Mainz. Lehrbeauftragter an der Goethe-Universität Frankfurt (Archäologie und Recht). Von 2000 bis 2011 Vorsitzender der Arbeitsgruppe ›Recht und Steuerfragen des Deutschen Nationalkomitees für Denkmalschutz‹. Zahlreiche juristische Buchbeiträge und Veröffentlichungen in Fachzeitschriften, mehrere Erläuterungen zum Denkmalrecht.

Publikationen (Auswahl):

Die Unterschutzstellung von Kulturdenkmälern. Köln 1987.

»Die UNESCO-Konvention über Maßnahmen zum Verbot und zur Verhütung der rechtswidrigen Einfuhr, Ausfuhr und Übereignung von Kulturgut vom 14. November 1970«, in: Bayerische Verwaltungsblätter 52 (2006), S. 165-173.

»Der rechtliche Schutz von Kulturgut im transnationalen Rahmen«, in: Archäologisches Nachrichtenblatt 11 (2006), Heft 2, S. 107-132.

»Zur Entwicklung des russischen und deutschen Denkmal- und Kulturgüterschutzrechts von 1899 bis 2006«, in: Osteuropa Recht 53 (2007), S. 386-401.

»Zur Transformation des Übereinkommens zum Schutz des Kultur- und Naturerbes der Welt von 1972«, in: Die öffentliche Verwaltung 61 (2008), S. 54-62.

Internationaler Denkmal-, Kulturgüter- und Welterbeschutz (Schriftenreihe des Deutschen Nationalkomitees für Denkmalschutz, Band 74). Bonn 2009.

Prof. Dr. Carola Jäggi hat Kunstgeschichte, Klassische Archäologie, Christliche Archäologie und Ethnologie an den Universitäten Basel, Freiburg i.Br. und Bonn studiert. Im Anschluss daran arbeitete sie in einer Grabungsfirma, wechselte dann auf ein Promotionsstipendium der MPG an der Bibliotheca Hertziana in Rom und bekleidete 2002-2007 die Stelle als wissenschaftliche Assistentin am Lehrstuhl für Ältere Kunstgeschichte der Universität Basel, wo sie 1995 mit einer Arbeit zu S. Salvatore in Spoleto promoviert wurde. Es folgte ein dreijähriges Habilitationsstipendium des Schweizerischen Nationalfonds für eine Studie über Lage und Ausstattung des Nonnenchors in spätmittelalterlichen Frauenklöstern der Bettelorden, die 2003 an der TU Berlin abgeschlossen wurde, wo Jäggi 2000-2002 als wissenschaftliche Mitarbeiterin tätig war. Seit 2002 ist sie Inhaberin des Lehrstuhls für Christliche Archäologie und Kunstgeschichte an der Universität Erlangen; sie interessiert sich für die Auswirkungen von Religions- bzw. Konfessionswechseln auf die materielle Kultur, für Räume inklusive ihrer Ausstattung, Nutzung, Symbolik und Sakralität, aber auch für Fragen des Kulturtransfers.

Publikationen (Auswahl):
»Spolie oder Neuanfertigung? Überlegungen zur Bauskulptur des Tempietto sul Clitunno«, in: Urs Peschlow/Sabine Möllers (Hg.), Spätantike und byzantinische Bauskulptur. Beiträge eines Symposions in Mainz, Februar 1994. Stuttgart 1998, S. 105-111.
San Salvatore in Spoleto. Studien zur spätantiken und frühmittelalterlichen Architektur Italiens. Wiesbaden 1998.
»Die Kirche als heiliger Raum: Zur Geschichte eines Paradoxons«, in: Berndt Hamm/Klaus Herbers/Heidrun Stein-Kecks (Hg.), Sakralität zwischen Antike und Neuzeit (Beiträge zur Hagiographie, Band 6). Stuttgart 2007, S. 75-89.
»Raum als symbolische Kommunikation – symbolische Kommunikation im Raum«, in: Giancarlo Andenna (Hg.), Religiosità e civiltà. Le comunicazioni simboliche (secc. IX-XIII). Atti del Convegno Internazionale, Domodossola 20-23 sett. 2007. Mailand 2009, S. 183-220.
»Spolien in Ravenna – Spolien aus Ravenna: Transformation einer Stadt von der Antike bis in die frühe Neuzeit«, in: Stefan Altekamp/Carmen Marcks-Jacobs/Peter Seiler (Hg.), Perspektiven der Spolienforschung (Topoi. Berlin Studies of the Ancient World) (im Druck).

Prof. Dr. Jukka Jokilehto wurde in Helsinki geboren und erhielt seine Ausbildung als Architekt und Stadtplaner an der Polytechnischen Universität in Helsinki (Otaniemi). Sein Doktorat in Philosophie erlangte er an der Universität von York, England, im Jahre 1986. In den 1960er Jahren arbeitete Jokilehto als Architekt und Stadtplaner, 1972 wurde er Direktor des Ausbildungsprogramms zur Denkmalpflege bei ICCROM, dem International Centre for the Study of the Preservation and Restoration of Cultural Property in Rom, absolvierte unzählige Expertenmissionen ins Ausland und repräsentierte ICCROM bei ICOMOS und UNESCO. In der Position des Assistant Director General trat er 1998 in den Ruhestand. Zwischen 1993 und 2002 war er Präsident des ›ICOMOS International Training Committee‹ und arbeitete dort von 2000 bis 2006 als Welterbe-Berater. Zurzeit ist Jukka Jokilehto außerordentlicher Professor an der Universität von Nova Gorica (Slowenien) und Special Advisor to the Director-General bei ICCROM.

Publikationen (Auswahl):

A History of Architectural Conservation. Oxford 1999.

Mit Michael Petzet, Henry Cleere, Susann Denyer (Hg.): The World Heritage List, Filling the Gaps – An Action Plan for the Future (ICOMOS Series: Monuments and Sites, Band 12). Paris 2005.

(Hg.): The World Heritage List: What is OUV? (ICOMOS Series: Monuments and Sites, Band 16). Paris 2008.

ICCROM and the Conservation of Cultural Heritage: A History of the Organization's first 50 Years, 1959-2009 (ICCROM). Rom 2011.

»Il quadro internazionale: Asia, Australia, Medio Oriente, Paesi Arabi e Africa Subsahariana«, in: Giovanni Carbonara (Hg.), Trattato di restauro architettonico. Primo aggiornamento. Volume IX: Grandi temi di restauro, UTET, 33,3 (2007), S. 147-209.

Prof. Dr. Monica Juneja hat seit 2009 den Lehrstuhl für Globale Kunstgeschichte am Exzellenzcluster ›Asia and Europe in a Global Context‹ der Universität Heidelberg inne und ist dort gleichzeitig auch Sprecherin der Research Area ›Heritage and Historicities‹. Sie absolvierte ihr Studium an den Universitäten Delhi und Sorbonne, promovierte anschließend an der École des Hautes Études en Sciences Sociales, Paris. Zuletzt war sie Professorin an der Universität Delhi. Gastprofessuren führten sie an die Universitäten Wien, Hannover und die Emory University in Atlanta. Zu ihren Forschungsschwerpunkten in den Indien- und Europastudien gehören Transkulturalität und visuelle Repräsentation, disziplinäre Praktiken der Kunstgeschichte, Architekturgeschichte Südasiens der Frühmoderne, Gender und politische Ikonographie sowie Kunst und religiöse Identitäten in Südasien.

Publikationen (Auswahl):

Mit Matthias Bruhn und Elke Werner (Hg.): Universalität in der Kunstgeschichte. Themenheft in: Kritische Berichte 2 (2012).

»Global Art History and the ›Burden of Representation‹«, in: Hans Belting/Jacob Birken/Andrea Buddensieg/Peter Weibel (Hg.), Global Studies. Mapping Contemporary Art and Culture. Ostfildern 2011, S. 274-297.

»Architectural Memory between Representation and Practice: Rethinking Pierre Nora's ›Les lieux de mémoire‹«, in: Indra Sengupta (Hg.), Memory, History and Colonialism. Engaging with Pierre Nora in colonial and postcolonial contexts. London 2009, S. 11-36.

»The Making of New Delhi. Classical Aesthetics, ›Oriental‹ Tradition and Architectural Practice: a Transcultural View«, in: Sally Humphreys/Rudolf G. Wagner (Hg.), Modernity's Classics. Heidelberg 2012 (im Druck).

Mit Michael Falser (Hg.): ›Archaeologising‹ Heritage? Transcultural Entanglements between Local Social Practice and Global Virtual Realities, Heidelberg 2012 (im Druck).

Sie ist Herausgeberin der Reihe *Visual and Media Histories* (Routledge), Mitherausgeberin der *Encyclopedia of Asian Design* (Berg), der *Transcultural Studies*, der *WerkstattGeschichte* und des *Medieval History Journal*.

Dr.-Ing. Gert Kaster studierte Architektur und Städtebau in München, Wien und Berlin (Diplom 1967) und arbeitete an Ausgrabungen des Deutschen Archäologischen Instituts in Athen und auf der Insel Samos mit. Nach dem Studium war er an der Bibliotheca Hertziana und dem Kunsthistorischen Institut der Max-Planck-Gesellschaft in Rom, unternahm eine Stipendiaten-Reise um das Mittelmeer zu antiken Stadtanlagen und beteiligte sich an Grabungen zu den Resten der Villa des Lucullus auf dem Pincio in Rom für die Ausarbeitung seiner Dissertation. Er arbeitete für den Berliner Bausenator in den Sanierungsgebieten Kreuzberg und Wedding und kann eine 30-jährige Tätigkeit als städtebaulicher Denkmalpfleger in Schleswig-Holstein vorweisen. Denkmalpflegerische Beratungstätigkeiten führten ihn nach Japan und China, hier neben Beijing v.a. in die frühere deutsche Marinestadt Tsingtau. Er ist Mitglied im Bund Deutscher Architekten (BDA) und in der Koldewey-Gesellschaft.

Publikationen (Auswahl):

»Hofhäuser in Peking, Architektur und Stadtplanung im Zuge der Modernisierung«, in: Das Neue China – Zeitschrift der Gesellschaft für Deutsch-Chinesische Freundschaft (GDCF) (1995), S. 16-19.

»Imai-cho – A Small Town as a Preservation District (in Japan)«, in: Siegfried Enders/Niels Gutschow (Hg.), Hozon, Architectural and Urban Conservation in Japan. Stuttgart 1998, S. 188-206.

»Qingdao – Stadtgründung und Stadtentwicklung«, in: Das Neue China – Zeitschrift der Gesellschaft für Deutsch-Chinesische Freundschaft (GDCF) (2010), S. 26-31.

»Tsingtau – eine deutsche Marinestadt in China«, in: DenkMal! 18 (2011), S. 23-26.

»Der Kieler Vogelschauplan von Tsingtau«, in: DenkMal! 19 (2012), S. 128-136.

Ariane Isabelle Komeda, Dipl. Arch ETH, schloss ihr Studium der Architektur 2002 an der ETH in Zürich ab. Es folgten: Fotodokumentation zur Sonderperiode Kubas, Mitarbeit an der Professur Hans Kollhoff und am Institut für Geschichte und Theorie der Architektur (gta ETH Zürich). Von 2002 bis 2004 empirische Studie zur Kolonialarchitektur Deutschlands (in Deutschland, Brasilien, China, Namibia, Samoa). Bis 2009 arbeitete sie als Architektin in der Ausführungsplanung, an internationalen Bauprojekten und Wettbewerben in Spanien und der Schweiz. Seit 2010 ist sie Doktorandin an den Universitäten Bern (Institut für Kunstgeschichte, Abteilung für Architekturgeschichte und Denkmalpflege) und Bayreuth (Neueste Geschichte) mit einem Dissertationsprojekt zur deutschen Kolonialarchitektur in Namibia.

Publikationen (Auswahl):

»Kolonialarchitektur«, in: Lexikon zur Überseegeschichte. Forschungsstiftung für Europäische Überseegeschichte. Wiesbaden (eingereicht).

»Mit Pomp und Trara in die Wüste. Koloniales deutsches Bauerbe in Namibia zwischen Ruhm und Niedergang«, in: Neue Zürcher Zeitung vom 11.08.2008. www.nzz.ch/nachrichten/kultur/aktuell/mit_pomp_und_trara_in_die_wueste_1.803538.html vom 08.05.2012.

»Rezension zu: Rolf Hasse, Tansania. Das koloniale Erbe«, in: Markus A. Denzel et al. (Hg.), Jahrbuch für Europäische Überseegeschichte (Band 7). Wiesbaden 2007, S. 338-340.

»Das architektonische Erbe Deutschlands in Übersee«, in: Markus A. Denzel et al. (Hg.), Jahrbuch für Europäische Überseegeschichte (Band 6). Wiesbaden 2006, S. 173-180.

Prof. Dr.-Ing. Georg Maybaum studierte Bauingenieurwesen an den Universitäten in Darmstadt und Dortmund. Nach dem Studienabschluss arbeite er fünf Jahre als wissenschaftlicher Mitarbeiter an der TU Braunschweig und wurde 1995 mit einem geotechnischen Thema promoviert. Seit dem Wintersemester 2000 ist er Professor an der Hochschule für angewandte Wissenschaft und Kunst (HAWK) in Holzminden. Zudem war er bis Ende 2009 geschäftsführender Gesellschafter eines Ingenieurbüros und wurde 2003 zum öffentlich vereidigten Sachverständigen bestellt. Seit einigen Jahren beschäftigt er sich u.a. mit Fragen der Erinnerungs- und Sepulkralkultur. Neben den grenzüberschreitenden Kulturlandschaften interessiert ihn aufgrund mehrmaliger Bereisung insbesondere der Umgang mit dem vielschichtigen Erbe Mexikos.

Publikationen (Auswahl):

Mit Birgit Franz: »Eigene und fremde Grenzen überschreiten. Wie deutsche Reflexion und Reflektion das Bild Mexikos in den Köpfen der Welt prägte«, in: Veröffentlichung des Arbeitskreises Theorie und Lehre der Denkmalpflege e.V. (Band 18). Holzminden 2009, S. 133-140.

Mit Birgit Franz: »Whose Heritage is it anyway? Zur kulturellen Zugehörigkeit von Baudenkmalen in Grenzverschiebungsräumen«, in: Museumsblätter. Mitteilungen des Museumsverbandes Brandenburg. Über die Grenze: Zwischen Sachsen und Brandenburg 17 (2010), S. 44-48.

Prof. Dr. phil. Hans-Rudolf Meier hat auf dem zweiten Bildungsweg Kunstwissenschaft, Geschichte und Mittelalterarchäologie studiert. Lizentiat an der Universität

Basel, anschließend wissenschaftlicher Assistent bis zur Promotion im Jahr 1992. Danach war er Oberassistent am Institut für Denkmalpflege der ETH Zürich, unterbrochen durch die Mitgliedschaft am Istituto Svizzero di Roma 1996. Nach der Habilitation zum Privatdozenten in Kunstwissenschaft forschte er an der Universität Fribourg im Rahmen eines Projekts des Schweizerischen Nationalfonds, bevor er 2003 auf die Professur für Denkmalkunde und angewandte Bauforschung der TU Dresden berufen wurde. 2008 folgt er einem Ruf auf die Professur für Baugeschichte und Denkmalpflege an der Bauhaus-Universität Weimar, wo er zurzeit auch Prorektor für Forschung ist. Seine Forschungs- und Publikationstätigkeit umfasst die Geschichte und Theorie der Denkmalpflege und die Denkmalpflege der Moderne, die Architektur- und Kunstgeschichte hauptsächlich des Mittelalters und der Moderne, sowie die Geschichte der Baugeschichte und Mittelalterarchäologie.

Publikationen (Auswahl):
»Annäherung an das Stadtbild«, in: Andreas Beyer/Matteo Burioni/Johannes Grave (Hg.), Das Auge der Architektur. Zur Frage der Bildlichkeit in der Baukunst. eikones NFS Bildkritik. München 2011, S. 93-113.
»Spolia in Contemporary Architecture: Searching for Ornament and Place«, in: Richard Brilliant/Dale Kinney (Hg.), Reuse Value. Spolia and Appropriation in Art and Architecture, from Constantine to Sherrie Levine. Farnham 2011, S. 223-236.
»›Multitude‹ versus ›Identität‹? Architektur in Zeiten des globalen Städtewettbewerbs«, in: Professur Theorie und Geschichte der modernen Architektur (Hg.), Architecture in the Age of Empire (11. Internationales Bauhauskolloquium). Weimar 2011, S. 54-66.
Mit Ingrid Scheurmann (Hg.): DENKmalWERTE. Zur Theorie und Aktualität der Denkmalpflege. München/Berlin 2010.
»Zwischen Fremdheit und Identität: Zur Alterität des Denkmals«, in: Marion Wohlleben (Hg.), Fremd, vertraut oder anders? Beiträge zu einem denkmaltheoretischen Diskurs. München/Berlin 2009, S. 141-150.

Frauke Michler studierte Geschichte und Kunstgeschichte im Rahmen des integrierten DFH-Studiengangs der Universitäten Tübingen und Aix-en-Provence, den sie mit einer Arbeit zur Geschichte der Denkmalpflege in Württemberg abschloss. Als Stipendiatin des Europäischen Graduiertenkollegs ›Ordres institutionnels, écrit et symboles‹ (École Pratique des Hautes Études Paris (EPHE)/TU Dresden) setzte sie anschließend ihre Forschungen zur Denkmalpflege mit einem Dissertationsprojekt zu Transferprozessen der Kulturerbepolitik im Elsass unter Leitung von Jean-Michel Leniaud an der EPHE Paris fort. Nach Aufenthalten als Forschungsstipendiatin am Leibniz-Institut für Europäische Geschichte in Mainz sowie am Deutschen Historischen Institut in Paris ist Frauke Michler seit 2009 als wissenschaftliche Mitarbeiterin im BMBF-Verbundprojekt ›Europäisches Kulturerbe‹ an der Universität Kassel tätig.

Publikationen (Auswahl):

»Collégialité et fédéralisme. L'administration des monuments historiques dans les États allemands au XIXe siècle«, in: Jean-Michel Leniaud/Fançois Monnier (Hg.), La collégialité et les dysfonctionnements dans la décision administrative. Journées annuelles d'étude de l'équipe Histoire du droit public et de l'administration à l'EPHE 2009. Paris 2011, S. 35-44.

»Les politiques patrimoniales dans un espace culturel frontalier – le cas du Bas-Rhin avant et après son annexion à l'Empire allemand en 1871«, in: Capucine Lemaître/Benjamin Sabatier (Hg.), Patrimoines. Fabrique, usages et réemplois (Cahiers de l'Institut du Patrimoine de l'UQAM, Band 6). Québec 2008, S. 54-78.

»Les débuts d'une codification pour le patrimoine culturel – le modèle français et ses répercussions en Allemagne à la fin du XIXe siècle«, in: Actes des Journées d'études du Collège doctoral européen sur la codification (Études et Rencontres du Collège doctoral européen, Band 3). Paris 2007, S. 219-232.

»La sauvegarde du patrimoine dans le Wurtemberg entre initiative privée et service public 1843-1858«, in: Revue d'Alsace 131 (2005), S. 39-54.

»Der Gesamtverein der deutschen Geschichts- und Altertumsvereine und die Institutionalisierung der Denkmalpflege in Deutschland«, in: Blätter für deutsche Landesgeschichte 138 (2002), S. 117-151.

Francisco Prado García ist Profesor Auxiliar an der School of Building Engineering an der Pontificia Universidad Católica de Chile (PUC). Er hat einen Abschluss in Building Engineering (PUC, 1996) und einen Master in Refurbishment and Rehabilitation of Architectural Heritage (University of Alcalá de Henares/Spanien, 2003). Im Moment ist er der Direktor des Building Engineering Master Program an der PUC und unterrichtet auch Gebäudesanierung und Hochbau.

Publikationen (Auswahl):

Mit D'Alençon, R./Kramm, F.: »Arquitectura Alemana en el Sur de Chile. Importación y desarrollo de patrones tipológicos, espaciales y constructivos«, in: Revista de la Construcción 2 (2011), S. 104-121.

Mit Illanes, V.: »Proyecto Tarapacá: por la recuperación de poblados patrimoniales en el Norte de Chile«, in: Revista de la Construcción 1 (2008), S. 36-46.

Mit Araya, R./Castillo, M.J.: »Rehabilitación Unión Obrera«, in: ARQ 73 (2009), S. 36-39.

»Desarrollo de metodología para prevenir la ocurrencia de patologías en viviendas sociales«, in: Castillo María José/Hidalgo Rodrigo (Hg.), 1906/2006 Cien años de política de vivienda social en Chile. Santiago de Chile 2007, S. 233-244.

»Proyecto de Restauración y Rehabilitación del Palacio del Marqués de la Conquista, Trujillo, Cáceres«, in: Revista de la Construcción 1 (2005), S. 70-80.

Dr.-Ing. Christoph Schnoor ist Associate Professor am Unitec Institute of Technology in Auckland, Neuseeland. Nach dem Studium der Architektur in Berlin und Aarhus, Dänemark, promovierte er 2002 bei Prof. Fritz Neumeyer an der TU Berlin in Architekturtheorie mit einer Arbeit zu Le Corbusiers erstem Traktat zum Städtebau von 1910. Eine auf der Dissertation basierende kommentierte Werkedition dieses Traktats *La construction des villes* ist 2008 im gta-Verlag in Zürich erschienen. Seit 2004 lehrt und forscht er am Unitec in Auckland. Schwerpunkte der Tätigkeit sind Lehre in Architekturgeschichte und -theorie sowie im Entwerfen. Von 2006 bis 2009 war er Programmdirektor des Master of Architecture (Professional). Seit 2005 forscht Christoph Schnoor zur deutschen Kolonialarchitektur in Samoa, mit besonderem Schwerpunkt auf Leben und Arbeit des Architekten Albert Schaaffhausen, zu dem ein Buchprojekt in Arbeit ist. Zurzeit leitet er eine interdisziplinäre Forschungsgruppe zur Erstellung eines Denkmalschutz- und Sanierungsplanes für das ehemalige Gerichtsgebäude in Apia, Samoa.

Publikationen (Auswahl):

Mit Glaß, C./Schachtschneider, S./Schulz, A.: »Deutsche Kolonialarchitektur: Schul- und Krankenhausbauten in den deutschen Kolonien 1884-1914«, Ausstellung an der Hochschule Wismar, 9.-19. März 2010.

»Albert Schaaffhausen: A German Architect in Samoa, 1901-14«, in: Julia Gatley (Hg.), Cultural Crossroads. Proceedings of the XXVIth annual meeting of the Society of Architectural Historians of Australia and New Zealand (SAHANZ). Auckland 2009.

»Reshaping of Paradise: Wilhelm Solf's Town Redevelopment in Apia, Samoa«, in: David Beynon/Ursula de Jong (Hg.), History in Practice. Proceedings of the XXVth Annual Meeting of the Society of Architectural Historians of Australia and New Zealand. Geelong 2008.

»Celebrating Idea over Reality: Some Approximations on the Primitive in Oceanic and European Architecture«, in: Andrew Leach/Gill Matthewson (Hg.), Celebrations. Proceedings of the XXIInd Annual Meeting of SAHANZ. Napier 2005, S. 323-328.

Prof. Dr. Winfried Speitkamp ist Professor für Neuere und Neueste Geschichte am Fachbereich Gesellschaftswissenschaften an der Universität Kassel. Seine Hauptforschungsinteressen liegen in der Verfassungs- und Landesgeschichte, der Geschichte Afrikas und des Kolonialismus sowie in der Geschichte von politischer Symbolik, Denkmalpflege und Erinnerungskultur. Er ist Sprecher der Forschergruppe ›Gewaltgemeinschaften‹, ein von der DFG unterstütztes Projekt.

Publikationen (Auswahl)

»Erinnerungsorte und Erinnerungskulturen in Afrika«, in: Sonja Klein et al. (Hg.), Gedächtnisstrategien und Medien im interkulturellen Dialog. Würzburg 2011, S. 273-282.

»Flussfahrt ins Grauen. ›Heart of Darkness‹ von Joseph Conrad (1902)«, in: Dirk van Laak (Hg.), Literatur, die Geschichte schrieb. Göttingen 2011, S. 118-133.

Kleine Geschichte Afrikas, 2. Auflage Stuttgart 2009; Lizenzausgabe der Bundeszentrale für politische Bildung Bonn 2009.

(Hg.): Erinnerungsräume und Wissenstransfer. Beiträge zur afrikanischen Geschichte. Göttingen 2008.

Deutsche Kolonialgeschichte, 2. Auflage. Stuttgart 2006.

(Hg.): Kommunikationsräume – Erinnerungsräume. Beiträge zur transkulturellen Begegnung in Afrika. München 2005.

(Hg.): Denkmalsturz. Zur Konfliktgeschichte politischer Symbolik. Göttingen 1997.

Die Verwaltung der Geschichte. Denkmalpflege und Staat in Deutschland 1871-1933. Göttingen 1996.

Dr. Katharina Weiler studierte Kunstgeschichte (Schwerpunkt Architekturgeschichte und Bauforschung) und Germanistik an der Universität Heidelberg und der Universität Bern. Nach ihrer Dissertation über *The Neoclassical Residences of the Newars in Nepal. Transcultural Flows in the Early 20th Century Architecture of the Kathmandu Valley* (2009) im Fach Kunstgeschichte wurde sie Mitarbeiterin des Projekts ›Aspects of Authenticity in Architectural Heritage Conservation‹ des Exzellenzclusters ›Asia and Europe in a Global Context‹, Universität Heidelberg. In diesem Rahmen untersucht sie Aushandlungsprozesse zwischen lokalen und internationalen Konzepten der Erhaltung und Denkmalpflege in China, Deutschland, Japan, Indien und Nepal und dokumentiert deren Umsetzung anhand aktueller Beispiele.

Publikationen (Auswahl):

»Das antike Athen – Eine Entdeckungsreise und ihre Inszenierung in englischen Reiseberichten und Architekturlehrbüchern des 17. und 18. Jahrhunderts«, in: Elke Seibert (Hg.), Von Harmonie und Maß – Antike Monumente in den Architekturlehrbüchern des 16. bis 19. Jahrhunderts. Heidelberg 2009, S. 62-69.

The Neoclassical Residences of the Newars in Nepal. Transcultural Flows in the Early 20th Century Architecture of the Kathmandu Valley. Heidelberg 2010, www.ub.uni-heidelberg.de/archiv/10691 vom 10.05.2012.

»In Pursuit of Modernity – The Revival of Classicism in Nepalese Architecture«, in: Deepak Shimkhada (Hg.), Nepal: Nostalgia and Modernity. Mumbai 2011, S. 29-36.

»Picturesque Authenticity in Early Archaeological Photography«, in: Michael Falser, Monica Juneja (Hg.), ›Archaeologising‹ Angkor? Heritage between Local Social Practice and Global Virtual Reality. 2012 (in Bearbeitung, erscheint 2013).

(Hg.): Aspects of Authenticity in Architectural Heritage Conservation. A Transcultural Perspective: Asia and Europe. 2013 (in Bearbeitung).

Abbildungsverzeichnis

Kulturerbe – Denkmalpflege: transkulturell. Eine Einleitung (Monica Juneja, Michael Falser)
Charts 1-3: M. Falser.

Materielle Appropriation, Kulturerbe und Erinnerungsdiskurse. Der Denkmalkomplex um das Qutb Minar *in Delhi* (Monica Juneja)
Abb. 1-3, 5-8: M. Juneja; Abb. 4: Hillenbrand, Robert: Islamic art and architecture. London 1999, S. 15.

Materiale Wanderbewegungen: Spolien aus transkultureller Perspektive (Carola Jäggi)
Abb. 1, 3: C. Jäggi; Abb. 2: Hans-Rudolf Meier; Abb. 4: Till Sterzel; Abb. 5: Hans-Georg Lippert; Abb. 6: Anika Potzler.

Das Wüstenschloss Mschatta in Berlin und Jordanien als geteiltes Erbe zwischen zwei Kulturen (Johannes Cramer)
Abb. 1: David Kennedy; Abb. 2, 5, 6: TU Berlin, J. Cramer; Abb. 3: Staatliche Museen zu Berlin; Abb. 4: TU Berlin, Barbara Perlich.

Transkulturelle Übersetzung von Architektur: Gipsabgüsse von Angkor Wat für Paris und Berlin (Michael Falser)
Abb. 1, 2, 5d, 8b, 9: Privatarchiv/Fotos Michael Falser; Abb. 3: Paul Robert/CAPa/archives MMF Paris; Abb. 4a-b: Guérinet, Armand: Le Musée Indo-chinois. Antiquités Cambodgiennes exposées au Palais du Trocadéro. Paris, ohne Datum, Abb. 36, 2; Abb. 5a-e: 5a: Ministère de la Culture (Frankreich), Médiathèque de l'architecture et du patrimoine, diffusion RMN; 5b,c: Archives Départementales des Bouches-du-Rhône, Marseille; 5d: Postkarte (Privatarchiv Michael Falser); 5e: CARAN, Archives Nationales Paris; Abb. 6: Pierre Baptiste, Konservator der südostasiatischen Abteilung im Pariser Musée Guimet; Abb. 7: National Museum Phnom Penh, Kambodscha; Abb. 8a: Museum für Asiatische Kunst in Dahlem-Berlin.

Immigrant Master Builders: Architecture Transfer between Germany and Chile 1852 – 1875 (Renato D'Alençon, Francisco Prado)
Abb. 1, 2, 3, 5: R. D'Alençon; Abb. 4a: Jan Sucharda, 4b: María F. Vargas; Abb. 6a: Heidemarie Freese, 6b: F. Prado.

Kolonialarchitektur als Gegenstand transkultureller Forschung. Das Beispiel der deutschen Bauten in Namibia (Ariane Isabelle Komeda)
Abb. 1: Architektonische Rundschau 10, 1899; Abb. 2-3, 5, 7: Bildarchiv Ariane Isabelle Komeda; Abb. 4: Bildarchiv der Deutschen Kolonialgesellschaft, Stadt- und Universitätsbibliothek Frankfurt a.M.; Abb. 6: Margarethe von Eckenbrecher

Hygiene und Reinheit für das Südsee-Paradies: Preußisch-koloniale Interventionen in Samoa (Christoph Schnoor)
Abb. 1, 4: Turnbull Library; Abb. 2: Archives New Zealand; Abb. 3: Akten des ehemaligen deutschen Gouvernements, MESC, Apia, Samoa; Abb. 5: Koloniales Bildarchiv der Universität Frankfurt; Abb. 6-8: C. Schnoor; Abb. 9-10: John Taliva'a.

›Image-Pflege‹: Geschichte und lokale Aneignung von deutschem Architekturerbe in Qingdao, China (Gert Kaster)
Abb. 1, 3-6: G. Kaster; Abb. 2: Yuan, Bin Jiu: German Architecture in Qingdao. Qingdao 2009, S. 52.

»Abstraction des limites politiques«? Transnationale Kulturerbekonzeptionen in französischer und deutscher Denkmalpflege des 19. Jahrhunderts (Frauke Michler)
Abb. 1: Viollet-le-Duc, Eugène Emmanuel: Lettres adressées d'Allemagne à M. Adolphe Lance architecte. Paris 1856, Titelblatt; Abb. 2: Caumont, Arcisse de: Rapport verbal fait au conseil administratif de la Société française pour la conservation des monuments, dans la séance du 7 novembre 1853, sur plusieurs excursions en France, en Hollande et en Allemagne. Caen 1854, S. 198; Abb. 3: »Séances générales de la Société française d'archéologie tenues à Strasbourg 1842. Visite des monuments et des collections de Strasbourg. Présidence de M. de Caumont«, in: Bulletin Monumental 1842, S. 575.

›Regime-Wechsel‹ und ›Kultur-Erbe‹ – Zum Ansatz einer transkulturellen Geschichtsschreibung der Denkmalpflege am Beispiel von Kroatien (Franko Ćorić)
Abb. 1: Enciklopedija hrvatske umjetnosti [EHU] 2. Zagreb 1996, S. 258; Abb. 2: Horvat, Anđela: Barok u kontinentalnoj Hrvatskoj. Zagreb 1982, S. 72; Abb. 3: Katalog der Ausstellung »Don Frane Bulić«, Arheološki muzej Split. Split 1984, S. 182; Abb. 4: Obnova Dubrovnika 1979-1989. Dubrovnik 1989, S. 297; Abb. 5: EHU 1. Zagreb 1995, S. 608; Abb. 6: Rekonstrukcija i uređenje Muzeja »Staro selo« u Kumrovcu. Kumrovec 1997, S. 90.

Kulturerbe-Formationen in Mexiko. Die Reinkarnation des Indigenen als transkulturelle Konstruktion (Georg Maybaum)
Abb. 1-6: Fotoarchiv Birgit Franz/Georg Maybaum.

›Lebendige Handwerkstraditionen‹ – ein transkultureller Mythos am Beispiel Indiens (Katharina Weiler)
Abb. 1, 4: © Victoria and Albert Museum London; Abb. 2, 3: A.K. Coomaraswamy, in: Ernest Binfield, Havell: Indian Architecture, its Psychology, Structure, and History from the First Muhammadan Invasion to the Present Day. London 1913, Tafel CXII, CXIII; Abb. 5: K. Weiler 2010; Abb. 6: Swaminarayan Akshardham: Making & Experience. Where art is ageless, culture is borderless, values are timeless. Ahmedabad 2009, S. 27.

›Heimatschutz‹ und ›Kulturkreislehre‹ von Afrika bis in die Südsee: Kulturerbe und Kulturtransfer (Winfried Speitkamp)
Abb. 1: Schnee, Heinrich (Hg.): Deutsches Kolonial-Lexikon, Band 2, Tafel 147; Abb. 2: Frobenius, Leo, Wilm, Ritter von: Atlas Africanus. Belege zur Morphologie der afrikanischen Kulturen (Abbildungsteil). Berlin, Leipzig 1929, Heft 1, Blatt 2.

Das Konzept der Denkmaltopographie: ein deutsches Exportmodell (Claus-Peter Echter)
Abb. 1, 2: Fuchß, Verena: Denkmaltopographie Bundesrepublik Deutschland. Kulturdenkmäler in Hessen, Stadt Limburg. Wiesbaden 2007, S. 84, 204; Abb. 3: Machat, Christoph (Hg.): Denkmaltopographie Siebenbürgen Stadt Schäßburg/ Topografia monumentelor din Transilvania Municipiul Sighişoara 4.1. Köln 2002, Titelblatt; Abb. 4, 5: Machat, Christoph (Hg.): Denkmaltopographie Siebenbürgen Kreis Kronstadt/Topografia monumentelor din Transilvania Judeţul Braşov 3.3. Innsbruck/Sibiu 1995, S. 14, 111; Abb. 6, 7: Mayer, Christina: Topographie der Baukultur des Großherzogtums Luxemburg Kanton Echternach, S. 7, 98; Abb. 8, 9: Archiv Siegfried Enders.

Das Recht über/auf Kulturerbe: von nationalen zu globalen und transkulturellen Perspektiven (Ernst-Rainer Hönes)
Abb. 1-7: Privatarchiv Ernst-Rainer Hönes.

After Nara: The Process of Transculturation in Global Heritage Doctrines (Jukka Jokilehto)
Abb. 1-6: Jukka Jokilehto 2008, 2005, 2004, 2005, 2006, 2012.

Zur Schriftenreihe des Arbeitskreises Theorie und Lehre der Denkmalpflege e.V. und ihren transnationalen wie transkulturellen Bezügen (Birgit Franz)
Abb. 1: Andrea Geisweid 2012.

Architekturen

Eduard Heinrich Führ
DIE MAUER
Mythen, Propaganda und Alltag in der DDR
und in der Bundesrepublik

März 2013, ca. 240 Seiten, kart., zahlr. Abb., ca. 24,80 €,
ISBN 978-3-8376-1909-6

Achim Hahn (Hg.)
Erlebnislandschaft – Erlebnis Landschaft?
Atmosphären im architektonischen Entwurf

Oktober 2012, 364 Seiten, kart., zahlr. z.T. farb. Abb., 33,80 €,
ISBN 978-3-8376-2100-6

Susanne Hauser, Christa Kamleithner,
Roland Meyer (Hg.)
**Architekturwissen. Grundlagentexte
aus den Kulturwissenschaften**
Bd. 1: Zur Ästhetik des sozialen Raumes

2011, 366 Seiten, kart., 24,80 €,
ISBN 978-3-8376-1551-7

**Leseproben, weitere Informationen und Bestellmöglichkeiten
finden Sie unter www.transcript-verlag.de**

Architekturen

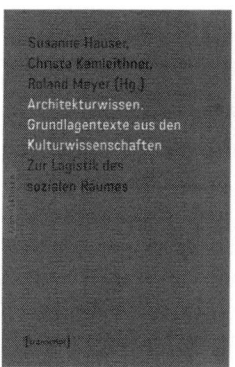

SUSANNE HAUSER, CHRISTA KAMLEITHNER,
ROLAND MEYER (HG.)
Architekturwissen. Grundlagentexte
aus den Kulturwissenschaften
Bd. 2: Zur Logistik des sozialen Raumes

Februar 2013, ca. 448 Seiten, kart., ca. 24,80 €,
ISBN 978-3-8376-1568-5

SONJA HNILICA
Metaphern für die Stadt
Zur Bedeutung von Denkmodellen
in der Architekturtheorie

Oktober 2012, 326 Seiten, kart., zahlr. Abb., 32,80 €,
ISBN 978-3-8376-2191-4

SONJA HNILICA, MARKUS JAGER,
WOLFGANG SONNE (HG.)
Auf den zweiten Blick
Architektur der Nachkriegszeit in
Nordrhein-Westfalen

2010, 280 Seiten, Hardcover, zahlr. z.T. farb. Abb., 29,80 €,
ISBN 978-3-8376-1482-4

Architekturen

ANITA AIGNER (Hg.)
Vernakulare Moderne
Grenzüberschreitungen in
der Architektur um 1900.
Das Bauernhaus und seine Aneignung
2010, 328 Seiten, kart., zahlr. Abb., 29,80 €,
ISBN 978-3-8376-1618-7

EKKEHARD DRACH
Architektur und Geometrie
Zur Historizität formaler
Ordnungssysteme
März 2012, 324 Seiten,
kart., zahlr. Abb., 35,80 €,
ISBN 978-3-8376-2002-3

JULIA GILL
Individualisierung als Standard
Über das Unbehagen an
der Fertighausarchitektur
2010, 290 Seiten, kart.,
zahlr. z.T. farb. Abb., 28,80 €,
ISBN 978-3-8376-1460-2

MAREN HARNACK
Rückkehr der Wohnmaschinen
Sozialer Wohnungsbau und
Gentrifizierung in London
Januar 2012, 240 Seiten, kart.,
zahlr. z.T. farb. Abb., 29,80 €,
ISBN 978-3-8376-1921-8

ALEXANDRA KLEI
Der erinnerte Ort
Geschichte durch Architektur.
Zur baulichen und gestalterischen
Repräsentation der
nationalsozialistischen
Konzentrationslager
2011, 620 Seiten, kart., 39,80 €,
ISBN 978-3-8376-1733-7

JOAQUÍN MEDINA WARMBURG,
CORNELIE LEOPOLD (Hg.)
Strukturelle Architektur
Zur Aktualität eines Denkens
zwischen Technik und Ästhetik
Januar 2012, 208 Seiten,
kart., zahlr. Abb., 26,80 €,
ISBN 978-3-8376-1817-4

GERHARD SCHNABL
**Architektur zwischen »Drinnen«
und »Draußen«**
Zugangsinszenierungen
metropolitaner Hochhäuser
Oktober 2012, 216 Seiten,
kart., zahlr. Abb., 26,80 €,
ISBN 978-3-8376-2254-6

TOM SCHOPER
Zur Identität von Architektur
Vier zentrale Konzeptionen
architektonischer Gestaltung
2010, 252 Seiten, kart., zahlr. Abb., 27,80 €,
ISBN 978-3-8376-1587-6

**Leseproben, weitere Informationen und Bestellmöglichkeiten
finden Sie unter www.transcript-verlag.de**